隱谷路

HIDDEN VALLEY ROAD

Inside the Mind of an American Family

一部解開思覺失調遺傳祕辛，
深入百年精神醫學核心爭議的家庭調查史

Robert Kolker

羅伯特・科爾克 ——著

黃佳瑜 ——譯

獻給茱蒂和喬恩

要看一個人多能忍，最清楚的證明方法就是堅持守在家人身邊。[1]

——安・泰勒（Anne Tyler）

目錄
Contents

前言
Prologue

一九七二年
科羅拉多州，科羅拉多泉

一對兄妹一起走出他們的家。他們穿越廚房的玻璃拉門，走進後院。這是一對奇怪的組合。唐諾德．蓋爾文二十七歲，眼窩深陷，剃了個大光頭，下巴炫耀著剛開始蓄的有如《聖經》人物的邋遢鬍子。瑪麗．蓋爾文七歲，只有他半個人高，頂著一頭白金色頭髮和一顆小小圓圓的鼻子。

伍德曼谷（Woodmen Valley）是一片遼闊的森林和農地，依偎在科羅拉多州中部的陡峭山嶺和砂岩台地之間，蓋爾文一家就住在這裡。他們的院子裡瀰漫甜松的味道，既清新又帶有泥土氣息。露台邊，草鵐和冠藍鴉在石頭庭園裡上竄下跳，這戶人家的寵物——一頭名叫阿索爾的蒼鷹——佇立在他們的父親幾年前蓋的鷹籠裡，全神戒備著。小女孩帶路，這對兄妹從鷹籠邊走過，爬上一座小山丘，踏過他們爛熟於胸的一顆顆覆蓋青苔的石頭。

另外有十個孩子年齡介於瑪麗和唐諾德之間——蓋爾文家總共有十二名子女，他們的父親喜歡打趣說足夠組一支美式足球隊。其他孩子無不找藉口躲得離唐諾德越遠越好。那些年紀還不足以搬出去住的兄弟們忙著打曲棍球、踢足球或打棒球。瑪麗的姊姊瑪格麗特——唯一的另一名女孩、也是年齡與瑪麗最近的手足——也許跑到隔壁跟斯卡克家的女孩玩，也許去了路口的夏普陶家。不過，還在讀小學二年級的瑪麗放學後，除了回家通常沒有別的地方可去，而且除了唐諾德，沒有別人可以照看她。

唐諾德的一切都令瑪麗困窘，從他剃光的腦袋開始，一直到他最喜愛的穿著打扮：一條紅棕色床單，像披裟似地披掛在身上，有時還搭配弟弟們小時候玩的塑膠弓箭。唐諾德會以這樣的裝束在附近閒晃，從早到晚、不分晴雨，走過一哩又一哩路——沿著他們家所在的沒有鋪柏油的隱谷路而下，途經伍德曼谷的修道院和奶牛場，邁上高速公路路肩，走到公路的中央分隔島。他經常遊蕩到父親曾經任職的美國空軍官校，並在操場駐足，學校許多人現在都裝作不認識他。而在離家較近之處，當孩童在當地小學的運動場玩耍，他會在旁邊站崗，用他輕柔、幾乎帶有愛爾蘭腔調的聲音宣布他是新來的老師。只有等校長過來趕他走的時候，他才會停。在那些時刻，小學二年級的瑪麗特別懊惱她的世界太小，小到每個人都知道她是唐諾德的妹妹。

瑪麗的母親練就了對這些場景一笑置之的本事，彷彿沒有什麼好奇怪。若是做出其他任何反應，都等於承認她沒有能力掌控局面——承認她無法理解家中正在發生的事，更不懂得如何阻止。於是瑪麗別無選擇，只能設法對唐諾德的行為視若無睹，不做任何反應。她發現爸爸媽媽密切監督每一個已出現警訊的孩子：叛逆的彼得、嗑藥的布萊恩、被學校開除的理查、打架鬧事的吉姆、完全放空的麥可。瑪麗知道，只要開口抱怨、哭鬧或流露任何情緒，都會傳遞出她可能也不太對勁的訊息。

事實上，瑪麗看到唐諾德披著那條床單的日子，情況已好過其他某些時候了。有時放學回家，她會發現唐諾德正在做只有他自己明白的事——例如把所有傢俱搬到後院重新排列，或者在魚缸裡撒鹽、毒殺每一條魚。其他時候，他會在廁所嘔出他吃的藥：使得安靜（Stelazine®）、托拉靈（Thorazine®）、好度（Haldol®）、氟奮乃靜（Prolixin®）和阿丹片（Artane®）。有時候，他會安安靜靜坐在客廳中央，全身未著寸縷。有時候，唐諾德會和一個或好幾個弟弟爆發惡戰，而母親會打電話請警察上門處理。

不過，大多數時候，宗教事務占據了唐諾德全副心靈。他表示聖依納爵（Saint Ignatius）已授予他「神操暨神學」學位，在每一個白晝和許多個黑夜，絕大部分時間他都扯著嗓門高聲朗誦〈使徒信經〉（Apostles' Creed）和〈主禱文〉（Lord's Prayer），以及他稱之為「修士聖階」、箇中邏輯只有他自己明瞭的一份獨創名單：本篤會、耶穌會、聖心修道會、聖母無原罪始胎、瑪麗、無玷聖母、修士團信徒、梅家族、黑衣修士、聖靈、方濟會、神聖萬有、使徒、特拉普僧侶……

對瑪麗來說，這些禱詞就像漏水漏個不停的水龍頭，滴滴答答，沒完沒了。「不要唸了！」她會尖叫抗議，但唐諾德從不停止，頂多偶爾停下來喘口氣。在她看來，他的行為是對全家人的訓斥，但主要針對篤信天主教的父親。瑪麗崇拜父親；蓋爾文家的每一個孩子都是如此，即使是生病前的唐諾德也不例外。瑪麗很羨慕父親什麼時候想回家就回家，什麼時候想出門就出門。她想，父親肯定很享受他時時刻刻勤奮工作換來的掌控感。勤奮到足以遁離這一切。

最令瑪麗受不了的，是她的哥哥唯獨挑中了她——並非出於殘忍，反而是出於善意、甚至柔情。她的全名是瑪麗克麗絲汀，所以唐諾德認定她是聖母瑪利亞，神聖的處女，基督的母親。「我才不是！」瑪麗一遍又一遍吶喊。她相信哥哥是在取笑她。這不是她第一次被某個哥哥捉弄。但唐諾德顯然是認真的。他的態度那麼熱切、那麼虔誠，不容懷疑——這只讓瑪麗更加氣憤。他把瑪麗列為禱詞中的聖者之一——就這樣把她拉進他的世界，而那是她最不想待的地方。

瑪麗想到的點子、把這個叫做唐諾德的麻煩解決掉的辦法，是她對怒氣所做的一次正面回應，靈感則來自母親偶爾在電視上看的古裝動作片。這個點子從她說「我們上山去吧」開始。唐諾德同意了；為了神聖的處女，他什麼都願意。瑪麗接著提議在樹枝上搭鞦韆。「帶一根繩子吧。」她說。唐諾德從善如流。最後，到了山頂，瑪麗從許多高大的松樹間挑了一棵，告訴唐諾德她想把他綁在樹上。唐諾德答應了，然後把繩索遞給她。

縱使瑪麗對唐諾德透露她的計畫——把他燒死在樹樁上，就像電影裡對待異端分子那樣——他恐怕也不會反抗。他只顧著禱告。他緊緊抵著樹幹站好，迷失在自己口中滾滾湧出的字串裡，任由瑪麗拿著繩索繞著大樹行走，纏了一圈又一圈，直到她確定他無法掙脫。唐諾德毫不抵抗。

她告訴自己，他走了以後，沒有人會想念他——也絕不會有人懷疑她。她去找生火的木柴，抱回來一大綑有粗有細的樹枝，丟在他光裸的腳邊。

唐諾德準備好了。如果瑪麗真的是他堅稱的那個人，他根本無法拒絕。他很平靜、從容、溫和親切。

他崇拜她。

不過，這一天，瑪麗只認真到一定程度。她沒帶火柴，無法點火。更重要的是，她和哥哥不同。她是個實際的人，心靈深植於現實世界；就算不為別的，瑪麗也決心證明這一點。不僅向母親證明，也向她自己證明。

於是她終止了計畫。她把唐諾德扔在山上。他困在那裡，置身於蒼蠅和白頭翁花之間，原地禱告了好長一段時間。時間長到瑪麗得以自己一個人靜一靜，但還沒長到他永遠不再下山。

現在回想起這件事，她會設法擠出一個笑容。「瑪格麗特和我哈哈大笑，」她說，「我不確定其他人是不是也會覺得這件事情很好玩。」

二〇一七年，一個天朗氣清的冬日下午，距離上山那天已過了四十五年，彷彿有一輩子之久，那個原本叫做瑪麗．蓋爾文的女人把她的休旅車停進一家位於科羅拉多泉的安養機構「松林岬」（Point of the Pines）的停車場，然後走了進去，探望她曾幻想要活活燒死的哥哥。她現在五十多歲了，雙眼依然明亮，但她成年後改了名字：琳賽。這是她一離家就給自己取的名字——一個年輕女孩下定決心為了斬斷過去、成為全新之人所做的努力。

琳賽住在科羅拉多州特柳賴德市（Telluride）郊區，距離此地六小時車程。她自己開公司，專門替企業策劃活動。她跟父親從前一樣勤奮，馬不停蹄地在自己的住家，還有她替大多數客戶辦活動的丹佛市，以及她為了照顧唐諾德與其他家人而來的科羅拉多泉之間來回奔波。她的丈夫瑞克在特柳賴德滑雪學校當講師，負責訓練滑雪教練。他們有兩個青春期的孩子，一個在念高中，一個已經上大學。如今才認識琳賽的人，通常很難看穿她藏在沉著自信和隨和笑容底下的內心世界。經過多年練習，她已能高明地假裝一切正常，儘管真相恰恰相反。唯有偶爾脫口說出一兩句辛辣而犀利的評語，才會透露一點蛛絲馬跡——某件陰暗而永遠不變的事，在表層底下隱隱沸騰。

唐諾德正在一樓休息室等著她。他的穿著隨意，皺巴巴的牛津襯衫沒有塞進褲頭，底下是一條褲管稍長的工作短褲。她的大哥如今七十多歲，外表格外搶眼。他的兩鬢花白，下巴有一道溝，眉毛又黑又濃。倘若他的聲音不是那麼溫柔、走路姿態不是那麼僵硬，他便足以在幫派電影裡軋上一角了。「服用托拉靈導致的拖沓步伐，還有一點殘留在他的走路姿態中。」安養中心經理克里斯・普拉杜（Kriss Prado）說道。唐諾德現在服用氯氮平（clozapine）*；這是醫師萬不得已才會開立的精神病藥物，藥效很強，但出現極端副作用的風險也很高——心肌炎、白血球過低，甚至癲癇。和思覺失調症對抗五十年的後果之一，就是治病的藥物遲早變得跟疾病本身一樣傷身體。

唐諾德一看見妹妹立刻起身，準備出門。一般來說，琳賽來看他的時候，都是載他去拜訪其他家人。不過這一次，琳賽帶著溫暖笑容，表示他們今天哪兒也不去——她是來看他過得好不好，順便和他的醫師聊聊。唐諾德微微一笑，重新坐了下來。除了她，沒有別的家人會來看他。

琳賽花了數十年嘗試理解她的童年，就許多方面來看，此事仍未竟全功。截至目前為止，她只知道，儘管經過長達一世紀的研究，破解思覺失調症的入門鑰匙依舊成謎。這項疾病呈現出各種症狀：幻覺、妄想、幻聽、有如行屍走肉的木僵狀態。還有其他特定病徵，例如無法掌握最基本的語言交流。精神科醫師提過「思考連結鬆散」（loosening of association）和「解組性思考」（disorganized thinking）。但他們很難向琳賽解釋，為什麼唐諾德有時會像今天這樣開心、甚至滿足，其餘時候則氣餒地央求她開車把他送去位於普維布洛（Pueblo）的州立精神病院†；過去五十年來，他在普維布洛入院不下十餘次，還經常表示自己想長住在那裡。她也只能猜想，為什麼當她帶唐納德上超市，他總會買兩瓶 All 牌洗衣精，高高興興宣稱：「這是我用過最棒的沐浴乳！」或者，為什麼過了將近五十年，他仍會喋喋不休地朗誦那段禱詞：**本篤會、耶穌會、聖心修道會**……又或者，為什麼幾乎一樣長的時間以來，唐諾德始終堅稱自己是章魚的子嗣。

思覺失調最可怕的一點，或許在於患者可能極端情緒化；這是它和自閉症或阿茲海默症等其他腦部病變最為不同之處，因為後者往往會淡化或消除一個人最鮮明的人格特徵。思覺失調沒有減弱什麼，反而放大了一切；症狀排山倒海而來，震耳欲聾，淹沒了患者，也嚇壞了至親之人——病患身邊的人根本不可能理智以對。對家屬而言，思覺失調基本上是一種感受經驗，彷彿家庭的地基朝著罹病的家庭成員永久地傾斜過去。哪怕只有一個孩子罹患思覺失調症，家庭的內部關係都可能出現翻天覆地的改變。

不過蓋爾文家從來不是正常家庭。在唐諾德率先發病、成為眾人矚目焦點的那幾年，另外五名蓋爾文兄弟的精神狀態也正悄悄地土崩瓦解。

彼得是家中么兒，個性叛逆。他狂躁而暴戾，多年來拒絕一切幫助。

馬修是才華橫溢的陶藝家，他沒有把自己當成披頭四成員保羅．麥卡尼（Paul McCartney）的時候，會認為自己的心情能左右天氣。

喬瑟夫是生病的男孩中個性最溫和、病識感也最強的一個。他能聽到來自另一個時空的聲音，在他聽來，那些聲音跟真的一模一樣。

特立獨行的老二吉姆是唐諾德的死對頭，他會跟唐諾德發生激烈爭執，然後轉過頭傷害家中最沒有反抗能力的成員——尤其是兩個妹妹，瑪麗和瑪格麗特。

* 編註：此為學名，商品名為可致律錠（Clozaril®）

† 審註：此處原文為State Hospital，但美國的State Hospital即指公立精神病院，相反地，州立的非精神病院會稱為State General Hospital。

最後還有布萊恩——完美的布萊恩，家中的搖滾明星。他將最深的恐懼藏在心底，瞞過他們所有人，然後以一起令人費解的暴力行為，徹底改變每個人的人生。

蓋爾文家的十二個孩子剛好跨越整個嬰兒潮。唐諾德生於一九四五年，瑪麗生於一九六五年。他們的世紀是美國人的世紀。他們的父母咪咪和唐在一次大戰不久後出生，相遇於大蕭條時期，在二戰期間結婚，在冷戰時期將孩子們養育成人。在黃金歲月裡，咪咪和唐似乎體現了他們那一代人偉大而美好的特質：勇於冒險、勤奮、負責，而且樂觀（生了十二名子女的人——最後幾個還是在不顧醫師反對的情況下所生——絕對是樂觀主義者）。在逐漸增加家庭成員之際，他們也見證了一波波文化運動來來去去。後來，蓋爾文全家成了人類最複雜疾病的劃時代個案，為文化做出自己的貢獻。

在蓋爾文家六個男孩發病的年代裡，人們對思覺失調所知無幾——且許多理論相互牴觸，導致他們為了追索答案，生命的其餘一切皆相顧失色。他們走過機構化（institutionalization）和電痙攣療法的年代，經歷過心理治療與藥物治療的大辯論，見過研究人員如大海撈針般尋找這項疾病的基因標記，以及外界對疾病本身的起因與根源發展出深刻的歧見。他們的病情沒有太多共通之處：唐諾德、吉姆、布萊恩、喬瑟夫、馬修和彼得各自承受著不同的痛苦，需要不同的治療方法，得到各種變來變去的診斷，過程中引發研究人員對思覺失調的本質產生互相衝突的理論。有些理論對家長特別殘忍；父母往往成為眾矢之的，彷彿他們做過或沒做過的某件事導致了疾病。蓋爾文家的掙扎，就是一段赤裸裸的思覺失調症研究史——醫界數十年來爭論不休，非但無法就疾病成因得出定論，更連這個疾病究竟是什麼都莫衷一是。

就許多層面而言，沒有罹患精神疾病的孩子跟生病的兄弟一樣受苦。出生在有十二個兄弟姊妹的家庭，本來就已經很難活出自我，更別提這是一個人際動態與眾不同的不尋常家庭；在這裡，精神疾病是家中常態，其餘一切都必須從這個立足點出發。對琳賽、姊姊瑪格麗特，以及她們的哥哥約翰、理查、麥可、馬克而言，身為蓋爾文家的一分子意謂著你若非自己發瘋，就是看著自己的家人發瘋——在揮之不去的精神疾病氛圍中長大。縱使他們恰好沒有被妄想、幻覺或偏執所吞噬——沒有以為他們家遭到攻擊，或者中情局正在搜捕他們，又或者床底下有魔鬼——他們也覺得自己身上彷彿攜帶著某種不穩定因素，不知道自己再過多久也會被疾病擊垮。

小妹琳賽的經歷最慘痛——她被丟入危險的境地，被她以為愛她的人直接傷害。小時候，她唯一的心願就是變成另一個人，離開科羅拉多州重新開始，換個新的名字、新的身分，努力抹去一切記憶。只要有機會，她會立刻變成不同的人，永不回頭。

然而此刻，琳賽來到松林岬，探看她一度畏懼的哥哥是否需要檢查心臟、是否簽了他該簽的所有表格、醫師對他的照顧是否足夠。她對還在人世的其他幾位生病的哥哥也是如此。在今天的探訪中，琳賽始終密切關注在走廊上閒晃的唐諾德。她擔心他沒有好好照顧自己；她希望他得到最好的待遇。

歷經一切之後，她依然愛他。改變究竟是怎麼發生的？

像這樣的一個家庭，存在的機率似乎不可能估算出來，更別提長期保持原樣直到被人發現的機率了。思覺失調的確切遺傳模式尚未被檢測出來，它的存在宣示了病症自身的跡象，然而卻猶如洞穴牆上轉瞬即逝的光影，難以捉摸。一個多世紀以來，研究人員已得知遺傳是思覺失調症最大的風險因子之一。矛盾的是，思覺失調症似乎並不會從父母直接傳給子女。精神科醫師、神經生物學家和遺傳學家全都相信這種疾病必定存在某種密碼，就在某處，但他們始終抓不到頭緒。然後，出現了蓋爾文家庭；拜大量病例之賜，他們為這項疾病的遺傳過程提供了沒有人想像得到的偉大洞見。確實，研究人員從未接觸過六名兄弟出自同一家庭的個案——六個同父同母、同樣血統的手足，擁有同源的基因。

從一九八〇年代起，蓋爾文一家便成了醫學界的研究對象，幫助研究人員尋找理解思覺失調之鑰。科羅拉多大學健康科學中心、美國國家精神健康研究院（National Institute of Mental Health；簡稱NIMH）以及不只一家大型製藥公司都會分析他們的遺傳物質。和其他實驗的受試者一樣，他們的參與始終保持機密。但是如今，在將近四十年的研究之後，蓋爾文家的貢獻終於可以公諸於世。他們的基因樣本構成科學研究的基石，協助我們解開這種疾病之謎。藉由分析他們家的基因組成，並與一般大眾的基因樣本進行比對，研究人員即將得到重大進展；思覺失調症的治療、預測，甚至預防，已經出現了曙光。

不久前，蓋爾文家還全然不知自己能做出怎樣的貢獻，他們絲毫不知道自身的處境竟能為某些研究人員激起希望。但他們對科學的貢獻只是自身人生故事的一小部分。故事從他們的父母咪咪和唐開始；他們的婚姻生活原本帶著無限的希望與自信起飛，到頭來卻在悲劇、困惑與絕望中墜落崩壞。

但十二名子女的故事——琳賽、她的姊姊和十個哥哥的故事——略有不同。若說他們的童年是美國夢的哈哈鏡倒影，他們的故事是在鏡像破裂之後才開始的。

這個故事是關於如今已長大成人的孩子試圖破解自身童年之謎——重新拾起父母的夢想碎片，並拼貼出某種新的事物。

它是關於在被大部分世人都認定一無是處的幾個哥哥身上重新發現人性。

它是關於在發生種種能想像得到的最惡劣境遇之後，找到方法，重新理解家庭的意義。

蓋爾文家庭成員

父母

唐諾德・威廉・蓋爾文（唐）
一九二四年一月十六日生於紐約皇后區
卒於二〇〇三年一月七日

瑪格麗特・肯揚・布萊尼・蓋爾文（咪咪）
一九二四年十一月十四日生於德州休斯頓
卒於二〇一七年七月十七日

子女

唐諾德・肯揚・蓋爾文
一九四五年七月二十一日
生於紐約皇后區
娶琴恩（離婚）

喬瑟夫・伯納德・蓋爾文
一九五六年八月二十二日生於加州諾瓦托
卒於二〇〇九年十二月七日

詹姆士・格雷戈里・蓋爾文（吉姆）
一九四七年六月二十一日
生於紐約布魯克林
娶凱西（離婚），育有一子
卒於二〇〇一年三月二日

馬克・安德魯・蓋爾文
一九五七年八月二十日生於加州諾瓦托
娶瓊安（離婚）
娶麗莎，育有三名子女

約翰・克拉克・蓋爾文
一九四九年十二月二日
生於維吉尼亞州諾福克
娶南西，育有兩名子女

馬修・艾倫・蓋爾文
一九五八年十二月十七日
生於科羅拉多州科羅拉多泉

布萊恩・威廉・蓋爾文
一九五一年八月二十六日
生於科羅拉多州科羅拉多泉
卒於一九七三年九月七日

彼得・尤金・蓋爾文
一九六〇年十一月十五日
生於科羅拉多州丹佛

羅伯特・麥可・蓋爾文（麥可）
一九五三年六月六日
生於科羅拉多州科羅拉多泉
娶阿黛兒（離婚），育有兩名子女
娶貝琪

瑪格麗特・伊莉莎白・蓋爾文・強森
一九六二年二月二十五日
生於科羅拉多州科羅拉多泉
嫁克里斯（離婚）
嫁威利・強森；
育有二女，分別名叫艾莉與莎莉

理查・克拉克・蓋爾文
一九五四年十一月十五日生於紐約州西點
娶凱西（離婚），育有一子
娶芮妮

瑪麗・克麗絲汀・蓋爾文・勞赫（琳賽）
一九六五年十月五日
生於科羅拉多州科羅拉多泉
嫁瑞克・勞赫；有一子傑克，一女凱特

PART 1

1

唐
咪咪
唐諾德
吉姆
約翰
布萊恩
麥可
理查
喬瑟夫
馬克
馬修
彼得
瑪格麗特
瑪麗

一九五一年
科羅拉多州，科羅拉多泉

偶爾，當咪咪．蓋爾文做著另一件她從沒想過自己會做的事情，她會停下來深深吸一口氣，納悶自己究竟是怎麼走到了此刻這一步。是因為她為了戰爭時期的婚姻草率而浪漫地拋棄大學學業嗎？是因為她接二連三懷孕生子，就算唐有意見也不打算停下來嗎？還是因為他們突然舉家搬到大西部，來到她全然陌生的地區？不過，在這種種不尋常的時刻當中，恐怕沒有一刻比得上咪咪——這個曾受紐約洗禮的德州上流社會大家閨秀——一手抓著活鳥、一手拿著針線，準備把鳥的眼皮縫起來的時候。

她還沒看到老鷹就先聽到牠的聲音了。那是在夜裡，唐和男孩們正在新家裡頭睡覺，屋外傳來一陣不熟悉的聲響。已經有人警告過他們小心土狼和美洲獅，但這道聲音不一樣，音調高亢，音色超脫塵俗，不似人間之物。隔天早晨，咪咪走出屋外，在距離棉白楊樹林不遠的地方發現有幾根羽毛散落地上。唐提

1

議把羽毛拿去給他新認識的朋友鮑勃・史塔布勒（Bob Stabler）鑑定。史塔布勒是一名動物學家，任教於科羅拉多學院（Colorado College），住在科羅拉多泉市中心，與他們家只有步行一小段路的距離。

史塔布勒博士的房子和他們在紐約看過的任何地方都不一樣：兼做住家和爬蟲類動物展覽館——展品主要是蛇，包括沒關進籠子、盤繞在木頭椅子後頭的一條棉口蛇。唐和咪咪帶著各為六歲、四歲和兩歲的三個兒子來訪。當其中一個男孩一溜煙衝到棉口蛇面前，咪咪忍不住放聲尖叫。

「怎麼了？」史塔布勒笑著說，「怕牠咬你的寶寶啊？」

這名動物學家一眼就認出這些羽毛。訓練老鷹是他的多年愛好。唐和咪咪對馴鷹一竅不通，一開始，他們裝出興致勃勃的樣子，客氣地聆聽史塔布勒滔滔不絕：中世紀時代，只有伯爵階層以上的人才有權豢養遊隼；科羅拉多州這塊地區是草原隼的主要築巢點。他說，草原隼是游隼的近親，和游隼一樣威風、漂亮，毫不遜色。咪咪和唐始料未及地發現自己聽得入迷，彷彿獲准進入他們剛剛認識的一個偉大而隱密的世界。在他們的新朋友口中，馴鷹彷彿某種異端邪教，是當今只有少數祕密人士才會做的古老消遣。他和他的朋友們馴養的，是成吉思汗、匈奴王阿提拉、蘇格蘭瑪麗女王以及亨利八世馴養過的同一種猛禽——而且馴養手法幾乎如出一轍，沒什麼改變。

事實上，唐和咪咪搬到科羅拉多泉的時機或許遲了五十年左右。回到半世紀前，科羅拉多州是許多人屬意的旅遊地點；馬歇爾・菲爾德（Marshall Field）、奧斯卡・王爾德（Oscar Wilde）和亨利・沃德・比徹（Henry Ward Beecher）都曾前來欣賞美國大西部的自然風光。[1]這裡有海拔一萬四千呎的派克峰；此峰以探險家西布倫・派克（Zebulon Pike）為名，但他其實從未登頂。這裡有眾神花園（Garden of the Gods），鬼斧神工的砂岩露頭彷彿為了製造最大的舞台效果般森然排列，渾然天成，就像復活島上的巨石像。然後還有馬尼圖溫泉（Manitou Springs），當年最富有的美國上流社會人士會來這裡接受最新的偽科學治療。不過，當唐和咪咪在一九五一年冬天搬來時，這片地區的高檔氣息早已消蝕殆盡，科羅拉多泉又變回一個飽受乾旱所苦、格局窄小的邊陲小鎮，不過是地圖上的一個小點；當國際童軍大露營在此舉辦時，大會的人數規模甚至超過小鎮的人口。

所以，當眼前出現這麼一個偉大傳統——就在這前不著村、後不著店的荒涼之地，出現了象徵貴族與皇家的行當——一陣電流竄過唐和咪咪的身體，滿足他們對文化、歷史和精緻生活的共同喜好。他們一頭栽了進去，無可自拔。不過，打進圈子得花一點時間。除了史塔布勒博士，沒有人願意跟蓋爾文夫婦討論馴鷹術。馴鷹似乎是極其小眾的活動，傳統的賞鳥團體還沒把這類猛禽列入他們的追蹤對象。

咪咪不記得唐透過什麼管道淘到一本《巴茲納瑪依納西里》（*Baz-nama-yi Nasiri*），這是古波斯人的馴鷹論文集，幾十年前才出現英文譯本。[2]從那本書中，他和咪咪學會架設他們的第一座陷阱；他們用鐵絲纏繞呼拉圈尺寸的圓形骨架，製成一個圓頂，然後按照指示放置死鴿子作為誘餌，再利用幾根魚線把鐵絲網圓頂吊在誘餌上方。他們在每根魚線尾端打了活結，捕捉落入陷阱的老鷹。

第一位來客是一頭紅尾鷹，牠飛走了，連帶拖走整個陷阱。他們的英格蘭塞特獵犬尾隨其後，逮到了牠。這是咪咪手中握住的第一頭野禽。咪咪猶如追逐消防車的小狗，真的逮到了老鷹後，她反而不知道接下來該怎麼做。

於是她抓著紅尾鷹向史塔布勒博士求援。「哎呀，幹得漂亮，」他說，「現在，把牠的眼皮縫起來。」

史塔布勒解釋，當老鷹以高達兩百哩的時速俯衝，牠們的眼皮能保護眼睛不受傷害。但為了以亨利八世時代的馴鷹方法訓練鷹或隼，鷹隼的眼皮必須暫時縫合。少了視覺干擾，老鷹會對馴鷹師的聲音和撫觸產生依賴。這名動物學家警告咪咪：可要小心別縫得太緊或太鬆，而且針頭千萬不要刺到老鷹的眼睛。似乎有千百種方式一不小心就可能毀掉這頭老鷹。不過話說回來，咪咪究竟是怎麼走到了此刻這一步？

她很害怕，但並非全然沒有把握。在大蕭條時期，咪咪的母親會親手縫製衣服，甚至自己開店，並要求女兒也學上一點針線工夫。咪咪盡可能小心翼翼地先後縫合兩隻眼睛的眼皮邊緣，然後將兩邊的線尾綁在一起，藏進鷹冠的羽毛中，以免老鷹的爪子勾到縫線。

史塔布勒盛讚咪咪的手藝。「現在，」他說，「你得接連四十八小時讓牠待在你的拳頭上。」咪咪遲疑了。唐是恩特空軍基地（Ent Air Force Base）的任務發布官，他要如何托著一頭盲眼老鷹在空軍基地走來走去？咪咪要如何洗碗或照顧三名幼子？

他們決定分工合作。咪咪負責白天，唐負責晚上。若在基地值夜班，唐就把老鷹拴在他大部分時間待著的房間椅子上。只有一次，一名高階軍官走進房間，導致老鷹「躁動」——這是馴鷹術語，意指老鷹驚慌地撲動翅膀。機密文件也因此散落一地。唐自此在基地聲名大噪。

不過，四十八小時結束後，咪咪和唐成功馴服了一頭老鷹。這為他們帶來莫大的成就感。他們不僅擁抱了大自然，更制服了大自然。馴養老鷹的過程或許很殘忍、很受罪，但只要堅持不懈、專心致志、有條不紊，就會產生高得令人難以置信的回報。

不像養兒育女——他們常常這樣想著。

小時候，咪咪・布萊尼會坐在她們家的三角鋼琴下，聽外婆彈蕭邦和莫札特的樂曲。而在外婆拾起小提琴的夜裡，她會目不轉睛盯著姨媽像吉普賽人般隨著小提琴聲翩翩起舞，在她身後是壁爐，裡頭的木柴燒得劈哩啪啦響。四下無人時，這個白膚黑髮、頂多五歲的小女孩會大膽溜進她被規定不能擅闖的禁區。留聲機故障的時候比正常運轉的時候更多，而家裡的唱片——有一條條溝紋的厚重圓碟，不像唱片，倒更像輪轂蓋——載滿了咪咪渴望聆聽的音樂。咪咪會趁沒人發現時把某一張圓碟放到留聲機上，放下唱針，用手指旋轉唱盤，就這樣聆聽兩小節歌劇，重覆一遍又一遍。

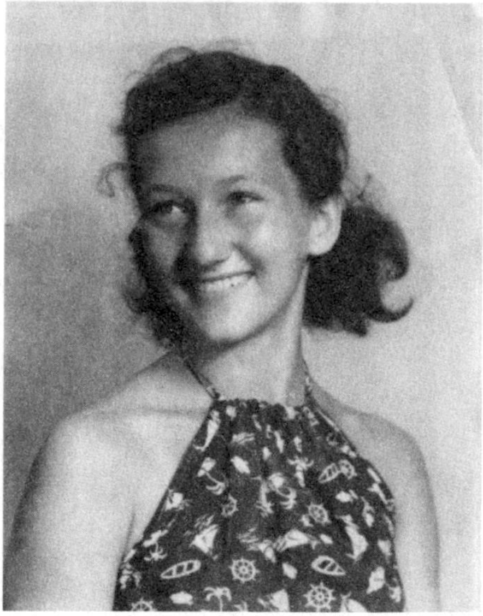

咪咪的外公霍華德・普爾曼・肯揚（Howard Pullman Kenyon）的防洪堤事業幹得風生水起。他是一名土木工程師，早在咪咪出生之前就創立企業，包攬五個州的河川疏濬工程，負責興建密西西比河沿岸的防洪堤。咪咪的母親威廉敏娜（Wilhelmina，大家都叫她比莉〔Billy〕）在達拉斯念貴族私立學校時，老師有次問她：「令尊是做哪一行的？」她含糊其辭地回答：「他是挖水溝的。」在咆哮的二〇年代*，肯揚家族的財富達到頂峰，他們擁有瓜達盧佩河（Guadalupe River）河口的一座小島，離德州聖體市（Corpus Christi）不遠。咪咪的外公在島上挖了一座小湖，放養鱸魚。全年大部分時間，

1

這一家人都住在休士頓卡洛琳大道（Caroline Boulevard）上一棟富麗堂皇的古老豪宅中，車道上停了兩輛銀箭（Pierce-Arrow）牌頂級豪華轎車，每當肯揚外公的五名子女又有誰成年了，車道上就會再添一輛銀箭。

咪咪在肯揚家的眾多傳奇故事中長大。到了晚年，她會跟朋友、鄰居以及她遇見的每一個人追述這些故事，彷彿在分享某種過於刺激以至於無法守口如瓶的祕辛。他們家在德州的第一棟房子後來賣給了霍華．休斯[†]的父母……霍華．休斯本人是咪咪的母親在理查森學校的同學，那所學校是休士頓上流社會首選的教育機構……沉迷於礦業的肯揚外公曾在墨西哥翻山越嶺尋找黃金，一度遭到龐丘．維拉[‡]囚禁，但他對當地地理環境的熟悉令這位墨西哥革命領袖大為折服，兩人因此成了莫逆之交。或許是出於不自信，或許純粹是因為腦筋停不下來，咪咪會一再述說這些故事來宣示自己的地位和出身。想起自己家世不俗，感覺真好。

當咪咪的母親比莉找到足以匹配的結婚對象，依肯揚家的標準，兩人的結合是順理成章的安排。新郎是二十六歲的棉花商人，不僅如此，他的學者父親更是深受銀行家兼慈善家奧托．卡恩（Otto Kahn）信任的顧問，曾受後者委託遍訪世界各地。比莉．肯揚跟約翰．布萊尼（John Blayney）

* 編註：the Roaring Twenties，指西方世界一九二〇年代的十年期間。這段時期因經濟極度繁榮，帶動了文化藝術的發展，直到一九二九年華爾街股災爆發為止。

† 編註：霍華．休斯（Howard Hughes），美國著名商業大亨、投資人、飛行員、航空工程師、電影製片人，一九三二年創辦了休斯飛機公司。

‡ 譯註：龐丘．維拉（Pancho Villa），一九一〇年代的墨西哥革命領袖，率領北方農民起義，被奉為墨西哥英雄。

門當戶對，這對年輕夫婦似乎註定前途光明，一生順遂。他們建立了自己的家庭，生下兩個孩子：老大咪咪生於一九二四年，她的妹妹貝蒂（Betty）在兩年半後出世。一九二九年初，這個家庭面臨第一場真正的危機：當時，各方面都搆不上家族標準的咪咪父親，把淋病傳給了咪咪的母親。

肯揚外公舉起來福槍追趕女婿，並迅速地替女兒辦妥了離婚手續。比莉和女孩們搬回休士頓娘家。比莉很無助，瀕臨崩潰。一個名聲掃地、帶著兩個幼女——咪咪五歲，貝蒂三歲——的離婚母親，在肯揚家往來的社交圈裡毫無容身之地。問題似乎無法可解，直到幾個月後，咪咪的母親愛上來自紐約的一名藝術家。

班．斯考尼克（Ben Skolnick）是個畫家，在準備到加州創作壁畫的途中路經休士頓。班成長於藝術家庭，品味出眾，但他在休士頓稍顯格格不入，不僅因為他的謀生方式，也因為他是猶太人。比莉的父母總是在城外跟班見面，以免給別人看見。不過班求婚時，比莉的母親鼓勵她答應。不論她的家人會對班．斯考尼克個人或對猶太人整體有何看法，他們都明白這是比莉所能希冀的最好結果。

一九二九年夏天，肯揚外公開車載咪咪、她的母親和妹妹到德州加爾維斯敦（Galveston）搭船，沿著墨西哥灣往東航行到紐奧良，再從那裡登上前往紐約的冠達郵輪（Cunard line）。上船後，未來的斯考尼克太太和她的女兒受邀參加船長晚宴；這是一場正式晚宴，洗手缽等物件一應俱全，她們被期許表現出無懈可擊的風範。咪咪很容易暈船，即使是不暈船的時候，她也不享受這趟旅程。咪咪不禁納悶，她的生活是不是再也不會和以前一樣；這不會是她最後一次這麼想。

這個新組成的家庭立刻陷入困境。股市崩盤後，班完全找不到壁畫可畫。比莉以她受過的薰陶

1

以及對精緻布料的眼光，在梅西百貨（Macy's）找到了一份差事。後來，她在曼哈頓時裝區開了一家服裝店，全家人的生活才稍微穩定下來。她工作的時候，班和他的家人則負責照顧兩個女孩。他們住在皇后區貝爾羅斯街的一棟小房子裡，此處位於紐約市邊緣，和長島（Long Island）只有一街之隔。

咪咪漸漸愛上紐約。她和妹妹會帶著午餐，從偏遠的皇后區花五分錢搭公車和地鐵到曼哈頓大都會藝術博物館，然後穿越中央公園，路過克麗歐佩特拉方尖碑（Cleopatra's Needle）前往自然歷史博物館，再設法於天黑前回家。公共建設振興署的各項新政讓咪咪得以在球場和高中禮堂欣賞戲劇表演。學校的郊遊帶著她首次踏進水族館和天文館。她看的第一場芭蕾舞表演是由萊奧尼德．馬辛*編導，舞台設在大都會博物館內；咪咪永遠忘不了那十二個從俄羅斯遠道前來跳舞的女孩——她當時感覺，她們似乎是專程為她而來的。咪咪認識的第一個世界是由留聲機、三角鋼琴、鄉村俱樂部和休士頓的小聯盟構成，但她更深深沉迷於這個新世界。「我熱愛在紐約長大，」她常說，「那是全世界最好的教育，絕無虛言。」

在未來的歲月，每當咪咪的生命出了岔子，這些迷人的紐約童年和鍍金的休士頓家族故事總能粉飾她生活中的不快。肯揚外公在大蕭條時期遭到幾次重挫，不得不遣散家中的忠僕，但他好心地允許他們繼續住在他的土地上，不收分文房租……咪咪和母親曾經跟卓別林搭同一班火車，她曾跟小流浪漢†的小孩一起玩（他們本身也是調皮的頑童）……一九三〇年代，咪咪的母親比莉陪肯揚

* 編註：萊奧尼德．馬辛（Léonid Massine），知名俄羅斯編舞家兼芭蕾舞者，在電影界也享有盛名。
† 譯註：Little Tramp，卓別林扮演過的電影角色，後來成為他的重要象徵。

外公重遊墨西哥，在那裡，她跟芙烈達．卡蘿*一起喝酒，並曾跟卡蘿的朋友、流亡的俄羅斯人列夫．托洛斯基†握手言歡……

在咪咪看來，說起這些故事，總勝過說起班．斯考尼克多愛喝酒，或說起她從未再見到她的親生父親約翰．布萊尼，而她有多麼傷心；或者說起她多麼渴望一個安穩的人生，就跟她渴望一個不平凡的人生一樣，渴望得心底發疼。

咪咪在一九三七年遇到能帶給她這種人生的男人；當時，他們倆基本上都還是孩子。唐．蓋爾文十四歲，長得又高又白，頭髮則跟她的一樣黑。她比他小一歲，認真好學，笑點很低。他們在一場游泳比賽相遇；她搶先起跳，還沒聽到哨音就跳進泳池，唐奉令把她拉回起點。賽後，他約她出去。這是第一次有人約咪咪，她答應了。

唐是個性格認真的男孩，準備升大學，喜愛閱讀。這些特質都深深吸引咪咪。他也是個英俊的男

孩，完全符合美國典型的審美標準：方正的下巴，往後梳的油亮髮型，未來的男神。唐並不外向，但當他一開口，大家似乎都願意聆聽，倒不是因為他說話的內容，而是因為他的音色：他的嗓音低沉而有磁性，一字一句都像在低吟，溫潤而撩人。他的兒子約翰後來說，擁有那樣的聲音，「他可以把你玩弄於股掌之上。」

咪咪的母親不太放心，或許是因為勢利眼作祟。蓋爾文家是虔誠的天主教徒，對於屬於聖公會教派的肯揚家族來說，天主教族群就像比莉遇見班之前的猶太人一樣陌生。唐的父親在一家紙業公司擔任效率專家，母親則是老師。這兩種工作，咪咪的母親都看不上眼。

不過兩邊家長其實互相嫌棄。唐的母親注意到，在這段戀愛關係中，總是由咪咪負責發言。這是否意味咪咪會騎在她的小兒子頭上？於是，接下來的好多年，雙方家長不斷拿同一句老掉牙的話轟炸他們：**你們還太年輕**。

似乎沒有什麼事情能讓他們懷疑彼此不是天生一對。的確，他們的興趣並不十分契合：他熱愛道奇隊，她喜歡芭蕾。不過在十五、六歲的時候，咪咪說服唐帶她去看芭蕾舞劇《彼得洛希卡》（*Petrushka*），領舞的是隨喬治・巴蘭欽（George Balanchine）一起逃離蘇聯的芭蕾女郎亞歷山卓・丹妮洛娃（Alexandra Danilova）。唐回家以後癡迷地談起這齣舞劇，被哥哥們嘲笑了好幾天。夏天，比莉

* 譯註：芙烈達・卡蘿（Frida Kahlo），著名的墨西哥女畫家。

† 編註：列夫・托洛斯基（Leon Trotsky），無產階級革命家，是布爾什維克黨主要領導人，並建立起蘇聯紅軍，曾帶領組織贏得一九一七年至二三年的俄國內戰。列寧於一九二四年去世後，他被史達林排擠出蘇共領導核心，後流亡海外，一九四〇年被史達林派人刺殺於墨西哥城。

以探望肯揚外公為藉口，帶咪咪出了一趟遠門。這個昭然若揭的詭計，目的是讓咪咪和唐分開一段時間。這招沒用：咪咪一路上不斷給唐寫信，從頭到尾沒有停過。回到家後，唐帶咪咪去看《綠野仙蹤》（*The Wizard of Oz*），而這對小情侶在回家途中一路唱歌、蹦蹦跳跳。那年秋天，他們一起參加舞會、一起去看學校的籃球賽、一起參加各種集會和星期五晚上的營火晚會。到了春天，他們便開車到長島南岸的雪松海灘（Cedar Beach），在溫暖的海濱戲水、烤蛤蠣。

漸漸地，每個人的態度都出現逆轉。唐即將畢業了，他的父母邀請咪咪和她的家人共進晚餐。蓋爾文家比咪咪家氣派，那是一間荷蘭殖民式風格的大宅，開闊的客廳擺了一張厚重的深紅色東方地毯。比莉沒錯過這些細節。從此以後，咪咪家為唐敞開了大門，歡迎他每週五晚上來家裡玩拼字遊戲。換成咪咪每次到唐他們家時，總會跟唐和他的兩個哥哥——跟唐一樣英俊的喬治和克拉克——嬉戲胡鬧。當咪咪和唐去參觀修道院博物館（the Cloisters），咪咪在那裡的掛毯上替唐寫了一篇校刊文章，這時，就連唐的母親都稍微放軟了態度。咪咪在幫她的兒子變得更好，她可以接受這一點。

他們的愛情並非全然不必費心經營。唐身為西格瑪卡巴德爾他（Sigma Kappa Delta）兄弟會會長，每週末都要主辦舞會。每個星期咪咪都得掏空錢包做新衣服，決心不給別人機會當他的舞伴。要跟一度被牙買加高中（Jamaica High School）校刊封為「全校首席男神」的男孩確定情侶關係，或許得付出一些代價。**害羞的唐．蓋爾文先生對自己的感情生活諱莫如深，堅不吐實**。

他的某種特質——不只他的長相，還有一種閒適自在的沉穩淡定——令他既迷人，又以某種奇怪的方式令人覺得高不可攀。終其一生，這種神祕氣質始終是唐的一項利器。打從一開始交往，兩人間的關係就彷彿咪咪只屬於他，而他屬於每一個人。

咪咪愛唐的雄心壯志，縱使她內心深處寧可把他留在身邊。高中畢業後，唐告訴咪咪他未來想進國務院工作，走遍世界各地。一九四一年秋天，珍珠港事件幾個月前，他進了位於華盛頓特區的喬治城大學（Georgetown University）外事學院。一年後，咪咪為了離他近一點，進入位於馬里蘭州弗雷德里克市的胡德學院（Hood College）。然而，戰爭捲進他們倆的生活，不過是早晚的事。

一九四二年，唐在喬治城念大二時，加入了美國海軍陸戰隊後備隊。隔年，海軍陸戰隊派他到賓州維拉諾瓦市（Villanova）進行為期八個月的機械工程訓練。課程結束前，學員得到走捷徑上前線的機會：如果願意，他們可以立刻轉調海軍部門，保證被候補軍官學校（Officer Candidate School）錄取。唐把握了這個機會。一九四四年三月十五日，他前往紐澤西州的阿斯伯里帕克（Asbury Park）接受海軍軍校生的基本訓練，然後到加州科羅納多（Coronado）等待分發。十一月，唐接到任命：他將到格蘭維爾號（*Granville*）軍艦上服役，負責駕駛登陸艇。這是一艘全新的攻擊運輸艦，即將航向南太平洋。唐要上戰場了。

就在耶誕節前不久，軍艦啟航的幾星期前，唐從科羅納多打了通長途電話給咪咪。她能去看他嗎？咪咪徵求母親同意，比莉答應了。咪咪一抵達，她和唐立刻開車到蒂華納（Tijuana）登記結婚。在途中度過了最短暫的蜜月後，他們回到科羅納多，淚眼婆娑地道別。咪咪在漫長的回家路程中繞到德州探望肯揚家的親戚，在這段期間，第一次出現了害喜症狀。

他們的閃電結婚突然真相大白：在她到西部找他的好幾星期前、唐上次匆匆回紐約時，咪咪就懷上了唐的骨肉。

唐的父母都是虔誠的天主教徒，無法接受蒂華納的草率婚禮。他們的兒子在出航之前得到幾天假期，再一次橫越美國回到家中。一九四四年十二月三十日，唐和咪咪再度說出結婚誓詞，這一次是在皇后區貝爾羅斯街聖格里高利教堂的牧師家裡說的。翌日，唐填了一張海軍表格，將他的最近親屬由父母親改成蓋爾文太太。

新娘吐了好幾個月。咪咪懷孕十二次，幾乎每次都得忍受漫長而無法可解的孕吐期。她那年輕丈夫的船艦在一九四五年五月抵達日本近海，恰逢美軍太平洋戰事最為緊張之時。唐的任務是駕駛小艇，負責把軍艦上的士兵送上岸。咪咪從收音機聆聽有關格蘭維爾號的報導，當聽到東京玫瑰*宣布唐的船艦被擊沉，咪咪幾近崩潰。後來事實證明情報有誤，但真實的情況好不到哪裡去。

唐的船艦停泊在沖繩附近，他目睹兩旁的船隻皆遭神風特攻隊炸毀。唐花了好幾個鐘頭打撈弟兄們的遺體。對於自己在戰場上見到什麼或做過什麼，他絕口不提；從不跟咪咪提起。不過他活下來了。一九四五年七月二十一日，在美國投擲原子彈終結這場戰爭的兩週前，唐在格蘭維爾號上收到西聯公司的電報：喜獲麟兒。

* 譯註：Tokyo Rose，美軍對東京廣播電台英語女播報員的暱稱。

2

一九〇三年
德國，德勒斯登

一個有嚴重偏執與妄想的精神病患將他的親身經歷記錄下來，成了迄今受到最多分析、解讀、鑽研與探討的精神病例。而這樣的自傳簡直成了一本有字天書，幾乎無法閱讀，此事箇中頗有一定的道理。

丹尼爾・保羅・史瑞伯（Daniel Paul Schreber）成長於十九世紀中葉的德國。他的父親是那個年代著名的兒童教養專家，經常把子女當成自己的理論測試對象。據信，他和哥哥小時候是莫里茲・史瑞伯（Moritz Schreber）的第一批測試者，他們嚐過父親的冷水療法、飲食、運動養生法，還有一個由木頭和皮帶製成、用來強迫兒童坐直，被稱作史瑞伯姿勢矯正器的裝置。史瑞伯熬過了童年，長大後成就非凡，先後當上律師和法官。他結了婚，有了家庭，除了在四十幾歲時曾陷入短暫憂鬱，其餘似乎一切安好。然後，他突然在五十一歲精神崩潰。他在一八九四年被診斷出「被害妄想型精神錯亂」（paranoid form of "hallucinatory insanity"），其後九年，史瑞伯住在德勒斯登附近的松嫩施泰因療養院（Sonnenstein Asylum），這是德國第一家公立精神病院。[1]

《一位神經疾病患者的回憶錄》（*Memoirs of My Nervous Illness*）是關於某種神祕疾病的第一部重要著作——該病當時被稱作早發性癡呆（dementia praecox），幾年後更名為思覺失調症（schizophrenia）；史瑞伯在療養院生活的那幾年則是那本書的背景環境——至少從具體的環境而言是如此。該書出版於一九〇三年，百年來，一切有關這項疾病的探討幾乎都免不了援引其中內容。到了蓋爾文家六個男孩發病的年代，現代心理學看待與治療他們的方法仍深受這個病例的論證影響。事實上，史瑞伯本人並沒有料到他的親身經歷會引發這麼大的注目。他寫這本回憶錄的目的主要是為了爭取出院，而這說明了為什麼書中許多內容皆看似專門為一名讀者而寫，也就是收治他的保羅・艾米爾・傅萊契醫師（Dr. Paul Emil Flechsig）。本書始於他寫給傅萊契醫師的一封公開信，信中，史瑞伯先是為可能令醫師不舒服的內容致歉。史瑞伯只想澄清一件小事：傅萊契是不是過去九年來一直向他的大腦傳送祕密訊息的那個人？

在兩百多頁的篇幅中，與醫師進行宇宙間的心靈交融（史瑞伯寫道，「即使身處兩地，你照樣能影響我的神經系統」），是史瑞伯數十個詭異而神奇的經驗中的第一個，或許也是最有條有理的一個。史瑞伯以一種很可能只有他自己能破譯的方式，激情地書寫他在天上見到的兩顆太陽，以及他發現其中一顆太陽如影隨形地跟著他打轉。他用令人費解的文字說明一種大多數人都沒有注意到的、微妙的「神經語言」，洋洋灑灑寫了好多頁。他寫道，數百人的靈魂都使用這種神經語言向史瑞伯傳遞重要訊息，告訴他金星「洪水氾濫」、太陽系「支離破碎」、仙后座即將「匯聚成單一太陽」。

就此層面而言，史瑞伯和蓋爾文家的大兒子唐諾德有許多共通之處。多年後，在蓋爾文家位於隱谷路的住宅中，唐諾德會在七歲的瑪麗面前誦讀他的修士聖階禱文。史瑞伯和唐諾德一樣，相信發生在自己身上的事不僅是有形的，更是靈性的。無論是他或唐諾德或蓋爾文家的其他男孩，都並未在一定的距離之外、以超然的好奇心觀察他們的妄想；他們深陷其中，戰慄、驚奇、害怕、絕望，有時全部一湧而上。

既然無法跳脫，史瑞伯乾脆不遺餘力地把每個人拉進去——跟大家分享他的經驗。身處於他的宇宙，上一刻可能欣喜若狂，下一刻說不定就脆弱得不堪一擊。在回憶錄中，史瑞伯指控他的主治大夫傅萊契醫師使用神經語言對他施行他所謂的「靈魂謀殺」（史瑞伯解釋，靈魂很脆弱，如同「龐大的球體或纖維束」，堪比「一團棉絮或蜘蛛網」）。然後還有強暴。「由於我的病，」史瑞伯寫道，「我跟上帝產生了特殊關係，」——一種一開始極為酷似無玷受孕的關係。「我有女性生殖器官，儘管發育不良，但我的身體感覺到胎動，感受到人類胚胎生命的先兆……換句話說，發生了受精現象。」史瑞伯說他的性別出現變化，他懷孕了。他不認為這是上帝的恩賜，反而覺得受到侵犯。上帝是傅萊契醫師的共犯，甚至是「幕後黑手」，「像對待妓女般」利用他的身體。大多數時候，史瑞伯的宇宙是個可怕而緊繃的地方，充滿了恐懼。

他有一個遠大的抱負。「我的目的，」史瑞伯反思，「純粹是為了推廣一個重要領域——亦即宗教——的真知。」但事情並未如他所願。相反的，史瑞伯書寫的內容，倒是對越來越引發爭議的新興精神醫學更有貢獻得多。

2

最初——在人們把精神疾病的研究變成一門科學，並將其稱之為「精神醫學」（psychiatry）之前——瘋狂是靈魂的疾病，是一種活該被關進牢裡、遭到放逐或驅魔的失常現象。猶太教和基督教認為靈魂有別於肉體，靈魂是自我的本質，既可以聆聽上帝說話，也可以被魔鬼占據。掃羅王（King Saul）是《聖經》所描述的第一個瘋子，當神的靈離開了他、惡魔的靈取而代之，他便喪失了心智。[2]在中世紀法國，聖女貞德聽到的聲音被認為是異端邪教，是撒旦的傑作——貞德死後，人們換了一種說法，認為這是先知的聲音。[3]即使是在當時，瘋狂的定義便已經常改來改去，變化多端。

只要稍微用心觀察，便可輕易看見瘋狂偶爾會出現在家族病史中。最有名的例子發生在王室。十五世紀，英格蘭的亨利六世國王首先出現多疑的症狀，接著變得緘默退縮，最後完全陷入妄想狀態。他的疾病成了權力鬥爭的託辭，引發了玫瑰戰爭。此病是家族遺傳：他的外祖父法國國王查理六世有同樣的病，查理的母親（波旁的讓娜）、舅父、外祖父和外曾祖父也一樣。不過，直到史瑞伯的時代，科學家和醫師才開始以生物角度探討瘋狂。一八九六年，德國精神病學家（psychiatrist）*埃米爾．克雷佩林（Emil Kraepelin）採用「早發性癡呆」（dementia praecox）這個詞彙，顯示這個疾病始於年輕時期，有別於老年癡呆（praecox〔早發〕也是precocious〔早熟〕的拉丁字根）。[4]克雷佩林認為早發性癡呆乃「毒素」所造成，或者「與迄今仍性質不明的某種腦損傷有關」[5]。十二年後，瑞士精神病學家尤金．布魯勒（Eugen Bleuler）創造了「schizophrenia」這個術語†，描述被克雷佩林統稱為早發性癡呆的大多數症狀。[6]他也懷疑這項疾病有一定的生物因素。

布魯勒選擇使用這個新的詞彙，是因為它的拉丁字根——schizo（撕裂）——暗指心智功能出現尖銳而猛烈的分裂。後來事實證明這是個不幸的錯誤選擇。幾乎從那時起，流行文化——從《驚魂記》（*Psycho*）到《西碧兒》（*Sybil*）再到《三面夏娃》（*The Three Faces of Eve*）——便將思覺失調與人格分裂混為一談。錯得太離譜了。布魯勒企圖描述的是病人外在與內在世界的分裂，一種認知脫離了現實的狀態。思覺失調並非多重人格，而是在意識之外築起圍牆，最初是緩慢的，然後是突然一口氣隔絕開來，直到意識被完全包圍，再也接觸不到其他人眼中的真實世界。

不論精神病學家開始相信思覺失調症有什麼生物因素，迄今還沒有人能釐清這項疾病的確切性質。儘管起初似乎可以合理認為思覺失調症是遺傳性疾病，但這無法解釋後來某些憑空出現的病例，其中似乎也包括了史瑞伯的病例。思覺失調症的這個重大問題——家族遺傳抑或無端發生？——讓一代代理論家、治療師、生物學家以及後來的遺傳學家沉迷其中，推究到底。假如不知它的根源，何以得知應對方式？

史瑞伯的回憶錄出版八年後，佛洛伊德終於在一九一一年翻開了這本書，書中內容令他心醉神迷。[7]這位維也納分析師兼理論家已被各方公認為探索心靈運作模式的先驅，備受推崇，而他原本對史瑞伯這類妄想症病患興趣缺缺。他在擔任神經科醫師期間見過這類病患，但他始終認為對他們進行精神分析不過是白費力氣。[8]他認為，罹患思覺失調症意味著無藥可救——患者過於自戀，無法跟分析師進行有意義的交流，亦即無法「移情」(transference)。

* 審註：本章對於精神科醫師的描述交叉使用了neurologist、psychiatrist等說法，原因出自十九世紀下半葉，仍存在對於精神醫學用詞的爭議。除了德國使用psychiatry代表精神醫學，法國則習慣使用aliénisme。當時除了德國外，精神科醫師不喜歡稱呼自己為psychiatrist，甚至認為「psy-」字首有遠離以身體為主的醫學科學之意，比較習慣直接使用他們的工作作為職業稱呼，例如mad doctor、asylum supertitendent或alienist等。這也間接說明了在維也納工作的佛洛伊德認為自己是一位神經科醫師（neurologist）。

† 譯註：以前的中文譯名是「精神分裂症」，直到二〇一四年台灣才經由衛服部更名為「思覺失調症」。

但史瑞伯的書徹底扭轉了佛洛伊德的想法。書是佛洛伊德的徒弟、瑞士分析師卡爾・榮格（Carl Jung）寄來的，多年來，榮格不斷懇求他閱讀這本書。現在，佛洛伊德即使足不出戶，也可以與妄想症患者的內心世界親密接觸，窺探對方的每一個衝動。他在書裡所見到的一切，在在證實他原本對無意識的理解是正確無誤的。在向榮格致謝的信中，佛洛伊德將這本回憶錄稱為「一種啟示」。[9]而在另一封信中，他聲稱史瑞伯本人「應該被聘為精神醫學教授和精神病院院長」。[10]

佛洛伊德的《史瑞伯：妄想症案例的精神分析》（*Psycho-Analytic Notes on an Autobiographical Account of a Case of Paranoia [Dementia Paranoides]*）出版於一九一一年（遺憾的是，史瑞伯在母親過世後重新住進療養院，隨後在此書出版的同年去世）。[11]拜史瑞伯的回憶錄之賜，佛洛伊德如今堅信妄想不過是清醒夢（waking dreams）[12]——與司空見慣的精神官能症都是由相同原因所引起，並且可以用同樣的方式解讀。佛洛伊德發現（而如今廣為人知）的夢的符號與隱喻，他寫道，處處都呈現在這部回憶錄裡，一清二楚。[13]佛洛伊德主張，史瑞伯的性別轉換與無性受孕象徵他對閹割的恐懼。[14]他總結道，史瑞伯對其主治醫師傅萊契所表現出的固著（fixation）肯定與伊底帕斯情結有關。「別忘了，史瑞伯的父親也是醫師，」佛洛伊德洋洋得意地將所有線索串連起來，「他（史瑞伯）身上發生的那些荒誕神蹟，是對他父親醫術的尖酸諷刺。」[15]

對於佛洛伊德的這番話，恐怕沒有人比榮格更覺得糾結。一九一一年三月，榮格在他位於瑞士波克羅次立（Burghölzli）的家中讀了該書初稿，立刻寫信給他的老師。他表示他覺得這本書「極其有趣，令人捧腹」，而且「文筆出色」。[16]只有一個問題：榮格壓根不同意他的分析。[17]榮格之所以反對，歸根究柢還是在於妄想性精神疾病的本質問題：思覺失調症是與生俱來的腦部疾患，還是生活的創傷造成？先天或後天？佛洛伊德在當時的精神醫學界獨樹一幟，堅信這項疾病完全出於「心因性」，或說是潛意識的傑作，而潛意識則很有可能由後天養成的童年經驗所形塑，或刻下了傷痕——大部分跟性有關。相較之下，榮格的看法比較傳統：思覺失調症至少有部分是器質性、生物性因素所致——很可能來自家族遺傳。

他們師徒倆經常為此爭執，多年來相持不下。[18]不過對榮格來說，這只是壓垮駱駝的最後一根稻草。他告訴佛洛伊德，不是所有事情都跟性有關——人們發瘋有時是因為別的原因，或許是某種先天因素。「在我看來，原欲（libido）的概念……必須靠遺傳因子補充其不足之處。」[19]榮格寫道。

榮格寫了好幾封信，一再陳述同一論點。[20]佛洛伊德從不接招；他來個相應不理，把榮格氣得半死。一九一二年，榮格發火了，開始摻雜個人情緒。「你把學生當成病人對待的作法是錯誤的，」榮格寫道，「這麼一來，你所製造的若非卑屈的兒子，就是無禮的學徒。與此同時，你始終是高高在上的父親。」[21]

同年稍後，在紐約市福坦莫大學（Fordham University）的聽眾面前，榮格公開反對佛洛伊德，尤其強烈抨擊佛洛伊德對史瑞伯病例的解析。他表示，思覺失調「不能光靠喪失情慾來解釋」。[22]榮格知道佛洛伊德會把這番話視為異端。「他錯得離譜，」榮格後來省思，「因為他根本不明白思覺失調的本質。」[23]

佛洛伊德與榮格的決裂，大致在於兩人對瘋狂的本質所持的看法不同。早期精神分析中最偉大的夥伴關係就此結束，但有關思覺失調的根源與本質的爭論才剛剛開始。

一世紀後，估計全世界每一百人就有一人罹患思覺失調症——美國有超過三百萬人罹病，全球則有八千兩百萬名患者。[24]根據一項統計數字，確診患者占據了全美精神病院的三分之一床位。[25]而在另一項數據中，每年大約有四成的成年病患沒有接受任何治療。[26]每二十個思覺失調症案例中就有一人以自殺告終。[27]

如今，學術界充斥了數百篇以史瑞伯為主題的論文，每篇都遠遠跳出了佛洛伊德與榮格的範疇，以自己的角度探討這名患者以及他罹患的疾病。法國精神分析大師兼後結構主義教父賈克．拉岡（Jacques Lacan）表示，史瑞伯的問題源於挫折感，因為他無法成為他自己的母親所欠缺的陽具。[28]到了一九七〇年代，法國社會學家兼反文化運動代表人物米歇爾．傅柯（Michel Foucault）則認為史瑞伯是某種烈士，是社會力壓垮個人精神的犧牲者。[29]直至今日，史瑞伯的回憶錄仍是一張完美的空白畫布，而史瑞伯本人則是理想的精神病患：一個無法還嘴的病人。與此同時，史瑞伯案例引發的思覺失調核心爭論——先天或後天？——已和我們對這項疾病的認知密不可分。

蓋爾文兄弟生於這個爭論年代。等到他們一一成年，醫界的看法已如不斷分裂的細胞，眾說紛紜。有人站在生物化學的角度，有人站在神經醫學的角度，有人則認為這項疾病跟遺傳有關，更有人持環境或病毒或細菌相關的說法。多倫多的精神病史學家愛德華．蕭爾特（Edward Shorter）曾說，「思覺失調症是一項有各種理論的疾病。」[30]——而二十世紀輕而易舉便出現了數百種理論。至於思覺失調症的真相——病因為何、如何緩解——則依舊牢牢鎖在患者的內心深處。

試圖找出思覺失調生物之鑰的研究人員從未停止尋覓可以一舉平息先天與後天爭議的研究對象或實驗方法。但是，倘若有一大家子的史瑞伯——一群擁有相同遺傳基因、條件完備的研究對象——會怎麼樣？倘若有一組病例夠多的樣本，可以在其中某些或甚至全部病例中找到特定、可辨識

2

的因子，會怎麼樣？

倘若有一個像唐和咪咪·蓋爾文這樣生了十二個小孩的家庭？事情會怎麼樣？

3

唐
咪咪
唐諾德
吉姆
約翰
布萊恩
麥可
理查
喬瑟夫
馬克
馬修
彼得
瑪格麗特
瑪麗

剛結婚那幾年，咪咪總愛打趣說，她丈夫只在家待到足夠讓她懷孕。

一九四五年九月，日本戰敗投降幾天後，他們的長子唐諾德・肯揚・蓋爾文正式受洗。他的母親順利迎接他降臨這個世界，沒有任何波折。唐諾德的誕生，是咪咪十二次生產當中唯一一次接受麻醉。母子倆住在皇后區的森林小丘（Forest Hills），這是紐約市區一個鬧中取靜的地段，附近有家著名的網球俱樂部。推寶寶散步之餘，咪咪還自己學著做菜。有六個月的時間，她跟小唐諾德相依為命，時時聆聽有關南太平洋的新聞報導，納悶兒子的父親什麼時候才能回家。

唐在耶誕節過後不久回到家人身邊，暫時被派到紐澤西州卡尼市（Kearny）的造船廠擔任安保官。待了幾個月後，他再度離家到華盛頓特區，以三個月時間完成他在喬治城大學的學業。然後，在一九四七年夏天，咪咪生下老二吉姆的短短幾星期後，他轉往羅德島新港區的海軍戰爭學院進修。這次，唐攜家帶眷同行，一年後再度舉家搬到維吉尼亞州的諾福克市（Norfolk），在那裡，他先後服役於亞當斯號（*Adams*）和朱諾號（*Juneau*）軍艦，穿梭在紐約和巴拿馬、千里達、波多黎各以及加勒比海其他地區之間——咪咪則獨自在家帶孩子，每次長達好幾星期。

咪咪對戰後生活懷抱著一個全然不同的夢想。她想像丈夫進入法學院深造，一如她的兩位叔伯和祖父湯瑪斯・林西・布萊尼（Thomas Lindsey Blayney）；儘管她的親生父親被逐出家門，她依舊崇拜著祖父。咪咪希望住在紐約，和親人一起生活，讓孩子們在表兄弟姊妹和叔伯阿姨的陪伴下長大——得到她小時候因為被迫搬到德州而遭剝奪的童年。

唐考慮過這個主意（至少表面看來如此），不過他也有自己的夢想。他以他一貫的魅力解釋，海軍是幫助他達到目的的工具——他認為他可以爭取海軍贊助他繼續攻讀法律，或者更好的是，贊助他攻讀他真正熱愛的政治學。事實證明他打錯了算盤。儘管他的指揮官對他讚譽有加並誠心推薦，但他每一次申請研究所都被拒絕。似乎每一次都有某個後台更硬的人——某個眾議員的兒子或參議員的外甥——搶了他的名額。

唐在海上出勤時，在諾福克獨力操持家計的咪咪得省吃儉用。海軍微薄的軍餉支票（大約每週三十五美元）有時會在郵寄過程中丟失，她就得仰賴鄰居接濟日用品和食物。唐上岸後就不同了。靠著他的喬治城大學學歷、語言能力以及對國際關係的濃厚興趣，這位年輕英俊的上尉在所有人心中留下了良好印象。在朱諾號上，唐不僅是艦務官，也是船上的西洋棋大師，接受任何人的挑戰。不出任務的時候，唐是艦長固定的網球搭檔，並和咪咪一起參加諾福克武裝部隊參謀學院（Armed Forces Staff College）的社交活動，和一群高級將領往來酬酢。唐調的鐵幕雞尾酒——以伏特加和野格利口酒（Jägermeister）調製而成的寬口杯烈酒——名聞遐邇。唐的圓融與專業風采迷倒了一群將軍，以及至少一位碰巧搭上朱諾號、順道去巴拿馬玩的將軍夫人。

戰艦上沒有太多私密空間，但也夠用了。不過回到陸地上之後，祕密就沒那麼容易隱瞞。將軍夫人或許不知道她的一位朋友恰好認識唐．蓋爾文的太太。當咪咪聽說了朱諾號的那趟航程，成為傑出海軍上尉新娘的最後一絲喜悅很快地就蕩然無存了。或許不會有人像咪咪那樣愛唐愛得無法自拔，但現在有兩名稚子需要照顧，咪咪心裡有數，她需要他遠勝過他需要她。

唐去申請了法學院，交換條件是在海軍繼續待六年。他被拒絕了。他申請轉調巴拿馬、古巴或大西洋區——海軍提供法律課程的任何地方。再次被拒。

咪咪又懷孕了，孕期吐得一塌糊塗，然後另一個兒子誕生：他們的老三約翰一九四九年年底出生於諾福克。這一次，唐不在家；他當時被派到伊利諾州格蘭維尤（Glenview）接受為期四個月的軍官培訓。咪咪和男孩們留在諾福克，等著唐爭取被調到其他地方、任何地方。然後唐接到消息，得知朱諾號即將調駐普吉特灣（Puget Sound）——遠在美國西岸，離戰爭一觸即發的韓國更近一步。

咪咪再也無法要自己忍耐。唐是時候離開海軍了。一九五〇年一月二十三日，唐遞出辭呈，將辭職原因全然歸咎於家庭狀況。「欠缺完整的家庭生活，是我辭職的充分理由，」唐寫道，「留在海軍將剝奪內人與三個兒子享受正常家庭生活的權利。」屢屢遭拒顯然也讓唐備感委屈——海軍一次又一次看輕他的潛力。進入法學院的機會一直被別人搶走，他受夠了。「幹勁只有在我們有意願做某件事，或被人激勵去做某件事情時會出現，」他寫道，「我在海軍感受不到幹勁。」

咪咪如釋重負。終於，她在陌生而遙遠的城鎮之間輾轉遷徙的流放人生即將畫下句點了。他們計畫搬回紐約，唐將進入布朗克斯區的福坦莫法學院就讀，他們可以展開她期望以久的生活。他們

3

打算在長島的萊維頓（Levittown）買房子，這裡是新興的大規模平價住宅區，離市中心僅一小段車程。他們看中一棟寬敞得足夠讓小唐諾德、吉姆、約翰外加接下來可能出生的任何一個小孩居住的房子。

咪咪被蒙在鼓裡的是，唐也一直在跟剛剛成為美國空軍軍官的哥哥克拉克交換訊息。空軍和海軍不同，一切都還很新鮮、尚未成形。飛行員的藍色軍服甚至還未問世，他們只能穿陸軍航空軍（美國空軍前身）二戰期間遺留下來的「粉與綠」卡其服*。而且，他們似乎求才若渴——唐聽說空軍非常缺人，只要他願意加入，就可以直接擔任軍官。

一九五〇年十一月二十七日，離開海軍十個月後，唐以中尉軍銜加入美國空軍。咪咪無法相信唐竟如此興高采烈地推翻她以為他們對未來生活所擁有的一切共識。美國正派兵韓國，而他竟想重返戰場？他的步調為什麼總是跟她差了半步的距離——那麼疏遠、那麼心不在焉？

面對咪咪，唐照例說服力十足。克拉克曾帶他參觀米切爾軍區（Mitchel Field），這座位於長島的空軍基地是當時的全國空軍總部。他問咪咪，他通車到布朗克斯讀法律或到長島受訓，對咪咪而言真的有差別嗎？不論如何選擇，他們都可以繼續住在萊維頓。況且，唐依然有夢。美國如今是世界領袖，正在打造未來；剛剛擊潰法西斯主義的航空艦隊會飛越他和咪咪家的後院上空，在天際穿梭。他真的想在某棟高樓大廈裡碌碌無為，每天傍晚趕搭五點零七分的班車回家？或者，他願意有朝一日成為國際事務專家、替總統出謀劃策、為打造世界的未來盡一份力？

* 譯註：pinks and greens，陸軍棕綠色軍常服的暱稱。

咪咪和唐存夠了買房的頭期款。當空軍突然宣布新的總部將設到科羅拉多州時，房子幾乎都快要完成過戶了。這一次，唐跟咪咪一樣震驚。這次轉移是華府的暗中籌畫；他們認識的人全都沒聽到風聲。

一陣短暫的驚慌失措後，他們拿回了訂金。唐在一九五一年一月二十四日到科羅拉多泉的恩特空軍基地報到，情人節前，咪咪和三個兒子前來和他團聚。

無論咪咪走到哪裡，眼前所見盡是岩石——綿延數哩，深深淺淺的紅。在被冰川輾平的廣闊草原上，拔地而起的巨石點綴著平坦的大地，彷彿舞台布景。馬尼圖溫泉療養地的湧泉據說具有神奇療效；附近山脈則因為上一世紀的淘金熱，讓這一帶的科羅拉多州首度被收入地圖。咪咪被美景環繞，但是她無心欣賞。

他們剛來的時候，這座小鎮並未呈現它的最佳面貌。咪咪和孩子們抵達時適逢乾旱，政府實施了限水措施。就連咪咪的母親在紐約市的房子都綠意盎然、花木扶疏，如今咪咪觸目所及，四處淨是一片枯黃之色。這裡沒有芭蕾、藝術或文化，和咪咪從小就夢想的生活天差地遠。唐替他們找的房子位於科羅拉多泉一條名為卡什波德赫（Cache La Poudre）的靜謐街道，這條路在當地已被視為繁忙的熱鬧大街。此地跟萊維頓判若雲泥，任誰都想像不出差距更大的地方了：一棟由老舊的飼料倉改建而成的房子，樓梯的地板東翹西歪，無可救藥。

咪咪哭了好幾個晚上，過了好久仍氣憤難消。她說那房子是個破爛、那小鎮是一灘死水。他究竟把她拖進了怎樣一個地方？

不過唐是她的丈夫，而且不論身在何處，她終歸是三個孩子的母親，並且計畫生更多孩子——唐畢竟是天主教徒；而且無論身在何處，她還有好多事情得做。咪咪決心好好過每一天。鳥兒幫上了忙——有奧勒岡草雀、灰冠的白翅嶺雀，還有白眉山雀。後院有一棵高大的棉白楊樹，而且如果她更仔細觀察泥土地，她可以看見星星點點的野花。她決定在那裡闢一座花園。

在卡什波德赫的新鄰居眼中，咪咪漸漸成了一個鶴立雞群的愛書人，喜歡讀大部頭著作，可以背出黑暗時代迄今的大英帝國、甚至歐洲各國的國王與王后名字。他們很快聽說了關於肯揚外公、龐丘．維拉、霍華．休斯，以及她的紐約歲月的種種故事。由於丈夫收入不豐，咪咪得想其他辦法讓自己與眾不同。咪咪從母親身上學到關於高級布料的一切知識，因此可以從慈善機構的二手商店挖到喀什米爾羊絨，然後洋洋自得地誇耀自己淘到的寶貝。她加入當地合唱團，並到業餘的歌劇團擔任志工，幫忙籌辦活動。一開始，他們不願意表演她最喜歡的莫札特的任何作品——她暗暗嘲笑，就連莫札特對他們來說都太難。不過咪咪會幫忙替《游唱詩人》（*Il trovatore*）和《蝴蝶夫人》（*Madama Butterfly*）等傳統劇目選角。

她漸漸愛上周遭美景。如今，咪咪看著如此陌生的一草一木和地理環境，彷彿她曾在中央公園西區的自然歷史博物館透過玻璃櫥窗凝視的景物，在她眼前一一成真。她也和唐一起投入馴鷹。他們的感情建立在強烈的智性力量上；馴養這類猛禽，得以讓他們將智力活動與某種狂野、未知的事物融合在一起，就像他們的新家。

他們學習到，馴鷹並非只是設陷阱那麼簡單，還得堅持不懈地以意志力壓制對方——要始終維持控制，直到老鷹出現類似斯德哥爾摩症候群，願意留在馴鷹師身邊，甚至寧可被關起來也不願意自由自在翱翔。戴著手套或鐵護手扛著盲鷹兩星期後，他們會在老鷹腿上拴著一根長繩——和魚線等重的一百呎細繩——以便在訓練期間維持掌控。他們會以皮手套拿著肉當誘餌，然後鼓勵老鷹越飛越高，最後拋出誘餌，訓練老鷹俯衝叼食。俯衝的速度最高可達時速兩百哩，場面驚心動魄。

馴養野生鷹隼雖是一件巧妙而困難的工作，但前人已將馴鷹方法說得很清楚。她和唐學習到，只要按部就班去做，他們終將得到一頭乖巧、聽話、開化的老鷹。咪咪在家中也實施同一套頑強不屈的作風；而在家中，他們留給老鷹的預算有時比養育孩子的費用更高。車庫架子上堆滿了老鷹的皮頭套，甚至車庫本身後來也被改裝成鷹籠（當鄰居向衛生局舉發他們，始終保持鷹籠整潔的唐輕易擺平了麻煩）。咪咪買了一套便宜的水彩顏料，開始描繪老鷹的風姿。夫婦倆將他們沉迷的新嗜好介紹給了三個孩子。老大唐諾德一到入學年齡便開始參與架設陷阱的活動，捕捉他的第一頭老鷹——一頭母雀鷹。他們是在一個樹洞中發現牠的；當時，他們正在奧斯汀斷崖（Austin Bluffs）賞鳥，這座海拔六千六百呎的峰頂曾有一間結核病療養院，後來被併入科羅拉多大學的校區。咪咪把老鷹取名為基麗基麗（Killy-Killy），因為牠會發出「基麗麗」的嘯聲。唐諾德親自訓練牠。有一次，牠抓到一隻蚱蜢，飛到門頂上慢慢地啃，彷彿在吃冰淇淋甜筒。唐諾德站在門底下喊，「過來，基麗基麗！過來，基麗基麗！」一旦進屋，他會讓基麗基麗毫無拘束地飛來飛去，他們全都學會在她翹起尾巴排便時躲到一邊。

頭兩個男孩——唐諾德和吉姆——開始上學了。老三約翰還在稚齡時，老四和老五——布萊恩和麥可——便在一九五一年和一九五三年相繼出生。對於每個還在襁褓中的男孩，咪咪都親餵母乳，這在咪咪認識的母親當中是比較少見的選擇。從一開始，她就喜歡向大家證明她凡事皆可親力親為，不必找保姆，也不必托嬰。咪咪心忖，隨著男孩們漸漸長大，她就是教導他們欣賞歌劇與藝術、觀察珍奇鳥類、研究古怪昆蟲、辨識野生蕈菇的最佳人選，還要其他人做什麼？放眼科羅拉多泉，還有哪個孩子知道帶圓點的紅色蕈菇叫做毒蠅鵝膏菌？

男孩們一個接著一個得過了腮腺炎、麻疹和水痘。每添一個寶寶，咪咪的注意力就更分散一點，時間也更加不夠用。即使生了五個兒子，唐和咪咪都沒討論過節育。雙方家庭嘮叨個不停：生那麼多小孩幹嘛？畢竟，咪咪嚮往的精緻生活——文化、藝術、社會地位——看來跟那麼多張等著吃飯的嘴並不相容。但假如咪咪無法擁有前者，她便十分樂意努力做好後者。生育眾多子女，跟讓人知道她能夠輕鬆養育眾多子女，兩者之間有著微妙的區別。

然而，不論多大的社交野心都無法充分解釋咪咪對龐大家庭的渴望。其中很可能存在更深層的原因：子女填補了咪咪自己或許都沒料到的需求。從小，咪咪就懂得想辦法粉飾生命中的痛苦與失望：失去父親、被迫流放到休士頓、丈夫始終跟她保持疏離。雖然她不肯承認，但這些挫敗確實刺傷了她，在她心裡刻下了傷痕。不過，生育那麼多子女為咪咪翻開了新的一頁——或起碼岔開了她的心思、改變話題、彌補損失、幫助她比較不那麼沉浸於遺憾之中。對於一個經常覺得遭到遺棄的女人，這是創造她所需一切陪伴的好方法。

唐的母親瑪麗·蓋爾文會在她位於皇后區的家中冷言冷語地說，除了生小孩，咪咪什麼事都不幹——咪咪現在把持了唐的生活、凡事都想占上風、決心比家族中真正的天主教徒更像天主教徒，而咪咪持續的懷孕狀態是贏得這場比賽最明確、最有力的方法。

咪咪的回應很簡單，並且堵住了所有人的嘴。她說，孩子會讓唐覺得幸福。

比起軍人，他始終更像一名學者。咪咪發現唐的那一面既可愛又令人受挫。堅持擁有一大家子子女的同時，他也珍惜著不被打擾、井然有序的心靈生活。然而無論她把家裡打點得多麼安靜、整齊，他總能找到理由躲得遠遠的。

作為恩特空軍基地的情報官，唐深諳冷戰軍事工作的慎重性。他經常說「不要向任何人洩漏任何不必要的訊息」，而他說這話時的隱諱態度讓保密氛圍幾乎都像是串謀了，彷彿他們都是局內人。不過他們並非都是局內人：唐頂多會向咪咪透露，聽他彙報的幾名將領看起來不太聰明。不論他的表現看來多麼出色，他並未對空軍生涯懷抱遠大志向。即使一九五三年夏天，艾森豪總統到丹佛避暑，唐發現艾森豪本人讀了他撰寫的情資報告，他對軍事工作依然興趣缺缺，反倒令他更下定決心總有一天要攻讀政治學博士。

雖然馴鷹曾是唐和咪咪聯手從事的嗜好，但事情開始出現了轉變。他越來越常離家跟當地的馴鷹師一起捕鳥，咪咪則在家照顧子女，忙個沒完沒了。這條新的裂縫或許不怎麼新鮮——毋寧只是反映出打從一開始就存在的現象罷了。從相識的第一天起，唐就像活在離地幾吋的半空中，咪咪則腳踏實地地耐心等待。唐有如他的老鷹，盡情翱翔，高興了才回巢。咪咪心不甘情不願地發現自己投入了馴鷹人的角色——馴養唐、引誘他回家，費盡力氣，以為自己徹底馴服了他。

咪咪也有自己的事情要忙；有些事情是為了跟越來越疏遠的丈夫靠得更近。為了兌現她對夫家的承諾，她上了好幾年的課，準備皈依天主教。跟丈夫信仰同一宗教才能讓他們成為真正的一家人，所以她毫無怨言——那不過是另一座有待攀登的山峰、另一項有待精通的課題。她跟她的輔導員羅伯特・佛洛登斯坦（Robert Freudenstein）神父建立了長遠的友誼。他是當地的神父，總是一邊喝著雞尾酒，一邊向咪咪介紹耶穌顯聖容以及聖靈感孕等觀念。神父跟咪咪一拍即合：被大家稱作佛洛迪的神父出身有錢人家，不怕炫富，常常開著敞篷車疾駛而過，蓋爾文家屋外的小鳥總在神父開車到訪時驚飛四散。佛洛迪會變魔術給男孩們看、講故事給他們聽。面對咪咪與唐，他會聊書本、藝術與音樂，侃侃而談，幫助他們融入新的家鄉。當英國皇家芭蕾舞團在丹佛登台，他帶著咪咪和唐一起去看表演。不久後，每當佛洛迪需要躲開他在聖瑪麗教區的上級，他就會跑到蓋爾文家。他成了蓋爾文家的常客，猶如家中的另一分子。「噢，基普主教在生我的氣，」他會這麼說，「我可以跟你一起吃早餐嗎？」咪咪總會答應。

咪咪的母親認為這份友誼是不智的，甚至不太恰當。比莉會開著她的斯圖貝克（Studebaker）到西部來，住在女兒家中，直到她開始批評咪咪的持家方式。佛洛迪往往是頭號話題。比莉會說，嫁給天主教徒是一回事，但神父有必要老在他們家出沒嗎？不過對咪咪而言，佛洛迪的到訪是她皈依天主教後的最大驚喜。她不僅和唐靠得更近，也覺得自己掌握了帶領全家靈修的知識；在這偶爾孤單的新世界，她找到了一件熟悉、甚至有趣的事。

比莉總會按捺不住地轉身離開。不過，咪咪並不在意母親的評判。現在，她生過的孩子比比莉生過的還多；她贏過她了。

隨著孩子越生越多，咪咪也越來越活出一個新的自我，迥異於多年來都活在失望中的那個女人。他們以後還會搬幾次家：一九五四年到一九五五年間調到魁北克的空軍基地，隨後三年，駐紮在北加州的漢密爾頓空軍基地（Hamilton Air Force Base）。他們在一九五八年帶著八個男孩回到科羅拉多泉。理查生於一九五四年，喬瑟夫生於一九五六年，馬克生於一九五七年。

唐在家的時候總是扮白臉，行事低調，除了每天早晨的黎明時分：**起床！起床！全體人員統統起床！張開風帆，拉起繩索，打掃船艏到船尾的甲板和舷梯，洞六洞洞到食堂報到吃飯！**其他時間，孩子們的所有事情都是咪咪在管——她並非總是循循善誘，有時會帶著冷漠、嚴厲而輕蔑的態度。她鬥志高昂，不論早上、中午或夜晚，時時刻刻都在與平庸對抗。

所有男孩都穿休閒西裝外套、打領帶、穿Bass牌休閒皮鞋參加主日彌撒。

不准留長髮。

軍方和教堂提供了兩套行為準則：美國的和上帝的。

咪咪宰制了子女生活的各個層面，她決心要盡最大努力，不留任何漏洞。孩子們聽著各式各樣的格言長大：「不要以貌取人」、「吱吱喳喳搬弄是非，你的舌頭就會裂成兩半，城裡每一條狗都會來咬一口」。早晨，每個人都會分到任務：擺放餐具、準備午餐、烤土司、吸塵、撢灰、拖廚房地板、擦桌子、洗碗和擦碗。任務每週輪替。男孩們還得上速讀課。天氣好的時候，他們會外出賞鳥或採蘑菇。客廳裡沒有《讀者文摘》（*Reader's Digest*）或《婦女家庭》（*Ladies' Home Journal*），只有《史密森尼》月刊（*Smithsonian*）和《國家地理》雜誌（*National Geographic*）。就連鄰居小孩來蓋爾文家玩塗色遊戲或畫畫時，都知道不必期待作品受到讚美，只會被一一數落他們做得不好的地方。「她希望每個人都達到完美。」他們家的一位老友如此回憶。

咪咪當時肯定沒有料到，這樣的脾氣後來成了對她多麼不利的因素。到了一九五〇年代，精神

3

醫學界將矛頭對準她這樣的母親。美國精神醫學界最有影響力的思想家一致以一個新的詞彙形容這些女人，把她們稱為「精神分裂母親」*。

* 審註：精神分裂母親（schizophrenogenic mother）指的是因為母親的特質、教養方式等而生養出罹患精神分裂症的孩子。翻譯使用精神分裂症而非思覺失調症，主要是因為當時（四〇至七〇年代），精神分裂母親為某種流行的學術論述，所以使用舊時的翻譯。

4

一九四八年
馬里蘭州，羅克維爾

板栗居（Chestnut Lodge）精神病院創立於一九一〇年，樸素的四層樓紅磚大樓曾經是一家旅館，坐落在華府郊區林木蔥鬱的鄉間地帶。開業頭二十五年，院中的病患（許多人確診思覺失調症）主要在這裡休養，或接受職能治療。醫院創辦人住在樓下，病人住在樓上。這個地方原本在精神醫學界無足輕重，但在一九三五年，醫院迎來一位名叫芙芮達・佛洛姆賴克曼（Frieda Fromm-Reichmann）的心理治療師後，情況全然改觀。

她是一名猶太難民，從飽受戰火蹂躪的德國逃離，剛剛抵達美國。此時的佛洛姆賴克曼已然四十多歲，在戰前，她就是一位老練、自信的心理治療師，個子雖然嬌小，性格卻強勢、剽悍而直接，帶來了無可否認的全新觀念。不同於板栗居的幾位老派人物，佛洛姆賴克曼隸屬於受佛洛伊德啟發的新一波分析師，願意以大膽的方式治療病患。沒過多久，她締造的奇蹟故事便逐漸流傳開來。[1]

一名年輕人在佛洛姆賴克曼第一次嘗試跟他說話時攻擊了她。她連續三個月每天在他的病房外守夜，直到他終於讓她進門。[2]

一位病人在佛洛姆賴克曼對他進行心理諮商時，好幾星期都緊閉嘴巴、不發一語，直到有一天他在她即將坐下的地方塞了一張報紙。他對她開口說的頭幾句話，是不希望她弄髒了裙子。[3]還有一個女人朝佛洛姆賴克曼扔石頭，大吼大叫說，「你下地獄去吧！」幾個月後，這位新來的心理治療師拆穿對方的底牌：這麼做顯然對誰都沒好處，她說，「何不停止呢？」那女人於是停止攻擊。[4]

這些故事好得不像真的？或許吧。但對佛洛姆賴克曼而言，思覺失調症是可以治癒的疾病，持不同看法的治療師也許不夠關心他們醫治的病患。[5]蓋爾文家的成員從未見過她，然而在他們有生之年，她改變了美國人對思覺失調症及所有精神疾病的認知，貢獻無人能及——無論是正面貢獻，或是後來的負面影響。

佛洛姆賴克曼抵達美國時，正值主流精神醫學界以既無效果又不人道的方法處理思覺失調症的年代。精神病院擠滿了被當作實驗對象的病人，被迫服用可卡因、錳和蓖麻油；注射動物血液和松節油；吸入二氧化碳或濃縮氧（是謂「氣體療法」）。[6]一九三〇年代，對患者注射胰島素以引發短暫昏迷的胰島素休克療法（insulin shock therapy）盛極一時，其理論是定期治療（每天昏迷一次）可以慢慢消除精神疾病的作用。[7]緊接著出現了腦白質切除術（lobotomy），以手術切斷病患前額葉的神經連結——英國的麥考利（W. F. McAuley）精神科醫師說得好，這種手術「去除了導致病患無法自我調適的特定性格，或許也因此導致病患無法自我調適」。[8]

試圖尋找思覺失調生物因子的另一派人物對待病患的方式也不遑多讓。在德國，早發性癡呆先驅埃米爾・克雷佩林創立了一家研究機構，專門研究這項疾病的遺傳因子，結果一無所獲。[9]這個機構中的一名研究員恩斯特・魯丁（Ernst Rüdin）成了優生運動的主要人物，率先主張閹割精神病患。[10]而魯丁的學生法蘭茲・約瑟夫・卡爾曼（Franz Josef Kallmann）做得更過火：戰後，他在美國推動優生學，主張一旦找出思覺失調症的基因之後，就連「未受影響的基因載體」都需要絕育。[11]生物精神醫學領域的領袖似乎認定精神病患壓根不是人*。

面對如此紛擾的社會力量，如佛洛姆賴克曼等佛洛伊德派的分析師由衷抵制思覺失調症的生物基礎，也就不足為奇。精神醫學界為什麼要接受把人類當成種馬對待的學派？相反的，佛洛姆賴克曼相信，病患內心深處渴望被治癒——他們在等待幫助，就像受傷的小鳥或需要被理解的脆弱孩童。「每個思覺失調患者都隱約知道，自己所處的虛妄世界是不現實且孤獨的，」[12]她寫道。而心理治療師的任務——美國精神分析師急先鋒即將熱切投入的一項高貴工作——就是突破病患樹立起的重重障礙，將他們從自己的手中解救出來。[13]

一九四八年，板栗居收治一位名叫喬安・葛林堡（Joanne Greenburg）的少女，她即將把佛洛姆賴克曼推上不朽的地位。[14]葛林堡在一九六四年出版了暢銷書《未曾許諾的玫瑰園》（*I Never Promised You a Rose Garden*）——她後來聲稱這是一部杜撰的回憶錄。故事是關於一個被困在幻想王國「黟」的少女黛博拉・布勞。黛博拉相信自己被某個外在力量附身，就和半世紀前丹尼爾・保羅・史瑞伯所感受到的經驗雷同。（葛林堡寫道，「其他力量爭奪著她的臣服」。）[15]黛博拉似乎徹底與世界阻隔，直到她的治療師佛雷醫師（Dr. Fried）——很明顯在影射佛洛姆賴克曼，而且姓氏擺明了呼應佛洛伊德——突破重圍，拯救了她。佛雷醫師對少女黛博拉心中的惡魔瞭若指掌，深知它們的根源、它們存在的原因。「每個病人都極度害怕自己身上無法控制的力量！」[16]佛雷醫師在小說中沉思，「不知道為什麼，他們無法相信自己只是凡人，只擁有凡人程度的怒氣！」

佛雷醫師在書中對黛博拉所做的，影響了一整個世代的心理治療師。正如海倫・凱勒傳記《奇蹟締造者》（*The Miracle Worker*）中的安妮・蘇利文（Annie Sullivan）一般，佛雷醫師也是充滿智慧、熱情與幹勁的楷模，耐心而熱切地與病患交流、破解密碼。醫師總結道，其中一把解密的鑰匙，就是承認女孩的父母在不知不覺中為女兒的精神疾病搧風點火。「許多家長說——甚至認為——他們想幫自己的孩子，而且有意無意地表示，是他們的孩子想要自我毀滅，他們自己就是這個密謀的一部分，」醫師在葛林堡的小說書頁中省思：「對某些父母而言，子女的獨立為岌岌可危的平衡帶來了太大的風險。」[17]

思覺失調症的謎團顯然解開了：優生學是錯的。人們並非天生患有思覺失調，要怪就得怪他們的父母。

早在一九四〇年，佛洛姆賴克曼便警告「專橫的母親會危害子女的發育」[18]，將這類母親稱為「最大的家庭問題」。八年後（同年，喬安・葛林堡成了她的病人），她提出了一個令咪咪・蓋爾文這類女人數十年都擺脫不掉的術語：精神分裂母親。她寫道，這類母親必須為她們「嚴重的早年扭

* 原註：去除瘋子和「低能兒」的生育能力，這樣的觀念許多年前在美國廣為盛行。優生學是美國在二十世紀初「進步時期」（Progressive Era）的標誌，影響了卡爾曼、魯丁，甚至納粹分子。

曲與拒斥」，導致思覺失調患者「極度不信任他人並心懷怨恨」，負起「最大」責任。[19]

她絕非第一個將問題歸咎於母親的精神分析師。畢竟，佛洛伊德那一派將幾乎每一個莫名的衝動都解釋成童年經驗在潛意識留下的陰影。不過如今，在戰後的這幾年，美國的新繁榮年代初露曙光，許多心理治療師有新的問題需要操心：那些拒絕和上一代女人走相同路線的母親。「思覺失調症患者，」費城精神科醫師約翰・羅森（John Rosen）在佛洛姆賴克曼創造「精神分裂母親」這個詞彙的同一年寫道，「就是那種被母性本能扭曲的女人撫養長大的人。」[20]

佛洛姆賴克曼在自己的著作中忐忑不安地指出，「美國女人常常是一家之主，男人伺候她們，就像歐洲家庭中女人伺候她們的丈夫，」而且，「家裡的大小事，往往是由妻子和母親當家作主。」[21]她尤其不喜歡的現象是父親（例如唐・蓋爾文）成了子女的朋友、和他們推心置腹，而母親（例如咪咪・蓋爾文）則負責管教。不過，當佛洛姆賴克曼一給這類母親取了名字，這個觀點就如野火燎原，引發熱烈迴響。國家精神健康研究院的約翰・克勞森（John Clausen）和梅爾文・柯恩（Melvin Kohn）以「冷漠」、「追求完美」、「焦慮」、「控制欲過強」、「管東管西」等形容精神分裂母親。[22]心理學家蘇珊・瑞卡德（Suzanne Reichard）和史丹佛醫學院精神醫學部臨床助理教授卡爾・提爾曼（Carl Tillman）則將精神分裂母親描述為：「典型的中產階級盎格魯撒克遜族美國婦女：一板一眼、端莊體面，但是毫無真實感情。」[23]

這些描述似乎少了某種連貫性。[24]精確地說，這類母親到底對這些子女做了什麼？她們究竟是專橫還是軟弱？令人窒息或冷漠疏離？虐待成性或麻木不仁？一九五六年，人類學家——同時也是瑪格麗特・米德*的丈夫——格雷戈里・貝特森（Gregory Bateson）集結了精神分裂母親的種種罪嫌，提出他稱之為「雙重束縛」（double-bind）的理論。[25]他解釋，雙重束縛是某些母親為子女設下的陷阱。舉例而言，母親可能會說：「你好好加油。」但她的語氣卻傳達出希望孩子「不要這麼溫順」的矛盾訊息。這時，就算孩子乖乖聽話，母親同樣不會滿意。孩子感到無助、害怕、氣餒、焦慮——落入陷阱，沒有出路。按照雙重束縛理論所言，假如孩子經常掉進陷阱，就會發展出精神疾病以應付這種狀況。他們被母親折磨，於是退縮到自己的世界。

貝特森提出這套理論時，甚至連十分鐘的精神科臨床經驗都付之闕如。但那無關緊要。雙重束縛理論聯合了精神分裂母親的概念，雙雙將責怪母親變成了精神醫學界的業界標準——而且不限於思覺失調症。在一九五〇和六〇年代，很難找到哪種情緒或精神障礙沒有被心理治療師以某種方式歸因於病患母親的行為。自閉症是沒有對嬰兒展現足夠母愛的「冰箱母親」造成的；強迫症則被歸咎於二到三歲期間，在接受馬桶訓練時與母親產生的衝突。大眾對瘋狂的認知，無可救藥地跟「妖魔鬼怪母親」的概念糾纏在一起。一九六〇年，當希區考克的《驚魂記》斷然將電影史上最著名的妄想症殺人狂諾曼・貝茲的行為怪到他的亡母身上，一切都再合理不過了。

這就是男孩們一一發病時，蓋爾文家面對的時代背景：正氣凜然的精神醫學界站在道德制高點，對抗邪惡的優生學、外科手術與化學實驗，迫不及待尋找另一種方法來解釋這項疾病——一個

* 譯註：瑪格麗特・米德（Margaret Mead），著重研究性別相關行為的人類學家。

更貼近真相的病因。一九六五年，傑出的耶魯精神醫學家西奧多．利茲（Theodore Lidz；他最有名的就是將思覺失調症歸因於病人的家庭動力）表示，精神分裂母親是「對男性有危害的人物」，和丈夫具有「閹割式的」關係。總體而言，利茲建議將思覺失調病患與他們的家庭徹底隔絕開來。[26]

唐和咪咪．蓋爾文那個時代的父母不必聽過雙重束縛理論或精神分裂母親，就曉得子女出現任何差錯都會引來對他們的質疑。他們養育子女的時候對孩子們做了什麼？誰讓孩子們變成這樣？他們算哪門子的父母？其中隱含的道理顯而易見：如果你的孩子不太對勁，你最不該做的就是告訴醫師。

5

唐
咪咪
唐諾德
吉姆
約翰
布萊恩
麥可
理查
喬瑟夫
馬克
馬修
彼得
瑪格麗特
瑪麗

派駐外地四年後，蓋爾文一家在一九五八年重回科羅拉多泉。他們當初離開的那座土氣小鎮已沒入歷史。他們駐外期間，美國空軍官校（The United States Air Force Academy）在此建校，成千上萬的新住民——官校生、講師以及支援一所龐大的新軍事機構所需的各色人員——迅速改變了地方風貌。原本那條車轍斑斑的黃土路，以前上面還橫亙著幾道你得親自動手打開或關閉的鐵絲圍欄，現在變成鋪了柏油的官校大道，通往駐有衛兵站崗、猶如東西德邊界檢查哨的柵門。校園內，官校有自己的郵局、福利中心和電話交換局。簇新的官校建築是現代主義派的傑作，由全國最大的SOM建築設計事務所負責設計，俐落的玻璃方塊大樓聳立在大西部的黃土上，宣示著屬於美國的新時代已然降臨。

唐可以參與那份未來，一償他的夙願。之前派駐北加州時，他利用時間到史丹佛大學夜間部取得政治學碩士學位。如今，他重返科羅拉多州加入空軍官校擔任講師，開啟他嚮往已久的另一種學術生活。

空軍安排他們搬進新校區的眷村平房。他們分到的房子在山上，有一小塊草地和朝南的大門。唐和咪咪在地下室樓層替八個男孩搭了四張雙層床，這樣的安排原本很妥當，直到第九個男孩馬修在十二月出生。他們的長子唐諾德十三歲了，他和年齡相近的弟弟把官校操場當成遊樂場，隨時隨地自由進出：室內與室外的康樂中心、溜冰場、游泳池、體育館、保齡球館，甚至高爾夫球場。沒有人約束他們。在那個嚴格講求紀律的年代，官校仍然保持一股自由風氣——或許是承襲西部的拓荒精神，又或許是出於新一代人的樂觀積極；他們遠離戰爭，打造出一間以沉穩自信的態度面對未來的學校。

唐和那裡的許多老師一樣，都是曾經參與二戰的英雄學者，年輕、冒進而博學，而且比他們在西點軍校或安納波利斯海軍學院的同儕更為開明，在學校開設了似乎和古板老成的軍校極不相稱的哲學與倫理學課程。生活既已回到正軌，如今，唐以某種極具感染力的篤定步伐走在官校的土地上。高中學

生會會長時期，以及在海軍跟朱諾號艦長打網球的那個溫潤而圓融的唐又回來了。

的確，中間曾有幾年，唐似乎過得不太順遂。離開科羅拉多後，他被派到加拿大；他對那項任命之深惡痛絕，似乎遠超過實際情況的惡劣程度。身為任務發布官，他必須經手機密情報。他惶恐不安地告訴咪咪基地的規矩很鬆散；看見文件被漫不經心地傳來傳去，唐似乎都要氣得發狂，咪咪從沒見過他那樣。他的情緒狀態很糟，不得不請病假，先到紐約桑普森（Sampson）空軍基地的醫院就診，後來短暫進入華府的沃爾特里德（Walter Reed）陸軍醫院治療。在咪咪眼中，唐是焦慮症發作了，和許多退伍軍人得的病沒什麼兩樣，尤其是唐這種絕口不提戰爭經歷的老兵。不過調到加州後，情況出現好轉；史丹佛大學距離基地不遠，唐得以攻讀他的碩士學位。現在回到科羅拉多，他和這一代許多人一樣，相信只要以對的方式做對的事情，好運必會降臨。

遠在空軍官校創校一年前，唐就曾寫信給負責創辦官校的指揮官修伯特．哈蒙（Hubert Harmon）將軍，提議以獵鷹作為空軍吉祥物——正如陸軍的騾子和海軍的山羊。唐並非寫信向空軍提議吉祥物的唯一一人，官校檔案館有一整疊來自關切市民的信，推薦的動物從萬能㹴犬（Airedale；一語雙關，因為萬能㹴是美國人對航空母艦飛行員的暱稱）到孔雀，各種都有。不過唐是第一位推薦獵鷹的人；空軍採納提議後，他和咪咪時常將這件事情掛在嘴邊，那是他們對美國軍史的一大貢獻、一項恆久的成就。

派駐加拿大和加州時，蓋爾文一家帶了幾隻鳥同行。不論走到哪裡，他們總將老鷹關在籠中，塞進木紋車身的道奇旅行車後車廂。如今唐終於成了空軍官校一分子，他接掌學校的馴鷹計畫，全心投入工作，彷彿受到某種宗教感召。他寫信給全球各地的收藏家，為官校蒐羅老鷹——他收到了沙烏地阿拉伯的沙特國王致贈的兩頭獵鷹、努力爭取日本的幾頭獵鷹，並去函馬里蘭州政府，請求允許在該地設陷阱捕鷹。他的學生帶著老鷹巡迴全國各地體育場，在數萬名觀眾面前表演放鷹——從邁阿密大學到洛杉磯體育場（在雨中），其間在達拉斯棉花碗（Cotton Bowl）球場的表演還被全國電視轉播。他和他的老鷹不只一次登上《丹佛郵報》（*Denver Post*）和《落磯山新聞報》（*Rocky Mountain News*），並且基本上成了科羅拉多泉《公報》（*Gazette*）的常設專題。老鷹也會跟著回家。全家人都參與了芙萊德麗卡的訓練工作。芙萊德麗卡是唐和德國與沙烏地阿拉伯的收藏家進行三方交換時最終換來的一頭蒼鷹。牠不用爪子撓孩子們的時候，就坐在前院的棲木上，整個街坊都能看見牠，尤其是鄰居的一條阿拉斯加哈士奇犬。有一次，這頭沒有用繩子拴住的老鷹猛然撲向哈士奇，後者倉皇逃走，毛髮上留了一個爪印。

人人都知道蓋爾文一家——那麼大的一家子，他們的父親是那位對老鷹瞭如指掌的上尉。少年唐諾德成了父親的獵犬——「我那非常能幹的助手」，唐在他參與建立的北美馴鷹人協會（North American Falconers Association）的通訊報《鷹譚》（*Hawk Chalk*）上這麼寫著。在父親放鷹之前，唐諾德負責跑到前面驚擾野兔，激得牠們東奔西竄。如果獵鷹沒有如期回家，唐諾德和另外幾個年紀較大的男孩——約翰、吉姆和布萊恩——會在清晨五點起床幫忙尋鷹，聆聽專為這樣的時刻綁在老鷹腿上的鈴鐺聲。年紀較小的男孩偶爾會透過望遠鏡，從他們在山坡上的家中看著幾個哥哥和父親攀登山嶺或在峭壁上垂降的身影。

在家裡，唐沉浸於大家長的角色中，把所有瑣事交給咪咪打理。馴鷹再度為他找到出口：不僅讓他有地方用腦，還給他藉口躲避他不願沾染的活動。他很久以前就養成用編號叫兒子們的習慣。

5

（「六號，過來！」他會這樣對理查大喊。）當唐開始到科羅拉多大學夜間部攻讀政治學博士，他必須做出取捨。與其辭去官校馴鷹計畫的負責人，唐放棄了以孩子們為中心的一項活動：到兒子們的球隊擔任教練。如同咪咪形容的，他成了一個道地的「扶手椅父親」*。

隨著男孩漸漸長大，家長的工作也越來越繁重。錢和時間永遠不夠用，但良好的心態很重要：他和咪咪始終相信他們擁有別人希望效法的家庭。蓋爾文家的每個兒子都擔任祭壇侍者，輪流負責每天的彌撒。他們的老朋友佛洛登斯坦神父依舊是他們生活中的一部分，不過他已調離科羅拉多泉，服務於草原上的三個不同教區。這對佛洛迪而言不算晉升；大多數神父都希望一次次轉調到更大的教區。不過，他持續為咪咪進行靈性輔導，成了幾個蓋爾文男孩最喜歡的人物——他以破紀錄的速度完成彌撒、為男孩表演老套的魔術，並讓年紀較大的男孩到他位於丹佛東邊的家、賞玩他收藏在地下室的成套玩具火車和吃角子老虎。佛洛迪是個老菸槍，也是死不悔改的酒徒，一度

唐和阿索爾

* 編註：armchair parent，指光是坐在扶手椅（或沙發）上訓斥孩子、但甚至沒有真正跟孩子進行眼神交流，也不會為了管教而從椅子上起身的家長。

被吊銷駕照，當時念高中的唐諾德在草原上待了一星期陪他，充當神父的司機。

這些年，唐只在男孩們幫忙馴鷹時才會見到他們。由於唐大部分時間都在工作或外出，咪咪掌管了整個家，維持嚴格的作息。她一星期採買兩次，每次都帶回二十桶半加侖裝的牛奶、五盒早餐穀片和四條麵包。家裡有人亂扔玩具她就直接扔掉，不只一次。每天早晨，她會檢查男孩們是否把棉被鋪得整整齊齊；每天傍晚，她煮十一人份的晚餐：捲心萵苣、黃瓜、紅蘿蔔和番茄沙拉；以一點鹽和胡椒調味的快餐牛排；一袋削皮的馬鈴薯做成的洋芋泥。唐如果在家，會在飯後擺上四或五盤西洋棋，叫上幾個男孩，他一個人同時和所有人對弈。平日的晚上是用來做功課和練鋼琴的，不得外出。到了深夜，則是咪咪洗尿布、疊尿布的時間。

一九五九年，唐纏上頭巾，左手扛著一頭活生生的短翼蒼鷹，到科羅拉多泉最時髦的布羅德莫飯店（Broadmoor Hotel）水晶舞廳參加懺悔節（Mardi Gras）狂歡派對。他告訴每一個人，他扮的是古代的預言家兼神祕術士。這讓他的照片登上了報紙版面。

咪咪微笑著站在他身旁。拜孩子之賜，她自己的名聲也很響亮。《落磯山新聞報》介紹咪咪以洋蔥、蘋果和大蒜調味，配上白飯、四季豆、杏仁片和洋薊心的咖哩羊肉食譜；標題：**九子之家的異國料理**。

當蓋爾文家的長子唐諾德沒有隨空中童軍探險隊一起登上C-47運輸機跳傘，或者彈古典吉他、練柔道、和父親一起從岩壁垂降而下時，他是一名田徑明星，也是空軍官校附屬高中美式足球隊的後衛兼跑鋒，曾入選州代表隊，背號七十七。去球場看他比賽往往是全家人的一週大事。高中最後

5

一年，唐諾德的摔角打進他那個量級的州總決賽，他的美式足球隊奪得了州冠軍，他的女友是啦啦隊隊員，女友的父親恰好是他父親的上級、掌管空軍官校的將軍。從許多方面來看，唐諾德像極了父親。他和父親一樣英俊、身手矯健、受人歡迎，在弟弟們眼中，他是難以企及的標竿。

不過，在唐和咪咪沒留意或選擇忽略的方面，唐諾德未必吻合父母心中假設的樣貌。他比高中時期的唐更加安靜，儘管在球場上叱吒風雲，但他並非那種會被選為學生會會長的領袖型人物。他的成績中等，最終被科羅拉多州州立大學（Colorado State University）錄取，沒有擠進篩選更嚴格的科羅拉多大學（University of Colorado）。他的父親瀟灑不羈、令人著迷，而他儘管長得像父親，卻欠缺人見人愛的人格魅力。打從青春期開始，就彷彿有什麼東西在阻礙唐諾德以傳統方式和世界產生連結。在大自然中攀岩、垂降、捕鳥似乎是他最輕鬆自在的時刻，但無論唐諾德多麼善於征服大自然，卻不善於人際相處。

在家的時候，唐諾德對弟弟們展現至高無上的權威——最初是某種以長兄代父的姿態，後來則扮演比較不健康的角色。爸媽不在身邊時，他輪流化身為惡作劇者、霸凌者，以及一團混亂的幕後主使者。事情一開始無傷大雅，但會漸漸以幾個弟弟害怕的方式升溫。唐和咪咪經常出門——唐要訓練他的馴鷹學生、在當地的大學多教一門課，或攻讀他的博士學位；咪咪則到歌劇團當志工。這時，老大唐諾德只能心不甘情不願地負起照顧弟妹之責。為了轉移自己的注意力，他會跟弟弟們嬉鬧：「張開嘴巴，閉上眼睛，我會給你們一個大大的驚喜，」然後塞給他們一大口發泡奶油。

然後遊戲變了調。唐諾德會猛擊弟弟的手臂，直接打在最不耐疼痛的肌肉上。接著，他會開始安排弟弟們對打：麥可對戰理查、理查對戰喬瑟夫。他會吩咐兩個弟弟抓住第三人供他揮拳，並叫其他人輪流痛毆這個受制於他們、無力回擊的弟弟。幾個弟弟永遠忘不了他的命令：「如果你不狠狠揍他，下一個就是你。」

一開始，這一切發生時，唐和咪咪似乎什麼處置都沒做。並不是沒有人打小報告，但他們不相信唐諾德會做出弟弟們指控的事情。「我求爸媽不要把我和他留在家裡，」比唐諾德小四歲的老三約翰說，「我想，父親最偏愛唐諾德，他寧可相信他，也不相信我們其他人說的話。我得自己找地方躲起來。」照約翰的說法，咪咪「壓根不知道情況有多糟。我試著把大哥的事情告訴他們，但他們理都不理我」。**吱吱喳喳搬弄是非，你的舌頭就會裂成兩半……**

咪咪和唐似乎認為沒必要插手青少年之間的口角和鬥爭。每個子女眾多的家庭都免不了分出尊卑等級。唐和咪咪不在家的時候，唐諾德負責發號施令，而如果唐諾德也不在家，就由吉姆掌權。「哥哥掌控局面。」小唐諾德八歲的老五麥可回憶——只除了有一次，麥可跟比他小的理查打架時手肘脫臼，理查打贏了。麥可於是怒摑馬克，把他的半邊臉打得青一塊紫一塊。上學的路程也不安全。如果你不每天找幾個兄弟結盟，基本上就等著挨揍。

唐和咪咪有時會想，這些衝突最好由男孩們自己解決。干預太多也許會傳達出錯誤訊息，導致男孩們永遠學不會如何相處。就算他們願意每一次都出手調停，也很難判斷其中的是非曲直。因為儘管唐諾德有可能總是以鐵拳管理弟弟，但吉姆也從未停止爭奪唐諾德的領袖地位。

若說唐諾德是模範兒子，吉姆就是叛逆小子，將那個年代盛行的詹姆士．狄恩（James Dean）和馬龍．白蘭度（Marlon Brando）精神融於一身——穿皮夾克、開快車、桀驁不馴。起初他原本努力效法唐諾德，但結果不盡理想。吉姆是美式足球隊的邊鋒接球員兼防守後衛，球技傑出，曾經在對手棄踢時把球攔下來並達陣得分。不過，他在足球場或馴鷹上的表現永遠無法超越唐諾德。沒多久，他發現再怎麼努力也沒用。他無法不注意到爸媽的期望與關注總是繞過他而放在哥哥身上，那讓他既憤怒又難堪。有一個人自然而然成了他發洩怒氣的對象。這就是為什麼從青春期開始，吉姆總是跟唐諾德找碴的原因。「那彷彿是他對自己許下的承諾。」麥可說。

吉姆和唐諾德似乎永遠打個不停——從地下室、臥房，一直打到後院的灌木叢裡。吉姆的個頭比較小，只要打輸唐諾德，他就會去做重量訓練，或者慫恿幾個弟弟聯手對付唐諾德。他從未成功。弟弟們都怕他們倆。吉姆曾經把防風門砸在布萊恩臉上，割破他的嘴。衝突從咪咪和唐外出的晚上延伸到他們不在家的白天，然後繼續蔓延到除了睡覺以外的每一個鐘頭。有一次，他們打進了客廳，唐和咪咪知道他們必須出手調停。麥可記得那時他三年級，看著平時神色淡漠的父親全速撲向少年唐諾德，防止他傷害其他幾個弟弟。這一幕令麥可大為震撼。不過唐肯定知道他壓制不了太長時間。唐諾德是美式足球明星；男孩們的發育只會往一個方向發展。

不同情況適用不同管教風格，唐開始尋找正確方法。最初，他認為重點在於樹立正確的榜樣。家中似乎充滿了無處宣洩的年輕男性精力，他有責任帶領他們一一成為真正的男子漢。身為慈父，唐努力遊說兒子們閱讀能改善性格、磨平稜角的書籍。《積極思考的力量》（*The Power of Positive Thinking*）是其一。另一本是麥斯威爾．馬爾茲（Maxwell Maltz）一九六〇年出版、紅極一時的個人成長書籍《改造生命的自我形象整容術》（*Psycho-Cybernetics*），這本書讓大眾認識了「創造性想像」（creative visualization）的概念。唐以為這些書能讓男孩們學會避免衝突。他會把所有人叫到長餐桌旁訓話，要求他們和睦相處。等到努力失敗了，唐決定自己至少可以強制立下規矩，這是他身為軍人很擅長的事。於是他買了拳擊手套回家，並訂出一條新規：沒戴手套不准打架。

理查——比唐諾德小九歲的第六個兒子——還記得戴上手套時的恐懼與顫慄。「每個兄弟都是入選州代表隊的明星運動員，隨時保持絕佳的體能狀態，」他說，「一旦開打，全都是玩真的。」

蓋爾文家成了兩種不同現實面同時存在之地：摔角場與教堂唱詩班；男孩們的野性，與唐和咪咪相信他們擁有的模範家庭。一點點調皮搗蛋不必放在心上，尤其在軍事基地，競爭、比力氣和動粗幾乎是家常便飯。

然而，其他幾個弟弟——約翰、麥可、理查和馬修——越來越覺得不受重視，甚至備受忽略。他們感覺不到安全，覺得自己被當成號碼而不是被當成一個人看待，從小被教導把虛妄的保護當成真的。

這個家庭在人前與人後的面貌有時也讓外人感到錯亂。到皇后區探望表親時，男孩們會在沒人看管的時候打破家裡每一條規則，無法無天——爬到車庫屋頂上、拿BB槍射擊窗戶與小鳥。東岸的表兄弟姊妹們既興奮又震驚。然後過了幾個月，表親們會接到唐、咪咪和孩子們寄來的耶誕賀卡；所有人穿著老老實實的睡衣圍繞著聖誕樹，好一幅聖潔而動人的全家福。即使當年，兩副面貌的前後不一就已令親友們感到奇怪。

此刻，唐和咪咪選擇把種種情況看成無非兄弟間的打打鬧鬧。他們是擠在小房子裡生活的男孩，而且有很多個。要他們永遠不打架，恐怕是不切實際的想法。況且，老大唐諾德依舊是蓋爾文

片，幾乎占據了《丹佛郵報》頭版的半幅版面。虎父無犬子。

家的驕傲——一個相貌堂堂的少年，他從教堂岩（Cathedral Rock）頂峰的獵鷹棲息地垂降而下的照

第十個兒子彼得在一九六〇年十一月十五日誕生。這一次，咪咪由於子宮嚴重脫垂加上左腿有血塊，產後在醫院休養了很長一段時間。現在，大家比較不會開玩笑叫咪咪戴著大蒜上床，好在夜裡抵擋她的丈夫。醫師鄭重告訴她，她早就過了生兒育女的年紀。十五年或多或少接連不斷的懷孕、生產，不論對誰都已經夠了。不過，儘管別人苦口婆心，咪咪似乎沒興趣聽進去。

「親愛的，說真的，應該換『蓋爾文少校』上醫院了，」咪咪的祖父林西．布萊尼寫信給她，「說真的，我很擔心你。」

事實上，要求咪咪和唐在生了十個小孩後停下來，此事有如要求馬拉松跑者在最後一哩路退賽。對他們來說，就此打住非常荒唐——尤其因為唐在官校仕途順遂，而且回到科羅拉多令他們倆都覺得自在。況且，假如有人沒看出來的話，他們迄今還沒有女兒。

一九六一年，生下彼得短短幾個月後，咪咪第十一度懷孕。耶誕節期間，就在她預產期的幾天前，她和唐以及十個男孩聚在官校主要集會地點阿爾諾禮堂（Arnold Hall）富麗堂皇的階梯上拍照。男孩們穿著一模一樣的英倫風西裝，那是咪咪的母親比莉從羅德與泰勒百貨公司（Lord & Taylor）買來的。咪咪的祖父林西收到郵寄來的照片時，形容這張照片非常「驚人」——那麼多的孩子，而且沒有停下來的跡象。他預測咪咪下一胎會是雙胞胎，正好生了整整一打。

他猜錯了。不過咪咪確實開闢出新局面，在一九六二年二月二十五日生下了瑪格麗特．伊莉莎

白・蓋爾文。科羅拉多的《格里利每日論壇報》（*The Greely Daily Tribune*）以一篇短文報導這則消息：終於盼到了千金！這是唐意料中事，但他還是忍不住跟學生開玩笑說，「真討厭，那孩子本該是我的四分衛！」

咪咪絲毫不掩飾她的喜悅。「她是我們家最漂亮的一個，」她在一封信上這麼寫，「她讓每一天都成了母親的夢想生活。」她也不吝惜吹噓其他幾個孩子。她寫道，唐諾德「古典吉他彈得很好，而且是一名傑出的高中運動員。他的學業成績有進步空間，但正如校長說的，『我希望每個男孩都像唐一樣優秀』。」咪咪還說，吉姆是「全能的男孩，給我很大的幫助」。約翰（老三）有「棕色的捲髮和亮晶晶的藍眼睛」，用心練習單簧管和鋼琴，並且替六十五戶人家派送報紙。布萊恩（老四）是「此刻最耀眼的天才」，他能令蕭邦哀傷的序曲「哀傷至極」，令奧芬巴哈《歡樂的巴黎人》（*Gaîté Parisienne*）中的〈康康舞曲〉「歡樂至極」。麥可（老五）吹法國號，並且喜歡閱讀，是「家中情感最細膩的一員」。理查（老六）是個「數學家」，也喜歡上一對一的鋼琴課，「不過由於家裡已有兩人在上私人鋼琴課，他得等一段時間。」喬瑟夫（老七）進了幼稚園，正在學字母、數字和音標。而馬克、馬修和彼得（老八、老九、老十）「在家裡陪我，像泰迪熊似地，總愛胡搞瞎搞。有一天，我發現他們用新買的伊萊克斯（Electrolux）吸塵器吸水槽裡的食物殘渣！」

不論唐可以在當地大學多開幾門政治學課程，家中經濟還是越來越拮据。每個小孩的教區學校制服都得花兩百塊錢左右，包括兩雙鞋、兩件襯衫和一條褲子。給寶寶餵奶並替其他小孩準備點心和正餐之餘，咪咪猛操她的貝爾尼納牌（Bernina）縫紉機，包辦自己的所有衣裳。不過，咪咪會說，瑪格麗特出生時天露粉色霞光，彷彿天地終於神奇地與她配合，賜予她最想要的東西。她還說她想

5

再生一個——第十二個孩子——這令唐很開心，卻讓婦產科醫師感到憂慮。

當第十二個、也是最後一個小孩瑪麗在一九六五年十月五日出生，咪咪已經四十歲了。她的醫師直率地告訴她，假如她再度懷孕，他將拒絕治療她。他勸她進行子宮切除手術，咪咪勉強同意。她跟唐暗忖，反正遲早得開始照顧孫兒孫女。

到了十一月底，咪咪恢復了健康，她在科羅拉多泉《公報》上宣布，科羅拉多泉歌劇協會即將推出的新戲、韋瓦第的《假面舞會》（*The Masked Ball*）已完成選角。同年，聖母大學克努特羅克尼（Knute Rockne）俱樂部的當地分會封唐・蓋爾文為「年度最佳父親」。咪咪不由得發笑。「孩子都是我生的，」她用早已熟練的既甜美又犀利的口吻說道，「而學歷和掌聲全是他的。」

大約十七歲那年，一天晚上，唐諾德站在洗碗槽前，一舉摔碎了十個盤子。

唐一笑置之。咪咪亦是如此。唐諾德是個青少年，動不動就發脾氣。那是一九六〇年代，別家的孩子還更難搞。

不過唐諾德知道事情不太對勁；他已經知道一段時間了。

唐諾德知道，儘管擁有相似的髮際線、方正的下巴和運動天分，他並不像他的父親，而且永遠不會成為父親那樣的人。他的成績中等，不是被孩子們視為天底下最聰明的智者之子應有的成績。他之所以揍弟弟，不過是想用拳頭控制他們，像個父親一樣。他也沒做到這一點。

他知道，成為美式足球明星和結交朋友是非常不同的兩回事。他後來偶爾會說，他覺得人們猶如IBM打孔卡（IBM cards）*，是他可以輸入電腦、用來搜尋可用資訊的東西；他知道這種想法令他異於常人。

唐諾德意識到他經常覺得被困住了——他備感挫折，因為沒成為自己想成為的人。不過越來越多時候，他似乎陷入完全的空白：對自己的動機與行動一無所知。

有什麼地方不太對勁，但他不知道出了什麼問題。他很害怕，超出其他一切。

＊編註：打孔卡是早期使用電腦時用來輸入、輸出、儲存資料的紙板，約於一八九〇年發明。使用者在預先知道的位置利用打洞與不打洞來表示數位訊息，並以閱讀機讀取內容。最通用的卡片為ＩＢＭ卡。

6

唐
咪咪
唐諾德
吉姆
約翰
布萊恩
麥可
理查
喬瑟夫
馬克
馬修
彼得
瑪格麗特
瑪麗

一九六三年秋天，蓋爾文一家從官校宿舍搬到伍德曼谷一棟新建的錯層式（split-level）住宅。這裡距離科羅拉多泉市中心幾哩遠，大大小小的奶牛場星羅棋布，十分稠密。唐花了幾千塊美金買下隱谷路西端的三英畝地。隱谷路是一條四哩長的泥土路，路的盡頭是滿地碎石的死胡同。他們的房子屬於第一批的新式郊區住宅，是專門為需要更多空間的官校家庭設計的。房屋動工前，咪咪在土地上的每一棵樹和灌木上綁繩子做記號，再三叮囑建商不要砍掉它們。

在他們的許多官校朋友眼中，伍德曼谷地處偏僻，荒無人煙。但咪咪對野外生活的態度已和十二年前剛搬到科羅拉多時截然不同；她熱愛這種未被人工破壞的感覺。科羅拉多泉因為軍方進駐而大興土木，蓋了許多房子，鋪了許多柏油路；不只空軍官校，還包括彼得森空軍基地（Peterson Air Field）、卡森堡（Fort Carson），以及最新進駐的北美空防司令部（NORAD）——嵌入夏延山（Cheyenne Mountain）碉堡的核戰防禦協調總部，地點在科羅拉多泉和普維布洛之間。伍德曼谷離科羅拉多泉市中心只有十五分鐘車程，不過對咪咪而言，住在這裡猶如徹底遠離了核子時代——更接近遠古，更自然、更真實。

從他們的新家步行一小段路後，會抵達一座曾經充作結核病醫院的修道院。醫院的名字是美國現代伐木工人療養院（Modern Woodmen of America Sanatorium），伍德曼谷這個地名就是由此而來*。比起科羅拉多泉其他地方，這座山谷的地質沒那麼紅，顯得更白一些——那是數百萬年前山脈受侵蝕遺留下來的長石與石英礫。松林後頭有足夠數量的巨大岩磐，造就了一度吸引許多觀光人潮的旅遊景點，稱作紀念碑公園（Monument Park）。[1]男孩們可以整天在這些名氣大到足以擁有名字的岩石之間探險：狗岩、格蘭迪奶奶、砧岩，以及荷蘭婚禮群岩。不過，隱谷路的魔力在於擁有眾多樹木和綿延的山丘，彷彿隱匿在巨石堆中的一片森林。野鹿會在早餐時分閒步經過他們家的落地窗邊，藍樫鳥則在高聳的松樹樹梢上嘎嘎鳴叫。

房子本身是一九六〇年代初期的低矮方型建築，重視縱深勝過挑高，外牆貼的是尋常的層板和石材組合。屋內，鋪著地毯的起居室銜接了廚房以及寬敞得足以放進一張巨無霸餐桌的餐廳。這張餐桌是他們家的一位世交所製，必要的話，兩端可以各坐兩人，兩側則可以各坐六人。從前廳往裡面走，半截樓梯通往樓上的臥房，另外半截通往蓋爾文家不得不充作更多就寢空間的下層樓面。唐和咪咪的第十一個孩子瑪格麗特十八個月大，她即將跟彼得共用離爸媽不遠的一間上層臥房，這間臥房鋪著顏色很淡的萊姆綠地毯，窗外有一棵大松樹。馬克和喬瑟夫共用同一層的另一個房間。彼得和馬修一起住在有兩張單人床的一樓房間。幾個還住在家裡的哥哥則使用地下樓層，睡在晚上可以拉開來的沙發床上。

對咪咪而言，隱谷路住宅的裡裡外外無不吶喊著「剛好足夠」：足夠的客廳空間可以容納摔角比賽，足夠大的廚房可以讓她從早到晚為全家人煮飯做菜，足夠的戶外空間可以在必要時走出去喘口氣，或打美式足球，或騎腳踏車，或放鷹。咪咪和幾個較大的男孩在每面牆上塗了三層油漆，她自己也開始在自家後方、蒼鷹芙萊德麗卡站崗的附近打造一座石頭庭園。唐在後山山頂蓋了一座巨大的A字型鷹籠，豢養更多老鷹，包括他們會帶到鄰居卡爾森家、在他們家奶牛場蔓生的草地上放飛的兩頭老鷹，漢賽爾和葛麗特。他們還縱容鍾愛的老鷹——芙萊德麗卡與後來的阿索爾——把客廳的茶几當成棲木。或許這是第一次，蓋爾文家找到了家的感覺。

唐諾德在科羅拉多州州立大學讀大一那年，正巧是他們家搬到隱谷路的一年。他將內心的恐懼藏得好好的，沒對家人露出一絲半點。他告訴父母他有志當醫師，而他看到自己這番話令父母驕傲無比。離家之後，他的任務就是維持這份表

* 譯註：「伍德曼」是伐木工人的英文woodmen的音譯。

咪咪和全部十二個孩子（瑪麗在咪咪懷中）攝於隱谷路宅邸的門前階梯。唐拍攝。

象。在隱谷路，便由吉姆掌握了兄弟之間的權力真空。

吉姆早就停止在哥哥擅長的賽場上較勁，反而決心在唐諾德看似最弱的領域獨占鰲頭。若說唐諾德贏了童年，第一回合獲勝；吉姆便決心打贏下一回合——真正的人生。吉姆努力扮演弟弟們最酷的哥哥——穿騎士皮夾克的哥哥、開一九五七年出廠的黑色雪佛蘭汽車的哥哥、最有可能幫你在可樂裡偷摻一點百加得蘭姆酒（Bacardi）的哥哥。蓋爾文弟弟們偶爾心存感激，但大多數時候抱持戒心，尤其在吉姆開始勾搭他們帶回家的每一個女孩之後。吉姆喜歡建立酷愛挑釁滋事的形象，若能令人聞風喪膽，那就更好。他想，他擁有其他兄弟所欠缺的某種自信或率性。「在吉姆十六歲那年，我們就察覺他有些不對勁，」比他小七歲的理查說，「但我們以為那沒什麼大不了，不過是一般男孩會做的事——在外面喝酒、狂歡、幹點違法犯紀的勾當、逃學蹺課。」

當吉姆不再受制於蓋爾文家對完美的要求後，他喝酒喝得比唐諾德更兇，更常外出，更愛闖禍，最後在一場驚人的把戲中達到高潮，害他在高中最後一年（他們家搬到隱谷路的同年）被踢出空軍官校附中。他和一個朋友跑到官校的噴射機中心，爬上一架飛機胡鬧。吉姆鑽進駕駛艙，他的朋友站在飛機旁。吉姆按了一個按鈕，機身因此稍微移動，但足以導致他的朋友往反方向飛出去，撞到噴射機機尾。只要在不同方向上再差個一兩吋，那男孩恐怕就小命不保了。吉姆被迫轉學到附近的聖瑪麗天主教教會學校。這事要是發生在唐諾德身上，恐怕會震驚四方。發生在吉姆身上就不意外了。被當成廢物的好處就是別人不對你抱以期望。除了往上爬，吉姆也沒有別的路可走。

蓋爾文家也沒有像其他驕傲而勤奮的家庭那樣，為這次退學而覺得顏面掃地。咪咪深諳如何拋開最糟糕的壞消息，繼續前進，彷彿這種事情原本就不值得大驚小怪。當年她的父親鬧出醜聞、拋

6

家棄子時，她看到母親就是這麼做的。唐也懂得如何遮蔽人生中的幾個陰暗面，絕口不提某些話題：他在戰爭中親眼目睹的恐怖景象、無法晉升的海軍生涯、被空軍派駐加拿大時的住院治療。如今他們在科羅拉多州已站穩腳跟，絕不會任由他們那倔強兒子的荒唐錯誤給他們貼上標籤。於是唐和咪咪索性認為吉姆的問題終將自行解決，在他們看來，吉姆的情況已漸漸好轉。他即將高中畢業，很快就得獨立生活。也許他可以上一年社區大學清理他的學業成績，然後申請正規的四年制大學。不過無論如何，正如唐總是對咪咪說的，吉姆遲早得長大。每個男孩都會長大。

對咪咪而言，搬到隱谷路象徵了崔普*家庭式田園生活的開始；那是他們家期待已久的生活。唐諾德已不住在家裡，吉姆也即將搬出去，她覺得全家人的圓滿人生幾乎已唾手可得。說不定，他們——唐諾德、吉姆、全部的人——自始至終需要的，無非是多一點點伸展手腳的空間？她想要一個充滿音樂的家，於是號召男孩們幫助她完成夢想。男孩們用唐和咪咪在市中心商店特價區淘到的八百五十元小型平台鋼琴練琴；約翰、布萊恩、馬修以及後來的小彼得都會吹長笛。每到週末，咪咪會用電唱機播放交響樂、敘述背後的創作故事，如百科全書般詳盡地闡釋音樂。當男孩們得到一台錄音機，他們會為她錄下大都會歌劇院週六早晨的廣播節目，而咪咪則會一整個星期反覆播放，中間穿插伯爾．艾夫斯（Burl Ives）和約翰．雅各．奈爾斯（John Jacob Niles）寫的小調和民謠。在街坊鄰里間，蓋爾文家的小孩會跟鄰居的孩子——斯卡克家、霍利斯特家、圖雷家、沃靈頓家、伍德家、奧爾森家——一起玩踢罐子、奪旗、壘足球和老師說等遊戲。在伍德曼谷的田野與森林中，咪咪教

* 譯註：von Trapp；電影《真善美》的原型人物。

孩子們認識野生動物，例如棲息在附近白色峭壁一個窄小陰暗山洞裡的美國山貓。

隨著一九六〇年代漸漸推進，年輕世代的習慣與想法越來越令朋友家的家長感到不解與害怕。唐和咪咪則不然。他們是虔誠的新邊疆時代（New Frontier-era）自由派天主教徒，嚴以律己，寬以待人。他們搬到隱谷路幾星期後，總統遇刺身亡；他們為過世的總統祈禱，也為繼任的總統祈禱。越戰逐漸升溫之際，身為空軍上校的唐保持緘默，不透露他的真實想法。直到後來，他才告訴男孩們，那些被派到東南亞作戰的倒楣鬼不過是——用他的話說——「穿著軍服的殺手」。他的兒子們大多流連於派對、熱愛搖滾樂，每每玩到深夜才回家。但只要他們有參加週日彌撒、穿著得宜，萬事便皆屬正常。

蓋爾文家以正確的方式做了所有該做的事，如今，正如唐始終相信的，好運似乎即將降臨。

搬家前不久，軍旅生涯即將邁入二十年里程碑的唐調任北美空防司令部，新的職稱是情報參謀官。這是另一個向將領們做簡報的工作，內容與他多年前做的相同，只不過這一次，這項工作多了公關的成分，他經常被派到全國各地的社團與機關公開演講，向大眾說明北美洲第一套彈道導彈預警系統，以及（倘若有朝一日派得上用場）分散在美國與加拿大八百個軍事設施的核子武器部署。蓋爾文家的男孩和他們的同學是第一個在核武毀滅的陰影籠罩下長大的世代；他們興奮地偷聽父親在晚餐後用廚房電話向將軍們彙報當天的工作。在總部，唐負責帶記者和來訪官員參觀，常常在導覽過程中想方設法提及他成群的子女，以及他鍾愛的官校老鷹。蓋爾文上校「顯然愛鷹成癡」，路易斯安那州哈蒙德市（Hammond）《每日星報》（*Daily Star*）的專欄作家寫道，「他不斷告訴大夥兒他如何訓練老鷹（獵食），以及他如何成了官校把球隊命名為『獵鷹』的功臣。」

最棒的一樁好事在一九六六年降臨；當時，唐從空軍退役，準備開展事業第二春。他成了補助金專員，負責監管聯邦政府所資助的州福利計畫——首先擔任科羅拉多州藝術與人文學科審議會（Colorado State Council on the Arts and Humanities）副主席，隨後又成為落磯山聯邦（Federation of Rocky Mountain States）第一任全職的執行總監。這個新成立的組織，成員涵蓋美國西部的七個州，北起蒙大拿，南至新墨西哥州。不久後，亞利桑那州成了第八個成員。落磯山聯邦是準官方機構，立意在於協助地方吸引工業、銀行業、藝術與大型交通建設計畫。各成員州的州長輪流擔任主席，但真正主持落磯山聯邦日常工作的，是唐・蓋爾文。他融合他的政治學學位與軍事經驗，投入堪稱本土外交事務的工作——在政府、民間企業與非營利組織之間往來牽線。還住在家裡的幾個大男孩對父親又敬又畏。「他在指揮州長做事，」老六理查說，唐開始做這份工作時他十二歲。「雖然你知道他氣宇軒昂，儀表不凡，但老天啊，假如你聽到他說話，那聲音會引發陣陣回音。」

由於這份新事業，唐（以及連帶咪咪）的天地越來越寬廣。以往在科羅拉多與鷹隼為伍的寧靜生活如今似乎成了通往世界舞台的踏腳石。在華府，唐遊說高層興建從新墨西哥州的阿布奎基（Albuquerque）通往懷俄明州夏延市（Cheyenne）的新鐵路、將加拿大或阿拉斯加水域南引的管道系統，以及美國西部的第一座公共電視台。落磯山聯邦募集風險資本進行實驗性的工業計畫；尋找新的礦業與水資源；成立科學顧問委員會以鼓勵科技發展；舉辦巡迴藝術展以促進觀光業，並支援丹佛、鳳凰城與猶他等地的交響樂團，以及後來被唐更名為西部芭蕾（Ballet West）的猶他公民芭蕾舞團（Utah Civic Ballet）。這個新團名其實是咪咪的主意：「『猶他公民』這個名字清楚寫著『白癡』兩個大字，」她翻翻白眼說。霍華．休斯不久前為他的新航空公司取名「西部航空」（Air West），咪咪提議，假如他們依樣畫葫蘆，說不定哪天能吸引休斯捐款？

在國家藝術基金會贊助之下，唐開始向東岸最有名氣，最傑出的舞者、編舞家和指揮家招手，商請他們駐團表演。到了一九六〇年代末，唐和咪咪經常帶著每一個年紀太小、還不能搬出去獨立生活的孩子到亞斯本（Aspen）和聖塔菲（Santa Fe）參加音樂會、募款會、討論會和藝術節。拜落磯山聯邦之賜，咪咪昔日夢想的藝術與文化生活以及最美好的一切一一成真了——先是夢想中的房子，然後是夢想中的生活。

蓋爾文一家是聖塔菲各大派對的常客，這些派對名流薈萃，賓客名單上通常有喬治亞．歐姬芙[*]——她以其招牌的黑帽子與黑長裙出席，頭髮編成一條長長的辮子垂在後背；以及安德魯．懷斯[†]的妹妹亨麗埃特．懷斯（Henriette Wyeth），後者要求替唐和咪咪的一雙幼女瑪格麗特和瑪麗作畫，她們穿著薄紗洋裝，宛如從庚斯博羅（Gainsborough）[‡]的雙人畫走出來的一對璧人。最令咪咪雀躍的，莫過於造訪亨麗埃特．懷斯位於新墨西哥州羅斯威爾（Roswell）的農場，站在她和畫家丈夫彼得．赫德（Peter Hurd）作畫的穀倉裡，看著赫德帶她的兩個稚女踏青，去看橘子樹以及害小瑪格麗特打噴嚏的鼠尾草；或者跟傳奇指揮家莫里斯．亞布拉凡尼爾（Maurice Abravanel）和編舞家阿格尼斯．米勒（Agnes de Mille）共進早餐（米勒和喬治亞．歐姬芙一樣，對稚齡的瑪格麗特和瑪麗異常地興趣缺缺）；或者目睹唐巧舌如簧地說服大衛．洛克斐勒（David Rockfeller）贊助落磯山聯邦的新公共電視台計畫。

他們也結交新朋友，例如石油投機客山姆．蓋瑞（Samuel Gary）。蓋瑞一九六七年在蒙大拿鐘溪油田（Bell Creek Field）交上好運，估計開採出兩億四千桶原油，是當時在密西西比以西發現的最大

6

油礦。山姆靠著唐和落磯山聯邦的幫助，將鐘溪打造成一座能供給數百名新的石油工人安身立命的城鎮。如果鐘溪的大馬路需要新的紅綠燈，只要打通電話給唐．蓋爾文就成。一九六〇年代尾聲，蓋爾文夫婦經常帶瑪格麗特和瑪麗到位於丹佛櫻桃山（Cherry Hills）高級住宅區的蓋瑞家遊玩。山姆和妻子南茜有八個孩子，幾個女兒跟瑪格麗特和瑪麗年齡相仿。大人打網球或議論政治的時候，小孩會在一塊兒玩。蓋瑞家的人愛看唐馴鷹；唐的空軍官校馴鷹人身分的名號比他本人的正職更響亮。有一次，在科羅拉多泉，唐和咪咪曾要求年輕的唐諾德教山姆、南茜和他們的幾個孩子從教堂岩垂降而下。還有一次，當蓋瑞家用他們未增壓的小型私人飛機載唐和咪咪到愛達荷州的雪松泉（Cedar Springs）觀賞《天鵝湖》，咪咪在航程中暈眩，並因此失去意識。

回到家鄉，咪咪和唐是晚宴的固定嘉賓，唐經常在那些場合上振振有詞地高談政治、工業與藝術，權威感十足。她那學識淵博的丈夫吸引了所有人的目光。在那些夜裡，咪咪覺得她擁有了一切。唐英俊、聰明，還稍稍喜歡打情罵俏。她的朋友都叫他羅密歐。

天下沒有白吃的午餐，沒多久，咪咪就嚐到了代價。她比唐更深刻地感覺到這個世界是被一面

* 編註：喬治亞．歐姬芙（Georgia O' Keeffe），美國重要藝術家，善用半抽象半寫實的手法，多以花朵微觀、岩石肌理變化，海螺、動物骨頭、荒涼的美國內陸景觀為主題。

† 編註：安德魯．懷斯（Andrew Nowell Wyeth），美國當代重要的新寫實主義畫家，使用媒材以水彩畫和蛋彩畫為主，並以貼近平民生活的主題畫聞名。

‡ 編註：托馬斯．庚斯博羅（Thomas Gainsborough），英國肖像畫及風景畫家。

玻璃窗所隔開，而自己又如何透過窗戶仔細地看著，連鼻子都狠狠地貼在了玻璃上，卻不得其門而入。她沒有大學學歷，她跟唐也沒有錢。她的家世、肯揚外公和他的防洪堤，在新西部的百萬富翁面前根本不值一提。他們頂多只能算是這群富翁的幫手罷了。他們的新晉富豪朋友山姆和南茜・蓋瑞就算再如何親切，都活生生提醒著咪咪和唐，他們往來的這個世界——落磯山聯邦、州長、石油投機客，以及世界級藝術家、舞蹈家和著名指揮家——根本不是他們所屬的世界。

而當然了，他們所屬的世界不如咪咪渴望的那麼完美。她當時不會對自己承認這一點，更別說對任何一個人提起。不過，假如她需要提醒，她只需要等兩個最大的男孩回家就行。唐諾德和吉姆鬥毆不停，有時彼此互毆，有時跟更小的弟弟們對打。每次回隱谷路——耶誕節、復活節、感恩節，然後是下一個耶誕節——最後總落得鼻青臉腫收場。理查記得有一次，他看著唐諾德把吉姆追上大馬路、逮到他，然後以一記上勾拳把他打趴到地上。他這輩子從沒見過有誰這麼用力痛毆另一個人。

咪咪驚訝地發現自己因為兩個最年長的男孩離家而如釋重負；她假裝相信唐諾德和吉姆即將成年，理論上能為自己做主。他們每一次回家都只是拆穿了一切假象。不過她也意識到，只要稍微承認他們家有什麼地方不對勁，都可能是拿生活中其餘的一切冒險——唐的新事業、其他子女的社會地位、他們所有人的名聲。

所以，大多數時候，咪咪同意她的丈夫在孩子們出問題時總愛說的一句話：男孩不該嬌生慣養；他們應該離家闖蕩、從自己的錯誤中學習、為自己的行動負責、長大成人。

她也經常想起，若非如此，他們的生活原本可以多麼完美。而她丈夫的快樂在她眼中何其脆弱；以及，有的時候，彷彿只要隨便往某個方向稍微拉扯，他們的整個世界就可能轟然傾覆。

唐
咪咪
唐諾德
吉姆
約翰
布萊恩
麥可
理查
喬瑟夫
馬克
馬修
彼得
瑪格麗特
瑪麗

7

一九六四年九月十一日，在位於科林斯堡（Fort Collins）的科羅拉多州州立大學，剛升大二的唐諾德．蓋爾文第一次走進了學校的健康中心。他的左手大拇指受了一點小傷，有貓咬的痕跡，他是來包紮傷口的。他並未說明事情始末——沒有解釋貓咪為什麼大受刺激，以至於不僅抓傷他、還咬了他一口。

隔年春天，他再次踏入健康中心。這一次，他的問題比較私密，不過古怪程度絲毫不遜於上一次。他說，他得知室友染上梅毒，他擔心自己或許不小心遭到傳染。唐諾德曾告訴父母他有志學醫，這時卻必須讓人糾正他的錯誤觀念，告訴他除了性交以外，他不可能透過其他途徑得到這種疾病。

幾星期後，一九六五年四月，唐諾德第三度走進健康中心。他說他回到隱谷路的家，一個弟弟（他沒說哪一個）突然跳起來從背後攻擊他。他被診斷出背部拉傷，在醫務室住了一夜。

然後是火燒事件。

一九六五年秋天的一個夜裡，唐諾德踉踉蹌蹌走進健康中心的大門，身上都是燒傷。他說，他的毛衣在運動會賽前的誓師大會上著火了。健康中心人員反覆詢問一番之後才得知原委，竟是唐諾德一頭衝進燃燒的營火。他之所以這麼做，或許是想吸引注意力，也或許是想在某個朋友面前出出風頭，又或許是在想辦法求助。他說不上來。

校方工作人員把唐諾德從課堂上叫出來，送他去評估精神狀況。接下來兩個月，空軍官校醫院的臨床心理師李德・拉爾森少校（Reed Larsen）四度會見了唐諾德。這是唐諾德第一次接受專業的精神健康檢查，也是唐諾德的父母第一次被迫正視他們的大兒子可能不大對勁的事實。不過，不論唐和咪咪怎樣擔心唐諾德的狀況，一切憂慮都在拉爾森少校遞交診斷報告後消退了。「我們並未發現顯示嚴重思維紊亂的證據，也沒有見到精神疾病引起的繼發性症狀。」少校在一九六六年一月五日寫道。

唐和咪咪放心了，儘管這項背書根本站不住腳。好比說，首先，少校發現有一次唐諾德的心理諮商是在阿米妥鈉（sodium amytal，一種吐實藥）的輔助下進行的。以阿米妥納輔助心理諮商會談（amytal interviews in psychotherapeutic settings）雖非前所未聞，但一般僅用於難以進行交流，以及可能出現緊張型思覺失調症（catatonic variety of schziphrenia）徵兆的病患。儘管如此，少校仍建議校方允許唐諾德重回校園，前提是他持續接受心理治療。「我們確實發現一系列情緒衝突，我認為這些衝突深深擾亂了蓋爾文先生，而這足以解釋他在校期間的種種怪異行為。」他寫道。他說治療費用可以由軍方新開設的軍眷醫療保險給付。

究竟是什麼令唐諾德深受困擾，以至於衝進一團熊熊大火？一九六六年初，在還來不及找到答案之前，唐諾德便強迫自己回歸校園生活，決心彌補之前蹉跎的時光。唐諾德迫切希望與人群有所連結，尤其是女性，儘管他似乎不太懂得怎麼追女朋友。跟其他人格格不入的感覺似乎越來越明顯。但他依然是體育健將，依然英俊，依然希望自己有機會成為父母期待他成為的男子漢。

他開始跟一位叫做瑪麗莉（Marilee）的同學約會，交往短短幾個月後，他們甚至談起了婚事。進度似乎太快了——但假如你和唐諾德一樣渴望過正常生活，渴望在不把性行為當成一宗罪的前提下享受它，渴望建立自己的家庭，渴望安然無恙，這樣的速度並不算快。但家人從沒機會認識瑪麗莉。兩人分手時，唐諾德整個人都碎了，他隱瞞分手的消息，慌亂地企圖挽回對方。他後來拚命打電話給瑪麗莉，累積了高達一百五十美元的長途電話費。他付不出房租，但也拉不下臉向父母坦承一切。唐諾德的解決辦法是找一個免費住處——一個可以讓他躲著想清楚接下來要怎麼辦的地方。

一九六六年秋天，唐諾德在學校附近找到一個原本用來貯藏水果的地窖。這個房間有電，有一台老舊的暖氣爐，但沒有供水。他獨自睡在地窖的床墊上，不知道如何爬出自己給自己挖的坑。幾天變成了幾星期，接著又變成了幾個月——直到十一月十七日，唐諾德再度回健康中心報到，表示自己又被貓咬了。

當醫師得知這是他兩年內第二度被貓咬，當天就送他去精神科進行全面檢查。就這樣，唐諾德病情的嚴重性終於明朗。他似乎以一種前所未見的方式對醫師敞開心扉；他或許從未對任何一個人如此坦白。就診紀錄列出了唐諾德吐露的更多「詭異的自我毀滅行為」：「跑著穿越營火，以電線纏繞脖子，打開瓦斯，甚至去葬儀社詢問棺材價格——凡此種種行為，他都交代不出充足理由。」

絞索、瓦斯開關、葬儀社。唐諾德似乎執迷於死亡，執迷於結束自己的生命。一直以來的自我失連（disconnection）並未因上大學而消失——反而越來越嚴重，並以新的、令人恐懼的方式顯現出來。

觀察期間，唐諾德的狀況持續惡化。他告訴醫師，他認為自己曾殺害一位教授。幾天後，他分享他的另一個幻想——這一次是在足球比賽中殺了另一個人。他還透露更多往事，包括一段令醫師特別憂心的新告白。院方紀錄言簡意賅：十二歲那年兩度試圖自殺。

那些尋短的行為究竟意味什麼，沒有人說得明白。無從得知唐諾德是否曾向任何人透露這些事情；或者，假設這些事情確實發生，他的父母是否知情。不過治療唐諾德的醫師聽得夠多了，尤其在得知貓咪的實際遭遇之後。

「他緩慢而殘忍地虐殺了一隻貓，」醫師在病歷上寫道，「那隻貓跟他生活了兩天，而且顯然帶回了另一隻貓（很可能是公貓），導致屋裡臭氣熏天。貓抓傷了他。不知道他為什麼殺害那隻貓，也不知道他為什麼虐待牠。討論這些行為時，他的心情變得很糟。」

唐諾德在敘述來龍去脈時不只是對事情茫然不解而已。他整個人嚇壞了。

「這個小伙子有可能傷害自己，甚至傷害他人，」醫師寫道，「疑似思覺失調反應。」

在車上，唐諾德喃喃說起上帝、瑪麗莉，以及正在搜捕他的中情局幹員。回家後，唐諾德突然在廚房陷入驚慌。他尖叫說，「趴下！他們在對我們開火！」周圍的人猛然跳起來東奔西竄，查看他的話是否屬實。

那是一九六六年年底，正當唐剛剛投入他在落磯山聯邦的新工作——正當他們每個人的新生活剛要開始之際。科羅拉多州州立大學的校醫表示，在接受更多評估與治療之前，唐諾德是不可能繼續他的大學學業了。唐和咪咪立刻開車到科林斯堡探望他們的兒子。找到他時，唐諾德正在用啤酒洗頭髮。他們決定帶他回家。不過現在他回到家了，他們完全不知道該拿他怎麼辦。

唐諾德需要幫助。但他能得到什麼樣的幫助？假設他願意就醫，馬里蘭州的板栗居或托彼卡（Topeka）的門寧格診所（Menninger Clinic），或者離家近一點、位於科羅拉多泉的雪松泉（Cedar Springs）醫院等私立設施都太昂貴，超出蓋爾文家的能力範圍。另一方面，公立醫院則令人望之卻步，那些地方用精神藥物和約束衣迫使病人保持安靜，正如塞繆爾．富勒（Samuel Fuller）在一九六三年的恐怖電影《驚恐迴廊》（*Shock Corridor*）所描述的情節一般。一九六七年，麻州政府透過法律程序禁止紀錄片導演費德列克．魏斯曼（Frederick Wiseman）發行電影《提提卡失序記事》（*Titicut Follies*），並因此登上頭條新聞。這部影片將麻州橋水州立精神病院（Bridgewater State Hospital）裡的不人道狀況公諸於世，片中充斥著病人被脫得精光、強迫餵食，以及遭照理負責保護他們的人霸凌的畫面。在科羅拉多州，位於普維布洛的超大型精神病院（距離隱谷路約一小時車程），最著名的就是以胰島素休克療法與一種名為托拉靈的強力藥物治療思覺失調症。唐和咪咪會窮盡檯面上一切選項，才可能同意把唐諾德送去那樣的地方。普維布洛這類的州立精神病院是給無可救藥的病患去的，不是他們兒子這種健康的年輕人該待的地方。

在粗暴的公立醫院之外還有另一條選項，但那條選項對咪咪而言同樣沒什麼吸引力。在丹佛的科羅拉多大學附設精神病院中，芙芮達．佛洛姆賴克曼和其他人提倡的精神分析法大行其道。這間醫院深信思覺失調症是一種社會心理障礙，並聚焦於這項精神疾病的「心理動力」（psychodynamic）根源：精神分裂母親。咪咪和唐或許並不清楚這種精神分析路徑的實際細節——精神分析師會如何抽絲剝繭地挖掘唐諾德的成長過程、判斷他們的教養方法是否原本可以有所不同——然而，他們知道，把兒子送進任何一種精神病院，意味著他們將跨越什麼樣的門檻。

他們再度思忖，情況真的那麼嚴重嗎？畢竟在當年，思覺失調症的診斷更像一門藝術，而非科學——就許多方面而言，現在依然如此。分開來看，每個症狀都不是這項疾病專有的特徵，所以醫師只能靠刪去法進行診斷。美國精神醫學學會（American Psychiatric Association）已在十四年前（編按：一九五二年）出版第一版的《精神疾病診斷與統計手冊》（*Diagnostic and Statistical Manual of Mental Disorders*），簡稱DSM。思覺失調的定義占大約三頁篇幅，並涵蓋了尤金・布魯勒最初提出的幾種亞型——青春型（hebephrenic）、緊張僵直型（catatonic）、偏執型（paranoid）和單純型（simple）思覺失調。另外再添加五種新的亞型——情感分裂性（schizoaffective）、兒童期（childhood）、殘餘型（residual）、慢性未分化型（chronic undifferentiated）及急性未分化型（acute undifferentiated）。這項定義遭到嚴詞抨擊：一九五六年，著名的精神科醫師艾文・班奈特（Ivan Bennett）將DSM的思覺失調定義稱作是「垃圾桶式的診斷分類」，他寧可把焦點集中在研究哪些藥物有助於治療疾病症狀。[1]從那時起，DSM每次改版，都會根據當時盛行的治療風格調整思覺失調症的描述。一九六八年出版的DSM第二版加入「急性思覺失調症」（acute schizophrenia），症狀是幻覺與妄想，別無其他。[2]然而，思覺失調症究竟是什麼，醫學界依然無法達成共識。它是單一疾病或是一種症候群？是遺傳或後天創傷造成的？唐和咪咪明白，對於和他們的兒子面臨相同問題的人而言，你究竟得了思覺失調症還是沒有，往往取決於你就診的機構最看重哪些事情。

沒有人提起預防措施，也幾乎沒有什麼人探討治療方法。不過有件事似乎可以肯定：假如他們把唐諾德送進某種精神病院，羞愧與恥辱便是唯一的定局，唐諾德的大學學業就此結束、唐的事業

7

生涯蒙上陰影、他們家的社會地位留下污點，而最終，其他十一個孩子從此別想過上體面而正常的生活。

這就是為什麼對咪咪和唐而言，最明智，或者至少最實際的決定就是期盼事情無論如何會自行好轉。他們越是琢磨，越決心保持樂觀。他為什麼不可能忘掉瑪麗莉、重新站穩腳根、從廢棄的水果地窖搬回學校宿舍、恢復健康呢？他們需要相信他辦得到。於是他們尋找自己認識也信任的人來治療唐諾德，一個可以幫助他度過難關、重返校園、回歸正軌的人。

他們想，順理成章的第一步無疑是回到空軍官校附設醫院，蓋爾文家在那裡擁有豐富人脈，他們但願自己能發揮影響力，將過程引導至好的結果。這一次，替唐諾德檢查的是熟識蓋爾文一家的勞倫斯．史密斯少校（Lawrence Smith）。他自一九六〇年加入官校，與唐共事三年，曾密切關注少年唐諾德的足球生涯。

十二月八日，史密斯少校代表唐諾德寫信給科羅拉多州州立大學，信中將他所謂唐諾德的「急性適應不良」怪罪於一連串倒楣事件：居住環境不如人意、與女友分手、期末考的壓力。少校在信中的語氣既寬容又令人安心，充滿了善意。「我同意，您在十二月見他時，他的反應相當詭異，」他寫道，「然而，我覺得他已從事件中復原，並且洞徹情況了，根據我的最佳判斷，他應該不會故態復萌。」

一年內，唐和咪咪第二度幫助他們的兒子清清白白地重返校園。少校並未提及唐諾德的殺貓事件，或他的謀殺幻想。背後原因其來有自：史密斯少校對這些事情一無所知。他從未跟科羅拉多州州立大學任何一位曾經檢查唐諾德的人談過話。他們根本沒機會告訴他。

唐諾德當然也沒有主動吐實。

唐諾德在耶誕節假期結束後不久重返科羅拉多州州立大學。水果地窖已成了過去式。他再度回到同學的世界，不再離群索居。他持續到健康中心會見心理治療師，不定期接受精神狀況評估。有一次事後，他的評估者寫道：「該學生並未罹患精神疾病。」

再一次地，他似乎急著恢復正常，成為父母理想中的兒子。他甚至開始約會。那年春天，他宣布他遇見一個新的人，前女友瑪麗莉的繼任者。她叫做琴恩（Jean），長得人高馬大——唐諾德曾經形容她是個男人婆。從身材上來說，琴恩和依然擁有足球員體格的唐諾德非常登對。她和唐諾德一樣，也擁有遠大抱負。她想攻讀博士學位，而唐諾德依然希望成為一名醫師。

交往幾個月後，唐諾德告訴父母他又訂婚了。咪咪和唐難以抉擇。某種程度上，他們認為這是唐想要重新展開人生的好跡象。他們甚至因為唐諾德是經過深思熟慮才定下這樁婚事、不是奉子成婚，而給予他一定的讚賞。根據個人經驗，他們也知道在這種情況下，對一個打定主意的年輕人來說，家人的反對毫無意義。而且，至少從某個層面而言，咪咪也鬆了一口氣。關於唐諾德的崩潰，她跟唐對外始終三緘其口，希望它們搞不好就這樣被遺忘。她最渴望的事，莫過於唐諾德能夠自行恢復正常。她怎麼能夠反對唐諾德安頓下來、找到人生方向、循規蹈矩、腳踏實地、獲得成功甚至幸福的想法——或希望？故事不是就應該這麼走的嗎？男孩和女孩相遇、相戀、步入婚姻。

不過，他們當然知道結婚是個糟糕的主意。每個人都心知肚明。撇開他的個人問題不談，至少在一個非常重要的理由上，這兩人看來並不合適。認識他們的人都警告唐諾德，琴恩已明確表示不

7

願意生孩子。她想進研究所攻讀遺傳學，幫忙治療疾病。生兒育女完全不在她的計畫內。

唐諾德不願意聽進去。不能建立自身家庭的想法令他非常悲傷，以至於他無法相信琴恩的話是發自真心。

一九六七年五月，婚禮的幾個月前，唐諾德跟駐校的精神科醫師進行例行治療，談到了獵鷹。他盯著卡片上的抽象圖案，表示自己看見一座峭壁，山壁上有個洞。他說，穿過山洞後有個鳥巢——他可以在那裡找到新生雛鳥，帶回家當成自己的小孩來養。

穿過一條神祕、陰暗、有如產道的通道，唐諾德即可找到一個新的家庭：羅夏克墨跡測驗*才剛開始，唐諾德便已經為精神科醫師奉上了大量研究素材。

他凝視第二張圖片，想到了誘惑。他看見一名女子打算跟一個男人性交，而那個男人——根據醫師的會診紀錄——「在做與不做之間苦苦掙扎」。男人最後決定「保持高尚」，拒絕性交。

第三張圖片令唐諾德想起他的一個朋友，一個披頭族†。「我猜他在嗑藥——他失去意識。」

第四張和第五張令唐諾德聯想到一對父子。他看見兒子躺在床上，父親過來道晚安。他說，父

* 編註：羅夏克墨跡測驗（Rorschach Inkblot Test, RIT）是由瑞士精神科醫生、精神病學家羅夏克一九二一年所創，以十幅圖組成墨漬測驗，被當作思覺失調症的診斷方法。這項測驗最初被稱為「人格投射測驗」，協助分析師研究隱藏的情緒和動機，但由於它並沒有嚴謹的標準化解釋，外界普遍對此法與其成效持質疑態度。

† 編註：披頭族（beatnik）一詞出自五〇年代由詩人艾倫．金斯堡為首的「垮掉的一代」（Beat Generation）文學運動，但經由大眾媒體的刻板印象渲染後，更強調這個族群中膚淺、反叛與頹廢嗑藥的一面。

親正準備走出房門，這時，他看見兒子靠在父親肩膀上哭泣，向父親求助。唐諾德說，兒子做錯了事，父親打算為兒子指引方向。

當他見到第六張，腦中赫然出現一幕暴力場景——男子尋思復仇，一名女子正在勸阻他。「他心不在焉，左耳進右耳出。」唐諾德說。

第七張是另一幕復仇畫面。這一次，兒子正在為死去的父親報仇。他說，兒子「覺得自己做得沒錯，因為另一個人侵犯了他和他的家人」。

在最後一張圖片上，唐看見了自己。

「我在攀登峭壁，」他說，「我爬上峰頂，獵鷹正朝我俯衝而來。」

8

唐
咪咪
唐諾德
吉姆
約翰
布萊恩
麥可
理查
喬瑟夫
馬克
馬修
彼得
瑪格麗特
瑪麗

8

唐諾德在科羅拉多州州立大學苦苦掙扎之際，叛逆的老二吉姆高中畢業後則是進入當地社區大學修習一年期的課程，重新打造他的學業紀錄。大出眾人意料之外的是，他的成績出色，足以在隔年（一九六五年）轉學進入科羅拉多大學波德分校（University of Colorado at Boulder）。他上的大學竟比唐諾德的學校更好；這是所有人都無法忽略的事實，尤其吉姆本人。當事情牽扯到他和唐諾德，吉姆從來無法不分個你勝我負。

初識凱西時（Kathy），吉姆已在波德度過將近二年，是城裡幾家酒吧的常客。他二十歲，她十九歲。他是在一家叫做居瑟普（Giuseppe's）的俱樂部吃飯跳舞時看見她的。她當時正在跟高中的老同學跳舞，吉姆插隊進來搶舞伴。然後他打電話到她的爸媽家——她當時還住在家裡，接著他們開始約會。凱西從一開始就察覺到吉姆鄙夷他自己的父母。「他們不斷生小孩，冷落幾個年幼的孩子。」他曾經這麼說。他也忿忿地說他多麼痛恨他的哥哥——唐諾德在高中是怎樣的風雲人物，吉姆永遠趕不上他。她想，那些往事似乎已成過眼雲煙，起碼應該如此。

當凱西懷孕，吉姆毫不猶豫地向她求婚。對唐和咪咪來說，這樣的結果不盡理想——即使老實說，他們當年在吉姆這個年紀也做過一模一樣的事。反正說什麼都沒用。這可是吉姆，他想做的事情誰都攔不住。在剛剛祝福了唐諾德與琴恩的結合後，他們沒有任何合理的反對理由。

婚禮在一九六八年八月、唐諾德和琴恩結婚的一年後舉行。他們搬進市中心一間小小的磚牆平房，偶爾邀請吉姆的弟弟們來玩，但唐諾德除外；唐諾德從不在受邀之列。凱西雖跟蓋爾文家其他男孩相處融洽，卻跟吉姆的母親關係緊張，後者的來訪似乎更像視察。「你沒有撢灰塵，」咪咪會這麼說，而凱西則會回答，「我沒有時間。喏，你要的話，我的抹布在這裡。」吉姆喜歡她這樣。

凱西生了兒子；小吉米只比咪咪的么女瑪麗小幾歲。吉姆輟了學，開始當酒保，跟他想效法父親成為教師的志向相去甚遠。不過放棄志向似乎毫不足惜：他現在是有家室的男人了，他相信自己在各方面都凌駕於唐諾德之上。當他取得在布羅德莫飯店——城裡最時髦的地方——幹酒保的固定差事，那份工作似乎散發出足夠的威望，讓他覺得自己已經贏了這場較量。

吉姆沉浸在為人夫和為人父的喜悅，不過他一抓到機會便打破結婚誓言。他在婚前就是個花花公子，現在也無意改變。

一天晚上，凱西發現他的摩托車停在一家酒吧外面，她走進酒吧，走到他和女伴所坐的桌邊，拿起一壺啤酒潑到他們身上，然後揚長而去。她想向吉姆提出警告——讓他知道她也有她的尊嚴。

後來，吉姆在他們獨處時展開報復。當凱西決定辭掉白天的工作，回到學校修教育學分，他拔掉她車上的火星塞，阻止她去學校上課。「去找工作，」他說。她請媽媽開車送她一程，回家時，

8

吉姆正等著她。他摑了她一巴掌。

隨著家暴情節越來越嚴重，她明白，她所能做的最糟的事，就是威脅要離開他。有一次她試著這麼做了，結果他往她臉上狠狠揮了一拳，嚴重到她得上醫院縫合傷口。然而她自己也狠不下心讓威脅成真。每次凱西準備離開，就想著他也許會變好，想起兒子需要父親。有幾次，她鼓足勇氣離家出走一兩天，小吉米就會說，「我想要爹地回家。」

凱西之所有沒有離開，還有另一個原因。她察覺吉姆似乎飽受跟她無關的某件事情苦苦折磨——令她幾乎可憐他的一件事情。他會聽到聲音。「他們又在對我說話了，」吉姆會說。他用緊繃的聲音描述他們——那些監視他、跟蹤他、串謀對付他的人。

吉姆再也不睡覺了。他整夜整夜地站在爐灶邊，點燃爐頭、轉小火，然後關掉，接著重新點燃。在處於這種狀態時，他會出現衝動而暴力的行為，不過不是傷害凱西或兒子，而是傷害自己。

有一次，走在科羅拉多泉市中心的街上，吉姆猛然拿自己的頭去撞一面磚牆。

還有一次，他跳入湖中，全身穿戴整齊。

吉姆第一次因精神疾病發作入院治療是在一九六九年的萬聖節晚上，當時小吉米還是個嬰兒。他住進聖佛朗西斯醫院（St. Francis Hospital），不過當天就出院了。凱西為自己和兒子感到害怕，也為吉姆感到害怕。他仍然是她的丈夫，仍然是孩子的父親，而現在絕不是離開他的時機。

凱西從來不喜歡吉姆的父母（此事看來正合吉姆的心意），但她覺得有必要把情況告知唐和咪咪。她不敢相信他們的反應。她原本預期他們淚流滿面，或許展現憐憫心，或至少同情。相反的，凱西看到兩個人使勁假裝這段對話壓根不存在——而當被逼問的時候，他們就質疑起這段對話的前提。事情的來龍去脈真的是凱西所說的那樣嗎？吉姆的父母始終拒絕承認他們的兒子完全靠不住，甚至有危險，反而認為事情不過是小倆口之間的婚姻問題——吉姆和凱西應該想辦法自行解決。

最值得注意的一點（至少事後看來）或許是唐和咪咪沒有透露的真相：吉姆的哥哥唐諾德也已出現怪異行為一段時間了。他們從沒對任何人說過唐諾德的事，也不打算從她開始。

和他們聊過之後，凱西聽從唐和咪咪的建議，帶吉姆去見牧師，但毫無效果。一天夜裡，當吉姆看似陷入徹底無助的狀態，凱西終於把他帶到丹佛的科羅拉多大學附設醫院。他住院住了兩個月，然後回家。吉姆答應定期到科羅拉多泉的派克峰精神健康中心（Pikes Peak

咪咪、唐和全部十二個小孩。攝於一九六九年，唐獲頒博士學位時。

8

Mental Health Center）門診部進行心理治療。醫師給他開了藥，他的狀況穩定了一段很長時間，長到足以令人感覺事情有希望。

他只有偶爾才會控制不住脾氣，再度對凱西動手。有一次，警察上門來，但凱西拒絕提告。另一次，鄰居報了警，警察押著吉姆走出屋外。不過他終究會回家；不論情況是好是壞，他總會回家。接下來幾年，唐和咪咪從未插手。「除了吉姆跑回去跟他們一起住的時候，」凱西回憶，「我樂得輕鬆。但他總會再次出現我的門前。」

一九六九年春天，蓋爾文家的十二個孩子齊聚一堂，相對融洽地慶祝父親從科羅拉多大學畢業。唐終於在四十四歲這年取得了博士學位。這天拍下的快照，是蓋爾文家十二個孩子與雙親全體入鏡的少數幾張照片之一。唐戴著方帽、穿著長袍，頭髮已出現幾縷花白。咪咪站在他旁邊，一身乳白色春裝和嫩黃色絲巾，頭髮依舊烏黑。兩個女孩——瑪格麗特和瑪麗——穿著同款的白色洋裝站在父母前面。十個男孩則統統站在他們右側，猶如保齡球瓶般直挺挺地排成兩列。

吉姆是後排左邊數來第四個，他的黑髮亂蓬蓬的，臉色蒼白，滿頭大汗。後來幾年，咪咪會指著這張照片說，她就是在這一刻、全家人最後一段簡單而快樂的日子，第一次驚覺吉姆深陷巨大的麻煩中——不僅僅是一如既往地叛逆而已，而是精神失常。就和唐諾德一樣。

9

一九六四年
美國國家精神健康研究院，華盛頓特區

在大蕭條時期的一個春日，美國某個繁忙小鎮上，一對經常發生齟齬、婚姻失和的夫妻，迎接了四個一模一樣的女孩來到這個世界——他們生下了四胞胎。對於四胞胎的誕生，媒體爭相報導。這對夫妻經濟十分拮据，所以他們允許當地一家報社為四個姊妹花舉辦命名大賽，也接受了迫不及待想利用幾個女嬰來行銷牛奶的當地乳牛場所提供的贊助，並且向希望一窺寶寶居家生活的遊客收取費用。

金錢並未解決這家人的問題。一個女兒在二十二歲時精神崩潰，其他幾人也一個接著一個發病。四姊妹在二十三歲時全被診斷出罹患思覺失調症。一九五五年初，這四個女人——四個擁有一模一樣基因組合的二十五歲姊妹花——被介紹到位於華府的國家精神健康研究院（NIMH）。

NIMH的精神病學家明白這幾個姊妹所代表的稀有機會。據他們估算，罹患思覺失調症的四胞胎案例只占總出生人口的十五億分之一。負責治療她們的是大衛．羅森索（David Rosenthal）；一部分拜這四胞胎之賜，這位任職於NIMH的精神科醫師兼研究員，日後成了二十世紀最傑出的思

覺失調症研究員，專門研究該疾病的遺傳因子。

四姊妹在NIMH待了三年，羅森索與他底下二十多位研究員所組成的團隊又繼續花了五年時間研究她們，並以化名保護她們的隱私。他們給四姊妹冠上「熱南」(Genain)這個姓氏，在希臘文中意指「悲慘的血統」(dire birth)，並以NIMH四個字母為字首，分別為她們取了假名：諾拉(Nora)、艾瑞絲(Iris)、瑪拉(Myra)和海絲特(Hester)。她們居住的城市從未遭到披露，她們的父母被稱作亨利(Henry)與葛楚德(Gertrude)。一九六四年，亦即蓋爾文家在隱谷路安家落戶的同一年，羅森索出版了《熱南四胞胎》(*The Genain Quadruplets*)，這部長達六百頁的家族性思覺失調症研究報告成了同類型著作的經典[1]——一個嚴謹地探討先天與後天問題、不放過任何細微之處的個案研究；這個病例在思覺失調症研究史上的重要性，在當年被譽為足以與丹尼爾・保羅・史瑞伯的個案媲美。[2]

熱南四姊妹來到NIMH之際，尋找思覺失調症的生物或遺傳標記已在精神分析的圈子退了流行——新一代心理治療師似乎都反對這種主張，包括芙芮達・佛洛姆賴克曼在內。但在另一個獨立的天地裡——各大學實驗室，還有心理治療師無法觸及的醫院——神經學家和遺傳學家投入了整個一九五〇和六〇年代持續尋找思覺失調症的生物標記。這個領域的黃金標準是雙胞胎研究。要檢驗任何條件下的遺傳力度，最好的方法似乎就是分析有多少對同卵雙胞胎雙雙患病，然後再跟異卵雙胞胎的患病率進行比較。歐美的研究人員進行並發表了許多重大的雙胞胎研究[3]，從埃米爾・克雷佩林一九一八年的報告開始，其他人陸續在一九二八年[4]、一九四六年[5]和一九五三年[6]發表了類似報告。這些研究中的每一篇都提出了顯示遺傳因子確實存在的數據，縱使這些數據並非十分強而有力。精神分析學派每一次的回應都大同小異：你們怎麼知道不是因為致病的家庭環境才使得疾病在家族中相傳？你們怎麼知道不是他們的母親所致？

在NIMH，大衛．羅森索立刻相信四胞胎都患有相同精神疾病的事實可以徹底解決這項爭議。「一知道這四胞胎既是同卵四胞胎，且又都患有思覺失調症，」羅森索寫道，「你不得不納悶，誰還需要……怎樣的進一步證據？」[7]但他也知道事情沒那麼簡單。在他描述這起個案的著作中，他指出許多心理治療師並未被說服，包括他在NIMH的幾名同事。大抵上，熱南四姊妹的父母對女孩們一視同仁：給她們穿一樣的衣服、上同一所學校、交同一群朋友。他們爭論說，這些女孩之所以全患有思覺失調症，很可能是因為父母以一模一樣的方式養育她們。

羅森索和同事開始蒐集熱南家的家族史，並發現了至少一起精神疾病案例。四姊妹的祖母在少女時期顯然曾精神崩潰，並出現了NIMH的個案分析師認為聽來像是妄想型思覺失調症的症狀。不過對於任何同卵手足，基因都只占了故事的一部分，而從某些方面來看，熱南四姊妹確實各有不同。諾拉是老大，扮演類似發言人的角色，她鋼琴彈得最好、智商最高，不過特別愛發脾氣。[8]與此同時，艾瑞絲被描述為「腦袋空空」，但是她肯幫忙做家事，且是個美妝高手。[9]海絲特沉默寡言、嚴肅、不愛交際而「邋遢」，羅森索如此形容她，「猶如爐灶旁的灰姑娘」。[10]瑪拉的性格則比較「活潑」，但矛盾的是，她的感情似乎很平淡，彷彿她在扮演一個角色，但並不確定該如何恰如其分地表現。[11]從小，女孩們的母親便試著將諾拉和瑪拉跟艾瑞絲和海絲特分開來，因為她覺得諾拉和瑪拉比起被她形容為「較蠢笨」的兩個女兒更為聰明。[12]

接著輪到家庭生活的問題。研究人員越探索，越覺得事有蹊蹺——一開始是古怪，到後來簡直駭人聽聞。雙親都有家暴傾向。父親酗酒、外遇，據說還曾猥褻其中兩個女兒。而在母親這方面，當她發現兩個女孩彼此愛撫，她在夜裡把她們綁起來、餵她們吃鎮定劑，最後強迫她們接受陰蒂切割手術。在NIMH研究人員眼中，葛楚德正是芙芮達．佛洛姆賴克曼和格雷戈里．貝特森描述的那種母親——控制欲極強又極度焦慮，肯定對女兒們造成了某種心理創傷。「顯而易見，家人病得越久，越能延長她的滿足感，」羅森索寫道，「她的家就是她經營的醫院。」[13]

說到底，熱南四姊妹的童年沒有一件事情稱得上正常——她們的就學情況不正常，她們的性發育當然也不正常。就連羅森索都將這些女孩的經歷跟猶太人大屠殺倖存者、心理創傷理論家布魯諾．貝特罕（Bruno Bettelheim）提出的「極端情況」（extreme situation）概念相提並論。[14]在這些極端情況下，人們發現自己無法逃脫、得不到保護，永遠處於危險之中。「幾乎從四胞胎由醫院被帶回家的那一刻起，家中便瀰漫恐懼、懷疑、不信任外面世界的氣氛，」羅森索寫道，「百葉窗緊閉、圍牆豎起、手槍隨時上膛、熱南先生保持警戒……始終擔心遭到綁架……威脅無所不在。」[15]

她們經歷的童年似乎破壞了實驗。假如熱南家稍微更像，好比說，蓋爾文家——一個更接近主流的中產家庭——NIMH的研究員肯定能提出更有說服力的實驗，驗證先天與後天的影響。

儘管如此，羅森索仍有足夠信心將熱南四姊妹的情況歸因於基因與環境因素的混合。他不接受這項疾病的罪魁禍首是單一基因的主張，不過也拒絕將一切怪罪於環境。在《熱南四胞胎》中，羅森索率先提出了基因與環境交互影響、導致思覺失調症狀的可能，是首先持這類理論的學者之一。他開始羅列這個領域的未來研究方向，期望打破僵局，促成雙方陣營達成共識。

「建構理論的時候，我們必須更周延而精確，」羅森索寫道，「強調基因作用的人，鮮少認真思索環境可能扮演的角色；而環境學派的人，通常也只是隨口說說會把遺傳因子納入考量。」他表示，未來的研究必須在兩邊的理論之間搭起橋梁。「當然，」他說，「遺傳和環境是所有人都該考慮的事。」[16]

羅森索的結論令兩邊陣營同感不滿。然而，他始終堅持先天與後天因素混合產生作用的想法。他無從得知這個概念要多久以後才會蔚為流行，但結束熱南四姊妹的研究工作之後，他決心證明，瘋狂的根源或許不在於先天或後天，而是兩者的致命組合。

10

唐
咪咪
唐諾德
吉姆
約翰
布萊恩
麥可
理查
喬瑟夫
馬克
馬修
彼得
瑪格麗特
瑪麗

10

唐諾德跟精神科醫師翻來覆去地討論他跟琴恩的婚姻幸福與否。前一刻，他會說起他們那次一起去墨西哥露營旅行六星期玩得多麼開心。下一刻，他會承認打從婚禮開始，兩人之間就沒有一件事情順心如意。三年過去了——此時是一九七〇年六月——唐諾德漸漸相信，他是因為被前一任未婚妻瑪麗莉拒絕，才娶了琴恩療傷止痛；他們此刻共度的生活根本就不算婚姻。

這是個傷心的故事，但唐諾德聽來並不傷心。相反的，他表現得頑固、疏離、挑剔、冷淡，甚至有一點偏執。他的醫師——坐落於科林斯堡的科羅拉多州州立大學附設醫院的精神科醫師湯姆．派特森（Tom Patterson）——察覺唐諾德似乎演練過他的說詞；他嚴格控制自己，使得整體性格變得扁平，彷彿正試圖掩蓋內心爆發的情緒。「他時時留意你的一舉一動。」醫師寫道。

唐諾德和琴恩都已大學畢業，不過還住在科林斯堡。唐諾德在做研究助理，同時修解剖學和生理學課程，仍然夢想著有朝一日進入醫界。琴恩即將取得碩士學位。那天，唐諾德說他之所以來學校的輔導中心，是因為有人建議他參加交心治療小組（sensitivity group）*，幫助他改善與妻子的溝通。沒多久，他透露出真實原因：琴恩告訴他，她準備三星期後離開他。

唐諾德對派特森坦言，這段日子情況很糟。琴恩埋怨他大多數時候冷淡疏離，其他時候則凶惡至極。以前都是她拒絕唐諾德求歡，但現在唐諾德只在她開口要求時跟她上床，大約一週一次。他們各自吃飯，分房而睡。他承認自己冷落了她，有時也會凶她，但此刻認錯已經太遲。琴恩似乎受夠他了——現在，她準備秋天到奧勒岡州州立大學攻讀博士學位，並得到了一份有薪水的助教工作，不再需要他養她。「換句話說，」派特森寫道，「這段婚姻關係很糟糕，兩人各走各的路。」

唐諾德

儘管唐諾德看似沉著鎮定，但派特森對唐諾德從幾年前第一次衝進營火開始就看過許多心理治療師的歷史瞭如指掌。他甚至想起自己曾看過唐諾德的羅夏克墨跡測驗，他記得內容「相當病態」。在那個六月天，這位精神科醫師試圖深入挖掘唐諾德的內心，希望他拋開緊迫的婚姻問題，多談談自己。他們的對談很快變成完整的心理療程。唐諾德告訴醫師，多年來，他活得不像自己，而是反映出其他人對他的期望。他說他習慣從人們的表情、姿態和言談尋找蛛絲馬跡，研判最好的應對方式。他聲稱他瘋狂地衝進校園營火，是為了乞求關注；他也說他在很多次的精神評估中撒了謊。他說，他最近沉迷於東方哲學；他連續斷食四天，驕傲地表示他的體重只剩下一百五十八磅（約七十二公斤）。醫師沒有被他唬弄過去。不論唐諾德在對話中拋出多少東方哲學術語，醫師認為那只令他的情感更顯淡漠——並非虛偽，但也並不誠懇。派特森常常覺得唐諾德即將掉淚，但他總會在流淚之前及時收拾心情。

這位精神科醫師的結論是，縱使唐諾德會展現出妄想型思覺失調的症狀，甚至曾「做出非常詭異或暴力的事」，但他此刻還沒到無可救藥的地步。「他還有很強的現實感，」他在病歷中記錄，「他的態度閃爍，或許無法跟任何人建立深刻的關係……他對挫折的忍受度很低，會輕易放棄令他感到危險的人或事。」醫師納悶，唐諾德壓抑的情緒是否由於長期克制自己的欲望和需求所致——怪的是，這個理論簡直無異於將唐諾德的問題怪罪在琴恩頭上。「他屈服於她的需求、她的願望，」他寫道，「長久以來嚴格壓抑自己的感受，以至如今難以表達內心的情感。」

治療結束時，派特森邀請唐諾德翌日回來多談一點。唐諾德依約而至，再次就診時，他出奇地變了一個人——放鬆，甚至快樂。他說他和琴恩談過了，她得知唐諾德正在看治療師，決定寬限一些時間。他們甚至一起上館子吃飯，琴恩答應嘗試伴侶諮商。

派特森大受鼓舞。現在既然唐諾德有求於他，他覺得可以要求一些回報。他說，只要唐諾德允許他翻閱他的檔案、深入了解他的精神病史，他會考慮替唐諾德進行伴侶諮商。

唐諾德臉色一沉。他告訴醫師，他不相信心理測驗；他覺得以前做過的測驗根本無效，他說，

* 審註：交心治療小組指的是透過小組治療訓練，增進當事人如何與他人連結的洞見。

他不認為檔案內容會有任何幫助。

「如此一來，治療會很困難，」派特森寫道，「他可以在不否認的情況下被人觸及內心嗎？」

步出房門之前，唐諾德勉強同意帶一份人格測試問卷回家填寫。

完成下列句子以表達您的真實感受。盡量回答每一道題目，確保每一道題目最終都是完整的句子。

我喜歡：馴鷹、做愛、游泳、旅行、滑雪、溝通。
家是：短期作客的好去處。
男人：腦筋應該靈活一點兒。
母親：應該關心子女的發展。
我覺得：緊張。
我最害怕：沒有堅持自己的初衷。
學校是：一生中最美好的時光。
我無法：說「我放棄」。
運動：能健全人格。
當我是個孩子：我現在還是。
我苦於：自哀自憐（不太嚴重）。
我敗在：化學。

10

有時候：我不夠在乎。
我的痛苦來自：多半是其他人。
我私心裡：希望獨處時能感到快樂。
我但願：太多了。
我最大的煩惱是：決定該怎麼做。

不到一星期後，六月的一個週五晚上，唐諾德和琴恩再起勃谿。吵的還是同一套東西，只是吵得比以前更凶，火藥味更重。兩人鬧得很僵，琴恩奪門而出，離開了他們的公寓。唐諾德跟著出門，在附近找到了她。當時，她低伏著身子坐在地上，附近是一道灌溉溝渠。她或許是想一個人靜一靜，或許是想躲他。不過找到她後，唐諾德開始說起自己是如何地想淹死她。

琴恩說服他打消念頭。他們差不多一前一後回到公寓，不過琴恩清楚表明了立場：她還是會離開他，獨自搬去奧勒岡州。

隔天，星期六早晨，唐諾德依舊因前一夜的爭執——以及琴恩終究決定離開——而難過。他吞了幾顆麥司卡林*；他後來說，這種藥物不僅能讓他的心思變得異常澄澈、有洞察力，還能幫助他做出正確反應、想出完美計畫。

一九七〇年六月二十日，那天夜裡，唐諾德帶了兩片氰化物回家，極可能取自學校的實驗室。

* 譯註：mescaline，一種迷幻藥。

唐諾德把藥片丟進一杯鹽酸，然後抓住琴恩，讓她動彈不得——當氰化物霧化成氣體，他們倆的臉都罩在玻璃杯上。

他的計畫就是同歸於盡。

到了下一次回診時間，唐諾德沒有依約出現。派特森打開星期一早上的報紙，瞬間恍然大悟。

科林斯堡警方表示，上午十點二十分，住在艾吉村27G公寓的唐諾德・肯揚・蓋爾文（二十四歲）因意圖自殺並涉嫌殺人未遂，遭警方羈押監護。警方依地方檢察官指示，今晨將他關進市立監獄。他首先被送往科羅拉多州州立大學學生健康中心接受治療。

唐諾德的計畫功虧一簣。或許是他鬆開了琴恩，或許是他原本就勒得不夠緊。總之她掙脫了，歇斯底里地衝到屋外報警。看了報紙上的新聞後，派特森在醫院找到唐諾德。唐諾德依「拘禁治療令」被送進了醫院，等待地方檢察官決定是否要將他起訴，或判他強制就醫。令醫師憂心的是，唐諾德似乎還沒從事件中清醒過來，他欣喜若狂地夸夸其談，甚至自吹自擂，猶如漫畫中被揭穿真面目的反派人物，吹噓自己這麼多年來如何騙過所有人。他說起那次的殺貓經過，不過這一次他並不害怕，反倒顯得洋洋自得。他說他最近也在浴缸裡肢解了一條狗，只為了讓琴恩噁心。

從派特森和唐諾德的會談紀錄來看，根本看不出唐諾德有能力做出這種事。唐諾德是否刻意蒙騙派特森，或者純粹是毫無預警地突然崩潰？醫師是否忽視了他性格中的暴力面？他是否太急於相信唐諾德？

但至少，事情結束了。唐諾德有了新的診斷。「他或許是個聰明的妄想型思覺失調患者，」派特森寫道，「情緒在狂喜與沮喪之間大起大落……我認為住院治療絕對是正確之舉。」

10

位於普維布洛的科羅拉多州立精神病院是由幾棟龐大而外觀單調的大樓所組成；醫院位於市中心，整座城市由醫院往外延伸，主要是為了容納越來越多的醫療工作人員，為越來越多的病患提供服務。醫院在一八七九年以另一個名字——科羅拉多州精神病患收容所（Colorado State Insane Asylum）——開業時，只收容了十多名病患，整座設施不過是一間農舍，而普維布洛不過是廣袤沙漠中的一座寂靜小鎮，位於丹佛以南一百哩處。[1]一九一七年，規模日漸成長的醫院重新命名，收治了超過兩千名病患——住進來的人恐怕都無望出院。

普維布洛的早期病患要面對看似永無止盡的化學治療與電療，目的是使他們鎮靜下來。一九二〇年代，當優生學運動逐漸蔚為風潮，普維布洛的醫師儘管沒有法律權限，仍替女性病患施行絕育手術。他們從來沒想過這或許不是個好主意。「我們認為那是小手術，」主掌醫院多年的院長法蘭克·齊默曼（Frank Zimmerman）醫師多年後表示，「以免她們製造出更多具有精神缺陷的人。」[2]

到了一九五〇年代，這所醫院收治超過五千名病人，成為一個基本上自給自足的小型社區，面積比該州最大縣的縣政府所在地還大；許多家庭一家三代同時在那裡工作。[3]由於無法仰賴州政府經費，院方安排病患自己栽種糧食，並經營奶牛場、豬圈、花園和紡織作坊。普維布洛成了精神病患的殖民地，人們在那裡定居下來。當時，最盛行的治療方式是以電療法治療憂鬱症，以胰島素昏迷療法對付思覺失調症，以水療法治療躁症，以發熱療法治療三期梅毒。

直到板栗居這類機構改變人們對精神疾病的觀點，普維布洛和其他州立精神病院的暴行才成為流行文化的熱議焦點。瑪莉・珍妮・沃德（Mary Jane Ward）一九四六年的半自傳體小說《蛇穴》（*The Snake Pit*）是最早期也最強力揭發內幕的作品之一；小說後來被拍成電影，由奧麗薇亞・德哈維蘭（Olivia de Havilland）主演，故事描述一名病患在紐約的州立精神病院被迫以滾燙的熱水沐浴，並遭受電痙攣療法治療的經歷。一九五九年，位於普維布洛的科羅拉多州州立精神病院也被寫進書裡。離職員工達里爾・特爾弗（Dariel Telfer）所寫的《看護》（*The Caretakers*）是一部隱匿真名的紀實小說，內容發人深省。撇開書中比較灑狗血的《冷暖人間》（*Peyton Place*）*式情節，《看護》真實呈現了當時盛行的幾種治療方法：休克療法、托拉靈、精神安定藥、單獨禁閉、苯巴比妥鈉（sodium luminal）、阿米妥鈉。一個書中人物對醫院高警戒病房區的輕蔑描述最能說明問題：「這些人大多是心理變態，想做什麼就做什麼。他們想要的，無非做愛、玩樂和喝酒。需要讓他們保持忙碌，因為一旦無所事事，他們就會變得比惡魔還可怕。必須派工作給他們，每一個都不能放過。我這區有個女人被關了兩星期，照她的病歷來看，她做了超過兩百次休克治療。超過兩百次！真難想像！」[4]

《紐約時報》書評聲稱《看護》吹響了調查與改革的號角。[5]果不其然，在一九六二年，科羅拉多州大陪審團遞交了一份三十頁的報告，嚴詞抨擊普維布洛醫院，揭露《看護》所描述過的許多相同問題：疏忽並虐待病人、無照行醫（至少一名醫師值勤時酒醉）、病患逃脫並四處亂跑。職能治療部成了「不道德行動中心」；醫院院落裡，病患相約交歡的一塊綠蔭地被稱做「炮村」。在一個案例中，有人在星期一通報生病，院方卻到星期六才採取行動；該名病患隨後死亡。[6]

事實證明，改革已近在咫尺。一九六三年，美國甘迺迪總統受到悲慘的家族經歷所啟發（他的長姊蘿絲瑪麗曾接受額葉切除手術並入院治療），頒布了「社區心理衛生法案」（Community Mental Health Act），下令對普維布洛這類大型機構進行整頓，縮減人員。對於沒必要進大型收容所的病人以及比較需要個人化照顧的嚴重病例而言，這項法案照理來說是個福音。然而情況並未如預期發展。在聯邦政府清理大型精神病機構之際，與此同時，普維布洛的醫師將全部賭注押在尋找新的、神奇的抗精神病藥物，希望靠藥物醫治精神病患，省去成本高昂的面對面診療。

堪稱二十世紀治療精神疾病最重大進展的抗精神病藥物，早在當時的十年前便已問世，而且是在和精神醫學完全不相關的領域。一九五〇年，一位名叫亨利・拉柏利（Henri Laborit）的法國外科醫師嘗試混合麻藥、鎮定劑和安眠藥，作為戰場上的新型麻醉劑。一九五二年，他稱為氯普麻（Chlorpromazine）的這種藥物第一次進行人體實驗。據拉柏利所述，服用這種新藥物的病人會出現「欣快性靜默」，變得「平靜、嗜睡，露出放鬆而超然的表情」。[7]拉柏利甚至將此種藥物的效果比喻為「化學法的腦白質切除術」。[8]一九五四年，氯普麻首度以商標名「托拉靈」在美國面市。

蓋爾文家的男孩一一成年那幾年，托拉靈被廣泛視為除了手術和休克治療之外，唯一能令精神病患平靜下來的神奇藥物。等到唐諾德在一九七〇年住進普維布洛，市場上已出現二十多種由托拉靈變化而來的仿製藥品。對普維布洛這類大型州立精神病院來說，藥物可以做到心理諮商似乎做不

* 編註：《冷暖人間》的故事描述新英格蘭小鎮佩頓的眾生相，該鎮看似平靜有法治，居民滿口仁義道德，但私底下做盡各種淫亂醜事。

到的事——完成甘迺迪時代的精神醫學願景，停止將病患安置在倉庫式的收容所中，幫助某些（或甚至許多）病患出院。不過，托拉靈治標不治本。它能減緩部分症狀，但頂多只能暫時壓制疾病，隨時可能復發。而且打從一開始就問題叢生；首先是副作用：顫抖、躁動不安、喪失肌肉張力、姿勢扭曲。拉柏利看到的平靜與嗜睡，在其他人眼中更像是被摀住嘴巴、蒙上眼睛——無異於把病人一拳打昏。有些人似乎一直陷在用藥過後的恍惚狀態，而且一旦停藥，下一次發病會比上一次的病勢更加兇猛。[9]而且，最重要的問題或許是：藥物究竟是如何產生作用的？

即使時至今日，依然沒有人確切知道托拉靈和其他抗精神病藥物的作用機轉。數十年來，醫師一直是在沒有透徹理解疾病生物病因的情況下給思覺失調的病患用藥。一開始，研究人員頂多只能檢驗托拉靈對病患腦部的影響，然後根據觀察結果推導出病理理論。第一個可信的理論出現在一九五七年；當時，瑞典神經藥理學家阿爾維德．卡爾森（Arvid Carlsson）認為，托拉靈可以阻斷大腦的多巴胺受體，防止許多導致幻覺的錯亂訊息在腦中失控打轉，藉此舒緩思覺失調的症狀。[10]卡爾森的理論，成了後來思覺失調症研究領域所謂「多巴胺假說」（dopamine hypothesis）的基礎，認為過度活躍的受體是導致疾病的原因*。[11]多巴胺假說的問題在於，另一種抗精神病藥物——氯氮平——紓解思覺失調某些症狀的效果似乎比托拉靈更好，但它對多巴胺受體的作用似乎恰恰相反：氯氮平會提高多巴胺濃度，不像托拉靈會抑制多巴胺濃度。[12]假如兩種有效的抗精神病藥物會對多巴胺濃度造成截然相反的影響，那麼這兩種藥物的藥效必定存在多巴胺假說以外的其他解釋。

從唐諾德的時代迄今，幾乎每一種抗精神病藥物都是由托拉靈或氯氮平變化而來。托拉靈及其後繼者被稱為「典型」的抗精神病藥物，而氯氮平及其追隨者則屬於「非典型」，一如百事可樂之於可口可樂。和托拉靈一樣，氯氮平也很危險：由於可能引發嚴重低血壓和癲癇，曾有超過十年時間被市場除名。即使如此，藥物仍成了治療思覺失調症的常見方法，精神醫學界的大分裂也只是日益加劇。大型公立醫院的醫師主張對思覺失調患者用藥，而高端診所裡的治療師仍然推薦心理治療法。

如同大多數家庭，蓋爾文家只能任由有名無實的精神醫療體系擺布，被迫在對他們而言遙不可及的選項中選擇。歸根結柢，他們的決定最終取決於錢。儘管空軍的保險涵蓋軍人的撫養親屬，但唐諾德如今二十四歲，已不在涵蓋範圍內，所以事情由不得他們做主。普維布洛是他的唯一選項。

來到普維布洛之前，唐諾德在監獄待了六天，等待法院發出強制就醫令。那給了他六天時間胡思亂想，讓他越來越害怕住進精神病院後的生活。在入院訪談中，他試著說明他之所以拿氰化物對付琴恩和他自己，有很好的原因：他說他幾星期前第一次吃了烏羽玉仙人掌（peyote），後來才聽說那可能是一種迷幻藥（LSD）。他說他現在沒事了，他會放手讓妻子離開，不再反對；他說，從前當第一任未婚妻離開他，他也曾如此「焦躁」，但後來也熬過來了。

普維布洛的醫師對他的話存疑。「應考慮精神病發作可能性。」病歷上寫著，「診斷：憂鬱性精神官能症（depressive neurosis）——或精神病性憂鬱（psychotic depressive）。」

* 原註：多年後，卡爾森與其他人合作推出市場上第一個選擇性血清再回收抑制劑（簡稱ＳＳＲＩ）——百憂解（Prozac®）的前身。他的多巴胺研究對帕金森氏症的治療做出重大貢獻，為他贏得二〇〇〇年的諾貝爾獎。

翌日再次和醫師會談時，唐諾德緊緊抓著桌子邊緣，堅稱自己沒病，而且已經準備好振作起來。他不想住院——這一點無庸置疑。儘管醫師不盡然相信他的話，但他們也無法斷言，就算有氰化物事件，他的病情究竟有多嚴重。唐諾德收到新的診斷書：「中度到重度焦慮性精神官能症，伴隨強迫症症狀。」

唐諾德入院之際，普維布洛已從巔峰時期的六千名病人縮減到大約兩千多名。然而，真正能照顧病人的有牌醫師依然屈指可數，醫療水準毫無提升。主要負責照顧病患的工作人員稱做「精神科技師」（psych techs），他們受過基本護理訓練，但通常沒有正式的護理學位。技師的主要責任是發放托拉靈、好度及其他藥物，這些藥物被視為醫師照護的替代物。藥丸大批大批送進病房區，技師往往憑個人判斷發給每個病人。「就像在發點心。」在醫院擔任醫務主任長達數十年的亞伯特・辛格頓（Albert Singleton）回憶道。

醫師給唐諾德開妥富腦（Tofranil®）和硫利達嗪（Mellaril®）兩種藥。妥富腦是百憂解時代之前的早期抗憂鬱劑，副作用比選擇性血清再回收抑制劑強烈；硫利達嗪則是以托拉靈為雛型的第一代抗精神病藥物，後來因可能引發心律不整而被迫下架。幾星期後，由於積極配合治療，唐諾德在一九七〇年七月十五日從普維布洛出院。多虧了強制住院治療精神病，他不再需要坐牢服刑。

在他住院期間，琴恩向法院訴請離婚。

唐諾德回到隱谷路後，唐和咪咪面臨了抉擇：他們應該放下一切，留在家裡陪伴生病的兒子？還是持續結伴到外地參加落磯山聯邦的活動，給孩子學會照顧自己的機會？

10

說到底，他們覺得自己其實沒有選擇的餘地。落磯山聯邦不僅僅是他們過上夢想生活的唯一機會，也是家中唯一的經濟來源。如果唐和咪咪不繼續連袂出席活動——如果唐獨自前往聖塔菲或鹽湖城，讓人知道他們因成年兒子生病而陷入掙扎，且那個兒子因為婚姻失敗而回家長住——肯定會招來他們不願意回答的其他許多問題，所以他們從未認真考慮做出任何改變。

相反的，他們幫唐諾德在丹佛一所商學院的招生部門找了一份工作。唐諾德被派到北達科他州招募新生，出差的時間足夠讓咪咪和唐在九月份飛到鹽湖城，參加由西部芭蕾領銜演出的藝術節，然後十一月再次出遠門，出席專門為阿根廷大使佩德羅・愛德華多・雷亞爾（Pedro Eduardo Real）及其夫人舉辦的午宴。「我坐在墨西哥領事旁邊，」咪咪用飯店的紙筆寫信給她的母親，「他和大使伉儷用西班牙語交談，所有人相處愉快。」咪咪接著吹噓唐為交響樂團、芭蕾舞團和其他團體投注了七萬五千美元的經費。「您應該為他在這麼多領域成就非凡而深感驕傲！」她在信末以兩個女兒作為結尾：「瑪麗和瑪格麗特特別想見您。她們長得好快，今年或許是您可以同時在家裡見到所有人的最後一年！」

信中完全未提唐諾德入院治療的事——包括他攻擊妻子、離婚、住進普維布洛和服藥。咪咪不敢透露隻字片語。

唐諾德的北達科他州之行和琴恩目前居住的奧勒岡州隔了千山萬水。不過那阻止不了他把這趟旅程轉變為往西多走個上千哩、去和打算跟他離婚的女人面對面溝通的藉口。他和琴恩談了五分鐘，而這足已表明她有多不願意見他。住在附近的克拉克伯父找到了他，前來帶他回家。

回到隱谷路後，唐諾德宣告他跟琴恩還存在精神上的婚姻關係，因為教堂從未簽字批准他們離婚。他宣布他想成為牧師，並向教區辦公室提出申請，後者派了幾個人來拜訪他。他們花了幾分鐘望著唐諾德滔滔不絕地說他打算蓋一座新教堂以紀念聖猶達之後，這次會談差不多就結束了。唐諾德沒有收到任何回音。

一天下午，八歲的瑪格麗特放學回家，看見唐諾德一絲不掛，用尖銳的聲音鬼吼鬼叫。她東張西望，發現家裡空蕩蕩的。她的哥哥把每一件傢俱搬出屋外，堆在山坡上。瑪格麗特記得母親帶著痛苦的表情叫她把自己鎖進主臥室——家中唯一可以鎖門的房間。她記得五歲的瑪麗已經躲在那裡，等著有人來陪她。半晌後，母親也躲了進來。咪咪說她們得待在原地不動，等警察來帶走唐諾德。透過緊鎖的房門，瑪格麗特聽到唐諾德吶喊《聖經》裡的警句，其中夾雜著一些毫無意義的話語。她記得等了好長一段時間，警察終於姍姍來遲。最後，她記得聽到警車壓過車道碎石的聲音，看到閃爍的紅藍色燈光映在臥室牆上。

她記得母親走出房間對警察說，「他會危害自己和其他人。」

她記得離開主臥房時，看見哥哥坐在警車後座；藍色和紅色的燈光漸漸沒入遠方。而她也記得，他終歸會再次回家。

11

唐
咪咪
唐諾德
吉姆
約翰
布萊恩
麥可
理查
喬瑟夫
馬克
馬修
彼得
瑪格麗特
瑪麗

11

一九七一年六月，一個晴朗的星期一，一架噴射機載著西部芭蕾舞團的七十名成員，降落在科羅拉多州亞斯本的薩爾迪機場。每年夏天，鹽湖城的舞團都會進駐亞斯本，為擁有漂亮度假別墅的有錢觀眾表演。今年夏天不同：為了準備夏末的歐洲巡迴表演，西部芭蕾將排練並演出六個新的劇目，由幾位客座明星擔綱：舊金山芭蕾舞團的琳達．梅耶（Linda Meyer）、倫敦節慶芭蕾舞團的卡瑞兒．席莫夫（Karel Shimoff），以及來自紐約市芭蕾舞團、當代最傑出的男性舞蹈家雅克．德昂布瓦斯（Jacques d'Amboise）。

機門打開，三位風華絕代的客座舞者魚貫而出，笑容可掬。一個小女孩爬上金屬梯，她穿著及膝長襪、木底鞋，以及媽媽親手縫製的薄紗洋裝。九歲的瑪格麗特．蓋爾文披著中分的黑色長髮、帶著一抹調皮的微笑，為雅克．德昂布瓦斯獻上一束鮮花。她是接風小組的一員，很高興被選來代表西部芭蕾舞團的長年金主——他父親主掌的組織——獻花。

對瑪格麗特而言，唐和咪咪隨落磯山聯盟到亞斯本出差的行程是人生最大樂事。她一心只想跳舞、希望長大後加入西部芭蕾舞團，別無其他夢想；她甚至會穿舞團其他成員偏愛的同款藍色素面木底鞋。夏天時在亞斯本度過的幾個月裡，她會穿上母親從亞斯本精品店替她買來的衣服上課——每天三堂課，外加默劇課和踢踏舞課。十二歲那年，瑪格麗特已經是快速竄起的舞蹈新星，每天在亞斯本從早上七點練到下午三點，接著直接去排演，然後在晚上的正式演出前匆匆趕回家吃點東西。當瑪格麗特的妹妹瑪麗年紀夠大，她會跟著來亞斯本探險，來來回回沿著褐溪（Maroon Creek）漫步尋找蘑菇，跟瑪格麗特一起搭著空中纜椅登上亞斯本高地。姊妹倆發現人們會追著她們的父親聊天、尋求他的忠告，而他在人前總是輕鬆自在，馬丁尼雞尾酒從不離手。她們的母親似乎也樂在其中，就算有許多個晚上，咪咪都會一邊抹著她的雅詩蘭黛香水，一邊對女孩抱怨家裡沒有錢讓她添購所需的行頭。

那麼男孩們呢？唐諾德在住進普維布洛的前幾年已離家自立門戶，在距離隱谷路至少兩小時車程的科林斯堡成了家。生病後，他有時會回家、有時住院，有時想辦法獨立生活，在商店打工或沿街上門推銷。只要唐納德的狀況穩定，足以在別的地方謀生，這些亞斯本和聖塔菲之行就可以持續下去。

吉姆結婚了，跟凱西和小吉米住在科羅拉多泉鬧區。下面兩個弟弟——約翰和布萊恩——在念大學。接下來的麥可和理查則是高中生，只偶爾跟著來亞斯本和聖塔菲。其餘時候，他們留在家裡照顧最小的四個弟弟喬瑟夫、馬克、馬修和彼德，負責送他們去練球、盯他們吃飯。他們可以選擇要不要參加落磯山聯邦的這些短程旅行，不過他們寧可留在溜冰場或球場上。

不過，對女孩們來說，這些外出行程比什麼都重要。瑪格麗特可以假裝她原本就屬於另一個世界。但只要哥哥們跟著出遊，魔咒就會被打破。當瑪格麗特看著喬瑟夫或馬克或馬修或彼得甩著毛巾玩，或者像炮彈一樣跳進游泳池、搞得水花四濺，她腦中就會跑出這個念頭：你們得離這裡遠一點，這是我的地盤。她最不想待的地方，就是任何一個哥哥所在之處——不論隱谷路或其他地方。

11

他們家在一九六三年搬進隱谷路時，瑪格麗特才剛開始蹣跚學步。而在早先相對幸福快樂的那幾年，瑪格麗特的存在，主要用途無非是哥哥們的道具。在她之前的每個男孩都曾經歷類似的過程。「我們是足球。」她的哥哥理查想起自己還是家中老么時，曾被哥哥們在老家的客廳丟來丟去。瑪格麗特和瑪麗也相繼成了所有人的玩具。

十個男孩都會毫無來由地貼上來搔她癢、戲弄她、猛然打她的屁股，似乎只是為了打發時間。瑪格麗特一開始覺得很刺激。她崇拜哥哥們；她比最小的男孩彼得小兩歲，比大哥唐諾德小十七歲。等她年齡夠大，她會翻過後院的灌木叢、爬上松樹，偷窺哥哥們在山頂搭建可以俯瞰整座山谷的三層樓樹堡。瑪格麗特不敢爬上哥哥們蓋好的樹堡，不過當幾個男孩笑她是膽小鬼，她便還是鼓起勇氣爬了上去。

瑪格麗特的個性很敏感，對哥哥們的衝突如種種扭打、拳腳相向和咆哮，她無法無動於衷，即使衝突內容和她無關。然而過沒多久，哥哥們開始將矛頭指向她。漸漸長大後，瑪格麗特不再是個玩偶，反而成了攻擊的目標。放學回家途中，哥哥們會從山頂朝她扔松果或水球。回家後，打屁股遊戲保持火力全開——只不過現在包含了明顯的性意味。幾個哥哥曾命令馬克放倒瑪格麗特，「上」了她。哥哥們會用有些男孩或許覺得無傷大雅的奇怪方式撫摸她、觸碰她，或狠狠地欺負她。

這算虐待嗎？或者只是一群血氣方剛的年輕運動員不知分寸、沒有節制地對彼此和對她動手動腳？這個問題在瑪格麗特心裡糾結了好多年。無論如何，她毫無能力公然對抗他們。她希望受到安慰與保護。而在全天候上演著摔角戲碼的隱谷路，這似乎從來不是一個選項。

瑪格麗特和瑪麗有一大段青春歲月都花在布羅德莫冰上運動場，在觀眾席上觀看練習與球賽。最小的四個男孩在大家庭中自成一國；他們一起從事各種運動，曲棍球是他們最厲害的強項。喬瑟夫個性溫和內向。馬克是個天才棋手，心思細膩，至少就蓋爾文家的標準而言，他出奇地循規蹈矩、彬彬有禮。馬修調皮搗蛋，但也具有陶藝天分。最小的彼得是家中最叛逆的一個，比任何一個哥哥都更叛逆，成天頂撞咪咪和唐。不過，這曲棍球四兄弟幾乎每個星期都會因為當中某個人在比賽中表現精采，而登上科羅拉多泉《公報》——最輝煌的一刻，是其中三兄弟上了同一所高中、打同一支球隊並同時披掛上陣，而喬瑟夫和馬克雙雙為馬修助攻得分、播報員高呼「蓋爾文傳球給蓋爾文再傳球給蓋爾文！」的那一刻。

從上方順時鐘方向依次是彼得、馬克、喬瑟夫和馬修。

在家的時候，幾個男孩會在練球之餘拿體育益智問答題彼此轟炸、看電視上播放的體育賽事，

11

然後打成一團。即使在馬修因曲棍球比賽重創了下巴和大腦枕葉，必須緊急送入急診室、住院好幾星期，並以密密麻麻的針線縫合頭部之際，蓋爾文家依舊上演著同樣的戲碼，和平時毫無兩樣。瑪格麗特會躲進廚房投奔母親，一邊幫忙，一邊聽咪咪抱怨日常瑣事。她會陪媽媽上超市，負責推第二輛購物車，購買應付一大家子所需的食品雜貨。她也會乖巧地聽著母親不斷數落她的行為、她的學業成績，以及她嘗試的繪畫與素描。

六年級時，老師稱讚瑪格麗特的美術作品，而這在她心裡留下了某種印記。唯有跳舞能複製類似感受——覺得自己或許可以憑空創造出什麼、生命可以擁有意義、她可以不只是供哥哥玩弄的一件傢俱。她曾看過母親用水彩畫出蘑菇和小鳥，她納悶著自己是否有一天也能作畫。

不過瑪格麗特太畏懼咪咪了，不敢跟她在同一領域一別苗頭。她總希望得到超過母親願意給予的更多鼓勵、支持和認可。於是她將那些感受藏入心底，起碼暫時如此。

他們搬進隱谷路時，唐諾德已赴外地上大學，回家只是作客。從普維布洛出院後，他似乎無限期地回家住了下來，沒有設定離開日期——或許直到他好轉，或至少能讓人相信他可以保住一份工作、自理生活為止。每個人都覺得那天似乎遙遙無期，對唐納德搬回家時年僅八歲的瑪格麗特來說，在他身旁的每一天都會帶來某種新的恐懼。唐諾德會為他獨自一人的單人教區主持彌撒，高聲唸誦〈天國八福〉、《聖母經》和《聖經》裡的章節。後來，他會去美術用品店購買廉價相框，把諸如「真誠」這類單詞裱褙起來，掛滿整間屋子。若覺得家裡氛圍太過封閉，他會走上整個街坊、整個郡、整個州，一走便是上百哩的路。

每週日望彌撒時，咪咪總會叫孩子們為唐諾德祈禱。不過在外人面前，她會嗤嗤笑著說他們的十二子之家有一點點瘋狂、一點點古怪、一點點可愛——就像電影《浮生若夢》（*You Can't Take It with You*）*裡的家庭。關於唐諾德，她頂多會說他從妻子離開之後就變了一個人。那女人不是唐諾德的良配，兩人的婚姻從一開始就是一大錯誤。他現在似乎忘不了她。「她不是個盡職的妻子，她不是。」咪咪會一邊搖頭一邊這麼說，話裡話外暗示兒子的狀況是源於心碎。

隨著咪咪變本加厲地追求完美，一雙女兒成了她最可靠的副手。兩個女孩努力輔助媽媽，幫忙倒垃圾、拖地、洗碗、擺餐具、吸塵、刷洗浴室，彷彿家裡有個生病的二十六歲男人在院子昂首闊步或在地板上扭來扭去的事情並不存在。晚餐準時六點開飯，在家的人都得坐下來用餐，就連一整天穿著僧袍的唐諾德也不例外。全家人一起出門時，咪咪也設法帶上唐諾德，但結果好壞參半。帶他去看曲棍球賽時，他會突然在觀眾席上跪下來，開始禱告。那天晚上，他嚼著滿口牛肉向餐桌上的每個人宣布，他正在咀嚼父親的心臟。

但願唐諾德會逐漸好轉的想法似乎絲毫不起作用。唐諾德主宰全家生活之際，瑪格麗特在隱谷路過了九歲、十歲和十一歲生日。唐諾德對還留在家裡的其他兄弟——喬瑟夫、馬克、馬修和彼得——拳腳相向的場面，瑪格麗特和瑪麗已見怪不怪。有一次，唐諾德以為某個弟弟偷走他的藥，因此把他勒個半死。還有一次，唐諾德吞了整瓶的藥，再次被救護車載走。唯一不願對唐諾德的問題保持緘默的，是特立獨行的老二吉姆；他樂得上門來說出他確定每個人都有的想法：閉上你他媽的嘴。滾開。你幹嘛不走？幹嘛不離開這裡？你都這歲數了，幹嘛還住在家裡？

吉姆給唐諾德取了一個綽號：古摳（Gookoid）。那綽號就此黏在他身上。弟弟們每天都得叫個

11

幾次。弟弟們原本疲於躲避唐諾德，現在，挖苦他比躲他更令人痛快。把唐諾德當成笑柄似乎讓他們覺得自己有能力掌控他們無法理解的局面，並且讓他們確信，不論唐諾德是什麼情況，他們和他不一樣。

一天下午，唐諾德拔刀對著咪咪，瑪格麗特衝到廚房打電話，再次試圖報警——不過這一次，唐諾德撲過來扯掉牆上的電話。瑪格麗特開始嚎叫，啜泣不已。電話機的導線害她觸電。

瑪格麗特望著母親掌控大局；她再一次命令女兒躲進主臥房，鎖上房門。瑪格麗特乖乖聽話，但把耳朵貼在門上。在似乎無止盡的等待之後，她聽到廚房傳出扭打聲，有人在吼叫——是其他人的聲音。

喬瑟夫和馬克練完曲棍球回家了。他們和唐諾德對峙，設法保護咪咪——瑪格麗特當時猜想，他們或許救了她一命。

唐諾德跺腳走出屋外，誓言絕不重回醫院。之後便悄無聲息，除了母親的啜泣聲，瑪格麗特什麼都聽不到。

＊編註：一九三八年法蘭克・卡普拉導演的經典喜劇電影。故事描述華爾街大亨卡比為了賺錢而有意將工廠擴展到住宅區，但遭該區的范德霍夫家族強烈反對。范德霍夫家族成員個個性情古怪，次女愛麗絲正好在卡比公司任職，又與卡比的兒子托尼相戀。電影藉由一對家庭環境迥異的男女相戀，鋪陳出兩種類型的人物個性、社會階級、生活及思考方式。

12

唐
咪咪
唐諾德
吉姆
約翰
布萊恩
麥可
理查
喬瑟夫
馬克
馬修
彼得
瑪格麗特
瑪麗

插手保護弟弟妹妹不受唐諾德欺負，帶給吉姆莫大的滿足感。確切地說，那更像是在宣告勝利。吉姆經常邀請全部的弟弟妹妹到他家過夜。他帶瑪麗和瑪格麗特看電影、溜冰、游泳、到布羅德莫滑雪場滑雪，還到他工作的著名旅遊景點馬尼圖天梯（Manitou Incline）搭纜車。他教瑪格麗特放風箏和騎腳踏車。每一個孩子都坐過他的山葉五五〇重型機車兜風。

當家裡的氣氛太緊張，咪咪和唐便會准許兩個女孩整個週末都待在吉姆和凱西家。他們認為吉姆現在已經穩定下來，住院的日子已是前塵往事。凱西簡直把兩個女孩當成自己的孩子，一邊和她們一起觀賞《桑尼與雪兒》（*The Sonny & Cher Comedy Hour*）電視節目，一邊替她們梳頭髮、上捲子。

對女孩們來說，這是個簡單的選擇。只要能躲開唐諾德，她們非常樂意到吉姆和凱西家住。吉姆成了父母眼中的救星，在他們最需要幫助的時候替他們分憂解勞。

吉姆對妹妹們很好，他是那麼地熱情與包容，所以當他開始撫摸她們，一切似乎沒有太大的違和感。

12

他的手法一成不變，總是在夜深人靜的時候。他從酒吧下班回來，通常已經醉醺醺的。電視開著，凱西已經上床睡覺，他會走進客廳，到睡在綠色印花沙發上的瑪格麗特身邊躺下。瑪格麗特記得魚缸裡的啵啵氣泡聲，記得沙發（咪咪用過的二手貨）的藍綠色錦緞花樣，記得面向廚房的藤製搖椅，記得地板上用水泥磚塊撐住的一疊唱片，還記得電視播放時間結束時傳來的國歌聲*。他會將手指插進瑪格麗特，也會嘗試用他的陰莖，但始終做不到那一步。

瑪格麗特記得，他第一次碰她，是在她五歲左右，大約一九六七年，唐諾德第一次住進普維布洛的幾年前；也是在當時，她開始偶爾到他家過夜。她還太小，不曉得那樣的行為是一種暴力侵犯。擺布、關注、掠奪，所有東西交織在一起，模糊了界線，直到——由於沒有其他事物可與之比擬——事情變得有那麼一點點像愛。所以當偶爾過夜變成漫長的週末假期，瑪格麗特覺得再正常不過了。有一次，她跟吉姆到一家賣拋光飾品石頭的店，她盯著一種叫虎眼石的石頭看了好久。吉姆買給了她。有好多年時間，她將那顆石頭視若珍寶，直到多年後有一天，她終於明白整件事情是多大的錯誤。

瑪格麗特對吉姆的感覺，在她大約十二歲初經來潮之前開始有所轉變。她就是從這時開始在夜裡推開他、拒絕他。儘管如此，她依然沒有對任何人說起吉姆的所作所為——尤其不能告訴妹妹瑪

＊編註：美國六〇至八〇年代時，電視節目只會播放到午夜，停播前會以美國國歌作為結尾，並在隔日早晨六點時開始播放當天新的節目。

麗，瑪格麗特認為她還太小，不該知道這類事情。她沒想到的是，遭到瑪格麗特拒絕後，吉姆立刻將目標轉向瑪麗。

瑪麗大約七、八歲時曾抓住和姊姊獨處的機會，問她是否也被吉姆騷擾。瑪格麗特的答案簡短而明確，直接掐斷了對話：「我不知道你在說什麼。」

直到多年後，兩姊妹才再度談起了吉姆。

兩個女孩是最早發現吉姆跟大哥唐諾德一樣不穩定的人。撇開他在夜裡對她們所做的事情不談，他一天到晚喝得醉醺醺，而且越來越常跟凱西起爭執。雖然吉姆從沒打過她們，但她們有時確實看過他對凱西動手。他的怒火如迅雷般一閃而逝，如此克制，彷彿他一時變成另一個人，又馬上恢復成原來的那個吉姆。漸漸地，吉姆越來越難恢復原狀。瑪麗記得她不只一次必須跟著凱西和小吉米離開家，好離他遠一點。

在瑪格麗特和瑪麗小小年紀的心中，不去思索吉姆在夜裡的觸碰以及他對妻子的暴力行為，是她們為了逃離隱谷路的家、享受幾天自由所必須付出的代價。

不僅如此。由於父母的注意力都放在其他地方，凱西和小吉米的陪伴帶給她們無法從家中得到的歸屬感。她們倆怕唐諾德怕得半死，所以在這一回合的較量中，吉姆贏了唐諾德。就算沒有其他原因，光這樣就能解釋她們為什麼繼續來吉姆家過夜。

不過確實還有其他原因。

她們還太小，懵懵懂懂，不十分明白他的行為是不對的——因為吉姆並不是第一個對她們毛手

12

毛腳的哥哥。

瑪麗最早的童年記憶之一，是大約三歲時遭布萊恩猥褻。瑪格麗特也記得布萊恩不只一次觸碰她身上不該觸碰的地方。不過由於布萊恩深受所有人喜愛，而且他高中一畢業就立刻離家，女孩們也從未對任何人說起布萊恩的事。

關於蓋爾文一家，咪咪和唐從未看見、也從不允許自己看見的真相是——在吉姆開始對女孩們上下其手之際，隱谷路家裡的每個人似乎都已活在某個無法無天、不在乎後果的世界。

13

唐
咪咪
唐諾德
吉姆
約翰
布萊恩
麥可
理查
喬瑟夫
馬克
馬修
彼得
瑪格麗特
瑪麗

如果說唐諾德是蓋爾文家威風凜凜的大哥、吉姆是火爆的老二，老三約翰・蓋爾文則是竭盡所能明哲保身，完全不摻和兄弟間的爭執打鬥。他是家中最認真的古典音樂家，總是一心一意練琴；在學校安分守己，在家裡則對兩個哥哥敬而遠之。約翰在一九六八年秋天離家，靠著獎學金進入科羅拉多大學波德分校音樂系，從此很少再回隱谷路的家裡。

一九七〇年秋天，約翰大三那年，他陷入了愛河，戰戰兢兢地帶著同為音樂系學生的新女友南西（Nancy）回家見他的家人。從踏進家門的那一刻起，約翰就覺得這次返鄉是個可怕的錯誤。家中一切的情況遠比他離開時更加惡劣。全家人都關起了心門，杜絕外界人事。曾經，每個人都熱愛在野外放鷹或攀岩，而現在大家都竭力遮掩唐諾德，不讓他出現於他人視線之內。他看見母親為了轉移人們對唐諾德的注意，準備了一大套現成的話題：許許多多關於如何成為一名好天主教徒的訓誡；提起名人以自抬身價，並充滿文化優越感的說詞；還有關於肯揚外公的老故事，以及關於喬治亞・歐姬芙的新故事。當唐諾德對著垃圾桶裡的魔鬼說話，或踱來踱去、煩躁不安、咿呀自語，他們見到咪咪最窘迫的一面，她一邊努力控制還留在家中的八個孩子，一邊至少在表面上否認家裡有任何不對勁的地方。

約翰和南西試圖一笑置之。他們為咪咪演奏，逗她開心；他們彈奏馬略卡島的音樂、蕭邦的練習曲和貝多芬的奏鳴曲，直到深夜。不過，正如新戀人有時會允許對方感受他們自身羞於表達的感受，南西對他們目睹的一切直言不諱。她來自一個小家庭——她會說，一個「正常規模」的家庭——並因此忍不住評論隱谷路一家子的狀態，他們彷彿陷入一團情感混亂，充滿困惑，毫無秩序可言。永不停止的打鬥、欠缺個人空間、四組雙人床、沒有人有獨處的機會——哪個母親可以在這種猶如壓力鍋的環境下養育那麼多小孩？還有那兩個小女孩，她們如何得到些許隱私？住在那裡的人，怎麼可能擁有一點點靜心思考的時間？

當約翰凝視父母，他看見努力拚命試圖追回一小部分曾經擁有之物的兩個人。年輕時，他們充滿遠大抱負，前程似錦，但如今事情出了太多差錯。約翰思忖，這就說明了為什麼他有一次回家，父親把他拉到一邊、鞭策他取得更高成就——放棄音樂，改讀政治。「音樂是門自私的行業，」唐說，「你們成天待在練習室，很少和別人社交。這樣能成就什麼大事？」

父親的話令約翰傷心，但他並不意外。他向來認定唐對他的評價不高；他小時候多半躲在隱蔽之處，從不認為自己所做的任何一件事能吸引父親注意，遑論令他刮目相看。如此看低自己的，並非只有約翰而已。唐．蓋爾文是每個兒子心目中的巨人——他是了不起的馴鷹師、知識分子、戰爭英雄、處理機密文件的情報官，如今更是州長與石油大亨的顧問。成長過程中，十個男孩或多或少都覺得自己永遠無法成為可以和父親比肩的男人。

所以當一九七一年約翰與南西成婚那天，唐偷偷告訴新娘母親，「她逮到這窩崽子裡最好的一個」時，沒有人比約翰更驚訝。

布萊恩．蓋爾文——排行在唐諾德、吉姆和約翰之後的第四個兒子——是蓋爾文兄弟中最帥的一個，甚至比國字臉、典型美國美男子的唐諾德更英俊。父親給他取了「黑騎士」的小名，因為他的髮色烏黑如墨。他跑得比別人快，擲球的膂力比別人強，音樂天賦更是超出常人一大截，就連勤奮練琴的約翰都無法望其項背。當唐和咪咪發現布萊恩從收音機聽到一首曲子後就可以立刻在鋼琴上彈奏出來，毫無瑕疵——不論古典、爵士、藍調、搖滾或任何曲風——他們立刻決定花錢給他上私人鋼琴課。

儘管才華橫溢，布萊恩也是個安靜、幾乎稱得上害羞的人。他花很多時間陪比他小六歲、恰巧是天才棋手的老八馬克下棋。不過，正如個性壓抑的孩子最能不費吹灰之力吸引父母關注，布萊恩的疏離和

布萊恩（最左側）與他的樂團

神祕令他的父母更希望取悅他。他們也著迷於他的天賦。由於為唐諾德的情緒起伏操碎了心，他們欣然見到其他男孩有成功的機會。所以當布萊恩跟幾個高中同學組了一支搖滾樂團，唐便給布萊恩買了一把全新的霍夫納（Höfner）貝斯——跟保羅・麥卡尼手上的貝斯同樣款式。

男孩們把樂團命名為「巴克斯頓後街嘉年華」（Paxton's Backstreet Carnival），取自草莓鬧鐘樂團（Strawberry Alarm Clock）專輯裡的一首歌。他們翻唱別人的歌曲：披頭四、門戶樂團、荒原狼（Steppenwolf）、滾石樂團、清水樂團（Creedence）、殭屍合唱團（the Zombies）。布萊恩彈奏貝斯和長笛，也是大家默認的團長，是那個可以三兩下釐清任何複雜的曲子、在腦中編曲，然後傳授給樂團其他成員的樂手。他花了一個暑假自學電吉他，到了秋天，他也接替了吉他手的位置。「我想，從某方面來說，他是我們當中最有天分的一個。」風琴手兼主唱鮑伯・莫爾曼（Bob Moorman）說。莫爾曼的父親是空軍官校的校長，湯瑪斯・莫爾曼（Thomas Moorman）將軍。

布萊恩的樂團在各地出演，足跡遍布科羅拉多州：格倫伍德泉（Glenwood Springs）、丹佛、南千里達（South Trinidad）。他們在各個學校的舞會、美國軍團的舞會，以及天主教青年組織在丹佛舉辦的全國大會中表演，而且儘管未成年，他們也在當地一家叫做VIP的酒吧中駐唱。一九六八年春天在丹佛演出時，他們聽見遠方有槍聲響起——那是馬丁・路德・金恩牧師遭刺殺後引發的一起小型暴動。在越戰時期，科羅拉多泉也許是一座軍事小鎮，但巴克斯頓後街嘉年華樂團有一股純真氣息，深得老一輩觀眾的心。為了幫助這支樂團，莫爾曼將軍額外做了許多事：他會在惡劣的天氣探勘州際交通，確保男孩們安全開車到各個演出地點；放學後，布萊恩和其他樂團成員會一起走路到莫爾曼家，那是一棟寬敞的私人住宅，就在空軍官校附中的轉角處，有較大空間供他們排練。這支樂團成了官校的一大特色，經常為來訪的達官顯貴表演。當露西兒．鮑爾（Lucille Ball）到空軍官校為她的新節目《這是露西》（*Here's Lucy*）錄製兩集內容，她客氣地聆聽巴克斯頓後街嘉年華的表演，並在演出結束後跟每一位團員握手。至於露西對他們的看法如何，誰也說不準。而當尼克森總統前來發表畢業致詞，五位身穿黑衣的特勤局人員打斷了樂團的練習，無法相信竟有一支搖滾樂團在空軍官校校長家的車庫裡排練。

唐和咪咪帶著女兒們遠行至亞斯本或聖塔菲時，布萊恩便敞開家門辦起派對，這似乎吸引了所有高年級生，其中有許多人在布萊恩的幾個弟弟面前抽大麻菸。布萊恩也開始吸食迷幻藥。不過唐和咪咪似乎從來不認為布萊恩會出問題。他是那麼地才華橫溢！而且那麼俊美！他們從沒想過布萊恩也許和唐諾德年少時一樣，正在默默受苦，未被察覺。

畢業後，布萊恩追隨約翰的腳步，進入科羅拉多大學波德分校音樂系。他撐了一年後，認定大學不適合他。巴克斯頓後街嘉年華已經解散，家鄉再也沒有什麼值得留戀之處，所以他計畫西行，希望能繼續玩音樂、組一個新的樂團。布萊恩在當地的最後一場表演成了歷史的一頁，不過原因不在於他。一九七一年的六月十日，他在紅岩（Red Rocks）——位於丹佛郊區，利用天然的岩磐露頭蓋成的一座露天劇場——為杰斯洛．圖爾樂團（Jethro Tull）暖場。門票很快銷售一空，上千名沒買到票的粉絲湧入，滿出來的人潮被轉移到一段距離之外的空間。有些人開始攀爬阻擋他們進入劇場的圍牆，還有些人衝撞柵門，就在此時，警方駕駛著直升機朝人群投擲催淚瓦斯。

這場音樂會被貼上「紅岩暴動」的罵名，遺臭數十年，堪稱科羅拉多的迷你版阿爾塔蒙特*。

二十八人受傷就醫，其中包括四名警察。當時分別是十六歲與十八歲的理查和麥可．蓋爾文，記得自己在遠離暴亂的安全距離外凝望他們的搖滾明星哥哥。當警方開始鎮壓暴民，布萊恩站在舞台最前方吹奏長笛——麥可說，「只有他和一名吉他手。」——布萊恩站得不算太遠，不至於聞不到催淚瓦斯，但他太投入音樂，對周遭發生的事毫無所覺。

同樣在一九七一年的夏天，麥可．蓋爾文——排行老五，唯一一個驕傲地接受嬉皮標籤的蓋爾文男孩——剛剛高中畢業，對未來毫無打算，並以此自豪。上大學不在他的計畫內。麥可不是有野心的人，但不知怎麼地，他總能找到辦法去做自己想做的事，而那樣對他而言便已足夠。阿爾塔蒙特、曼森家族†和肯特州立大學槍擊‡等社會事件已一一爆發，但對麥可和他的許多朋友來說，一九六〇年代的新鮮感還沒過氣。越戰依舊打得如火如荼，但由於從未受到軍隊徵召，他並沒有打從心底反對越戰。麥可的計畫（如果那也算計畫的話）是隨遇而安，看命運會把他帶往何處。

那年夏天，麥可開始脫離家庭，那是他尋找自我的第一步。他首先搭便車到亞斯本，一路上遇到的每個人都在閱讀卡里．紀伯倫（Kahlil Gibran）的《先知》（*The Prophet*）和卡洛斯．卡斯塔尼達（Carlos

* 譯註：Altamont：指一九六九年十二月在北加州阿爾塔蒙特賽車場舉辦的反文化搖滾音樂會。這場音樂會因爆發暴力事件導致多人傷亡而聞名。

† 譯註：Manson Family：指以查爾斯．曼森為首的反社會團體，被媒體稱為邪教，一九六九年起犯下多起連續殺人案件。

‡ 譯註：Kent State：一九七〇年在肯特州立大學，國民警衛隊朝集會抗議越戰的群眾開槍，造成四名學生死亡，多人受傷。

Castaneda）的《巫師唐望的教誨》（*The Teachings of Don Juan: A Yaqui Way of Knowledge*）。麥可對這兩本書愛不釋手，但壓根不是因為兩位作者所說的某一句話觸動他的內心，而是因為書中呈現的世界觀跟他從小到大被迫忍受的嚴厲天主教教條相差了十萬八千里。這些新觀點能包容大麻、麻藥和致幻劑，但這只是它們的部分魅力之一。

麥可接著跟一個朋友從亞斯本搭便車到印第安納州，然後一路東行，希望趕得及到紐約參加在麥迪遜廣場花園舉辦的援助孟加拉慈善演唱會（Concert for Bangladesh）。他始終沒到達目的地。他在賓州的耶路撒冷市被攔下來，因為在河中洗澡而遭到拘捕。麥可吃了十一天牢飯，直到一名法官同情他，放了他一馬。他在俄亥俄州的阿克倫市（Akron）再度被捕，這一次是因為無所事事四處遊蕩。他在法官面前擺出高姿態。

「你是哪裡人？」法官問。

「我是地球人。」麥可回答。

他又在牢裡待了幾天，終於決定打電話回家。

「您能為我做什麼？」麥可問父親。

「我會給你寄一張機票。」唐說。麥可記得，不知道為什麼，父親的擔保足以將他撈出監獄。

麥可沒有因為這些波折而受到太大打擊。「面對任何事情，我始終泰然自若。」他後來回憶道。被扔進監牢、睡在公園、到河裡洗澡，種種經歷都屬於幫助他覺醒的同一場大冒險——讓他越來越明白，現實世界不盡然是他原本以為的那樣，他從小被灌輸的觀念未必是全部的真相。

13

然而，麥可從來無法苟同家中的實際情況。在他看來，隱谷路或多或少跟整個一九六〇年代擦肩而過。當其他年輕人出發去尋找自我，他和幾個兄弟依舊穿著同樣款式的衣服（至少在教堂時是如此），每個星期天穿外套、打領帶。就好比一支軍隊那般，每個人都被預設要看起來一模一樣，都得乖乖服從命令。就算蓋爾文家某個兒子會經選擇質疑咪咪（這成了麥可的習慣），咪咪也幾乎從不退讓半步。

麥可生來就是為了要挑戰咪咪這個權威角色（而不是唐）。「我的父親是空軍的一員，但母親卻是空軍幕後的智囊，」麥可說，「父親成天不在家，」兼了兩份工作還得念博士班，「她是我們的教官。所以如果我們得把棉被摺成豆腐乾，把床鋪得平平整整，那是因為她，而不是他。」咪咪會滔滔不絕大江大海地訓斥男孩；她幾乎可以無止盡地忽略任何反對聲浪。「她根本聽不進你的意見。」麥可說，和咪咪說話「永遠是單向交流」。

少年麥可的解決辦法就是常常不回家。當他和朋友鬼混，一支大麻菸在手，他總愛想像在史丹佛大學讀書的唐會是什麼模樣，那是一九五〇年代尾聲——大約和肯·克西（Ken Kesey）寫下《飛越杜鵑窩》（*One Flew Over the Cuckoo's Nest*）同一時期；這位反文化偶像後來帶領一支體驗迷幻藥的流浪漢樂團巡迴全美。一想到馴鷹人唐·蓋爾文上校吸食迷幻藥的畫面，他們全都歇斯底里地笑得東倒西歪。麥可在家裡越來越大膽，他拒絕服從蓋爾文家的服裝規定，削掉Bass牌休閒皮鞋的鞋跟，讓它們看起來更像印地安人穿的鹿皮鞋。當麥可開始抽大麻、神智恍惚地現身，父親會坐下來與他長談，但改變不了什麼。

情況糟糕透頂，於是在一九六八年秋天，麥可十五歲那年，唐和咪咪把他送到佛羅里達州的傑克遜維爾（Jacksonville）跟叔叔嬸嬸一起生活一年——給他改過自新、學習自立的機會，少給父母惹麻煩。麥可並不知道，他的爸媽當時正因為唐諾德的問題而焦頭爛額。麥可在佛羅里達適應得很好。他的水瓶座時代*覺醒意識令堂弟堂妹們深深著迷。到了新的高中以後，他輕易結交了許多朋友。他在一九六八年十一月二十二日首度吸食迷幻藥；他會記得確切日期，是因為吉米・罕醉克斯†那天晚上在傑克遜維爾演出。麥可跟他的新朋友——剛剛跟杜安・歐曼（Duane Allman）組了一支搖滾樂團的布奇・塔克斯（Butch Trucks）——一起去聽那場音樂會；那一年，他經常在塔克斯家出沒。翌年（一九六九年），布奇和杜安的樂團成了歐曼兄弟樂團‡。

不過這個時候，麥可已回到科羅拉多，在蓋爾文家種種規矩的限制下度過高中最後幾年。但一成不變的生活在一九七〇年被打破了一次。當時，唐諾德因離婚與住院而失魂落魄、陰晴不定，隱谷路成了他的精神病房。對麥可來說，整個情況沒頭沒腦，他無法諒解唐諾德，也難以忍受唐諾德選擇將熱情挹注之處：權威式的天主教教會。麥可開始對哥哥發脾氣，爸媽不確定兩人之間的緊張關係究竟是唐諾德的錯，或因為麥可和唐諾德實在太過相似。唐諾德的病史和吉姆偶發的妄想症某種程度上驚醒了他們。既然有兩個兒子與現實脫節，他們不由得相信麥可或許也難逃厄運。

麥可的年輕生命截至目前為止最具決定性的一刻便如此發生了。一九七一年秋天，距離他的高中畢業、公路旅行、到賓州和俄亥俄州地方監獄作客後回家不久，唐和咪咪把他送進丹佛綜合醫院，讓他留置在頂樓的精神科病房接受觀察。

醫師給麥可開了「使得安靜」，一種和托拉靈極其類似的抗精神病藥物。他沒有住院太久，大約一星期左右，他就認定自己來錯了地方。他沒有瘋——他所做的不過是解放情緒、向內探索、脫離世俗[§]。他知道他不屬於那裡，所以他想辦法離開。

他抓住機會溜出醫院，搭便車到朋友家，然後打電話給父母。「你們不能強迫我回到那裡，」他說，「我也不打算回家。」

唐和咪咪陷入兩難。麥可十八歲了，嚴格說來不再受他們控制。於是他們跟麥可商量：他覺得去加州找他的哥哥布萊恩怎樣？

麥可笑了。

13

布萊恩離開科羅拉多後，依舊偶爾給兄弟們傳來音訊。有一次，理查收到一封信，裡頭夾帶了一根用紅白藍三色包裝紙包好的大麻菸，附帶一張卡片，上頭寫著：「請享受來自傑佛遜飛船[¶]的款待。」

幾個月後，兄弟們很快得知布萊恩做到了他原本打算做的事。他成立了一個新的樂團，取名「袋邊街」（Bagshot Row），出自《哈比人歷險記》（*The Hobbit*）中位於夏爾區（Shire）的一條街名，離書中

* 編註：水瓶座時代（Age of Aquarius）一詞在流行文化中通常是指一九六〇和七〇年代嬉皮和新時代運動最活躍的那段時期，當時人們更崇尚靈性與環境合一的精神狀態，相信理性科學之外自有天地。

† 編註：吉米・罕醉克斯（Jimi Hendrix）被公認為二十世紀搖滾殿堂上最偉大的吉他手，二十七歲便英年早逝。

‡ 編註：歐曼兄弟樂團（Allman Brothers）曾獲葛萊美終身成就獎，並受《滾石》雜誌列為「史上最偉大的百位音樂家」第五十二位。

§ 譯註：turn on, turn in, drop out。這是迷幻大師 Timothy Leary 的名言，他以這句口號帶動嬉皮世代的反文化浪潮。

¶ 譯註：Jefferson Airplane：活躍於一九六〇至七〇年代迷幻搖滾樂團，以加州舊金山為根據地。

主角比爾博．巴金斯（Bilbo Baggins）的家不遠。這正是麥可此刻渴望的闖蕩生活。他最想做的，莫過於到舊金山灣區跟一群嬉皮，以及以他那英俊、黑髮的天才哥哥為首的音樂人一起鬼混。

到了加州後，麥可發現布萊恩的新生活和他吹噓的並不盡相同。布萊恩並未真的抵達舊金山灣區，他和他的團員在沙加緬度（Sacramento）租了一棟房子，距離海岸大約一小時車程。為了支付房租，布萊恩整天都得工作，麥可大部分時間都自己一個人待著。原本的完美旅程如今令人大失所望。不過，袋邊街樂團確實傑出，他們的曲風融合搖滾、爵士和藍調，主打布萊恩的長笛獨奏。布萊恩再度證明自己是出色的音樂人。不過和他的高中樂團不同，這支樂團作的是原創音樂，打算出唱片。麥可偶爾替他們打打雜，在樂團巡迴演出時幫忙將哈蒙德（Hammond）風琴從車上搬上搬下。

他沒待太久，大約一個月吧，就惹上了麻煩。某天，他一個人深感無聊，決定去尋找太平洋。他知道從沙加緬度到海邊的路途遙遠，但他有的是時間，也知道西邊是往哪個方向去，他以為只要順著運河或河流走，總能抵達目的地。他走了大半天後終於放棄，開始往布萊恩家的方向折返。途中，他穿越一片拖車式房屋集中地，踏上了一條黃土路。他在路上看到一個水管接頭。他把它撿起來，放到最近一間拖車房屋的台階上，然後敲了敲門。此舉引來了注意。

警方在距離布萊恩家的幾個路口處逮到他。麥可聽到警察喊出「擅闖民宅」和「意圖入室盜竊」等罪名時，驚訝得說不出話來。他不覺得自己做錯了什麼，反倒認為是他的嬉皮身分才使自己受到了騷擾。他生氣了，然後得到了教訓：沙加緬度的警察可不像賓州耶路撒冷的法官那樣寬宏大量。

在獄中，麥可才得知「意圖入室竊盜」是一項重罪。他從來沒惹過這麼大的官司。麥可一邊等待開庭，一邊在獄中結交朋友。隔壁牢房的獄友教他如何用配餐的神奇牌麵包（Wonder Bread）做成

13

烤土司：把衛生紙捲成長條，用點菸的火柴點燃，堆成小小的營火，把麵包放在上面。麥可熟能生巧，然後被逮個正著。他被關進禁閉室——獨自關在一間黑屋裡。在麥可親身經歷以前，他毫無概念這樣的地方竟然真的存在。

單獨監禁幾天後，獄方給他機會跟醫師談談。麥可答應了。和他會談的醫師安排將他轉送到監獄醫院。麥可現在有了一位室友和一台電視機，情況似乎是往對的方向發展。不過命運緊接著再度逆轉：由於沙加緬度綜合醫院沒有床位，他將轉監到阿塔斯卡德羅（Atascadero）——惡名昭彰的加州最高警戒精神病院，裡面關著兩千名囚犯。

麥可在同一年裡頭第二次被送進精神病院——這一次是監獄環境的精神病院。而他再確定不過，自己的腦子沒有任何毛病。直到這一刻，跟殺了妻子、小孩或理財師的犯人關在一起時，他才終於如夢初醒。這不是鬧著玩的，而是真實人生。

麥可被告知他只是來阿塔斯卡德羅接受觀察，可是沒有人告訴他要觀察多久。未知跟其他東西一樣可怕。

他的父親來探望他，但這一次，父親愛莫能助。

布萊恩也來了，但他勉強能給弟弟的最佳忠告是：「人生就像一場旅行，重要的不是終點，而是中間的過程。」

五個月後，法院終於同意讓麥可認罪以減輕刑期。整起事件莫名其妙，無可解釋；麥可只能甩甩頭、繼續前進。他在阿塔斯卡德羅住院期間也不是那麼沉悶：麥可遇到一位亞奎族（Yaqui）印地安人——一個拳擊手，常說起他的哥哥跟舒格．雷．羅賓遜*對戰的故事——但他沒有將這次奇遇放在心上。他同意布萊恩的看法：人生重點在於過程。不過，麥可認為有些過程勝過其他過程。

麥可很確定一件事情：他和唐諾德不一樣；他沒瘋。如果有必要，他願意用餘生證明其他人看錯他了——包括他的父母。他相信問題在於貼錯了標籤。不是每個以不同眼光看待世界的人都有思覺失調症。若真是那樣，每個嬉皮都會是瘋子。

整個一九六〇年代的社會思潮和麥可站在同一陣線。在那個時代，許多人相信任何一個挺身挑戰權威，或拒絕接受軍事資本主義上層建築（superstructure）的人，都有可能被當權者貼上瘋子的標籤。到了一九七〇年代，大眾對精神疾病的探討不再局限於佛洛伊德或托拉靈；重點在於將精神疾病的診斷視為權力工具、用以規範他人——這無非箝制獨立思想與自由的另一種手段。

這是一種反文化觀點，但其根源可以溯及反精神醫學運動（anti-psychiatry movement）：十餘年前，一波心理治療師和其他人幾乎不假思索地否定瘋狂的傳統假說。一九五〇年代，尚保羅・沙特（Jean-Paul Sartre）主張，妄想不過是熱愛想像世界勝過「既有之平庸」的一種激進表現。[1]一九五九年，顛覆傳統思想的蘇格蘭精神科醫師隆納・大衛・連恩（R. D. Liang）深受沙特和其他存在主義者影響，在其著作《分裂的自我》（*The Divided Self*）中主張，思覺失調症是受傷的靈魂試圖自救的方法。[2]連恩發出著名的譴責，聲稱「腦白質切除術和鎮定劑是將瘋人院的柵欄和上鎖的門植入了病患體內」。[3]他相信病患用假死的方式退縮到自己的內心世界，是為了維護他們的自主權；他曾說，與其讓別人把自己變成一塊沒有生命的石頭，不如自己變成石頭。[4]一九六一年，社會學家厄文・高夫曼（Erving Goffman）出版著作《精神病院》（*Asylums*）探索精神病機構內的生活，結論認為是機構把疾病交給了病患，而非相反。[5]同年，芬蘭精神科醫師馬蒂・奧萊・西拉拉（Martti Olai Siirala）撰文表示，思覺失調患者猶如先知，對社會集體的精神官能症——人類集體潛意識裡共有的精神疾病——有獨特的真知灼見。[6]再一次，亦是在同年，反精神醫學運動教父湯瑪士・薩茲（Thomas Szasz）出版他最著名的著作《心理疾病的迷思》（*The Myth of Mental Illness*），在書中宣稱瘋狂是強權者強加給弱勢者的標籤，是將社會上整批異議人士集中起來，以非人道方式處理的一種手段。[7]

一年後，一九六二年，一部將州立精神病院的暴行視為社會控制與強權壓迫象徵的小說躍上神壇，反精神醫學運動搖身變成社會主流。《飛越杜鵑窩》是關於離經叛道的輕罪罪犯藍道・派翠克・麥克墨菲（Randle Patrick "Mac" McMurphy）在瘋人院跟院方鬥智，最後慘遭當權者惡勢力輾壓的故事。[8]在改編成電影之前，《飛越杜鵑窩》就已經成為反文化神話的一塊基石，和《逍遙騎士》（*Easy Rider*）及《我倆沒有明天》（*Bonnie and Clyde*）一樣，既浪漫又強而有力——完美闡釋了當前社會的運作方式，揭穿把上一世代的文化扁平化的種種一切。

當然，再往前回溯，不論社會對精神疾病抱持什麼看法，這些觀念的源頭跟我們數世紀以來的創意與藝術衝動如出一轍：藝術家是顛覆傳統、勇於說出真話的人，是在這瘋狂世界裡唯一清醒的人。就連芙芮達・佛洛姆賴克曼在一九五七年過世的幾年前，都承認部分精神病患的孤寂中有某種「次要元素」，使他們成為「更敏銳、細膩而無畏的觀察者」。[9]她書寫了關於幾位患有精神疾病的作曲家、畫家和作家生平，表示他們的才華是源於他們無法以直接、傳統的方式與人交流。正如宮廷

＊編註：舒格・雷・羅賓遜（Sugar Ray Robinson），美國傳奇拳王，曾進入國際拳擊名人堂。

弄臣，佛洛姆賴克曼寫道，思覺失調患者往往說出我們其他人寧可沒聽到的戳心的真話。她援引塞萬提斯（Cervantes）的小說《玻璃人》（*The Man of Glass*）：這部小說講述村民善待村子裡的一個傻子，只要他們能把他滔滔不絕談論的痛苦真相當成胡言亂語，一笑置之。不過當傻子漸漸復原，村民卻想方設法阻止他恢復正常，否則他們就得突然開始認真看待他說的每一句話。

到了一九六〇年代末，反精神醫學運動不再將焦點局限於精神疾病的治療方法，或甚至創意與藝術——人們開始關注政治、正義與社會轉變。連恩在一九六七年出版的著作《經驗政治》（*The Politics of Experience*）中主張，瘋狂的人自始至終都是理智的——說別人患有思覺失調症本質上是一種壓迫行為。「如果人類能存活下來，我猜未來的人會把我們的覺醒歷程看成道道地地的黑暗時期，」他寫道，「他們大概比我們更能玩味其中的諷刺之處。是我們錯了。他們會明白，我們所謂的『思覺失調』不過是各種類型中的一種，而且往往透過平常人之手，光會開始穿越縫隙，照進我們太過封閉的心靈。」[10]

麥可認定，他身上唯一不對勁的地方就是以壓迫的方式被養育成人。「環境很壓抑。」他說。麥可相信順從具有腐蝕力量；他基本上全將哥哥們的問題歸咎於此。不過他也不知道如何幫助他們。在他看來，他們似乎困在自己所做的牢籠內，沒有人——甚至包括他在內——有鑰匙可以替他們開鎖。

一九七二年，哲學家吉爾・德勒茲（Gilles Deleuze）和菲力斯・伽塔利（Félix Guattari）在他們「馬克思遇上佛洛伊德」式的混搭著作《反伊底帕斯：資本主義與思覺失調》（*Anti-Oedipus: Capitalism and*

Schizophrenia）中宣稱家庭結構是極權社會的隱喻。[11]他們寫道，家庭和社會兩者都試圖控制它們的成員、壓抑他們的欲望，如果成員意圖違反大團體的組織原則，就會被判定精神失常。

思覺失調已然成為一種隱喻。理論家完全將疾病的概念拋到腦後，一心一意想著革命。與此同時，蓋爾文這類家庭也被拋諸腦後。他們是這場文化戰爭中的無辜受害者，等待真正懂得如何幫助他們的人出現。

14

一九六七年
波多黎各，多拉多海灘

六月下旬的烈日下，在一家熱帶飯店裡，大衛．羅森索——研究熱南四胞胎、斷定遺傳與環境必定共同發揮作用的ＮＩＭＨ研究員——與精神醫學領域最傑出的幾位思想家正在舉辦一場學術高峰會，探討多年來爭論不休的先天、後天與思覺失調議題。這場研討會是一次劃時代創舉，以前從未舉辦過類似會議，但此刻似乎有其必要。

到了一九六〇年代，托拉靈革命加深了這場論戰的利害關係。支持遺傳論（或先天說）的學者認為，抗精神病藥物的療效最起碼證明思覺失調症是一種生物過程。但對後天陣營的心理治療師來說，托拉靈之流的藥物只不過是症狀抑制劑、是換湯不換藥的鎮定劑；探索導致疾病的潛意識衝動才能直搗問題核心，沒有別的作法可以取代。這場會議是設法打破僵局的一次謹慎嘗試。儘管身為ＮＩＭＨ思覺失調症首席研究員的羅森索是這次活動的主辦人之一，但心理治療派同樣陣容浩大，包括耶魯大學的精神醫學學者、家庭動力學研究先鋒西奧多．利茲也有出席。研討會的名稱用詞如外交辭令般委婉：「思覺失調症的傳播」；其中，「傳播」（transmission）被視為不偏不倚的中立詞彙，不會傾向天平任何一端——生物學派或談話治療學派。就連會議場地似乎都刻意選在能緩和緊張關係，而且或許有助於建立長久和平的波多黎各多拉多海灘。[1]

自從羅森索三年前出版有關熱南四胞胎的著作，接著他便開始從另一角度探索先天與後天問題。四胞胎的研究工作進入尾聲時，他已清楚看出，以在同一環境成長的手足作為研究對象有其局限性。他開始思索，如果一個擁有思覺失調家族病史的孩子遠離原生家庭，在別的地方成長，會出現什麼結果。換句話說，誰比較可能罹患思覺失調症：和血親一起長大的基因脆弱的孩子，或是被沒有血緣關係的人領養長大的另一個基因脆弱的孩子？此刻在多拉多海灘，他準備發表他的第一批發現。在他看來，他的發現是證明先天派——而非後天——贏了這場論戰的證據。

羅森索和ＮＩＭＨ研究主任西摩·基蒂（Seymour Kety）在丹麥找到可供他們研究的樣本。丹麥由於善於保存醫療紀錄，並願意供科學研究使用，深受許多遺傳學研究人員推崇。[2]羅森索和基蒂得以搜索罹患了思覺失調症的被領養人的紀錄，然後挖掘領養家庭的病史，尋找其中的關聯——以便消除許多精神病患恰好被有眾多精神病史的家庭收養的可能性。最後，他們將被領養人跟對照組（在原生家庭長大的思覺失調患者）進行比較。最終目標是，看看在先天或後天中，哪一種情況會出現更多思覺失調病例。

比數懸殊。在多拉多海灘，羅森索宣布幾乎每一起登錄在案的病例都可以用生物因素來解釋，而非和有思覺失調病史的人親近。你在哪裡長大，或被誰養育長大，看來對結果根本沒有影響。整體而言，有思覺失調病史的家庭將疾病傳給後代子孫的機率比其餘人口高出四倍有餘——即使這種疾病很少直接從父母傳給子女。

這項結論充分顯示思覺失調如何在家族內部徘徊不去，而光是這一發現便已震驚四座。況且，在領養個案的分析中，羅森索和基蒂也找不到支持反方（「後天養成」）觀點的證據——亦即思覺失調症可以從患有精神疾病的父母，傳給沒有相同家族基因史的養子養女。他總結道，思覺失調症絕對不可能傳給沒有疾病遺傳基因的人。

羅森索以為他終於一舉終結了這場辯論，附帶推翻了不良教養方式導致思覺失調的觀念。他在這場研討會上至少找到一位知音：名叫厄文．哥特斯曼（Irving Gottesman）的年輕精神科醫師。哥特斯曼和他的協作者詹姆士．席爾斯（James Shields）剛剛發表了一篇論文，得到非常類似的結論。[3]他們在論文〈思覺失調的多基因理論〉（A Polygenic Theory of Schizophrenia）中主張，思覺失調的病源並非單一基因，而是由多重基因與各種環境因子共同作用，或甚至受環境因子激發所致。他們的證據包含了雙胞胎，但有些許變化：他們並未將疾病視為一個顯性基因或兩個隱性基因的傑作，而是認為遺傳病存在著一個「易患性閾值」（liability threshold）——一個理論上的臨界值，超過這個水平後才會發病。導致一個人接近此一閾值的原因可能是基因和環境因子的交互作用，例如家族病史再加上童年創傷。但假如這些因子沒有達到臨界質量，一個帶有思覺失調基因的人或許終身都不會出現思覺失調症狀。

哥特斯曼和席爾斯的理論後來被稱作「素質－壓力假說」（diathesis-stress hypothesis）——先天的傾向被後天的環境激發。數十年後，這項研究將被奉為了不起的先知，為自從佛洛伊德與榮格以來相持不下的大辯論真正開啟了終結之日。從某方面來看，素質－壓力假說甚至可以被解讀為先天與後天兩大陣營的折衷：如果這套理論站得住腳，那麼，似乎可以合理地認為，托拉靈和其他抗精神病藥物都只能是任何一種長期療法中的一部分，不論其作用原理為何。

但在多拉多海灘，這個想法照例遭遇了阻力。就連羅森索的ＮＩＭＨ同事都主張在混亂或貧困中度過的童年或許是致病的原因：新的研究顯示，在越大的城市，社會階級和思覺失調症之間的關係越緊密。[4]但這位同事也承認其中有個因果問題：究竟是貧窮導致思覺失調，抑或先天的精神疾病使家庭陷入貧困？

精神分裂母親的說法也捲土重來。一位來自赫爾辛基大學（University of Helsinki）的演講者將他的發言時間用來揶揄「怨懟、強勢、天生冷漠」且「焦慮、欠缺安全感、往往具有強迫症特質」的母親。[5]然而，這位赫爾辛基治療師無法解釋，假如母親是致病的元凶，為什麼同一個母親的某些孩子得了思覺失調，而其他孩子神智正常？他唯一擁有的是毫無根據的信仰，相信壞母親必定就是答案。

西奧多．利茲接著提出他的家庭動力學解釋。他表示，一個孩子假如「在人生最初幾年受到非常錯誤的養育方式，或者受到重大心理創傷」，他的人格可能永遠無法成熟。[6]這位耶魯精神醫學學者沒有提出數據支持他的論點，憑藉的只是他個人的思覺失調家庭研究。

一星期就這樣過去了，直到七月一日，研討會的最後一天，主辦人羅森索必須做出總結。他謹慎地發言，用一則笑話當開場白。他說，思覺失調症的遺傳與環境之爭讓他聯想到「衣衫潔白的法式決鬥」，其中，兩名決鬥者「想盡辦法避開對方，他們從未暴露自己，甚至沒有著涼的風險」。[7]羅森索繼續委婉地說，他認為大家願意齊聚於這場研討會，已經是個很正面的跡象。「這一星期，我們能夠日復一日坐在這裡，聆聽人們闡述與我們的想法相符或相悖的理念，」他說，「而且一點也不覺得痛苦，但願大家唯一感受到的，是對其他人的數據與意見投以熱切關注的研究精神。」

真正的和解仍然遙遙無期。三年後，參與了多拉多海灘研討會的NIMH家庭研究組組長大衛．瑞斯（David Reiss）依舊將遺傳論者與環境論者稱為「敵對陣營」。[8]與此同時，蓋爾文家這類家庭的命運，依舊還受到爭執不休、找不到方法幫助他們的精神醫療人員所擺布。不過雙方僵持不下是有道理的，正如羅森索在研討會閉幕演說中所言——這個謎團，恐怕再過一個世代才可能有解。

好消息是，羅森索表示，「大家在過去幾年提出的合理懷疑，如今都已得到解答，而且遺傳派的論點已出現可信證據。」[9]他預測，這場研討會「將會因為家庭互動派的重要學者公開且明確承認思覺失調的發展牽涉了遺傳因子，而受人銘記」。

不過，這樣的讓步只引來一個更令人費解的問題。「從最嚴格的角度來說，遺傳的並非思覺失調本身，」他說，「很顯然，並非每個攜帶這些基因的人都會發展成思覺失調症」。[10]思覺失調肯定存在基因因素，但不見得一定會遺傳。因此所有人依舊納悶：這究竟是怎麼一回事？

「牽涉其中的基因產生了某種效果，」羅森索說，「其本質我們至今仍無法領會。」[11]

15

15

唐
咪咪
唐諾德
吉姆
約翰
布萊恩
麥可
理查
喬瑟夫
馬克
馬修
彼得
瑪格麗特
瑪麗

咪咪心目中的頭等大事，莫過於度過一個圓滿無缺的感恩節。她為了準備餐點從早忙到晚，還不尋常地事先做了一棟薑餅屋拿出來擺示。這些年來，咪咪雖然不得不學著對幾個兄弟互扔食物、甩毛巾等行為視而不見，但每年十一月仍讓她充滿期待，為她提供了享受美好佳節的另一次機會。

一九七二年，喬瑟夫、曲棍球兄弟的其他三人和兩個女孩還住在家裡。唐諾德也已從普維布洛出院返家。這一天，吉姆、凱西和小吉米連同布萊恩、麥可和理查也都回家團聚。只有約翰遠在外地，陪妻子南西回娘家過節。這麼多個蓋爾文家庭成員聚在一起，爆發火爆場面的機率很高。他們一早就開始爭吵，一直吵到用餐時間——男孩們為了誰吃了多少東西、輪到誰清理善後、誰娘娘腔、誰是混蛋，彼此叫罵不休。

你拿太多了！

那你想怎樣？

你都沒有留一點給我

算你倒楣

坐過去一點
你真臭
你爛透了
去你媽的
王八蛋
不是輪到我洗碗
你從來不做家事
娘娘腔
你才是娘砲
來來來，到外面來說
成熟點吧

瑪格麗特打起精神。她這年十歲。感恩節這天，熨平桌布、擺放銀製餐具和餐巾的工作落到她頭上。這些雜務讓她可以留在母親身邊，遠離那些男孩。根據家中傳統，座位照例是分配好的。大家長唐坐在餐桌東端，他的右手邊是唐諾德，好讓他可以就近關照。咪咪的座位在餐桌北側，面向窗戶；棋手馬克和內向的喬瑟夫坐在她附近，叛逆的彼得離她最近，以便她盯住他的一舉一動。瑪格麗特是左撇子，所以總是坐在桌尾，年僅七歲的小妹瑪麗離她不遠。馬修坐在她們對面，旁邊是吉姆和凱西的座位。不過今年爆發最激烈的衝突時，他們都還沒入座。

吉姆和唐諾德劍拔弩張，兩人的緊張關係達到頂點。現在，他們只要共處一室必定起爭執。吉

15

姆望著唐諾德，看到一個疲軟的敵人，一個他終於可以打敗的對手；他或許也看到了自己的倒影，一個討厭的形象，一個比以往更受妄想所苦的自己。無論如何，唐諾德必須被除掉，而且必須由吉姆親自動手。另一方面，唐諾德望著吉姆，看到一個怎麼趕也趕不跑的討厭鬼。他已受夠了屈辱——來自不答應和他維持婚姻關係的妻子，以及不肯照他以前希望的那樣乖乖聽話的弟弟。對唐諾德而言，吉姆踏進家門、自以為是地發號施令，是壓垮一切的終極侮辱。

於是他們打了起來——在客廳扭成一團，和從前一模一樣的情景、一模一樣的位置。唐諾德從前總是占上風，但今非昔比；他在醫院住了一段時間，因服用抗精神病藥物而變虛弱了。他們現在似乎勢均力敵。當小瑪麗被安全帶出禁區之外，搏鬥逐漸升溫。

沒多久，客廳就關不住他們了。

隱谷路的客廳和餐廳相通，如果你想到後院打架，得先穿過餐廳。在這年的感恩節，兩兄弟開始朝那個方向移動，唯一的障礙物是那張餐桌。

唐諾德跑到餐廳靠後院那頭，抬起餐桌；吉姆在另一頭，越靠越近。就瑪格麗特記憶所及，他掀翻了桌子，桌上所有東西嘩啦啦地跌落一地。不過馬克記得的是，唐諾德抬起整張餐桌扔向吉姆。無論如何，咪咪的完美感恩節毀了。

此刻，咪咪凝望這間屋子，凝望被掀翻的桌子、滿地狼藉的盤子和銀具，以及皺成一團的亞麻桌巾。可能再也沒有什麼比眼前這副景象更精確地體現她內心最深的恐懼，沒有什麼更清晰的方法能夠表露她當時的心情——她精心準備的一切、她的所有努力、她對細節的關注，以及愛，是的，她對家人的愛，全都摔得支離破碎。她沒有辦法粉飾太平了。假如她的母親比莉在此親眼目睹，肯定能夠看穿情況有多糟——看出咪咪有多麼失敗。誰都看得出來。

她轉身背對所有人，走回廚房。大夥兒就是在這時聽到另一個聲響；這次的動靜比較小：薑餅屋被親手製作它的女人砸成了碎片。

「你們幾個小子不配。」咪咪淚流滿面地說。

在隱谷路巷子底，蓋爾文家和斯卡克家的土地間有一條看似已荒廢多年的小徑，儼然成了兩家的分界線。一天，斯卡克家買了一輛本田九〇小型機車，和瑪格麗特年齡相仿的卡洛琳·斯卡克（Carolyn Skarke）會騎車穿過他們家和蓋爾文家之間的小徑，去找其他朋友玩。這條小徑嚴格說來是在斯卡克家的地界裡，但在卡洛琳把摩托車騎上小徑之前，沒有人談過土地的產權問題。

一天，當卡洛琳沿著小徑騎車下山，就在幾乎快要回到山下的家時，僥倖察覺有一條細如鐵絲的絞索橫亙在小徑上，擋住進隱谷路死巷子的巷口。她在千鈞一髮之際閃過絞索，險些被攔頸割喉。卡洛琳差點喪命，她驚魂未甫地跟媽媽告狀，後者一釐清事情始末，立刻大步流星走出家門、踏上小徑，朝蓋爾文家前進，找咪咪興師問罪。

卡洛琳記得這兩個平時彬彬有禮的女人站在屋外的小徑上對峙，就像火冒三丈的棒球隊經理對上固執的裁判。

「你為什麼這麼做？」她的母親吼著。

「我不喜歡噪音。」咪咪說。

卡洛琳的母親再也按捺不住。

15

「警車一天到晚來你們家我們都忍了。你好意思說你不喜歡本田九〇的噪音？」

大家都知道蓋爾文家不太對勁。左右鄰居開車出來時會特別小心，因為他們知道唐諾德很可能在死巷裡遊蕩，自願替每一個路過的人禱告。幾個弟弟也越來越出名。馬修有一次進鄰居家偷東西，被及時趕回家的屋主逮個正著。彼得開始出現有如被鬼附身的惡毒表情，引來街坊的幾個女孩議論紛紛。沒多久，她們擔心的不只是他的表情。彼得有一次把一個女孩的臉壓進雪地，直到她無法呼吸，然後堅稱自己不過是鬧著玩兒的。

幾乎再也沒有人來串門了。赫夫利家的小孩被規定不准到他們家玩。鄰里之間不管什麼時候發生什麼事──如果誰家的信箱遭到破壞，或誰家被闖空門──許多人會不假思索地歸咎於蓋爾文家。

咪咪養成了否認所有事的習慣。「我的孩子不會做那樣的事。」沒有人相信她。她正無聲無息地滅頂，孤身一人面對她沒有能力、沒受過訓練也沒有天分處理的情況。她和唐沉迷於馴鷹，因為馴鷹有道理可循。他們的孩子沒有道理可循。他們曾經想辦法灌輸禮儀與規矩來訓練子女。但他們的子女不是老鷹。

唯一改變的，是咪咪變得滿腔怨恨。現在，如果哪個孩子踰矩了，她便不再是鬥志高昂的快樂戰士，而是成了憤怒的將軍。每次麥可或馬修或理查或彼得不守規矩時，她會脫口說出：「你就跟唐諾德一樣。」她也許並沒有意識到這句口頭禪的殺傷力有多大。指控任何一個男孩和古摳一樣，或許是她所能說出最惡毒的一句話，提醒他們想起自己跟這個男人──這個陌生人，這個把他們家鬧得天翻地覆、毀掉所有人生活的人──身上流著相同的血液。

唐諾德偶爾會有一段時間（一星期，或一個月）出現短暫清醒，甚至能保住自己的工作，當個捕狗人、土地銷售員、建築工人。一九七一年，他換了一種類似的抗精神病藥物「使得安靜」，人生前景突然大幅改觀。「他在短短的一個週末裡，赫然發現他的宗教見地純粹出於想像，不是真的，」一位名叫路易斯．納姆瑟（Louis Nemser）的普維布洛精神科醫師寫道，「他表示他之所以渴望蓋一座教堂，其實是希望自己變得更像他的前岳父——而且異想天開地希望，假如自己變得更像他，她會回心轉意，重新接納他。」

他的進步持續了幾個月，直到一九七二年四月再一次到奧勒岡找琴恩卻敗興而歸後，唐諾德去找一位神父談談他的婚姻。神父告訴唐諾德，在教會眼中，他和琴恩的結合已然失效，毫無疑問——這個判決直接把他打回普維布洛，納姆瑟醫師同情地寫下，「他似乎無法停止哭泣。」

佛洛伊德和芙芮達．佛洛姆賴克曼那一派的精神科醫師似乎認為唐諾德或許有辦法自己爬出深淵——「看來，唐諾德再度選擇成為精神病患，」納姆瑟如此寫道——所以他認定，醫療人員應該竭盡所能幫助唐諾德做出明智的抉擇。他們盡心盡力與他同情共感，握著他的手，訴說他們多麼替他感到難過。這個策略確實對唐諾德產生一些作用。「他開始更願意毫無保留地傾訴關於琴恩的事，」他寫道，「說他仍然真心愛她，仍然希望她有一天會聯絡他，但他不會再去找她，因為每次這麼做都是自找罪受，落得狼狽收場。」

唐諾德再度朝康復出院的方向努力，趁著醫院給他放一天假，他為自己找到了一個工作機會。他將成為吸塵器推銷員——薪水不錯、工時彈性，滿足他的一切合理要求。他在一九七二年五月二日出院，然後再度陷入循環。這一次，他的行為變得格外凶惡，據說威脅到父母的生命安全，於是

15

在八月間，唐和咪咪請求地方法院下令把唐諾德押回普維布洛。當院方決定將他隔絕起來，唐諾德拔下插在門上的鑰匙，把男護士推進禁閉室，鎖在裡面。不過唐諾德並未逃跑。他只是坐在病房外，喃喃地說他要給這名護理師一個教訓。醫師給他開了高劑量的托拉靈和較低劑量的使得安靜。慢慢地，他再度爬出精神病發作的深淵，在八月二十八日出院，預後被註記：須謹慎注意。

隔年春天，一九七三年，唐諾德再次嘗試去見琴恩之後，被送進了奧勒岡州立精神病院。他的入院紀錄形容他「非常不配合，難以控制」，而且「既迷茫又混亂」。好比說，他說他不記得來過這家醫院，儘管這已是他第三次到訪。

兩次住院之間，唐諾德恰好回家，趕上了另一場婚禮。這樁喜事不如前一年約翰的婚禮那般愉快。老六理查一直是蓋爾文家最詭計多端的一個——野心勃勃、膽大妄為、勇於冒險犯難，為達目的可以不擇手段。在空軍官校附中念高一那年，他學會用口香糖打開學校福利社的門鎖，接連幾個月和他的狐群狗黨溜進去偷牛仔褲、食物以及所有可以到手的東西。被逮到之後，他遭到停學一年，然後被迫轉學。父親大為震怒，「再這樣下去你的人生就玩完了。」唐對他說。

一九七二年，理查回到空軍官校附中完成高中最後一年學業。這一年，他在曲棍球州冠軍賽射進致勝的一球。賽後，對方的一名啦啦隊員邀請理查參加慶祝派對。他去了，那女孩當晚就懷上了孩子。

幾個月後，或多或少在脅迫之下，婚禮在科羅拉多泉的地質奇景「眾神花園」舉行。理查因為吸食了迷幻蘑菇，全程超嗨。他的朋友達斯汀以吉他演奏〈變革的時代〉*。儘管如此，婚禮似乎順利進行，直到一個聲音劃破一切。唐諾德爬上岩頂，高聲吶喊：「我不允許這場婚姻！這樁婚姻不符合上帝的真理！」

吉姆和唐制伏了唐諾德，婚禮繼續進行。

一九七三年五月，唐和咪咪答應再次收留從普維布洛出院的唐諾德。這次維持了四個月。九月一日，一名員警根據他父母再度申請的「拘禁治療令」將唐諾德帶回州立精神病院。唐諾德告訴醫院的收治人員，他一直遵照醫囑服用使得安靜，但是當他跟咪咪要一點苯海拉明†，咪咪拒絕了他；她擔心這種藥會讓他昏昏欲睡，開車不安全。唐諾德就是在這個時候失控的，他扼住她的喉嚨，開始搖晃她的身體。和以前一樣，其他幾個男孩費了一番力氣才阻止唐諾德勒死自己的親生母親。

回到普維布洛後，唐諾德要求會見天主教神父。「他否認出現幻覺或偏執妄想，」醫院的醫務會議紀錄顯示，「他唯一承認的，是他面對家人時的情緒問題，其中顯然包括肢體衝突。」他的預後再度被歸類為「須謹慎注意」。

幾天後，唐諾德的問題將成為這家人最無暇顧及的一件事。

* 譯註：The Times They Are a-Changin：收錄於歌手巴布・狄倫一九六四年的同名專輯，歌中描述美國六〇年代風起雲湧的社會運動，並呼籲改革，是當年著名的抗議歌曲。

† 譯註：Benadryl®，一種抗組織胺，主要用於治療過敏。

16

唐
咪咪
唐諾德
吉姆
約翰
布萊恩
麥可
理查
喬瑟夫
馬克
馬修
彼得
瑪格麗特
瑪麗

在如今雞犬不寧的家裡，從加州返鄉探親的布萊恩是一帖可喜的安慰劑，可以暫時打破低迷的氣氛，令人精神大振。搖滾巨星——至少是蓋爾文家中的搖滾巨星——回家了。他帶著女友現身，吸引了所有人的注意。這對情侶在蓋爾文家的客廳跟每個人閒話家常，一卷又一卷播放著布萊恩帶回來的、他的袋邊街樂團的錄音帶。他拾起吉他，與兄弟們一起彈奏音樂，家裡的氣壓徹底反轉了。咪咪甚至讓小倆口一起睡在樓下的臥室——這樣的特殊待遇，說明了布萊恩在家中的崇高地位。

洛萊麗．史密斯（Lorelei Smith）是土生土長的加州人，朋友們都叫她諾麗。她聰明、活潑、務實，有一頭被陽光親吻過的金髮和一副親切笑容。她比布萊恩小三歲，小時候家境遠比他們家富裕。諾麗小時候住在沙加緬度郊區的一個小鎮洛迪（Lodi）；臥室牆上掛滿了從馬術比賽得來的綬帶與獎章。不過，諾麗歷經過太多痛心往事和家庭衝突，這樣的她令似乎總是被人類黑暗面吸引的布萊恩深感興趣。諾麗十歲出頭時，她的母親死於混用藥物與酒精。她的父親是當地著名的小兒科醫師，後來娶了他在馬術表演中認識的一個女人；繼母的年齡比諾麗大不到十歲。諾麗從此和父親分開生活。頭三年，她住在寄宿學校，高中最後一年則搬進姊姊在洛迪的家，以便在當地完成高中學業。剛開始和布萊恩交往時，諾麗一邊在洛迪的一家獸醫院打工，一邊在商學院修課。

將近半世紀過去了，還記得諾麗的人沒剩幾個。她的父親、母親、繼母和姊姊都已過世。姊姊的前夫記得她是個快樂的女孩，可愛又迷人。她只在洛迪高中隨波逐流地過了一年，不足以令人留下深刻印象。唯一曾經跟諾麗相處的下一代成員是她的外甥、她姊姊的兒子；他如今業已成年，比諾麗在一九七三年的年紀大了將近一倍。這名外甥依稀記得的全部回憶，就是曾經有個名叫諾麗的女孩，最後被男友槍殺身亡——在那之後，他們家的每一個人都再也無法回到原本的模樣。

離開加州之前，布萊恩愛上了嬉皮式的哲學沉思。他談過死亡，但不是用不祥或宿命的口吻探討，而是更像把死亡當成一種心境，是通往另一個次元的過渡。「對他而言，死亡不是結束，」在科羅拉多大學波德分校念音樂系時曾經和布萊恩同寢室一年的老三約翰說：「死亡只不過是去了另一個地方；他總對我說起要前往彼岸。」

在約翰看來，他說那些話時似乎不慌不忙，也沒有任何危險性。「那是時代風潮，」約翰說，「我們當時活在迷幻的時代。」其中有些可能是嗑藥之後的胡言亂語；在蓋爾文兄弟當中，沒有人嗑迷幻藥嗑得比布萊恩更凶。但是布萊恩心底有一塊黑暗之處，他的兄弟彷彿從不擔心；或許因為他們沒看見，或許因為他們不想看見，又或許因為他們覺得那很浪漫。

一九七三年九月七日星期五下午，洛迪警方接到諾麗打工的切羅基獸醫院的老闆娘打來的電話；諾麗回家吃午飯後就沒有回醫院上班，這讓她很擔心。[1]員工找不到人一兩個小時，似乎根本不必上升到報警的程度——除非辦公室裡人人都知道諾麗曾遭遇什麼事情，一件會令她面臨危險的事情。

諾麗和布萊恩大約一個月前分手，兩人之後便不斷爭吵。此刻，諾麗一人獨居。

率先抵達核桃街四〇四號二之一公寓的警察發現房門是開著的。他走進屋內，看見一對年輕人倒在地上，身旁有一把點二二口徑的來福槍。諾麗滿臉鮮血，她被子彈擊中臉部。布萊恩的槍傷則在頭部——警方當場斷定那傷口是他自己造成的。

年紀最小的幾個孩子——彼得、瑪格麗特和瑪麗——在母親的啜泣聲中醒來。

咪咪在樓下的廚房餐桌點蠟燭，馬克正試著安撫她。唐在打電話張羅，想辦法安排老大唐諾德暫時離開普維布洛，參加弟弟的葬禮。

官方說詞（起碼對幾個年幼的孩子）是自行車意外。瑪格麗特十一歲，瑪麗將近八歲；她們年紀還太小，不能告訴她們布萊恩槍殺了他的女友，然後舉槍自戕。其他許多人也不知道全部真相。有些人以為這對情侶是遇到歹徒入室搶劫，不慎遭到殺害。就算他們得知警方調查到的事情，恐怕也料想不到布萊恩前一天才在當地的槍枝用品店買了這把凶器。在洛迪發生的事，似乎早有預謀。

多年後，家中有些人提出其他理論——布萊恩和諾麗說不定決定殉情，或者一起服用了迷幻藥。不過，有件唯獨咪咪和唐知道、但多年來從未告訴任何人的事情是，布萊恩過世之前，醫師曾給他開硫代噻吩（Navane®）：一種抗精神病藥物。找不到需要開立這種藥物的診斷紀錄——躁症、憂鬱症、創傷引發的精神疾病，或是長期使用致幻劑所引發的精神障礙。其他孩子從不知道爸媽首先得知此事是在什麼時候，不過唐和咪咪必定早就曉得，硫代噻吩治療的疾病之一就是思覺失調症。想到又有一個孩子發瘋——而且竟是驚才絕豔的布萊恩——太讓他們心如刀割，於是將他服藥的事情祕密隱瞞了數十年之久。

麥可被痲木團團包裹，腦子如一團糨糊。事發當時，他正在前往加州的路上，但他在洛杉磯短暫停留，打算過一陣子再北上去找布萊恩。如今，他滿腦子能想到的都是布萊恩需要有人去阻止他行動——而他卻沒有在那裡幫忙。如今他再度被要求提供協助：父親要麥可陪他去加州帶回布萊恩的遺體，處理他的遺物。他們見到了警察，一位警官向父子倆說明他們判定的事發經過，麥可承受不住他聽到的一切。他關閉心靈，拒絕聽到更多內容，大約一秒鐘後，他聽到「謀殺後自殺」幾個字。

就算不知道布萊恩吃藥的事，弟弟們也會把這起事件跟幾個哥哥的遭遇連在一起：首先是唐諾德，然後吉姆，現在是布萊恩。約翰的妻子南西率先大聲說出每個人心中的想法——蓋爾文兄弟的遭遇八成會傳染。她和約翰離開科羅拉多去到愛達荷，兩人都在當地找到音樂老師的工作。其他兒子開始漸行漸遠。老七喬瑟夫——曲棍球四兄弟中最年長的一個——高中一畢業就搬到丹佛，在航空公司工作。排行下一位的馬克隔年高中畢業，隨後前往科羅拉多大學波德分校就學。

因弟弟的葬禮而短暫離營後，唐諾德重返普維布洛。「相當熱情地投入他的宗教活動，」院方在那年如此記錄；他的感情「極度控制」，同樣的，「敵意潛藏在表面之下」。他住院超過五個月，在一九七四年二月出院返家。醫師開給他幾種新藥：取代拖拉靈的抗精神病藥物氟奮乃靜，以及往

16

往用來緩解抗精神病藥物副作用的帕金森氏症藥物卡馬特靈（Kemadrin®）。若唐諾德不算在內的話，唐和咪咪只剩下年紀最小的四個孩子還住在家裡：馬修、彼得、瑪格麗特和瑪麗。

17

唐
咪咪
唐諾德
吉姆
約翰
布萊恩
麥可
理查
喬瑟夫
馬克
馬修
彼得
瑪格麗特
瑪麗

唐花了很多年拉開他和孩子們的距離。即使他們開始發病，他仍持續工作，一方面是為了生計、不得不然，另一方面也是為了遠離日復一日上演的戲劇性場景，正如他所持的一貫態度。布萊恩死後兩個月，他在落磯山聯邦的職位之外又多了一個頭銜：在新成立的落磯山藝術與人文基金會（Rocky Mountain Arts and Humanities Foundation）擔任主席。

但事實證明，全家沒有人能忘掉布萊恩的事、照常生活。當咪咪想方設法找事情做、忙著照顧還留在家裡的孩子，唐則把一切埋進心底。一九七五年六月的一天清早，唐正準備出門送彼得去曲棍球晨訓的時候，突然癱倒在地。

這次中風讓唐在醫院住了六個月。他的右側肢體癱瘓，而且似乎完全喪失了短期記憶。恢復行動能力後，他依然不記得任何人的名字，也不記得二戰之後的大部分生活。

唐依依不捨地宣布退休。落磯山聯邦的道別信寫得很客氣，甚至有些冷漠。「鑒於您不久前中風，」曾把所有繁重工作交給唐打理的州長寫道，「我認為您決定另謀高就，找一份您更能控制時間、差旅和職責的工作，是一個明智而周全的決定。」

把照顧子女的責任丟給妻子多年以後，如今輪到唐需要咪咪照顧了。唐總認為幾個生病的兒子應該離家自立，到別的地方接受治療。「天助自助者。」他會這麼說；假如男孩們不願意配合，誰也幫不了他們。不過現在，咪咪可以照自己的意思行事，不必擔心唐提出抗議——一方面是因為唐生病後失去當家作主的權威，另一方面也因為他們之前放手讓布萊恩離家，看看他最後落得怎樣的下場。

唐以前的種種論點——例如咪咪太寵孩子了、他相信逆境能把人鍾鍊成才、他給孩子們的心靈成長書籍能幫助他們憑自己的力量重新振作起來——再也無法發揮作用。最糟的情況既已發生，咪咪絕不會再次放棄任何一個生病的孩子。

17

作為十兄弟裡的老么，十四歲的彼得似乎被太多人管得死死，於是開始選擇蔑視權威，一抓到機會就頂嘴和違抗命令。他格外叛逆——如果在一兩個世代以後，他大概會被診斷出患有對立反抗症（oppositional defiant disorder）——以至於咪咪習慣叫他「小流氓」，把他所做的每一件不符合期待的事批評得體無完膚。就算這些話似乎有些刺耳，咪咪還是覺得自己有理有據：每當家裡的日子看似不可能變得更糟，彼得總會不遺餘力地落井下石，讓情況雪上加霜。不過她最憂心的，當然是害怕彼得的路越走越偏，最後重蹈唐諾德、吉姆和布萊恩的覆轍。

彼得或許向來行事乖張，但父親中風時他剛好在場，就站在咫尺之外目睹父親倒下，束手無策。此事似乎讓他大受震撼，鬆動了原先可能存在的自我調節機制。他開始偷東西，甚至縱火引發小火災。然後在唐中風後不久的一個早上，他在九年級的代數課上開始跟周圍的同學胡言亂語。老師要求他安靜，他踱步到她身邊，坐上她的辦公桌邊緣，繼續嘰哩咕嚕說個不停。她命令彼得回到自己的座位後，校長和訓導主任走進教室。他們帶上第三個人——一位體育老師——以防彼得突然動粗。

彼得住進了科羅拉多泉的潘洛斯醫院（Penrose Hospital），不過為時短暫，病情一穩定他就立刻出院了。彼得回到家後，原本就因為照顧丈夫而忙得不可開交的咪咪決定照原定計畫送他去曲棍球訓練營。彼得就是在那裡徹底崩潰；他尿床、隨地吐口水、狠揍其他學員。他離開營隊，進入布雷迪醫院（Brady Hospital）——科羅拉多泉的一家私人精神科診所；醫師接連好幾星期不讓任何人探望彼得。

九月初，咪咪終於來訪。她看到彼得被綁在一張沒鋪床單的床上，全身上下只穿著內褲。屋裡充滿尿騷味。咪咪立刻把他帶走。離開前，醫師給彼得開了低劑量的氯丙嗪（Compazine®），一種通常用於治療噁心與嘔吐的藥物。

咪咪無計可施。對於他這個年紀的青少年，收治唐諾德的普維布洛州立精神病院似乎太過沉重，也太過極端。所以在一九七五年九月的一個星期六深夜，彼得抵達了下一站：丹佛的科羅拉多大學附設醫院。彼得在候診室等了太久，當場尿濕了褲子。入院報到後，他的口齒含混不清到沒人能聽懂他的話。

「說來令人難過，當病人變得比較愛挑釁滋事，」醫師寫道，「家人反而覺得他恢復了正常。」

當彼得的情況好轉到可以接受探視，醫師注意到咪咪和唐把彼得喚作他們家最新一個精神失常

17

的兒子。不久後，院方聽說了其他幾個人的病情。

他們得知唐諾德的事，以及他和彼得之間難分難解、令人不安的動態——唐諾德的行為越奇怪，彼得在學校越容易被激怒，回家後也更憎恨唐諾德。「當老大很容易，」彼得常說，「但不是每個人都能當老十。」

他們也知曉了吉姆的事。在經歷了醫療人員鑑定為「以嚴重妄想為主要症狀的急性思覺失調狀態」後，吉姆恰巧住進了同一家醫院的成人精神科病房。

他們還得知布萊恩和那起謀殺後自殺事件，也親眼看見內向的老七喬瑟夫不太正常。當喬瑟夫來病房探望彼得，一位醫師寫道，他「願意對病人的心理治療師訴說，他自己也偶爾出現和彼得類似的症狀」。

看來，蓋爾文家出現了第五個病例。醫療檔案中，除了囑咐要仔細留意是否出現宰制其他人的同一種精神疾病的徵兆，沒有資料顯示喬瑟夫曾接受治療。凡此種種證實了唐和咪咪擔心的一切。每個男孩都難逃厄運，一個接著一個——首先是唐諾德和吉姆，然後是布萊恩，現在是彼得，也許很快就輪到喬瑟夫；他們不知道如何阻止事情發生，甚至不知道事情能否被阻止。

咪咪和唐絞盡腦汁尋找線索，猜想每個男孩是否都因為某種程度的心碎而發病：唐諾德和吉姆婚姻失敗、布萊恩和諾麗分手、彼得目睹父親中風倒地。咪咪也試著從家族史中尋找蛛絲馬跡——某個遠親或許曾透露什麼預兆，原本可以讓他們得到一點警告。唐的母親曾患憂鬱症，唐在戰後也曾發病。唐在加拿大的情緒失控算是怎麼一回事？那難道不是一次精神崩潰？莫非唐是這場傳染病的帶原者，所有男孩註定遲早都要得病？

或者，毒品說不定是罪魁禍首？男孩們原本聆聽大都會歌劇，如今把奶油樂團（Cream）和吉米・罕醉克斯放得震天價響。布萊恩、麥可和理查都曾沉迷於迷幻藥，性情溫和的喬瑟夫也是如此。天才棋手馬克吸食黑美人*和其他興奮劑。拜彼得和馬修之賜，就連瑪麗都曾在五歲時抽大麻；而彼得和馬修則很可能是受哥哥們誘拐才碰了大麻。唐和咪咪當時多少有所察覺，但面對那麼多男孩，他們覺得自己無能為力。他們壓根料想不到毒品會在一夕之間無所不在——起碼不會出現在他們的傑出子女身上。

此刻，反文化運動成了他們眼中的嫌疑犯。是否在某種程度上，發生在男孩們身上的事不過是他們所處的動盪而叛逆的時代的另一面向？

彼得在一九七五年的住院紀錄對咪咪而言格外難熬。一位醫師寫道，她「不願意或無法聆聽不愉快的消息」，而且非常擅於向彼得傳遞「混淆的雙面訊息」——看起來似乎在影射惡質母親的雙重束縛理論——並「成功阻撓他說出衝突事宜」。

醫師寫下，在心理諮商過程中，彼得想提起他的幻覺與恐懼，但只要咪咪在場，她絕不允許繼續談論這類話題。「母親顯然也會在其他兒子面前扮演這樣的角色。」醫師寫道。

與此同時，咪咪和唐無疑都很擔心他們的兒子，而咪咪確實能帶給他慰藉。「在家庭會談中，」醫師記錄，「病人偶爾會把頭靠在母親胸前，露出微笑，猶如心滿意足的嬰兒。」至少對醫師而言，這種動力——萬能的母親和依賴的嬰兒——「是母親和她的子女最舒服的關係。」

咪咪永遠忘不了在一次會談中，她和唐坐在大桌子旁，被一群醫師包圍，直接遭到精神分裂母親理論的轟炸。他們字字句句都在控訴咪咪是彼得——同理可證，也是其他所有人——精神崩潰的元凶。夫妻倆為之愕然。咪咪一開始大驚失色，然後感到恐懼，最後出現了防禦心理。

她決定再也不讓大學醫師靠近她的兒子半步。從那時起，除了普維布洛，哪兒都不去。

曾經，咪咪的生活井然有序，過得有聲有色，但是現在，生活一團混亂。每多一個生病的孩子，她就陷入更深的牢籠——被祕密禁錮，被精神疾病的污名所癱瘓。

如今，佯裝一切正常已成奢侈的心願。她再也無法巴望她多年來努力隱瞞的一切煩惱會自行消散。

究竟是什麼原因讓咪咪．蓋爾文走到了此刻這一步？一個兒子死了，成了殺人兇手；她的丈夫中風倒下，失去行動能力；家中有兩個重病的兒子，除她之外無人能夠照顧。她膝下只剩一個兒子，十六歲的馬修，以及兩個女兒，十三歲的瑪格麗特和十歲的瑪麗。對咪咪或任何人而言，要照顧他們所有人以及下一個發病的人（不論是誰），都是過於沉重的負荷。

就是在此刻，一九七五年耶誕假期的一個晚上，蓋爾文家廚房的電話響了。咪咪接起電話。那是唐和咪咪在落磯山聯邦的朋友南茜．蓋瑞，石油大亨夫人。

在這樣的時刻，南茜絕非咪咪最想傾訴的對象。就連在電話裡聽到南茜實事求是、單刀直入的聲音，咪咪都覺得彷彿聽到了往日生活的回音在呼喊她、奚落她。搭乘南茜和山姆的私人飛機前往

＊譯註：black beauties，安非他命與右旋安他非他命混合的一種興奮劑。

17

鹽湖城或聖塔菲，恐怕是她再也無法享受的生活——那樣的未來註定屬於別人，不屬於她。

但事實證明，南茜是在對的時機出現的對的人。她問咪咪過得好不好，咪咪竟破天荒地放下防備，做了她想像不到自己會做的事：她在電話中對著和她沒太大交情的女人哭了起來。

南茜不是個感情外露的人。但若說她有任何專長，那就是運用丈夫的財富來打發問題。

「你得把女孩們弄出去，」南茜說。然後，猶如點客房服務般輕鬆快速地補充說，「把瑪格麗特送來我這裡。」

瑪麗．蓋爾文知道她不該顯露情緒。在發生了所有事情之後，若是任何一個女兒失控，咪咪隨時會瀕臨崩潰。

但當她在家中的唯一盟友、姊姊瑪格麗特收拾行李準備出門，瑪麗哭了；就她記憶所及，她從未哭得那麼淒厲、那麼放肆。她顯然哭得都神情恍惚了，爸媽不由得擔心她會在他們把瑪格麗特送到蓋瑞家時當眾出醜。他們甚至不讓她上車。

於是，在永久刻進她心底的一九七六年一月的某一天，他們載著十三歲的姊姊離開，將她和唐諾德及彼得丟在家裡——另一個哥哥吉姆伺機為她提供人們所謂的避風港，但即使當時，她心裡已知道事實並非如此——才十歲大的瑪麗站在隱谷路住宅的大門口，失控地放聲尖叫，年幼的生命從未感到如此受到遺棄、無所適從、無依無靠。

PART 2

18

一九七五年

國家精神健康研究院，華盛頓特區

琳恩·德里西（Lynn Delisi）常覺得她在錯誤的時間來到了錯誤的地點——覺得自己不屬於科學界；要是她曾自認為適合從事科學，那麼她就是個傻子。不過最糟糕的一次，或許是別人告訴她她有可能把自己的孩子逼瘋的那一天。

這項預測，偏偏來自美國精神醫學領域研究先鋒、亦即國家精神健康研究院的一位兒童精神病學家。那是他在演說中隨口一提的一句話。當時在華府聖伊麗莎白醫院（St. Elizabeths Hospital）精神科擔任第一年住院醫師的德里西，是在場的少數女性之一，也是唯一的母親。那一刻，她的兩名稚子正在家中，交給保母看顧。這位精神病學家的觀點和耶魯家庭動力學專家西奧多·利茲所見略同，似乎相信精神疾病（特別是思覺失調症）和職業婦女的興起息息相關。精神病學家告訴在場的住院醫師們，在子女人生開頭兩年，母親應該全心全意陪伴他們，給予全天候的照顧。

德里西不由得覺得自己被點名批判。在她居住的維吉尼亞州安南戴爾（Annandale）郊區，她是左鄰右舍中唯一把小孩交給保母、通勤到華府上班的母親。她的丈夫當然也在工作，不過她是雙親中有責任調整她的住院實習計畫以便照顧子女的那個人：為了避免值夜班，她還特地跟院方商量好延長擔任住院醫師的期限，以補足她的工作時數。

當其他第一年住院醫師保持沉默，德里西開口質疑，要求演講人提出證據。「證據在哪裡？」她說，「我希望看到數據。」

但那名精神病學家沒有數據。他引用的並非研究論文，而是佛洛伊德。

接下來幾星期，一個念頭在德里西腦中盤旋不去：他說得如此斬釘截鐵的話語竟沒有經過實驗驗證，而是出自軼聞和偏見。那天發生的事，對德里西未來的職業生涯產生巨大影響。在那個年代，當思覺失調症的治療在心理諮商或精神藥物兩個流派之間撕扯，德里西投入了第三種作法：尋找可驗證的神經學病因。

她在紐澤西的郊區長大，從小立志當醫師。她的父親是一名電子工程師，原本鼓勵她追求夢想，不過後來有一段時間不支持她學醫。她是在威斯康辛大學讀書時開始動念研究大腦及其與精神疾病的關係，因此大量閱讀有關致幻劑神經作用的論文，不放過任何一篇。可惜時機太不湊巧，她在一九六六年大學畢業，正值越戰時期，戰爭刺激了許多男同學申請進入醫學院，以便能夠暫緩入伍。跟這些男人同時申請的女學生自然屈居劣勢——當醫學院拒絕的每個男人都可能被送上戰場，他們怎能把名額分給女人？

琳恩想盡辦法排除困難。大學畢業後，她暫時休息一年，然後在哥倫比亞大學找到全職的研究助理工作，並到紐約大學夜間部上研究所的生物課程。她在理學院圖書館邂逅了未來丈夫——一位名叫查理・德里西的研究生。婚禮之前，她進了唯一一所願意收她的醫學院：費城的賓州女子醫學院（Woman's Medical College of Pennsylvania）。一年後，她申請轉學到紐約的學校；查理當時還在紐約念研究所。一名面試官問她，對她而言，家庭和事業孰輕孰重；另一人問她是否打算避孕。沒有學校肯收她。

就連她的丈夫都希望她放棄醫學院，改念沒那麼吃重的研究所。但賓州女子醫學院的院長——一位致力於維護這一行年輕女性的女院長——幫助她堅持完成學業，並安排德里西到紐約大學醫學院修習她的第二年課程。隔年，德里西的丈夫獲聘到耶魯大學做博士後研究，他們搬到紐哈芬（New Haven），德里西開始搭火車通勤，不辭辛苦地往返到費城的女子醫學院上課。當她懷上頭胎，院長再次挺身相助，安排她在耶魯上完最後一年課程。

一九七二年，德里西從醫學院畢業。他們再度因丈夫的工作舉家搬遷，這一次是搬到新墨西哥州。琳恩開了一家全科診所，治療境況堪憐的移工。他們的第二個孩子也在那裡出生。後來，她的丈夫在華府找到工作，琳恩申請就近的住院實習機會。「我有興趣研究思覺失調，因為那是真實的腦部疾病，」她回憶道，「那並非只是平常的焦慮，而是真正的神經性疾病。」德里西以為，在鄰近國家精神健康研究院的地利之便下，她能夠找到和她看法相同的夥伴。

她花了一點時間才找到志同道合之人。儘管聖伊麗莎白的病房住滿思覺失調的病患，但是很少人把思覺失調症當成生理疾病進行研究，起碼她住院實習時的上級醫師們並不看好這項研究主題。有一個問題非常實際：病人看來永無好轉之日。最好把你的事業生涯投入研究憂鬱症、飲食障礙、焦慮症或躁鬱症——某種還有一絲希望、有時會回應傳統談話療法的疾病。

18

此外，還有一個更深層的問題，亦即導致這個領域數十年來分裂對立的先天與後天爭論。德里西的住院計畫其實是由精神分析師主持，而不是她期望的、醫學取向的精神科醫師。在她住院培訓期間，像她這樣有志研究思覺失調症的醫師會獲准到板栗居進行第三年的實習。在幾哩外的馬里蘭州郊區，芙芮達．佛洛姆賴克曼過去所主持的舊總部還在繼續營業，那裡的心理治療師依舊認為童年創傷是導致嚴重精神疾病的一大主因，和德里西在聖伊麗莎白的許多老師看法一致。

德里西持續閱讀她能找到的所有關於思覺失調的生物醫學論文，不斷看到ＮＩＭＨ旗下的同一個名字：理查．懷亞特（Richard Wyatt）——一位神經精神醫學專家，其研究方向不在於尋找治療方法，而是探索精神疾病對大腦本身的影響。懷亞特的實驗室和ＮＩＭＨ精神科其他研究員的實驗室分隔兩地，在城市另一頭的威廉懷特大樓；那是坐落在聖伊麗莎白醫院院區的一棟百年紅磚建築，有足夠的病房安置病患以進行長期研究。一九七七年，德里西在聖伊麗莎白住院培訓期即將結束時，前去找他洽談擔任研究醫師的機會。懷亞特的態度不冷不熱。他說他會想想辦法，但他通常只招哈佛畢業的研究醫師。更何況，他說，沒有人相信有兩個孩子的媽媽能應付這麼吃重的工作。

德里西這次並不氣憤，只覺得灰心。儘管她事先延長了住院期限，但仍加倍努力如期完成所有工作。她絕不比任何一個男人差，不論是哈佛來的或其他地方來的。懷亞特的實驗室裡有多少男人家中有小孩？有沒有人問過這個問題？

德里西的幾位住院指導老師不明白她為什麼如此沮喪。他們說，假如她真心想研究思覺失調症，為什麼不到板栗居進行最後一年的住院實習？

然後，突如其來的轉折開啟了她的事業生涯。懷亞特回心轉意，給了她一個工作機會。如果她願意，她可以在他的實驗室完成最後一年住院實習。反正，他能因此得到額外的免費勞工，何樂而不為？他說，假如她表現傑出，隔年有機會留下來擔任研究醫師。他不能打包票，但她可以提出申請。

「你要的話，我可以替你開後門。」懷亞特說。

在威廉懷特大樓的三層樓中，懷亞特分別設立了研究腦部生物化學、神經病理學以及電生理學的實驗室；一間是睡眠實驗室，還有一間是蒐集人腦標本以供研究的實驗室，甚至有一間是動物實驗室，其他研究員在此進行腦組織移植實驗。懷亞特的研究重心在於找出影響思覺失調症的生化因素：也許會引發精神障礙或妄想的血小板、淋巴細胞標記以及血漿蛋白。有幾個病房區住滿了受試者，每個病房區收容十到十二名病人，這些人從全國各地被轉介來嘗試實驗性藥物，由德里西這類研究員負責他們的醫療照護。

懷亞特麾下的大部分研究員都會利用新的電腦斷層掃描技術尋找思覺失調患者的大腦異常之處。研究員已在人腦中找到許多思覺失調症的生理證據，足以推翻環境是造成這項疾病的元凶或幫凶的說法。一九七九年，懷亞特的團隊發表了研究論文，箇中顯示思覺失調病患的腦室有較多腦脊髓液。[1]腦室是大腦邊緣系統的一組腔隙結構，是杏仁核和海馬迴的所在之處。這個大腦部位有一部分的功能是在維持我們對周遭環境的認知。腦室越大，病人對托拉靈這類抗精神病藥物的耐受性似乎就越高。這項證據更坐實了思覺失調症是生理性疾病，而非環境所造成。或者就如腦室研究論文的其中一位作者——名叫福樂・托利（E. Fuller Torrey）的聖伊麗莎白精神科醫師所說：「如果養育不當是造成任一精神疾病的主因，那麼我們全都麻煩大了。」

唯一的問題是，研究員無法分辨較大的腦室究竟是因還是果——是患者與生俱來，或是他們患病之後漸漸發展出來的狀況，甚至說不定是藥物造成的副作用。德里西認為這就是遺傳學研究至關重要的原因。然而在一九七九年，研究思覺失調遺傳因子的問題在於，大多數研究人員認為這類研究無非只是在蒐集資料。思覺失調正如阿茲海默症或癌症，顯然是多重基因、甚至是數十個基因交互作用的產物，因此對當時尚未成熟的研究技術而言，這類疾病過於複雜，無法進行基因分析。正因如此，懷亞特的實驗室將重心放在當時現存的技術——核磁共振、電子斷層掃描，以及最新的正子斷層掃描。德里西有一段時間也以這些技術為主。

她跟懷亞特的相處偶爾緊繃，甚至會發生衝突。德里西記得，在進行日後可能獲獎的研究時，她承受了巨大的壓力。她不只一次覺得受到剝削，例如有一次被要求替一位男同事背黑鍋，因為他正準備晉升，不容犯錯。她拒絕了；她討厭對男人俯首貼耳，即使這樣的違拗有可能觸犯懷亞特。「整整兩年後，他才將我跟實驗室裡的男人一視同仁，用同樣的態度對我說話，」德里西回憶。「他們可以闖進他的辦公室找他聊聊，但他永遠騰不出時間給我。」

終於，大約在德里西成功推翻懷亞特長期以來對治療思覺失調的特定藥物所持的假設時，懷亞特羞愧地當著一群男人面前承認她已超越他們。「他能這麼說，真是不容易，」德里西說，「但那些男人聽了並不高興。」

18

剛進入懷亞特實驗室沒多久，ＮＩＭＨ的一位大老便找上了德里西。依舊以精神病研究學者身分活躍於工作崗位的大衛·羅森索決定追蹤研究熱南四胞胎，在距離第一篇論文二十年後發表後續報導。四姊妹此時五十歲了，都還在人世。這一次，她們將被帶來執行一連串生物測試，看看四人是否還有其他共通點。

德里西很高興有機會研究這項疾病的生物根源。她喜歡和四姊妹相處，看著她們其中一人說了句話，另一個人緊跟著學舌，接著下一個人重複同一句話，然後第四人也這麼做。她替她們做了電腦斷層掃描、腦電圖，並且驗血驗尿。但對德里西而言，與出現同一疾病卻不同症狀的同卵四胞胎姊妹相處，最大的衝擊是讓她對遺傳學研究產生前所未有的濃厚興趣。

艾略特·葛申（Elliott Gershon）是ＮＩＭＨ唯一密切關注遺傳因子的思覺失調症研究員。一九七八年，葛申在他與別人共同發表的論文中概述了驗證精神疾病基因標記的最佳方法。[2]葛申的想法是研究有超過一名成員患病的家庭；他稱這些家庭為「多發性家庭」（multiplex family）。他說，關鍵是不要只將重心放在家中的生病人口，而是要研究所有家庭成員——最好不只一代。如果研究員能設法找出只存在於生病人口而非健康成員的異常基因，那就是了：罪證確鑿的思覺失調基因證據。

德里西去找葛申，提到了熱南四胞胎姊妹。這裡有一大家子病人——ＮＩＭＨ思覺失調研究部門的寵兒——回鍋接受檢驗。「你會做怎樣的研究？」她問。

葛申的回答令她當場一愣。「我不想淌這趟渾水。」他說。

德里西詢問原因。一聽到他的答案，她立刻明白自己錯得多麼離譜。

「你只有母數為一的樣本，」葛申說——只有一組數據，沒有變異，「你不會得到任何真正有意義的結果。」

18

由於四姊妹擁有一模一樣的基因編碼，沒有任何東西可以進行比較或對比。這就是葛申認為沒必要研究她們的原因。他說，他們確實應該找家庭下手，但要找到對的家庭——那種有相同基因來源、但基因組成各有不同的家庭。而且越多子女罹病越好。

葛申說，假如德里西能找到那樣的家庭，他或許可以支援研究。

19

唐
咪咪
唐諾德
吉姆
約翰
布萊恩
麥可
理查
喬瑟夫
馬克
馬修
彼得
瑪格麗特
瑪麗

瑪麗．蓋爾文最早的記憶之一是發生在一九七〇年、她大約五歲的一天深夜，她正躺在床上想辦法入睡，卻聽到剛出院回家的大哥唐諾德在爸媽臥房外的走廊上哭號著說：「我好害怕，」他說，「我不知道我怎麼了。」

她記得爸媽試著安撫他，告訴他一切都會沒事——他們會找醫師，弄清楚問題出在哪裡。

她還記得唐諾德時不時會離家出走（多半是到奧勒岡州找琴恩），而爸媽必須查出他的下落，然後寄機票或車票給他。

她也記得另一個深夜，唐諾德驚恐地大吼大叫，要大家趕緊逃到安全的地方。他說屋裡有一群人，那群人想要傷害他們全家。

她記得自己信了他的話。他有什麼理由騙人？

瑪麗和姊姊不同。瑪格麗特溫柔善感，而且情緒化；看到家人碰上困難，她會感同身受，將痛苦內化到幾乎連自己都承受不住。瑪麗雖然同樣弱勢，但她比較實際、強悍，而且或許被迫變得更加獨立。在小學一年級的模擬總統大

19

選中，她或許是全班唯一舉手投票給喬治．麥高文（George McGovern）而非投給尼克森的人。後來，當她在學校抽菸被逮，母親問應該如何處理這件事，瑪麗說，「張貼禁止吸菸標誌。」

瑪格麗特離家、被南茜和山姆．蓋瑞夫婦帶到丹佛後，瑪麗在暴怒與沉默之間反覆不定。姊姊的離去啃嚙著她的心。她不明白自己為什麼被拋下。爸媽試著解釋，她的年紀還太小，不能進瑪格麗特在那裡就讀的私立學校，但這些話對瑪麗毫無意義，絲毫不能改變整件事情如同晴天霹靂般令她措手不及的事實。

一九七六年，五年級的瑪麗幾乎徹底陷入了孤單，孑然地望著還住在家裡的幾個哥哥互毆個不停。彼得測試著周圍所有人的極限，不斷進出醫院，並跟馬修——曲棍球兄弟中還住在家裡的最後一人——發生衝突。唐諾德搬進瑪格麗特的房間，緊鄰瑪麗的臥房；此舉用意本是要把他和睡在樓下的其他男孩隔開，但這只讓瑪麗更難躲避他。當唐諾德沒有因為吃藥而昏睡，他會來回踱步、指手畫腳、自言自語。瑪麗會因為覺得丟臉而對他大聲嚷嚷。如果用嚷的沒用，她會開始乞求。如果乞求也沒用，她會躲起來哭。她會花好幾個鐘頭在自己的房間裡整理衣櫥和書桌抽屜，然後再重新整理，失神地試圖取得一些控制感。

當瑪麗上了初中，在外頭總是笑容滿面；她的人緣很好，待在朋友家的時間比在自己家的時間更長。她知道其他小孩不被允許到他們家玩，她自己也不願意待在家裡。於是她排滿行程，盡可能遠離隱谷路——下午放學後去練足球，晚上和週末則到科羅拉多學院上芭蕾舞課，或者賴在赫夫利家不肯走，他們家有一匹馬和一座總是需要清洗的馬廄；反正除了回家，哪裡都好。

瑪麗的母親自從上回在南茜．蓋瑞面前失態、允許蓋瑞家帶走瑪格麗特之後，如今努力恢復形象，在人前擺出無畏而快活的表情。咪咪讓瑪麗看到了避而不談、假裝無事——不哭、不生氣、不走露一丁點情緒——的重要性。蓋爾文家每一個孩子都被要求強作鎮定。不論開車從學校到球場或到科羅拉多泉的切努克書店路上，或者和克羅基特家或格利菲斯家的人喝下午茶時，咪咪從不向瑪麗解釋哥哥們為什麼變成那個樣子，或者她們能怎麼幫忙。她頂多告訴瑪麗，比起哥哥們的處境，一個十一歲女孩遇到的麻煩根本不值一提。

最徬徨無助的時候，瑪麗會躲到伍德曼谷的一個隱密地點。那裡距離他們家幾百碼，在後山的另一面。孩子們有時把那裡叫做「仙人岩」。瑪麗會假裝仙人岩是她的家——想像在那裡煮飯、睡覺，隔天早上在那裡醒來，自己一個人，自由自在。

父親會讓瑪麗陪他到空軍官校的社區游泳池游泳，他會設法游個幾圈，幫助自己中風後復健。唐現在能認人了，但他的短期記憶仍然受損，而且看來註定永遠無法完全復原了。他原本一天能快速讀完兩本、甚至三本書，現在只能看看電視上的體育節目，而他以前甚至不希望家裡有電視機。馴鷹的日子已一去不回，重返工作崗位也已毫無可能。山姆．蓋瑞丟了幾個石油業的顧問差事給唐，但唐無力勝任。

除了唐的空軍退休俸，家裡沒有任何經濟來源。無可否認，同時照顧唐諾德和彼得是一筆很大的開銷。不過每當唐建議唐諾德和彼得搬出家裡、自立門戶，咪咪總是用同一句話回應：「他們能去哪裡？」這是一場毫無意義的無聲角力：他們都知道，現在是由咪咪當家作主。但即使父親的話絲毫不起作用，他的表態對瑪麗而言仍意義重大。起碼他開口替健康的孩子說話，並非只顧著生病的孩子。

當父親觀看電視上的高爾夫球賽，瑪麗會坐在他身旁凝視他；他的記憶常常慢半拍，而且體力衰弱，但他是唯一願意認真看待她的處境、同情她、和她站在同一邊的人。和父親獨處時，瑪麗會問他為什麼依然篤信天主教——發生了這麼多事情之後，他為什麼依然相信上帝。對她而言，這並非一個形而上的問題；她仍然每星期天都得去望彌撒，而她想要知道，如今這麼做究竟有什麼意義。

唐告訴她，他這一生也曾多次動搖信心。他說，他是靠著閱讀和智慧重新找回了上帝。他不勉強瑪麗沿用他的方法。他知道她是不能被逼的。

有時候，瑪麗覺得他們家分裂成兩半；不是一半瘋狂、另一半正常，而是分成還住在家裡和已出外獨立的兩半。在還住在家裡的人當中，哥哥馬修是瑪麗的足球教練，有時類似她的監護人、她的保護者。瑪麗曾在一篇作文中寫他，說他是她最佩服的人。但一九七六年春天，馬修高中畢業之後也離開了家。於是家裡真的只剩下瑪麗和唐諾德與彼得這兩個生病的兄弟了。不過，隱谷路仍然是每個生了病的男孩最主要的臨時停靠站，是他們無處可去時的可靠選擇——甚至吉姆在和凱西失和時也會回家小住。

現在全靠瑪麗的母親選擇正確的治療方式、尋找解決辦法、保護他們所有人。咪咪依然深信奇蹟，而且拜紐澤西州普林斯頓一位名叫卡爾・菲佛（Carl Pfeiffer）的藥理學專家之賜，她一度以為自己找到了奇蹟。在藥學界，菲佛的經歷堪稱離經叛道，甚至極其古怪。一九五〇年代，他是少數受中央情報局之託，在囚犯同意下執行致幻劑研究的藥理學專家之一。[1]他隨後出任埃默里大學（Emory University）藥理學系系主任，不過在一九六〇年離開傳統學術界，開始發表一連串論文；這些論文全都欠缺標準的雙盲測試，而且全都建立在一個狂熱的信念之上，亦即認為一個人要維持心智健全，必須靠特定的均衡維生素維持腦部化學平衡——而他願意有償地替任何人提供這樣的保健品組合。

一九七三年，菲佛創立了大腦生物學中心（Brain Bio Center），這家私人診所成了他往後數十年的行動總部。菲佛開業幾年後，一直遍覽報章雜誌尋找方法改善腦部化學平衡的咪咪聽說了菲佛的研究。當她聯繫上他，這位藥理學家迫不及待前往科羅拉多州，見見這位生了十二個孩子、其中幾個兒子心智失常的母親。這次拜訪後，他邀請蓋爾文一家到紐澤西進行徹底檢查。

每個還住在家裡的人都收拾行李，東行到普林斯頓。瑪麗記得有人檢查她指甲上的白點，說她缺鋅，咪咪一字不漏地做筆記，對藥理學家的話深信不疑。菲佛跟前來大腦生物學中心的每一個人說，大多數人認為的精神疾病或許都可歸咎於營養不良。菲佛說，要是瑪麗蓮・夢露和茱蒂・嘉蘭曾調節她們血液中的營養成分，現在說不定都還活著。他曾經寫道，精神病院無非是一座「貯存槽」罷了。[2]對於一個覺得自己時時刻刻受醫師和丈夫（他們莫不認為最好把男孩們送進精神機構）評判的母親來說，這些話必定如音樂般悅耳動人。

回到隱谷路後，咪咪親手為每一個孩子燒製瓷杯。每天早晨，她無一例外地在草綠色的杯子裡裝滿柳橙汁，讓他們就著果汁吞下菲佛醫師的藥丸。瑪麗會在上學途中身體不舒服，果汁和維他命丸讓她的胃有如火燒般疼痛。她開始在步出家門時把藥丸藏進口袋，等到沒人看見時，立刻把藥丸扔進樹林。

一九七六年三月、瑪格麗特離家兩個月後，科羅拉多州公路巡邏員發現一名黑髮男子在二十四號公路正中央往東行走。他自言自語、踮著腳尖走在雙黃線上，雙向的汽車從他身旁呼嘯而過。警察要求唐諾德走到路邊，他拒絕了。當警察企圖逮捕他，唐諾德開始又推又搡。好幾個警察加上當地幾名消防員費了一番功夫才終於制服他。直到把他關進科羅拉多泉監獄，警方才獲悉他已經停藥好幾個月了。

警方把他轉送到普維布洛；唐諾德此時已是這裡的知名人物。醫師得知他之前離開了一陣子，一月才剛剛回到隱谷路的家。他曾再度到奧勒岡州找琴恩，這一次卻被告知她已加入和平工作團（Peace Corps）。他在奧勒岡待了一段時間，在一艘捕蝦船上工作。回來後，唐和咪咪同意收留他，前提是他得定期到科羅拉多泉的派克峰精神健康中心就醫拿藥。（根據普維布洛的一篇報告，「這個家庭的其他幾位男性成員也曾到那裡就醫」。）唐諾德起先答應，但後來拒絕赴診，成了普維布洛的醫師所謂的管理問題。「基於他的年齡以及他對家中其他子女的不良影響，」報告上寫著，「他自己和家人都認為他不應該繼續住在家裡。」

他否認出現幻覺，但經常轉頭看向側面，彷彿在聆聽某個聲音。他有許多虔誠的宗教行為，經常談起在他腦中縈繞不去的象徵符號。據他描述，其中之一是被上帝榮光照耀的嬰兒。面談過程中，他數度繃緊神經，表現出惡意，例如威脅要把我痛毆一頓……

幾天後，唐諾德似乎還處在恍惚、躁動和暴戾的狀態——或者如醫療人員所言，「富攻擊性和破壞性、好鬥、有自殺傾向、亢奮、多話〔且〕浮誇。」紀錄顯示他「當眾手淫」、「暴露身體」，而且跑到女生宿舍遊蕩，甚至一度闖進女淋浴間。普維布洛的醫師用氟奮乃靜鎮定唐諾德，但他依然忠實地呈報在他腦中閃現的象徵與符號。

縱使如此，四月間，他被判定足夠穩定，可以出院回家。

每到週末，吉姆的兒子小吉米——瑪麗的侄子，不過只比她小幾歲——就會和瑪麗組成一個小小的雙人日間夏令營。吉姆會告訴唐和咪咪他帶孩子們上了教堂，但其實是上溜冰場或公園玩去了。此時，讓瑪麗到凱西與吉姆家度週末已成了父母越來越仰賴的事。「總會有什麼危機出現，」她說，「而媽會打電話叫吉姆和凱西來接我。」

凱西儼然成了瑪麗的代理母親；這種情況下，吉姆等於是她的父親。

自從瑪格麗特離開後（當時瑪麗大約十歲），瑪麗每次到他們家住，吉姆總會在夜裡來找她。他用手指插入她，並強迫她口交。她默許他，一部分是出於否認現實，另一方面則是因為茫然困惑。基於和姊姊相同的權衡理由，她始終保持被動——因為她愛凱西；因為不管發生什麼事都勝過待在家裡；因為有一部分的她越來越習慣不去抗拒、把這些行為當作是愛。

19

情況在瑪麗進入青春期後出現改變。吉姆從未停止對凱西暴力相向，不過現在，瑪麗會以她小時候不會有過的眼光看待整件事。她看清了事情的本質是如何醜陋、駭人且錯誤，再也無法為它找到合理藉口。但她不能棄凱西於不顧，所以即使到了此時，她仍繼續回去。基於同樣的理由，她仍繼續忍受吉姆。

有一部分的她明白事情必須結束。她知道她的身體正在改變，正如姊姊當初的情況。她察覺吉姆越來越得寸進尺，彷彿在圖謀什麼。她想，如果吉姆對她走到最後一步，那會代表什麼——是否代表她可能會有寶寶？

她努力不去想它，但這個念頭始終在腦海裡徘徊。她可以暫時置之不理，但不可能永遠逃避。

20

唐
咪咪
唐諾德
吉姆
約翰
布萊恩
麥可
理查
喬瑟夫
馬克
馬修
彼得
瑪格麗特
瑪麗

此處有個園丁負責修剪樹籬、有個女人承攬所有洗衣工作，還有個德國廚子烹煮晚餐的牛排和馬鈴薯。裡裡外外總共有七名僕從，飛機飛行員和私人滑雪教練還不算在內。

蓋瑞家住在櫻桃山，那是位於丹佛南邊的一處高級住宅區，與喧鬧的市中心彷彿隔了一整個世界。他們家屋外有個養了馬的大規模農場，車道上停著一輛保時捷和一輛賓士，後院有一張巨大的彈跳床。走進院落，入口右側有一個裝了迴旋滑梯和氣泡頂蓋的藍綠色游泳池，散發著氯氣和水氣。走廊牆上掛滿了畫作：一幅莫迪里亞尼（Modigliani）、一幅德庫寧（de Kooning）、一幅夏卡爾（Chagall），還有一幅畢卡索（Picasso）。遊戲房裡有一座大鞦韆和一個真人大小的娃娃屋，裡頭有雙層床以供來訪的小朋友過夜。瑪格麗特的房間有一張水床。她一開始大為驚奇，直到嘗試在上頭睡覺。幾個晚上後，她終於鼓足勇氣要求換一張正常的床。他們順了她的心意。

瑪格麗特認識了管家裘迪；對蓋瑞家每個小孩和他們的朋友而言，裘迪有如第二個母親。還有洗衣婦凱蒂；她每天把洗乾淨的衣服摺好送回房間。瑪格

20

麗特也認識了蓋瑞家的八個小孩，並且和比她小幾歲、有點愛搗蛋的蘇西，以及比她大幾歲、有點假正經的蒂娜交上了朋友。瑪格麗特會隨這家人到佛羅里達礁島區和滑雪勝地韋爾（Vail）度假。蓋瑞家在韋爾的精華地段有一套公寓，她可以走進任何一家商店隨便買東西：滑雪衣、新的奧林四號滑雪板（Olin Mark IV）、滑雪纜車票，甚至在滑完雪後到糖果店買零食。南茜．蓋瑞從不逛街；商家會自動找上門來。沒多久，瑪格麗特便和其他小孩穿著同樣的鱷魚牌上衣和橄欖球衫。

夏末，蓋瑞全家人會飛到他們在蒙大拿州的房子。那是一間現代風格的傑作，有一整面玻璃牆，視野絕佳，平頭湖（Flathead Lake）以及鮑勃馬歇爾野生保護區（Bob Marshall Wilderness Area）的美景盡收眼底。在他們家上百畝的土地上，有一道可以開船滑水、泛舟漂流和駕駛風帆的小峽灣、有一座網球場（旁邊有一間小屋供職業網球員留宿）、一個開放遊客採櫻桃的果園，還有一座馬廄。馬匹是從丹佛運過來的。僕從也隨行服侍，替他們鋪床、煮飯。在蒙大拿，南茜．蓋瑞宛如兒童夏令營的執行長，指派管家裘迪擔任營隊首席指導員，安排每個孩子的網球課、馬術課和滑水課。仍執掌一整個石油王國的山姆．蓋瑞在蒙大拿和丹佛兩地之間穿梭來回，他常常飛來蒙大拿教孩子們滑水。他會坐在船塢邊緣、兩腳懸空，用腳勾住孩子們的胳肢窩，直到汽艇駛離，猛然把孩子們拉到湖上。

瑪格麗特的父母會說，他們會給了她留在家裡的選項——不要搬去蓋瑞家。但瑪格麗特其實沒有選擇的餘地。她得到遞交辭呈的機會，不必再當媽媽的幫手：不必再撢櫥櫃上的灰塵、用吸塵器吸樓梯、餵鳥、提菜籃，或烤兩條土司做早餐。她已經揮別亞斯本和聖塔菲的夏日舞蹈；那些日子在父親中風並辭去落磯山聯邦的工作時便已結束。現在，她有機會告別到球場看曲棍球賽、棒球賽和足球賽的義務，告別空軍官校附中（或更糟糕的聖瑪莉中學）的四年生涯，告別她跟教練始終合不來的體操，告別總是有人跑得比她更快的田徑隊，告別她最不懷念的啦啦隊。

她得到逃離哥哥們的機會，包括隨時可能爆發的唐諾德和彼得，以及她經常去他們家過夜、總在半夜三更來找她的另一個哥哥。

令她毅然決然做出決定的，是最後一個原因——吉姆。當她坦承面對自己，其餘一切都只是藉口。

也正基於這個原因，她從來不覺得住進蓋瑞家是件好事。不管日子多麼開心，她從來無法停止認為自己遭到了排擠，或放逐。她不禁納悶，憑什麼吉姆還是家中重要的、甚至受敬重的一員，而她卻是被送走的那一個？

一九七六年二月，瑪格麗特過了她的十四歲生日，就在南茜．蓋瑞把她從隱谷路帶走不久後。在家裡時，瑪格麗特一般會收到樸實無華的禮物，像是一雙溜冰鞋、一台從史賓賽禮品店（Spencer Gifts）買來的收音機。但在這裡，桌上擺滿了手錶、馬靴、全套衣服，配上肯特丹佛學校（Kent Denver School）——他們自家小孩也上的同一所高檔私立學校——的全額學費。

瑪格麗特很難融入肯特。每個學生都有自己的車、自己的銀行帳戶、自己的零用錢和治裝費，學習世界史時，可以跟全家出國旅遊的回憶相互映證。當瑪格麗特勤勤懇懇地望彌撒、幫忙母親餵飽他們一家十四口，肯特學校的其他人似乎都在學習手拉坏和製作絲印T恤。他們似乎比她更有藝術氣質和創造能力，活得更加恣意。她參加舞台劇甄選，結果落選；她的創意寫作課只拿了C。他們的雕塑作品頗有賈科梅蒂（Giacomettis）之風。她的第一年在感恩與恐懼的撕扯之間度過，滿心糾結於人們對她的看法。她告訴自己，排斥她的那些女孩不過是勢利眼，即使她也會拿自己跟她們比較。

瑪格麗特在新學校被指定閱讀的第一本書是《孤星血淚》*。對瑪格麗特而言，這本書太貼近自己了，因為她和書中主角皮普一樣，都是受神祕慈善家施恩的人。在瑪格麗特的例子上，蓋瑞家如此友善、如此慷慨於與她分享自身所擁有的事物，在在都只是讓整件事情更添神祕。她和寄宿家庭之間的關係令她迷惘、無所適從。有一次，在蒙大拿的另一個尋常日子，南茜拿出一個巧克力蛋糕，開始胡鬧似地切一片給瑪格麗特或其他人或給她自己吃，然後再切一片、一片、又一片，全都假裝她只不過想平均分配。瑪格麗特笑了。那很好笑。不過她後來漸漸明白，那不是她的蛋糕，而只是一份禮物，而所有事情都不過僅此而已。

山姆．蓋瑞和唐．蓋爾文年齡相仿。他和唐一樣在紐約長大，只不過不是在皇后區外圍，而是成長於公園大道（Park Avenue）。戰後，他加入海岸巡防隊，一個休假夜裡，在康乃狄克州格林威治的舞會上和南茜相遇。蓋爾文家搬到科羅拉多泉幾年後，一九五四年，蓋瑞一家搬到丹佛，正遇上石油熱潮。

和唐一樣，山姆的個性親切、討人喜歡、安靜而謙遜。不過唐有學者氣質，山姆則具創業精神，

* 編註：《孤星血淚》（*Great Expectations*）又譯《孤雛淚》、《遠大前程》，十九世紀英國作家狄更斯知名作品。

是天生的生意人。南茜對她丈夫在一九五〇年代最深的記憶，就是他坐在別人家的前廊搖椅上，跟某個地主談天說地；他想在對方的土地上開鑿油井。「最後，山姆會說：『不如把北邊那四十畝租給我吧，怎樣？』之類的，而對方會說：『那有什麼問題！』他很厲害，很懂得跟人打交道。」

他也是天生的冒險家。有好多年，他在丹佛一帶有「枯井山姆」（Dry Hole Sam）的稱號，在別人眼中就是個莽撞的石油投機客，總在錯誤的地方挖井。一九六〇年代中期，當石油探勘業一窩蜂地在懷俄明州開鑿，山姆開始在州界以北不遠處的蒙大拿州西南角鑿井。山姆開挖了三十五口枯井。他好幾次都發誓要收手不幹，卻總是回心轉意，繼續挖掘。一九六七年，山姆談定了另一樁生意，打算在業內所有人都認為地底下空無一物的四萬畝土地上鑿井。他最後成了這項計畫的最大股東，後來他說，「主要是因為再也沒有人願意投資入股。」他找到一個幫手替他取得這片土地的開鑿權；那就是他在落磯山聯邦的好朋友，唐．蓋爾文。

唐在落磯山聯邦的主要任務是鋪平政商之間的道路，協助華府當局和想投資開發大西部的商人溝通協調。每當唐需要找人贊助某個藝術或文化專案，山姆就是他求助的對象之一。而當山姆需要找人投資他最新的石油探勘計畫，唐則會想辦法替他牽線。對山姆而言，最重要的是，唐會把他在華府聽來關於聯邦土地租約以及哪些租約即將到期的訊息，一五一十地傳遞給他。一九六七年六月二十九日，一口新的油井——山姆的第三十六次嘗試——在蒙大拿的鐘溪挖出了石油。山姆設立了四百座新的油井，手握百分之三十的股份。這就是山姆一開始緩慢、後來飛快晉升為落磯山地區首富的經過。唐和山姆從未明言，是唐引導山姆取得這個令他發家致富的關鍵土地租約。不過，山姆發現油礦之後，他們兩人的關係從原本的泛泛之交變得越來越親密。

20

後來，瑪格麗特獲悉蓋瑞家的生活也有無人能攻破的禁區。他們就和蓋爾文家一樣，有自己的家族疾病得應付。強直性肌肉失養症（myotonic dystrophy）是一種不治的遺傳疾病，會漸漸侵蝕人體的肌肉。南茜和山姆的八個孩子中，有四人從小開始出現症狀，年紀輕輕就因病去世。差別在於，儘管面對病痛，山姆和南茜似乎決心帶著毫不掩飾的冒險精神好好生活，總會召集親朋好友一起登山健行或滑雪旅行。金錢幫了大忙；新得來的財富至少稍微減輕了他們的負擔。他們也樂善好施。瑪格麗特並非蓋瑞家收留的唯一孩子。有一個男孩是蓋瑞家在墨西哥旅行時遇到的，還有另一個來自丹佛的女孩。山姆從不諱言他的生活哲學——他雖然工作勤奮，卻也覺得自己非常幸運，有必要盡他所能幫助需要幫助的人。

他們的第五個小孩有一段時間在專精思覺失調症的私立門寧格診所接受治療。南茜和山姆必定知道這是咪咪和唐永遠負擔不起的選項。不過當然，他們不可能給予無限度的幫助。他們沒打算對蓋爾文家每一個人施以援手，所以他們只帶走一個女孩——年紀足以進入肯特丹佛學校的女孩。

即使在瑪格麗特最自在的時刻，她的思緒——她如今的頭號敵人——仍不由得轉向這項恩惠的本質。她的腦筋開始玩起「假如……會怎樣」的遊戲，讓她越來越覺得自己有如走在一層薄冰上。假如山姆從沒請她爸爸幫忙尋找政府的石油探勘契約，結果會怎樣？假如山姆嘗試三十五次之後就放棄開鑿油井，從來沒發財，結果會怎樣？假如她從未被帶離他們家，結果會怎樣？而如今所發生的這一切，是因為山姆和南茜真心想這麼做、因為他們真的喜歡她？還是出於內疚心理？

她無可避免地出現行為偏差。她開始偷一些小東西，彌補她和其他人相比簡直一無所有的事實。她在洗劫蘇西的撲滿時被裘迪逮個正著，但她沒有受罰。這讓瑪格麗特又添了一分罪惡感，讓她又欠了蓋瑞家一分恩情，成了蓋瑞家對她另一次慨然大度的放任。

不過，她慢慢被同化了。在常年遊山玩水、遠征聖胡安山脈（San Juan Mountains）後，她成了泰勒馬克（Telemark）式*的滑雪高手和足跡遠播的登山客與背包客。肯特學校的男生原本對她視若無睹，直到發現她是一名優秀運動員以後，事情就大有不同了。和男生打成一片並不能討好其他女孩，但那是一大成就。她在肯特的第一個男朋友人緣很好，足以替她打開社交大門。和他交往後，她從大麻菸進階到鴉片菸——當時在肯特的熱門毒品。她在艾瑞克．克萊普頓（Eric Clapton）的紅岩演唱會上嘗過古柯鹼。後來肯尼．羅金斯（Kenny Loggins）到丹佛大學表演，她在演唱會上吃了太多大麻蛋糕，癱倒在地。

她也跟那個男朋友發生了性關係。經過吉姆的事之後，這似乎是一次嘗試感受正常、感受被愛的舉動。她花了比她願意承認的更多力氣去甩開家族疾病帶給她的羞恥、去遺忘吉姆對她所做的一切。

她從沒告訴她在肯特的朋友，她的一個哥哥死了，另外三個是進出精神病院的常客。為了讓那些祕密繼續成為祕密，瑪格麗特從來無法解釋她為什麼被寄養在蓋瑞家。提到肯特提供的教育機會，以及她多麼幸運能得到這樣的機會時，她有一套標準說詞。隱瞞真相可能讓部分同學覺得她矯揉造作，但她需要那麼做才能熬過去，才能建立她不會覺得太糟的生活，才能活下來。

如今，隱谷路像家又不是家。瑪格麗特似乎擺脫了家人——這個想法令她如釋重負，但卻也引來陣陣罪惡感。當爸媽開著他們家陳舊的奧茲摩比（Oldsmobile）穿越一輛輛賓士，到學校參加家長

20

訪校日時，瑪格麗特尷尬得脹紅了臉。她現在打量媽媽的穿著時，眼神都不同了。她只在假日返回隱谷路，但那是最壞的返家時機，因為每個生病的蓋爾文兄弟都會待在家裡，哪兒都去不了。有一年，馬修因為腦震盪必須上醫院，因為喬瑟夫在後院天井以一記過肩摔把他摔到了地上。馬修的頭撞到水泥，開始噴血，但這似乎只讓兄弟們更加亢奮。這口氣還沒喘下去，樓下又打起來，這一回，唐不得不出面制止。唐中風後還沒完全復原，但他太生氣了，無法不做點什麼來結束這場混戰。

瑪格麗特記得車庫的木門碎成了一片片，以及鬥毆終於停止後的那片陰森森的靜默——之後，救護車終於來載走馬修。

一九七六年，馬修進入了洛雷多高原學院（Loretto Heights）美術系。這是丹佛本地的一家私立學院，離蓋瑞家不遠。唐和咪咪的第九個兒子——比瑪格麗特大四歲的曲棍球四兄弟之一——是個陶藝家，還是個很棒的陶藝家。就連咪咪都承認他有天分。他也受到南茜・蓋瑞的鼓勵；南茜是洛雷多高原學院的校董。蓋瑞夫婦告訴馬修，歡迎他隨時到家裡坐坐。

一天，馬修帶著他製作的花瓶來到蓋瑞家，想讓他們看看他的作品。瑪格麗特聽到樓下傳來一陣騷動，然後看見馬修一絲不掛地爬上樓來。他脫掉全身衣服，然後砸碎了花瓶。在其他的幾個哥哥身上，起碼有某種預兆，但馬修的崩潰毫無蛛絲馬跡可循、令人猝不及防，彷彿以前不疾不徐擊

＊ 編註：泰勒馬克（Telemark）式滑雪起源於一八五〇年代後的挪威小鎮泰勒馬克郡，特色是側滑、快速下降，還有以反覆屈膝站起的方式迴轉等。

垮哥哥們的那個東西突然開始加速。

瑪格麗特的舊世界闖入了她的新世界，提醒了她她不屬於那裡，還有，沒有任何地方是安全的。她想，肯特學校的朋友發現關於他們家，以及關於她的真相，恐怕只是遲早的事。

21

唐
咪咪
唐諾德
吉姆
約翰
布萊恩
麥可
理查
喬瑟夫
馬克
馬修
彼得
瑪格麗特
瑪麗

21

「這裡有強烈的心靈感應信號，」瘦削的男人帶著一抹輕鬆的微笑，對周圍穿著紮染衣服的群眾呼喊，「只要稍微靜下心來，你就能感覺到。」[1]

史蒂芬．加斯金（Stephen Gaskin）＊是身高六呎四（約一九四公分）[2]的海軍陸戰隊退役軍人，[3]有金色的山羊鬍、後退的髮際線，以及垂在肩膀上的亂糟糟長髮。軍旅生涯結束後，他不斷提升自我，成了某種先知。一九六〇年代末，加斯金在舊金山以一個名為「週一深夜課堂」的系列講座吸引了第一批信徒。[4]他定期在坐無虛席、可容納兩千人的大會館中暢談吸食迷幻藥後如夢似幻的經驗、超自然的活動，以及推動和平社會改革的正確方法。一九七〇年，他決定將週一深夜講堂帶到全美各地。他和大約四百名追隨者組成一支車隊，搭乘六十輛巴士浩浩蕩蕩在全美巡迴，引來全國媒體關注。車隊的標語道盡一切：出發拯救世界（OUT TO SAVE THE WORLD）。[5]在北美繞了一圈回來後，加斯金的新社群——一群由溫和革命分子組成的遊牧民族——支付了將近十二

＊編註：美國知名反文化運動人士，嬉皮大師。

萬美金，在田納西州薩默敦（Summertown）的山林間買了一千七百畝地，在一九七一年春天定居下來。[6]短短幾年內，加斯金口中的「農場」成了全美規模最大的公社。[7]

麥可．蓋爾文在一九七四年首度抵達農場入口，一方面是以一個試圖尋找新生活方式的嬉皮身分前來，另一方面是因為他已別無選擇。全家人都因布萊恩和諾麗的悲劇深受打擊，但陪著唐去認屍的是麥可，站在那裡聽警察用冷冰冰的專業術語說明哥哥及那名可憐女孩發生了什麼事的，也是麥可。他依然相信，在另一個實境裡，他或許原本可以拉哥哥一把——假如他直奔沙加緬度、沒有繞到洛杉磯，他或許本可以及時趕到，做些什麼。至於他究竟能做什麼，他說不上來。

咪咪和唐必定感受到了麥可有多煎熬。他們決定送他去紐約伯父家住；唐的哥哥喬治在長島鐵路公司擔任列車長，或許能替麥可謀得制動員的工作。當麥可的技術考核沒過關後，他去找他的外婆，比莉當時住在紐澤西州。外婆提出另一個點子。

在鼎盛時期，農場吸引了大約一千五百位居民。[8]麥可或許是讓外婆開著別克汽車載到大門口的唯一一人。等到麥可獲准進入農場後，他被一一告知規矩。不當眾發怒，不撒謊，不藏私房錢，不吃葷食，不吸菸，不喝酒，不服用人工迷幻劑，不進行沒有承諾的性行為（史蒂芬．加斯金擁有田納西州的證婚執照。[9]他有權執行婚禮，也經常行使這項權力，他最喜歡的是結合兩對夫妻，形成他所謂的「四人婚姻」[10]）。麥可答應遵守一切規則。

儘管加斯金衷心推崇密宗性愛（tantric sex），[11]並大量供應自己種植的迷幻蘑菇，[12]但麥可知道農場並非可以放浪形骸、為所欲為的地方。居民的一舉一動都受到監督，監督者通常是加斯金本人；他常常抱怨他整天都耗在調解其他人的紛爭。[13]農場居民是一群反權威主義者，然而，他們竟無條件地服從單一領袖制訂的規則。加斯金決定人們嗑什麼藥、跟誰睡覺，以及公社怎麼用錢（公社成員必須將現金、汽車、所有財產、甚至繼承的遺產全上繳給組織）。[14]加斯金最有名的是對公社成員施以所謂「三十日流刑」，受懲者理應在放逐期間靜心思過，幡然醒悟。[15]「聰明的馬兒看見鞭影就知道要跑。」他曾這麼說。[16]他要求某些人宣誓守貞，即使他本人和另外兩個男人共享三名妻子——他自己的「六人婚姻」。[17]其中一名妻子伊娜梅．加斯金（Ina May Gaskin）在一九七五年出版了《靈性助產術》（*Spiritual Midwifery*）一書，徹底改革了美國的自然生產方法。農場每個月迎接超過四個新生兒，伊娜梅和她的助產士學徒忙得團團轉。[18]「農場居民，」她會說，是「一種特別的嬉皮：他們勤於勞動。」[19]

麥可發現自己並不介意勞動，奇怪的是，他還有點兒渴望勞動。加斯金向來堅稱農場不是邪教，而是一個集體——是用來證明人們可以有不同活法的實驗計畫。他在演說中提到西藏瑜珈師密勒日巴（Milarepa）的教義；密勒日巴的老師為了塑造他的性格，也曾把他拋進絕望深淵。[20]重點不是像刻板印象中的嬉皮那樣整日渾渾噩噩，而是要對四周保持覺察——要聆聽訊號。「如果你習而不察，就像住在瀑布旁一樣，」加斯金說，「住在瀑布旁的人聽不見水聲。」[21]

對麥可來說，加斯金的週日晨間談話——公社全體居民都得出席的大型冥想靜坐課——比他曾經參加的任何一次天主教彌撒都更有意義。麥可曾經懷疑的事情在此一一得到了驗證和確認，例如科學只能描述實體世界，無法解釋心靈。他很愛加斯金經常掛在嘴上的一句話：「好好收尾。」如果你讓某個人的心懸在半空中，務必回去找他們，把彼此雙方所有懸而未決的事情交代清楚。在隱谷路，他們從來不收尾，兄弟間只是用一場鬥毆蓋過上一場鬥毆。即使父親期望大家和睦相處，他的努力也毫無效果。與其消除隔閡，他們寧可去看足球比賽。可不可以有其他活法？

麥可感受到最大衝擊的一刻，發生在稱作「磨石機」的帳篷裡。磨石機設立在公社之外，被加斯金認定太過頑逆的人就會被送到那裡去剖析他們的問題——我們需要談談；你在做什麼？為什麼那麼做？——直到他們被磨平稜角。[22]加斯金用「建設性回饋」點化那些「去磨石機逛逛」的公社成員——那些太緊繃、太憤怒、沒有同理心或太懶惰的人。[23]「你是你能控制的唯一變數，」他會說，「如果你無法時時刻刻帶勁地活著，務必找出不開心的原因，解決問題。」[24]

這些體驗讓麥可大開眼界。在他自己家裡，所有事情都是由上而下、專制獨裁的，尊卑次序等級分明，哥哥可以隨意欺負弟弟。的確，這裡有個領袖，但公社的行動都是以共識為基礎，沒有人能推卸責任，並且會不斷挖掘，直到問題根源所在的潛意識議題被攤開來，暴露在眾人眼前。

這是水門事件式的質詢：否認、壓抑和遮掩問題的行為，就跟問題本身一樣惡劣。

麥可最後愛上了磨石機。公社的一切都令他覺得有益身心——充滿善意的先進人士善待著彼此。不過，住在公社的時候，他對他們家的蔑視反倒日益加深，有時甚至蓋過他在當下所感受到的正面情緒。他忘不掉父母曾想把他送進精神病院。他知道他沒瘋。是怎樣的體制、怎樣的家庭，竟以那種方式把他送進醫院？唐和咪咪如此專制，他確信一部分問題出在他們身上。

到了八個月結束時，麥可和磨石機的營友徹底將自己孤立起來；加斯金不得不要求他們拆掉帳篷，搬回公社。麥可鑽進帳篷底下，拿出他之前丟在那裡的一個袋子。他在新宿舍打開袋子，看到好幾千個小蟲卵從袋口湧出。

21

麥可認為這是他在農場的日子已近尾聲的信號。他去找加斯金，告訴他說他需要離開。剛好，來了一班開往阿布奎基（Albuquerque）的巴士，於是他帶著一組全新的生活技能搭上了這班車。

他還不準備回家。有個老朋友想去夏威夷，麥可在洛杉磯攢到了一百三十美元的機票錢，打算隨行。他在夏威夷待了一年左右，到處打零工砌牆、靠食物劵填飽肚子、設法自力更生，完全不依賴家人或農場的代理家人。

他稍微走出了哀傷。正當他正準備跟一個新朋友前往菲律賓時，母親打電話來說她很想他，她想寄張機票給他。

這是把他在農場學到的智慧運用到原生家庭的大好機會。麥可回到了科羅拉多泉，報名社區大學、學習機械製圖。不過，他回歸的是遠超過他所預期的更多衝突。唐諾德在家；麥可發現自己很生他的氣——他為什麼不做出對自己有益的選擇？他難道病得無藥可救了？比起他離家之前，情況甚至變得更糟糕。彼得也生病了；父親中風；所有事情似乎都比他記得的更為失控。而且沒有人肯聽他的忠告。他希望大家都吃糙米飯、靜坐冥想，但沒有人理他。

麥可心灰意冷地離開了。該如何讓他的兄弟去做他努力做到的事？他們何時才能學會不阻礙自己前進？他們何時能注意到在他們身旁奔流的瀑布？

22

唐
咪咪
唐諾德
吉姆
約翰
布萊恩
麥可
理查
喬瑟夫
馬克
馬修
彼得
瑪格麗特
瑪麗

瑪麗從不停止遊說爸媽讓她去找瑪格麗特。只要蓋瑞家沒有飛去其他宅邸，爸媽便允許她每隔幾個月去丹佛度一次週末。夏天來臨時，蓋瑞家也資助瑪麗去日內瓦格蘭（Gevena Glen）夏令營玩兩個星期；那是一個讓學員融入各種奇幻場景（如圓桌武士、美國原住民傳統）的住宿營。遠離家人也遠離了吉姆的瑪麗，有生以來第一次獲准放下防備、稍微摘掉面具、忘記家中的大小事。一九七六年夏天，她參加的第一個梯隊結束時，瑪麗打電話回家，央求讓她留下來。蓋瑞家資助她住滿整整八週。她每年夏天都會重返營隊，直到上大學為止。

每年夏末的幾星期，蓋瑞夫婦會敞開他們在蒙大拿的家，接待一大群小孩，包括朋友和親戚。瑪麗也去了。她和蘇西．蓋瑞調皮搗蛋、臭味相投，常常偷喝山姆的酷爾斯淡啤酒（Coors Lights）。瑪麗怎麼想也想不透，為什麼瑪格麗特可以固定活在這個世界，她卻必須費盡唇舌苦苦哀求，才有機會來這裡作客。不過隨著瑪麗年紀漸長、更常和蓋瑞家的人相處，她開始和山姆深聊她的未來。每當瑪麗說她想做一番大事，山姆總會回答：「如果你有志這麼做，你

22

得去賺錢，然後捐出去。」

瑪麗和瑪格麗特都熱愛蒙大拿之旅。不過對瑪格麗特而言，蒙大拿是她從未真正感到賓至如歸的另一個地方，而對瑪麗來說，那是讓她體會如果不待在家裡，生活可以多麼美好的一次經驗。

馬修負責控制科羅拉多泉的紅綠燈，負責了好長一段時間。然後他宣稱自己是保羅．麥卡尼。自從在蓋瑞家突然崩潰後，一九七七年，馬修從洛雷多高原學院陶藝系輟學，現在也回家和唐諾德、彼得同住。十二歲的瑪麗——家中僅剩的心智正常的小孩——不再把馬修當成保護人。他如今成了問題的一部分，是個危險人物。某天，彼得騷擾瑪麗，瑪麗拜託馬修幫忙。爸媽不在家，唐諾德也不見蹤影。兩兄弟在客廳正面對決，一如當年的唐諾德和吉姆。一旦開始揮舞拳頭，爭執的起因就不再重要。馬修和彼得雙雙失控，他們各自觸動了瑪麗從未見過的某種原始本能。她很確定他們會殺掉彼此。

面對這類情況只有一種確立的行動，那是瑪麗此時早已熟知的行動。她衝進唐和咪咪的臥室，鎖上身後的房門，打電話報警。馬修就是在這一刻把矛頭轉向她；他最不樂見的就是警察上門。當馬修——她從前最崇拜的哥哥——試圖破門而入，她坐在那兒瑟瑟發抖，手裡還握著話筒。

警察在馬修逮到她之前抵達。他們把馬修帶到醫院。瑪麗第一次覺得自己是害哥哥入院的罪魁禍首。她很驚訝，在對他們生了那麼多年氣之後，自己居然還會為此感到內疚。

她也驚訝地發現自己真的不希望他們傷害彼此——就算心中積壓了那麼深的怨恨，她依舊在乎。

馬修第一次住進普維布洛是在一九七八年的十二月七日。五天後，彼得入院，那是他同年第三次住進普維布洛。那一年，唐諾德也在普維布洛進進出出——蓋爾文家三兄弟住在同一所醫院的不同病房區；但這不會是最後一次。

從那時起，每當瑪麗單獨和馬修及彼得在家，她總會把自己鎖進爸媽的臥室，直到其他人回家。

彼得是跟瑪麗年齡最相近的哥哥，只比她大四歲。此刻住在家裡的彼得是一堵銅牆鐵壁——拒絕一切幫助、蔑視所有勸告。他始終不認為自己需要治療，從而也不認為他需要每三個星期打一劑氟奮乃靜。

一九七八年，彼得滿十八歲。此時，派克峰的醫療人員已熟知蓋爾文一家，尤其是奮力為每一個兒子辯白的咪咪。每次門診之間，彼得會住在隱谷路，直到他自己無法忍受，或直到爸媽無法忍受而把他掃地出門。然後他會在橋下露宿幾天，或者搭便車到韋爾，在大街上閒晃。

那年，彼得六度出入醫院。科羅拉多泉有一間叫做關愛之家（CARES）的收容所短暫收留了他。不過當彼得未經許可私自離開，工作人員表示不歡迎他回來。七月二日，彼得因為服用氟奮乃靜的問題跟爸媽吵架，最後擊碎四扇觀景窗。彼得後來解釋說他「真的不想惹麻煩，但事情就這麼發生了」。爸媽再度把他趕出家門，這一次，他的年紀已經夠大，可以被送進普維布洛州立精神病院。

三次入住普維布洛期間，醫療人員見到了彼得的兩面。他可以非常迷人——「一個活潑、機警、腦筋靈巧、衣冠楚楚、在會談時舉止得宜的年輕人。」不過一旦談話內容轉向他的家庭，「他的整體風格明顯地誇大而偏執」，而後變得「好鬥」、「充滿敵意」。彼得宣稱他獲得了到艾森豪隧道（Eisenhower Tunnel）工作的面試機會，接著說他決定幾週後開始擔任滑雪教練，然後提到他不久前在電視影集《霹靂嬌娃》(*Charlie's Angels*)做了幾次滑雪替身。有時，普維布洛的人員需要約束他的行動，等到解除約束後，他會決定離開醫院，最遠曾跑到普維布洛以東五十哩、只有一千名居民的奧德維(Ordway)小鎮。他在那裡爬上一輛車，然後試圖跳上移動中的卡車，差點被車子輾過。還有一次，他說他是一名祕密情報員，效力於英國女王。「彼得此刻完全不受控制，精神極其混亂，」一份報告說，「和他會談徒勞無益，毫無效果。」

那很可能是醫師第一次因為「他的易怒、難纏、躁動和控制慾」而開始懷疑彼得罹患的根本不是思覺失調症，而是躁鬱症。倘若真是如此，新的診斷將導致一組全新問題：彼得太不可靠，不可能嚴格遵照醫囑、定時服用當時用來治療躁鬱症的鋰鹽(lithium)。鋰鹽是少數只要稍微過量就會產生危險的精神科藥物之一。彼得不僅需要嚴格遵守用藥規定，還必須定期驗血，而那似乎是不可能辦到的事。只要他持續服用氟奮乃靜，看起來或多或少還能保持正常。所以他們決定維持思覺失調的診斷，結論是「兩者的區別此時或許沒有任何實質意義」。

接下來的幾年，彼得就在很可能是罹患了另一種疾病的情況下，被持續開立治療思覺失調症的藥物。

22

唐諾德不在家或者沒到派克峰精神健康中心看門診的時候，依然每星期徒步漫遊近兩百哩。差事來來去去，但除了宗教幻影和布道，漫遊是他最大的常態。他只偶爾因遊蕩而惹上麻煩。一九七八年九月，他和一家體育用品店的店員發生口角，被帶回普維布洛。在將近三個月的住院期間，他宣布他打算在耶誕節出國，並放棄他的公民身分。

隔年，他和派克峰的護士吵了一架，隨後回到普維布洛。他就是在那時候開始談起天上的各種星星指示他到什麼地方尋找他所謂的「岩刀化學」（rock knife chemistry）所需的特定元素。他相信他必須找到這些元素、用槌子敲碎成粉，然後吃下粉塵。

唐諾德在一九八〇年一月七日出院，三月旋即重新入院——這是唐和咪咪對他失去耐性、要求他搬出去住以後，他在十年內第六度住進普維布洛州立精神病院。他在病房高聲呼喊耶穌；他的托拉靈劑量提高了好幾次，都沒什麼效果。後來他的病情因為一種叫做洛沙平（Loxitane®）的抗精神病藥物穩定下來，他在六月出院。

不過等到十一月，他再度入院。他停止吃藥，每天十八個鐘頭保持清醒，一絲不掛地在家中走來走去，扯開嗓門鬼吼鬼叫。琴恩重新回到他的腦海。他稱她為他的妻子。他也說起槍枝和刀械。根據醫院的報告，咪咪和唐害怕他們的長子。「他們希望唐諾德清楚地知道他們愛他，」報告表示，「但在他吃藥穩定病情之前，他們無法收留他。」

擔任音樂老師的約翰住在愛達荷州。家中最多鬼點子的理查準備在丹佛創業。沒有生病的兩個曲棍球兄弟馬克和喬瑟夫也住在幾小時車程外的波德和丹佛——距離不遠不近，足以避開最壞的境況。曾是家中天才棋手的馬克，為他的曲棍球隊友馬修和彼得的病情黯然神傷。在機場開加油車的喬瑟夫安安靜靜地生活，不過他似乎出現精神疾病的某些警訊——與日常生活脫節、無法理解基本的社交提示。

然後還有吉姆。

22

家中最重要的一項規矩很清楚：瑪麗最不該做的就是觸及這個話題。但她看到家裡成了什麼樣子，並對此很是生氣，即使一小部分的她已準備好成為下一個發病者。年紀漸長後，瑪麗不再隱藏她的挫折感。她快滿十三歲了——不再是個小女孩，不能被隨便唬弄。此刻，她會在深夜毫不愧疚地縱情敲打牆壁，試圖叫唐諾德安靜下來。

她也察覺了其他變化。白天，她發現她的父母越來越疏離，咪咪彷彿成了丈夫的看護，兩人關係除此以外，再無其他。有一次，母親甚至離開了好幾星期，跑到東岸住在妹妹貝蒂家，留下瑪麗獨自和父親及哥哥們生活。再一次遺棄，再一次背離。

咪咪必定察覺到瑪麗的感受——明白她內心的憤怒，甚至心有戚戚焉——於是開始帶她到市中心逛街，或去參加朋友的茶會，就她們母女倆。雖然沒有明言，但咪咪想辦法討好瑪麗，好讓她知道她也愛她。瑪麗發現自己情不自禁地享受遠離其他人、和媽媽相處的時間。儘管她以為自己只想逃開家裡，但她真正想要的或許是這種親密感：一份簡單不複雜的愛，不摻雜謎團，不帶有危險。

23

唐
咪咪
唐諾德
吉姆
約翰
布萊恩
麥可
理查
喬瑟夫
馬克
馬修
彼得
瑪格麗特
瑪麗 **琳賽**

瑪麗曾嘗試追隨瑪格麗特的腳步，進肯特學校讀書。七年級申請學校被拒絕時，她氣壞了。**我不能進肯特？我姊姊在肯特！**

一九七八年，瑪麗剛升八年級時，她告訴父親自己想去讀寄宿學校。唐徵詢了山姆．蓋瑞的建議。山姆問瑪麗有沒有興趣去他的母校、位於康乃狄克州的霍奇基斯（Hotchkiss）。嚴格說來，山姆早被霍奇基斯開除，但這些事情已經翻頁了。

瑪麗毫不猶豫。為了能離開家，她早已什麼能做的都做過了。假如她能進入遠在兩千哩外的一間無可挑剔的傑出名校，說不定永遠再也不必回家。

瑪麗申請了安多佛（Andover）、埃克塞特（Exeter）、霍奇基斯和塔夫特（Taft），四所學校全都錄取。她選擇了霍奇基斯，因為那裡的風景最美、離城市最遠。學校所在的伯克夏（Berkshires）可聊以代替科羅拉多的青山——她最多只能做到這樣。

瑪麗的學費由另一位校友設立的獎學金支付，蓋瑞家包下交通費之類的其他雜費。花了三年尋找出路之後，瑪麗終於掙到了門票。

23

那一夜將和平常有所不同。瑪麗知道肯定會發生什麼。

她十三歲。吉姆三十一歲，還跟凱西維持婚姻關係，還在管理馬尼圖天梯。山頂的纜車站後方有一間發霉的小屋，擺了幾張老舊床墊和幾個睡袋。身為天梯經理，吉姆有權任意使用這間小屋。有時候，他沒在家裡招待弟弟妹妹，而是邀請他們到天梯頂端度假，不被任何人打擾。

這一次，在一九七九年春天的一個涼爽夜晚，瑪麗和馬修一起上山。吉姆找他們來宿營，抽抽大麻、喝點啤酒。夜深了，她在小屋的一間房裡睡覺，兩個哥哥睡在另一間房。馬修醉得不省人事，但燈還亮著，所以瑪麗假裝她睡著了，就如同每次知道吉姆會來找她時她所做的那樣——假裝事情沒有發生，至少沒有發生在她身上，藉此將自己與現實抽離。

不過那天夜裡，她再也裝不下去。瑪麗已有了月經。比起害怕吉姆因為被拒絕而衝她發火，她更害怕懷孕。

於是當吉姆來找她，她第一次失控了，說出她沒料到自己會說的話。走開，離我遠一點。我恨你。但吉姆終究攻擊了她。他進入她；那是他從未對瑪麗的姊姊做到的事。他射了。事後，他沒跟她談起這件事。他乾脆躲著她。

當然，她擔心懷孕，提心吊膽了好幾個星期。當她顯然沒有懷孕，瑪麗以為自己會鬆一口氣。她成功了：她反抗了他、保護了自己，他永遠不會再碰她。這個想法令她高興得幾乎發狂。

不過接著，出乎意料之外的是，一部分的她發現吉姆有能力從她的生活中消失，那令她心如刀絞。她想忽視心中的感受，但揪心的感覺確鑿無疑。她心碎了。和小時候一樣，有一部分的她真心相信那就是愛。

她現在幾乎自由了。吉姆已離開她的生命，很快的，她也會擺脫彼得、馬修和唐諾德。她的未來屬於自己。八年級結束前，在她被霍奇基斯錄取不久後，瑪麗受邀參加一個朋友的哥哥主辦的高中舞會。她立刻答應。

瑪麗告訴媽媽她要去朋友家過夜，沒提到舞會的部分。抵達後，朋友的大哥在那兒，和另外兩個傢伙喝著威士忌和七喜汽水調成的雞尾酒。她加入他們。

小伙子們邀請兩個女孩到城裡著名的親熱地點繼續喝酒。她的朋友拒絕了；她得留在家裡照顧妹妹。不過瑪麗答應了，跟他們上了車。等到回來時，瑪麗的朋友和她的妹妹都睡了。瑪麗醉得一塌糊塗，腳步踉踉蹌蹌，勉強走回屋裡。

男孩們想找一個隱密的地方。他們找到衣帽間，打開門，指揮瑪麗走進去。他們一個接著一個尾隨而入。

瑪麗幾小時後醒來，茫茫然不知自己身在何處。她打開衣櫃門，找到回客廳的路。日光從窗戶流瀉進來。瑪麗一陣顫慄。她跟媽媽約好來接她的。她跌跌撞撞走出屋外，抱著肚子在路邊等待，想要弄清楚發生了什麼事。

母親原本計畫帶她去看牙醫。「我不能去，」瑪麗一上車就說，「我不舒服。」咪咪或許猜到她的女兒喝了酒（畢竟這是她的第十二個青春期子女），但她未置一詞。

就在此時，在回家的路上，記憶如潮水般湧現：兩個男孩輪番上陣，第三個人裝模作樣地阻止他們。瑪麗差點吐了自己一身。她當時想，那是如此行為不檢的不良少女應得的懲罰。她欺騙母親、讓自己喝得醉醺醺，而且沒有想辦法逃跑。

羞恥在她心裡投下的陰影太沉重，以致她誰也不怪，只怪罪自己。瑪麗沒有對任何人說起這件事。她料想，她認識的每個人遲早都會知道。那天，她對自己承諾：到了霍奇基斯後，她再也不要回科羅拉多泉生活。

再也沒有衣帽間裡的青春期男孩。

再也沒有馬尼圖天梯山頂小屋的吉姆。

再也沒有唐諾德或馬修或彼得或任何一個人，只有她自己，別無其他。

23

此時還在新生訓練期；她但願自己還沒被歸入某一類別。她一心只希望不會被霍奇基斯的人當成異類。然後她初次見面的一位老師看著她的名牌，皺起了眉頭。

「學校已經有一個瑪麗．蓋爾文了，」她說，「你的中間名是什麼？」

瑪麗沒有馬上回答。她知道她的名字洩露出的訊息比她希望別人得知的還要多。她暫時忘了瑪麗克麗絲汀這個名字如何使她成了哥哥唐諾德眼中的聖母瑪利亞，基督的處女母親。和那些名門望族的世家子弟坐在一起，感受東岸白人上流社會的氣息，瑪麗察覺她的天主教名字在吶喊著「你不屬於這裡」。

她靈光乍現，想到了另一個名字。湯瑪斯．林西．布萊尼是她的外曾祖父。林西是一名學者，也是家族的榮耀——是他那一輩人當中親切而睿智的唐．蓋爾文。林西一直和他們很親，常常寫信給唐和咪咪，對他的曾孫輩寵愛備至。

瑪麗覺得，琳西（Lindsey）這個名字似乎很適合預科學校——一個更好的名字，更符合霍奇基斯的名字。但她在拼寫的時候不小心出錯，寫成了琳賽（Lindsay），卻因此誤打誤撞地讓這個名字成了她所獨有。她得做點什麼來抹去生命前十三年的一切過往。

「琳賽。」瑪麗說。

從那一刻起，她的名字就叫做琳賽。

24

一九七九年
科羅拉多大學醫學中心
科羅拉多州，丹佛市

羅伯特．佛里德曼（Robert Freedman）和琳恩．德里西從來不曾在同一間實驗室、甚至同一個研究機構或醫院共事過。全球投入於研究思覺失調症的學者專家有不下數百名，他們不過是其中兩人。他們的專長也不一樣——以截然不同的途徑探索相同的問題。德里西希望找出思覺失調的遺傳因子，佛里德曼則想破解這項疾病的生理解釋。她想查明疾病的源頭；他則想釐清疾病的病理。

兩人都不知道，有朝一日，他們的道路會因為研究同一個不尋常的家庭而交會，也不知道他們透過那個家庭所掌握到的訊息，將帶領他們發掘有關這項疾病的全新知識。

德里西的醫學生涯歷盡曲折，相較之下，佛里德曼可說是一路順遂。一九六八年，德里西自威斯康辛大學畢業兩年後，佛里德曼也從哈佛畢業，緊接著直升哈佛醫學院。大學期間，佛里德曼得知人腦可以合成屬於其自身的、全然脫鉤的現實，深受這個觀念吸引。他說，「在我看來，如果有一項疾病是人類所獨有且富含哲理的，那必定是思覺失調症。」與此同時，人體也令他著迷，尤其是中樞神經系統的運作。醫學院畢業後，他走上研究大腦的事業生涯，出發點是相信若要研究托拉靈之類的抗精神病藥物究竟為何能發揮作用，必定有更好的方法。

透過醫學界一連串最新研究，佛里德曼理解到思覺失調患者很難有效率地處理中樞神經系統感應到的種種資訊。這套「脆弱性假說」（vulnerability hypothesis）[1]是哈佛與哥倫比亞大學研究團隊以厄文・哥特斯曼的「素質—壓力假說」為基礎，在一九七七年提出的一套更新、更細緻的模式，它企圖找到先天與後天的中間點，認為特定的遺傳性狀會直接損害大腦的感覺與處理訊息功能，導致大腦特別容易受環境觸發因子影響。[2]對研究人員而言，那些觸發因子——從日常生活中的傷心事，到長期貧困，再到童年受虐的心理創傷——並不直接導致思覺失調症，而是提供「使大腦的脆弱點發展成疾病的機會」。[3]許多人認為，那個脆弱點其實是「感覺門控」（sensory gating），或大腦正確處理資訊的能力出了問題。[4]對於電影《美麗境界》（*A Beautiful Mind*）所描繪的數學家兼諾貝爾獎得主約翰・奈許（John Nash）的思覺失調症狀，最常見的解釋就是感覺門控失調；[5]奈許可以發現其他人察覺不到的模式，但也容易出現妄想，看見自己遭到不存在的人追捕。據說奈許性格中的這兩個層面都是同一種過度敏感（hypersensitivity）的產物。

神經元透過突觸彼此溝通。突觸是神經細胞之間的接頭，在中樞神經系統傳遞訊息的過程中扮演重要角色。許多研究人員懷疑，約翰・奈許這類患者或許無法如同大部分一般人那樣正常地修剪他們的突觸*。他們認為，某些思覺失調患者或許因此對擾人的聲音極為敏感，並且會感覺被太多資訊淹沒——就如同彼得・蓋爾文或丹尼爾・保羅・史瑞伯在一八九四年的感受。其他人則或許變得反應過度、充滿防備，甚至偏執：例如莫名其妙把隱谷路宅邸的傢俱全部搬到屋外的唐諾德・蓋爾文。還有一些人可能無法判斷思維的真偽而產生妄想：例如出現幻覺與幻聽的吉姆．蓋爾文。

感覺門控原本只是紙上談兵的理論。不過，佛里德曼在一九七八年以科羅拉多大學丹佛醫學中心研究員的身分探索這項主題時，發展出一套看似簡單實則不然的方法來衡量感覺門控，並進而間接衡量大腦罹患思覺失調的脆弱程度。佛里德曼發現，其他學者在研究感覺門控時，主要衡量受試者對不同光線、聲音之類刺激物的反應；他們全都錯過了過程中的一個重要環節。身為神經生理學家，佛里德曼熟知生理反射及其特性，以及反射動作與大腦之間的反直覺關係。他知道，有些神經元——大腦細胞——負責指示你動一動肌肉，但也有另外一些神經元負責抑制同一群肌肉的動作。好比說，要能夠走路，你的中樞神經系統同時仰賴刺激行動與抑制行動的兩種神經元，若非如此，所有人會跌成一片。佛里德曼思忖，同一種觀念為什麼不能套用於人的思維？

說不定思覺失調患者的問題並不是對刺激因子欠缺反應能力，而是欠缺「不」反應的能力？說不定他們的大腦並非承受了太多資訊，而是缺少抑制——因而不得不應付每一天裡頭的每分每秒朝他們撲面而來的一切資訊？

一九七九年，佛里德曼在他的丹佛實驗室（距離蓋爾文家的隱谷路住所一小時出頭車程）研究出一套無痛方法來衡量抑制功能：在受試者的頭皮貼上小小的電極片，測量受試者的腦電波活動。較大的波動表示大腦在費勁地處理訊息；較小的波動則表示大腦動得較少。佛里德曼設計了一組實

＊　原註：一九八二年，加州大學戴維斯分校的厄文．費恩伯格（Irwin Feinberg）彙總這個概念，提出了「修剪假說」（pruning hypothesis）。[6]他認為，思覺失調症好發於青春期或剛進入成年期時，是因為「（大腦）在成熟過程中出現紕漏，刪掉了太多、太少或錯誤的突觸」。

驗。他衡量受試者連續兩次聽到同一聲響——卡嗒聲——的反應；兩次擊打的間隔很短，通常只有半秒鐘。

任何所謂的「正常」、亦即沒有罹患思覺失調症的大腦，在第一次聽到卡嗒聲時，腦部會出現大幅波動，但對第二次的卡嗒聲反應較小。正常的大腦會透過感知進行學習。倘若第二次聽到同樣的聲音，它不必從零學起。然而，思覺失調患者就做不到這點。在丹佛的佛里德曼實驗室進行的一次次測試中，他們的大腦顯示對兩次卡嗒聲出現同樣幅度的反應波動，彷彿他們對第二次擊打聲的反應得重新再來一次，儘管他們半秒鐘前才剛剛聽過同樣的聲響。

雙擊測試的用意並非測試思覺失調症本身，而是測試思覺失調症的一個潛在面向，亦即感覺門控。這項實驗結果之所以如此振奮人心，是因為感覺門控的缺陷很可能會遺傳——因此可以在家族世代之間進行追蹤。佛里德曼覺得自己即將得到重大突破，不只在於理解思覺失調症，更在於如何治療：要是他能找出導致人們對雙擊測試出現如此反應的異常基因呢？假如他真的能做到這一點，而那些人也真的被診斷出思覺失調，那麼他將證明某個基因確實與這項疾病有關，從而開啟基因療法的大門。

雖然許多人夢想過此事，但從來沒有人真的做到。這個策略在其他疾病領域上很常見：好比說，糖尿病或許牽涉到十或二十個不同的基因，但第一代的糖尿病藥物只鎖定其中一個基因。

佛里德曼想，只要找出一個基因就夠了。而他認為，能幫助他搜索的，是一個擁有異常多起思覺失調病例的群體——一個家庭。

佛里德曼毫無概念去哪裡找這樣的家庭，不過他們就存在某個地方，很可能比他所想的更近。

25

唐
咪咪
唐諾德
吉姆
約翰
布萊恩
麥可
理查
喬瑟夫
馬克
馬修
彼得
瑪格麗特
琳賽

蓋爾文姊妹都有棕色的長髮、明亮的眼睛、酒窩和飽滿的顴骨，長得很漂亮。二十多歲時，她們甚至偶爾替平面廣告和戶外活動雜誌充當模特兒。琳賽曾在山脊上擺出滑雪姿勢，一頭秀髮披瀉在紫色的雪衣上。她們都有男朋友，而且為數眾多。她們還會嗑藥，主要是大麻，不過兩人似乎都不太熱中此道。嗑藥只是為了幫助她們遮掩往事，試圖以別的東西取代過去。

小時候，兩姊妹的關係並不親密。瑪格麗特離家之前太忙著另謀去處，沒空搭理比她小三歲的妹妹。琳賽則因為瑪格麗特離家而心碎，她既嫉妒姊姊，又氣憤姊姊能離家而她卻不能的事實。不過，兩姊妹一離開隱谷路、發現彼此踏上相近的道路後，情況便全然改觀了。我好愛那個丫頭，瑪格麗特大學時期的日記中寫著，**她肯定很清楚——我們姊妹情深，親密無間，真是不可思議。**

琳賽則為瑪格麗特寫了一首詩描述她們此時的心靈連結。

她不在那裡度過每一天
她已和我融為一體

她打造、開啟、發現了我
直視我的內心，發現了我
與我合而為一
她攀登高山
我跟隨其後
她吸氣，我吐氣
大自然填滿她的胸臆
溢入我的心靈
她融入高山、空氣和草木
她融入了我
啊，我們
我歡笑時她哭泣，我哭泣時她歡笑
她的喜悅，我的哀愁
我的哀愁，她的喜悅
我替她難過，她為我開心
在兩地共處，二合而為一
啊，我們

琳賽（左）和瑪格麗特

好幾個家人過了很久才漸漸習慣用她的新名字喊她。有些人從未改口，例如她的母親。不過琳賽並不介意。新名字不是為他們取的，而是為了新的生活。然而，就算躲在偽裝之下、扮演（或試圖扮演）一個新角色，琳賽一進入霍奇基斯就引人側目。她入學時就讀九年級，而大部分學生從十年級讀起；這就足夠引來流言蜚語。每一個不走尋常路線進來的人，背後必有蹊蹺。她是被另一所學校退學的嗎？她的父母準備離婚嗎？或者有其他不可告人的祕辛？

琳賽在其他方面也很惹眼。她不知道霍奇基斯的女生正流行頹廢嬉皮風，經常穿有領子的襯衫搭配格子裙，一身預科學校女學生的打扮。此外，她從小在父親的自由派政治思想中長大，現在則得聽著某些同學批評靠福利金接濟的人不過是社會的寄生蟲。她發現幾個大人（一位英文老師和一位哲學老師）持同情立場，他們不介意她衝進辦公室流淚哭喊：**他們怎麼能那麼想？**然後她擬出一套生存策略。很顯然，她不可能跟任何人去曼哈頓逛街購物，也不可能去巴黎度春假。於是她轉而投入運動，成了一名體育健將——主要是足球和袋棍球，而這足以幫助她熬過那段求學生涯。

琳賽長期掩飾情緒，早已習慣不動聲色。戴著面具生活——臉上永遠掛著微笑，渾身散發一股神祕氣質——產生了些許負面影響。她沒有如自己預期的各科都拿A。不過，如同霍奇基斯的所有學生一般，她也讀了《湖濱散記》（*Walden*），梭羅（Thoreau）的超驗主義（transcendentalism）*鼓舞了她的心靈，讓她更確定自己需要置身大自然——像誰不好，偏偏和她的母親一樣。等到她終於遠離

* 編註：超驗主義是美國一八三〇年代左右興起的文學與哲學復興運動，強調人性中的純真與神性，認為人類可從主觀意識而非客觀體驗中尋求真理美善，神性體驗亦是自然生活中觸手可及之物。主要知名成員為作家愛默生、梭羅等人。

了咪咪，卻只是發現自己和她多麼相像，毫不誇張地說，這讓琳賽大吃一驚。

琳賽內心有一塊地方覺得自己不配享受霍奇基斯。她大可以假裝無憂無慮，不過說真的，那樣的心境只屬於其他人，她永遠無法企及。總會時不時有什麼提醒著她，讓她想起自己究竟有多麼格格不入。當電影《飛越杜鵑窩》到他們學校取景，她和一個朋友到拍攝現場參觀，琳賽只待十分鐘就受不了。她哭著跑出禮堂，朋友上前關切。琳賽喃喃說起自己家裡有精神病人，朋友便沒再多問。

一九八二年，喬瑟夫——曲棍球四兄弟中最年長的一個，個性溫和體貼、比琳賽大九歲的老七——首次發病時，琳賽人在霍奇基斯。

十年前，喬瑟夫前去醫院探視彼得，當時，見過他的醫師便隱隱覺得他不太對勁。不過家中其他人覺得喬瑟夫很正常，起碼正常得足以搬出去自立門戶、獨立工作。高中畢業後，喬瑟夫在丹佛機場找到差事。他偶爾帶琳賽去滑雪，好讓她暫時走出家門，感受正常生活。然後他被聯合航空錄用，到芝加哥當行李搬運員；他搬到芝加哥，和一位醫師千金陷入愛河。婚禮似乎已近在眼前，直到喬瑟夫申請升遷、卻被公司打了回票。喬瑟夫覺得自己在那裡工作期間受盡侮辱，包括他因膝蓋受傷而一直在休養卻從未申請賠償；而這次晉升被拒似乎是所有屈辱的頂點。他開始寄恐嚇信給上司。當聯合航空辭退他，喬瑟夫寄出更多恐嚇信，這一回是寄到白宮。

在短短時間內，喬瑟夫失去了一切——他的車、他的公寓、他的未婚妻。然後他開始出現幻覺。先是唐諾德和吉姆，然後是布萊恩和彼得，現在是馬修和喬瑟夫——十二人中有六人毀了。

琳賽的心情再度沉入谷底。她飛到芝加哥，與前來醫院探視喬瑟夫的爸媽會合。眼前的景象嚇

25

壞了她。喬瑟夫被注射了藥物，毫無反應。她赫然想起自己從未到普維布洛探望任何一個哥哥；從未親眼看看彼得、唐諾德和馬修不在家的時候是什麼狀況。她第一次開始思索他們可以得到什麼樣的治療，而非一心糾結於他們的行為舉止。

喬瑟夫回到科羅拉多泉，和彼得、唐諾德與他們的父母一起住在隱谷路的家。現在，他時時刻刻聽到各種聲音。一天夜裡，他跑到市中心的街上，扯開全副嗓門嘶吼：「有狼在追我！」兩名六呎高的州警要齊心合力才終於制伏了他。一九八二年五月，他在普維布洛的州立精神病院度過了大半個月。

離開了農場的嬉皮麥可現在也住在附近；他跟其他人一樣，對喬瑟夫的快速轉變感到極為震驚。他依然懷疑，假如他的兄弟們在成長過程中少受點壓抑，或許根本不會崩潰。他認定喬瑟夫還沒病入膏肓——或許自己還能把他救回來。他回家看喬瑟夫，徹夜開車載他兜風，想辦法讓他釋放焦慮，試圖觸碰他隱藏的內心。**我們需要談談；你在做什麼？為什麼那麼做？**他把喬瑟夫帶到空軍官校的操場。**嘿，發洩出來！**麥可記得自己一遍又一遍地說。

可惜白費力氣。他的弟弟反應木然、混亂困惑，常常心不在焉。麥可心想，跟酒鬼——那種太依賴現狀、無法想像其他生活方式的人——說話必定就像這樣。他無法不認為精神疾病是一種選擇，而喬瑟夫選了錯誤的選項。

若說麥可感到挫折，回到寄宿學校的琳賽則驚訝地發現自己的恨意減輕了，怒氣也消退了。和瑪格麗特一樣，她在勢利的私立學校也覺得自己被邊緣化，但琳賽不再認為解決辦法是否認家人的存在。相反的，她發現自己跟哥哥們某方面是同病相憐。他們遭社會排擠；她有時也有同樣的感受。

一九八〇年秋天，瑪格麗特遠赴東岸的紐約上州，到斯基德莫爾學院（Skidmore College）展開大學新鮮人生活，距離琳賽所在的霍奇基斯兩小時車程。在斯基德莫爾，瑪格麗特體驗到她在肯特曾經嚐過，而她的妹妹此刻正在體驗的文化衝擊。她的同學們出身東岸世家，在紐約的薰陶下成長，每天都讀《紐約時報》和《華爾街日報》。瑪格麗特熱愛野外活動——露營、健行、登山、騎車、泛舟。透過朋友牽線，她首次窺探了美術系的世界。她知道那裡有她嚮往的一切，然而藝術家的生活是她負擔不起的奢侈品。

瑪格麗特半工半讀，在學校餐廳替她的同學們送餐、收盤子。她不再受益於蓋瑞家的經濟庇蔭，並開始明白，自己過去幾年受蓋瑞家接濟的生活某方面而言不過是個幻影。大一結束時，她決定轉學到科羅拉多大學波德分校。那裡學費低廉，她可以靠培爾助學金（Pell Grants）讀完大學。她有朋友在那裡。而且，那裡和家依然保持一段安全距離——距離太遠、無法通勤，足以讓她在不想回家過節的時候找到理由推辭。

某種程度上，瑪格麗特所做的一切決定，都以能夠不回家為前提。家是彼得因為房子底下藏著惡魔而隨地小便的地方。家是唐諾德離婚十年後依舊怒氣沖沖、胡言亂語說起前妻的地方。家是馬修在蓋瑞家精神崩潰後想辦法平靜下來的地方。家是依然對吉姆敞開雙臂、歡迎他隨時上門的地方。

在波德，瑪格麗特跟她在肯特的許多老同學一起上課；那些有錢人到了暑假會去法國或葡萄牙度假。她盡力攢錢，讓自己起碼能在國內享受假期。她在史提夫冰淇淋店打工，還有另一份不固定的工作，替一個比她年長許多的蘑菇供應商賣貨；那傢伙經常色瞇瞇地盯著她瞧，但從未對她做出不軌之舉。她跟以前在肯特學校交的一個男友一起到全國各地看了高達五十場的感恩至死*音樂會，大多數時候都是在嗑了古柯鹼和迷幻藥而飄飄然的情況下。瑪格麗特希望自己堅強、能幹而獨立，但她心底有塊地方等著被拯救——讓她永遠不必跟任何人、任何事產生更深的交集。

我幹嘛回家？我的心彷彿上緊了發條，沒辦法停止轉動。我無法理解我的哥哥們，也應付不了他們，尤其是馬修、彼得、喬瑟夫和唐諾德。此刻，我淚流滿面，因為我承受不住……生命不過是家人纏在你身上、永遠拔不掉的根。我的家庭壓抑我，阻礙我多方面的成長。我陷在一群瘋子之中，沒有人應該在設法忽略這些瘋狂行為的情況下度過一生……

瑪格麗特日記，一九八三年四月三日

那年夏天，瑪格麗特追隨感恩至死樂團到東岸時，發現自己陷入熱戀，她從未想過自己會那樣為愛痴狂。克里斯（Chris）是瑪格麗特在斯基德莫爾讀書時的高年級生，當時就注意到她了。在校期間，他素有「熱刀」（Hot Knives）之名，意思是用兩把火熱的刀子壓碎一塊哈希什†，吸入產生的煙霧。當克里斯在康乃狄克州的一場派對再次見到她，他開始追求她。

克里斯比她年長幾歲，身上有一股闖蕩勁兒，腦筋動得很快。他的父親在石油公司位居高層。

* 譯註：Grateful Dead：美國著名的迷幻搖滾樂團。

† 譯註：Hashish，也稱hash：大麻提煉的麻藥，強度平均比大麻強六倍。

克里斯經常出沒他們家的遊艇俱樂部，參加全世界的雷射型帆船錦標賽。八月，他買機票讓瑪格麗特飛到緬因州看他。他們乘船到喬治城和布斯貝（Boothbay）港外的小島，暢飲血腥瑪麗和藍莓戴克利雞尾酒，大啖龍蝦，然後帶著十九隻龍蝦回康乃狄克，把她介紹給他的父親。隔天，他們開著他的寶馬汽車風馳電掣地到曼哈頓的薩克斯第五大道精品店（Saks Fifth Avenue）和布魯明戴爾百貨公司（Bloomingdale's）血拚。對瑪格麗特而言，克里斯並非只是另一個追求者，他是一頁全新的篇章。

我從沒想過會遇到這樣的天之驕子，而最瘋狂的是，他願意跟我分享他擁有的一切。

一九八三年八月三十一日

她九月再次來訪，他則在十月和感恩節兩度飛到科羅拉多看她。除夕夜，他們在曼哈頓相聚，盛裝出席彩虹廳*的新年派對。一九八四年的第一刻，克里斯神祕兮兮地朝她傾身，他們倆都已經因香檳、古柯鹼和大麻而半醉半醒。

「你能保守祕密嗎？」

「能啊。」

「你願意嫁給我嗎？」

「你不能嫁給那個傢伙。太荒唐了。」

這是瑪格麗特在波德的同學威利（Wylie）的反應。他是另一個愛慕者；起碼他希望自己能成為

25

她的心儀對象。當克里斯四處參加帆船比賽，威利一整個夏天都在替人粉刷房屋。威利個性沉穩，說起話來通常慢條斯理。但這則消息和瑪格麗特手上的戒指來得令他措手不及。

但她是認真的。現在沒有人罩著她了——她的家人不管她，蓋瑞夫婦也不管她。克里斯是現成的對象。到德國、克里特島和埃及玩的旅遊行程都計畫好了。

琳賽可以理解；她或許是這個星球上唯一真正知道瑪格麗特究竟在逃避什麼的另外一人。這是姊姊擁有新家庭的機會。

咪咪和唐也同意了。他們知道克里斯家裡很有錢，於是抵押房子，貸款辦了他們拿得出手的最豪華婚禮†。咪咪拿奧斯卡·德拉倫塔‡的版型親手縫製所有禮服，從上到下都是帶著褶邊的粉紅絲綢。

日子訂在八月。現在，瑪格麗特唯一需要做的，就是想辦法從幾個哥哥——全部九個，一個不少——身邊走過，踏上聖壇，不出一點洋相。

婚禮的幾個月前，彼得在韋爾被捕，罪名是替他所謂的癌症慈善協會當街募款。到了醫院後，他請醫師找來防彈背心保護他。他說韋爾警方嫉妒他，想找他麻煩。彼得最終回到隱谷路，由咪咪

* 編註：彩虹廳（Rainbow Room）於一九三四年開業，乃位於紐約曼哈頓洛克菲勒中心六十五樓的私人活動場所，是紐約市最高的餐廳之一，也是菁英階層餐敘往來之處。

† 譯註：在美國，婚禮的花費通常由女方負擔。

‡ 譯註：奧斯卡·德拉倫塔（Oscar de la Renta），世界著名高級時裝設計師。

和唐負責照顧。他整天躺在床上、不洗澡，靠咖啡和香菸維生，在長時間的緘默和偶爾的爆發之間反覆不定。有一次，他把咪咪鎖在屋外，將他的藥物丟進全家人的咖啡裡。

與此同時，另外兩名曲棍球兄弟——喬瑟夫和馬修——也反覆進出普維布洛。喬瑟夫和哥哥唐諾德一樣，被天主教的意象占據了心靈，但他從未變得像唐諾德從前那樣凶狠；他會說，他腦中的聲音沒那麼惡毒，只是很煩人。馬修的幻覺比較偏執，使他很難長期維持穩定。兩次住院之間，他曾因為在科羅拉多泉遊蕩而遭到拘捕，被處以緩刑察看。

自從一九八〇年最後一次從州立精神病院出院後，唐諾德在家裡還算安分。現在，大家最擔心的是吉姆。

那年稍早，凱西在結婚十六年後，終於離開了會施暴的丈夫。多年來，她得一邊工作養活他們的兒子小吉米，一邊小心翼翼躲避吉姆的情緒起伏。她的朋友都知道吉姆的情況——他的精神疾病和家暴——然而凱西從未採取行動，直到她看見他毆打兒子。吉米當時十四歲；在那之前，吉姆從沒有對他動手。他看見吉姆要揍凱西，於是衝進兩人中間，第一次為了保護母親而跟父親對峙。當吉姆一拳打在親生兒子的肚子上，凱西打電話報警。不久後，她便帶著吉米離開。

如今吉姆獨居，仍然固定上門診注射抗精神病藥物以壓制他的症狀。不過他漸漸怠工，酒喝得越來越凶。家人裡頭沒人知道他能幹出什麼樣的事情。

就在瑪格麗特的婚禮幾天前，吉姆來到隱谷路的家。那個週末，琳賽帶男友回家住。吉姆抵達時，琳賽不在家，但她男友的車還在。屋裡的其他人看著吉姆劃破四個輪胎，扯開喉嚨叫囂著不堪入耳的話語，然後開車揚長而去。

25

屋裡的人不得不趕緊撤離，以免被吉姆找到。假如琳賽曾經有一點點懷疑瑪格麗特與克里斯展開新生活究竟是對是錯，此刻也已打消所有疑心。有一部分的她但願自己也拿到類似的出走門票。

彩排晚宴在眾神花園鄉村俱樂部舉行。至少會有兩百人前往教堂觀禮，然後到一位世交在科羅拉多泉最高級地段「老北端」（Old North End）的新家後院吃喜宴。

威利在婚禮前夕打電話給瑪格麗特，盡他最後的努力。他在麻薩諸塞州的老家。「如果你不嫁給他，我會寄一張機票讓你飛來這裡。」他說。

瑪格麗特哭了好幾個鐘頭。琳賽拿冰袋壓在她的臉上，想辦法替她消腫。瑪格麗特知道她這麼做不對；她即將把終身託付給一個她幾乎一無所知的男人。但她還有什麼選擇？飛去找威利？趴在他的肩膀上哭？告訴他她的一個哥哥猥褻她多年，另一個哥哥自殺身亡，家裡還有另外四個和他們一模一樣的哥哥？

對瑪格麗特而言，那根本不是選項。她給不了威利想要的——她無法坦誠面對自己的人生。要是跟克里斯在一起，她永遠不必再想起她的家庭。

26

唐
咪咪
唐諾德
吉姆
約翰
布萊恩
麥可
理查
喬瑟夫
馬克
馬修
彼得
瑪格麗特
琳賽

她沒料到自己會那麼思念群山。

琳賽一九八四年以優異成績從霍奇基斯畢業，名列前茅。她大可進入比波德離家更遠的大學，但她吃驚地發現科羅拉多在召喚她；這個州——不盡然是隱谷路本身——帶給她家的感覺。如今她回來了，她想攀登眼前所見的每座一萬四千呎以上的高峰，無時無刻不在想。她可以短暫地再度和崇山峻嶺交心，直到所有恐懼重新襲上心頭。

在科羅拉多大學，她每科都拿A，不費吹灰之力。然而她不時感到心慌，被鋪天蓋地而來的恐懼擊潰。她擁有社交生活、有男友，還會參加派對、嗑藥，但什麼都遏止不住她的焦慮。她翻遍書店裡的心靈成長書籍，試著追索問題的根源。

當她首次嘗試迷幻蘑菇，她認為思覺失調症帶來的感受必定就像那樣：太可怕了。她不需要吸食迷幻蘑菇來感到害怕；就算沒那些東西，她本來就有許多事情要煩心。

她越來越厭倦假裝一切安好。她想尋求幫助，但不確定可以在哪裡找到。

26

「說說你的家庭吧。」學校的輔導師這麼說。

琳賽開始訴說，然後一件事發生了。當她表示自己有十個哥哥，其中六人罹患思覺失調，輔導師愀然變色。

她一開始似乎不相信琳賽——她以為整件事情都是琳賽編出來的。琳賽這時把狀況看清楚了。輔導師在猜測有多少情節出自琳賽的幻想；她覺得真正發瘋的人是琳賽。

這次的會談無非浪費時間。誰會聆聽她？誰會相信她？

那年秋天，琳賽開始跟她認識多年的一個男孩交往。提姆．霍華（Tim Howard）是山姆和南茜．蓋瑞的外甥。他和琳賽一樣，從小到大，每年都會去蓋瑞家在蒙大拿州的湖濱別墅度假，是山姆和南茜招待的眾多孩子之一。提姆也如同其他許多男孩那般對蓋爾文姊妹又敬又畏，因為她們倆都是了不起的天生運動員。此刻，他和琳賽一起在科羅拉多念大學。

琳賽和提姆約會幾個月後，一次學校假期，蓋瑞夫婦邀請兩人到韋爾玩，住在蓋瑞家位於市中心的公寓。某次，他們終於有機會獨處——其他人不是去滑雪就是去逛街——兩人即將發生更進一步的關係。

但琳賽辦不到。

提姆問她怎麼了。

琳賽望著他。

這不是一個求歡不得的憤怒男友。這是一個比她小將近一歲、暗戀她多年的男孩；一個真心喜歡她、不會評斷她的男孩。他原本就對她的家庭略有所知，只不過不知道某些比較黑暗的細節。這是提姆，不是某個陌生人。不會有比他更令人安心的傾訴對象。

琳賽流著眼淚把事情說出來。提姆一開始大為震驚。在他面前，她總是那麼強韌——像個「施塔克」(shtarker)，山姆經常那麼稱呼她。那是意第緒語裡的「硬漢」，那種知道如何搞定一切的傢伙。不過他留在房間裡陪她，聽她傾訴。

她沒有透露吉姆的身分。她沒有說是誰傷害了她，他也沒問。她說完後，他驚訝得一時語塞。「我不知道該怎麼做，」提姆終於開口，「但我知道誰有辦法。」

他們穿上衣服離開公寓，提姆看見南茜．蓋瑞從商店街遠遠朝他們走來。提姆抛下琳賽，衝向他的姨媽。「我可以跟你談一下嗎？」

提姆和南茜談話時，琳賽站在原處，周圍落滿了一地積雪。不到片刻，南茜撇開提姆，大步流星地朝巷子裡的琳賽走來。她和南茜走進屋裡，深入交談。

路薏絲．席爾文（Louise Silvern）記得她在一九八四年第一次見到琳賽，傾聽這個漂亮而鎮定的十九歲女孩訴說她的家庭和她的遭遇。琳賽描述的家庭，以及她在那間屋子裡成長的點點滴滴，無疑是她從病人口中聽過最令人傷心的故事。而當琳賽說起大學醫務中心的輔導師不相信她，席爾文記得自己義憤填膺。席爾文始終認為，工作守則第一條，就是絕不把病人拒於門外。

關於心理創傷與治療，尤其是不可言說的童年虐待，我們的社會沉迷於一套故事，或者說，一種迷思。故事從一個無法開口說話的小孩開始，然後出現善解人意、親切仁慈的心理治療師想辦法撬開小孩的嘴，劇情自此出現突破，漸漸進入高潮。這是《未曾許諾的玫瑰園》中的佛雷醫師（芙芮達・佛洛姆賴克曼的化身）建立的原型。小孩一旦開始傾吐心事，創傷便煙消雲散，彷彿做了一場惡夢。病人被治癒了——他卸下了重擔，準備好再度擁抱世界。在書本和電影中，突破總會在某個小危機觸發了病人塵封心底多年的某件往事之後，在一次憂傷、憤怒、哭哭啼啼的會談中出現，時間很可能是深夜。

但琳賽的經驗和這套迷思大相逕庭。琳賽在席爾文（她是琳賽的第二位心理治療師；南茜・蓋瑞介紹的，在波德行醫）身上找到了一個專業的聆聽者，而的確，她以自己的善解人意和親切仁慈，創造了安全而包容的空間，讓琳賽擁有說出自身經歷所需的主控權。

這套迷思最站不住腳的地方，就是在於對「突破」的認知。對琳賽而言，突破更像是一點一滴的滲透，在超過二十五年的時間裡逐漸出現，是固定進行高強度談話治療（有時多達一星期三次）的成果。琳賽雖然正常上學、成績優異、感情生活豐富，並且經常滑雪或爬山，但她每星期都會騰出一小時（有時二到三小時）對心理治療師傾訴她的家庭祕密。儘管過程要花上非常長的時間，但席爾文總確保治療的步調不疾不徐。和電影裡的治療師不同，她不希望顯得太在意每次會談的結果。那樣的壓力會讓病人變成動物表演秀中的海豹，只會揣摩治療師的期望、做出符合治療師心意的事。在最糟的情況下，那樣的壓力可能會造成二度傷害。

一開始的幾次會談，她除了用心聆聽琳賽，仔細觀察哪些話題會壓垮或「撕裂」她、哪些話題會讓她徹底封閉自己，其他幾乎什麼事情都沒做。所謂「撕裂」，她解釋道，是指在心裡築起一道牆，阻擋內心的痛苦成分，卻反而讓那些難事變得更頑強、更迫切、更具殺傷力。解決的辦法或目標是幫助琳賽找到內心的力量，讓她慢慢變得強大，可以自己應付這些艱難的議題——如席爾文所說的，將心中的痛苦元素與人生的其他層面「融合」，而不是將它們封鎖。

當然，琳賽希望加快速度。她想趕緊把問題解決掉，希望有人、隨便哪個人能幫她趕走煩惱就好。但為了哥哥們，也為了自己，她也希望從席爾文身上得到答案，深入了解精神疾病的性質，以及疾病的根源。心理創傷和虐待會導致瘋狂嗎？有沒有可能，彼得、喬瑟夫或馬修之所以住進普維布洛，是因為吉姆對他們做了什麼？

這似乎是相當合理的解釋。但假如這是真的——誠然，尚未有研究顯示受虐會導致思覺失調——那就意味著琳賽也有發病的危險。

歷經這麼長的時間，她依舊害怕自己會精神失常。席爾文明確地告訴琳賽，她將需要很大的勇氣才能擺脫這份恐懼。

琳賽自己付錢接受心理治療。她付不出來的部分，席爾文先記在帳上。琳賽畢業多年以後仍持續償債，直到近三十歲開始創業時才終於付清。

她從來沒有向父母伸手要錢。咪咪和唐十分排斥心理治療。何苦又挖出陳年舊帳？過去的就讓它過去吧。正是這樣的反應，讓琳賽一開始感到羞恥，不敢把吉姆對她做的事情坦白告訴他們。

席爾文全心全意幫助琳賽說出自己的故事——用她自己的話語復原她的過去。重點不僅在於面對現實，還要摘掉她被迫接受的種種濾鏡。席爾文解釋，兒童仰賴周遭大人解讀發生在他們身上的事。他們採用了父母所建構的系統：這樣很好，那樣很壞；這個人靠不住，那個人可以信任。當周遭的大人辜負了他們，兒童通常以羞恥感和罪惡感處理他們所受的創傷。

26

當然，琳賽的第一條呈堂證供就是吉姆。

吉姆還是他們所有人生命中的一部分，還是活躍於蓋爾文家的一分子，每逢節日必會現身，只要琳賽回來便會冷不防地出現在隱谷路，凱西離開之後，他甚至回家住了一段時間。現在琳賽既然回到了科羅拉多，她努力做好心理建設，當她出席瑪格麗特的婚禮這類場合也恍若無事。但如今妻兒都已離開的吉姆越來越喜怒無常，而琳賽則厭倦了偽裝。

琳賽問她的心理治療師：我要怎麼和他共處？明知他可能隨時上門，我怎麼能回家？假如我拒絕回家，我能應付隨之而來的紛紛擾擾嗎？

席爾文幫助琳賽想像她可以如何處理她對吉姆的怨氣。琳賽想過要殺了吉姆——常常想——然後又為這些念頭感到內疚。不過她最大的顧慮是她得對母親實話實說，甚至比正面迎戰吉姆更令她擔心。要是咪咪不相信她怎麼辦？那麼，她想，**我大概會是另一個發瘋的人**。

她進退兩難，陷入和小時候一樣的困境：要是發怒，就表示你的精神狀態不穩定；要是因為考試沒考好就哭哭啼啼，你或許就該進普維布洛了。

琳賽依然崇拜父親；儘管他病體虛弱，但起碼在她心裡，他是她在隱谷路僅剩的盟友。不過，她和席爾文經常聊起咪咪讓琳賽噤聲的獨特方法。她不會叫琳賽「閉嘴」，而是說出「你以為你很受罪？」這類的話。她攻擊琳賽的情緒，方法是對這些情緒嗤之以鼻、視若無睹或全盤否定。

席爾文說，在蓋爾文家，有情緒是件可怕的事。家中有太多失控的恐怖事件，使他們不得不收起情緒。

席爾文說，「韌性」（resilience）是「我們對自己不理解的某件事情冠上的美好名稱」。當然，韌性是學術界的熱門研究主題，假如有人能洞悉其中奧祕，肯定會急急忙忙販賣可以增強韌性的藥水。根據席爾文的經驗，一個人擁有堅毅的性格、能承受創傷，依舊對新的事物敞開心胸、堅強地面對人生，有時是運氣使然。

不過，這世上有各式各樣的應對機制，某些機制有較大的自限性，時間到了就會失去效果。琳賽是個堅強的孩子，臉上掛著獨立而倔強的面具；這張面具幫助她度過童年，最終和她的真實面孔鎔鑄在一起。問題是，這張面具如今是否對她弊大於利：她過度警戒，厭惡失敗，害怕在別人面前露出任何不盡完美之處。

席爾文告訴琳賽，如果以武裝自己來應付創傷，最後反而會對自己產生阻礙。這麼做會讓路越走越窄——最後走向一個幽禁自我的封閉生活。她但願琳賽最終能夠信任旁人，在適當的時機放下防備。

要達成這樣的目標，琳賽必須學會在事發當下察覺創傷後壓力——好比說，學會認清她在某一天夜裡之所以跟朋友激烈爭吵，至少有一部分的原因，是他們剛剛看的電影裡的性侵情節所致。

有一次在話療過程中，琳賽決定說出八年級舞會的那一夜在衣帽間發生的事。她一開始含糊其辭，只說：「跟幾個男孩出了一件事。」

席爾文知道琳賽必須按自己的步調前進。她首先需要從自責中走出來。

她欺騙了她的母親，而且明明知道不該參加那場派對還自投羅網。後來發生的事，難道不是她

26

罪有應得？

拜託，席爾文說，才不是這樣。

被人占便宜，難道不是她自找的？

不是的，席爾文說。

身為被哥哥侵犯的被害者、錯把性當成了愛，她是否發出了某種性暗示？是否咎由自取？

不，當然不是。

她為什麼沒有乾脆離開衣帽間？

因為那兒有三個男孩，而她只有孤身一人。

然後席爾文冒險說出那個字眼。

「他們強暴了你。」席爾文說。

琳賽沒有覺得被羞辱。真要說的話，她如釋重負。終於有人為那件事情定了名。為事情定名，猶如當頭被一杯冷水澆醒。性侵害就是性侵害；強暴就是強暴；受害者就是受害者。她那天夜裡無法逃出衣帽間，正如她無法離開吉姆在馬尼圖山頂上的小屋：因為某個比她更強大的人違背了她的信任、加害於她，除了任人宰割，她別無其他辦法。

然後她們小心翼翼地揭開瘡疤。琳賽曾經對每一起事件的內情諱莫如深，如今，詳述那些可怕的點點滴滴幫她找回了主控感。這些細節幫助她認清，她這麼長時間的自責是多麼無稽。（雖然無稽，但可以理解；兒童通常無法處理超越他們自身經驗的創傷，因此往往責怪自己。）在席爾文面前娓娓訴說——看到真正關心她的人即使得知她的一切遭遇，仍能看到她的力量、尊敬她，並且知道她就是她——這對琳賽而言是全新體驗。席爾文給了琳賽擁有自身情緒並定期抒發情緒的空間；那是他們家沒有人能做到的事。

對心理治療師說出被那些男孩強暴的經過，是琳賽邁出的一大步。那也是一次完美的正式彩排，幫助她面對接下來的步驟。對待家人，她也必須像對待治療師這樣坦白。只不過這一次，她要揭露的話題是吉姆。

琳賽和母親坐在車裡，正要前往咪咪的朋友愛蓮娜．格利菲斯（Eleanor Griffith）的家。他們在屋子路邊停車，慢慢走向大門，卻發現愛蓮娜還沒回到家。

就這樣，母女兩人偷來了片刻光陰。她就是選擇在這一刻開誠布公。

在此之前，琳賽已經更願意對咪咪敞開心扉，經常從大學寄來一封封關於家人和疾病、充滿哲思的長信。她在信中訴說在唐諾德身邊長大是什麼感受，以及沒有人承認那對她造成了多麼大的痛苦。她寫到她那些年裡所處的恐懼狀態。咪咪的反應一成不變。她會承認女兒所說的一切，然後鞭策她放下心結、選擇原諒，一再提醒她這世上還有人過得比她更糟。這是厲害的懷柔之術：口頭上表示同情女兒的經歷，但實際上卻是在抹煞它、全盤否定它，將它一筆勾銷。

所以，當琳賽站在格利菲斯家門口，開始告訴母親她多年來被哥哥吉姆性侵無數次，而母親的回答是她小時候也有同樣遭遇時，琳賽本不該感到意外。

在咪咪的官方版本中，她那段迷人的紐約童年裡——她灌輸給女兒，並自豪地對朋友及鄰居訴說的故事——她的繼父，畫家班．斯考尼克，是她在音樂與藝術上的啟蒙老師。當她的母親忙著處

26

理曼哈頓的服裝事業，她的繼父則以她從未體會過的方式帶領她欣賞文化。這些都是真的。他會在電唱機上放柴可夫斯基給她聽，而當她腳踝扭傷被迫臥床，他建議她聽《卡門》。

不過，班酗酒的事也是真的，他輕薄咪咪的事也是真的。當羅德與泰勒百貨公司（Lord & Taylor）開始販售咪咪母親做的A字裙，由於生產速度不夠快，她開始平日留在市區過夜，把咪咪放在家裡跟繼父獨處。班．斯考尼克就是在那時候對她下手。

咪咪刻意略過細節，琳賽也沒有繼續追問。但他顯然曾猥褻她，碰了不該碰的地方。

在她說話時，琳賽感覺母親童年故事中某些脫漏的線頭都能拼湊起來了。她終於明白咪咪的母親和班的婚姻為什麼無法持久——他們為什麼在戰後分居。然後咪咪說了一件事，讓琳賽立刻改變了對母親的想法。咪咪說，當班開始摧殘她的妹妹貝蒂，她終於對母親稟明一切。

琳賽知道，那種處境下的女孩要有多大勇氣才能說出實情——才能為了救妹妹，甘冒被質疑的風險。如果母親真的做了她所說的事，那麼琳賽必定沒有她自以為的那麼了解母親。

和咪咪的那次交流，或許是琳賽一生中最五味雜陳的一刻。有一部分，母親的坦承讓她大為震撼，聽了母親的故事後，她覺得和母親前所未有的親近。不過與此同時，琳賽覺得她被剝奪了什麼——自身的不幸再次被排到了別人的故事後頭。咪咪說起自己的故事，直接跳過了琳賽所說的關於吉姆的細節。琳賽需要咪咪站在她這一邊，告訴她吉姆的行為是錯的。

不過咪咪沒有那麼做。她從未站在健康子女的陣營來對抗生病的孩子，現在也不打算破例。相反的，咪咪開始說起吉姆發病的過程。

琳賽脹紅了臉。對她來說，思覺失調症不是縱容吉姆對她為所欲為的藉口。況且，沒有一位主流研究人員或精神科醫師會說，吉姆是因為精神病妄想才有戀童癖。

不過咪咪不願意把兩件事情區分開來。這雖然在琳賽意料之中，卻仍令她深深受傷。母親為什麼這麼難對兒子以外的人產生同理心？彷彿她在生病的孩子身上耗盡了憐憫，甚至包括吉姆，沒有留下任何一丁點給其他人。

不過那天，琳賽鐵了心。她告訴母親，她永遠不願意再跟她的哥哥同處一室。

吉姆不應該在那裡的。她的爸媽跟她保證過。

離家好久以後，琳賽在一個星期天回到隱谷路吃晚餐——這是她自格利菲斯家門外的那一夜之後第一次回家。她的爸媽都在。喬瑟夫也在。他接受藥物治療後神智清醒，而且和其他生病的兄弟不同，他有很強的病識感。那是蓋爾文家的一個祥和夜晚，直到吉姆闖進來。

父親要求他馬上離開。「吉姆，你不屬於這裡，請你回家。」

「我為什麼不屬於這裡？」吉姆問。

咪咪不發一語。

琳賽緊咬住嘴唇。沒用，她爆發了。她站起來，開始吼叫。

「你這該死的混蛋！你強暴了我！」

吉姆的狀況不佳。妻兒離開了他；他服用大量藥物，而且由於藥物的副作用，他變得很胖。不過他從不退讓，且有仇必報。他拿起地上的吉他，猛然砸成兩半。他指責琳賽撒謊，開始咆哮。

「那不是真的！你在憑空捏造！」

26

不過吉姆可以判讀屋裡的氣氛。他發現沒有人相信他。然後他看見父親叫他離開，說他再也不想在家裡見到吉姆。

吉姆走了。琳賽徹夜流淚。爸媽進廚房洗碗，給她獨自冷靜的空間。喬瑟夫安慰她，「你沒撒謊，」他抱著她說，「我知道你沒撒謊。」

那是琳賽接下來幾年最常想起的一幕——哥哥喬瑟夫相信她，她的父親也相信她。

27

新的醫學成像技術——包括電腦斷層掃描（CAT）和正子斷層掃描（PET）——可顯現思覺失調患者的腦部生理變化。如今，在精神醫學專家琳恩·德里西帶領下，NIMH企圖運用顯影及其他技術，在有一人以上罹患思覺失調症的家族中找出這項疾病的基因標記……健康及生病的家族成員都需要參與研究。病患將持續接受原來的醫師治療；參與者將獲得酬勞答謝。

有意參與者請致電琳恩·德里西醫師，電話是：496-3456。

一九八四年七月二十日，《華盛頓郵報》[1]

琳恩·德里西坐在隱谷路廚房那張手工製作的長型木頭桌旁邊，一眼就看出咪咪這些年來受了多少罪。

她的丈夫賦閒在家，身體虛弱。他可以幫忙做做家事，甚至開車，但每天夜裡上床睡覺時，他總納悶隔天是否還會記得今天讀過些什麼。

如今，老大唐諾德差不多整天待在家裡。另外三個生病的兒子——喬瑟夫、彼得和馬修——也在這間房子進進出出，遊蕩在醫院、家以及他們總無可避免地離開或被趕出去的自己的公寓之間。

就連吉姆也不時晃回家裡，直到唐看到，並要求他離開。

在這些日子裡，暴力衝突已不如以往頻繁。所有人都長大了，也都更規律地服藥。督促所有人保持活動、照顧他們、接送他們看醫生、監督他們吃藥等種種責任，全都落在咪咪肩上。

有鑑於此，蓋爾文家女主人神采奕奕的模樣令德里西驚嘆不已。「你不能天天都傷心難過。」咪咪常這麼說。

27

琳恩．德里西還沒走進蓋爾文家的大門之前，那些年，醫界對思覺失調症的看法仍莫衷一是。思覺失調症的確切病理依舊成謎，先天說與後天說的同一套論戰仍持續上演。不過，有些事情正無聲無息地慢慢改變。

風行三十多年後，精神分裂母親理論漸漸失去支持。一九八二年，一位名叫戈登．帕克（Gordon Parker）的澳洲精神科醫師在《神經精神疾病期刊》（*The Journal of Nervous and Mental Disease*）發表了他回顧精神分裂母親的研究論文。[2]他總結道，儘管這世上無疑存在著疏離且控制慾強的母親，但沒有證據顯示她們的子女比其他人更容易罹患思覺失調症。隔年，板栗居出現了戲劇性反轉；這個機構原本在芙芮達．佛洛姆賴克曼的指揮下，堅決無視要求將思覺失調症視為生物性疾病予以治療的一切呼籲。一九七〇年代進入板栗居擔任治療師的湯瑪斯．麥格拉森（Thomas McGlashan）公布了他們針對一九五〇年到一九七五年間收治的所有病患所做的研究，結論是：在板栗居，病情略有起色或完全康復的病患只占三分之一。[3]如果你和板栗居的精神分析師一樣，相信正確的治療過程能治癒幾乎每一位精神病患，那麼，三成三的成功率並不值得驕傲——尤其當製藥業者宣稱的治療成功率遠遠高過這個數字時。「芙芮達……展開了一場恢弘的實驗，」麥格拉森說，「數據出來了。實驗失敗。」[4]

爭辯數十年後，醫界對思覺失調症的思維似乎漸漸整合，以這項疾病的生理性質為探討核心。一九八三年，NIMH的精神醫學學者福樂．托利在《菲爾唐諾修秀》（*Phil Donahue Show*）上推銷他的新書《思覺失調症完全手冊》（*Surviving Schizophrenia*）；[5]這是數十年來有關這種疾病最普及也最具影響力的著作。他向觀眾呈現健康大腦的電腦斷層掃描影像，並與思覺失調患者具有較大腦室的腦部影像進行對比。「你們見到的是腦部的疾病。」托利說。[6]在同年發表的一項研究中，托利和他在理查．懷亞特團隊的同事排除了抗精神病藥物導致腦室變大的可能性；造成差異的似乎是疾病本身，而非藥物。[7]他開玩笑地說，事到如今，還不肯承認思覺失調症是一項生理疾病的人，肯定是書讀得不夠多。「遺憾的是，精神醫學界有一群人只讀《國家地理》雜誌，」托利說道，「他們還沒聽到最新消息。」[8]

那是生物精神醫學的時代，精神藥理學也即將興起。最新的《精神疾病診斷與統計手冊》——發表於一九八〇年的第三版——縮減了思覺失調症的診斷標準，使它變得比較不像症候群，而更接近一項特定疾病。[9]根據新的標準，就連《未曾許諾的玫瑰園》作者喬安．葛林堡都可能曾遭板栗居誤診。一個研究團隊在一九八一年聲稱，這位被妄想症所苦的少女根本沒有得思覺失調症，只不過罹患了曾經被稱作「歇斯底里」的身心症（somatization disorder）——在她腦中飛來飛去的幻覺加上劇烈而短暫的肢體疼痛。[10]思覺失調領域上的這位知名病人或許本來就沒什麼大病。

不過，要宣判先天說與後天說之間的勝負，此刻言之尚早。當談話療法的地位搖搖欲墜，抗精神病藥物則漸漸居於上風。這些藥物改變了成千上萬人的生活，幫助他們拉開與妄想的距離。在人們（甚至包括許多醫師）的想像中，抗精神病藥物有如天啟，一如胰島素之於糖尿病。但是當思覺失調症本身仍是一團難解的謎，而藥物本身有可能對身體造成傷害時，抗精神病藥物怎麼可能是天啟？藥物導致某些病人過度肥胖，而另一些人肢體僵硬笨拙，還有一些人出現緊張性精神症——這些全都肇因於被人高呼奇蹟的藥物。對於慢性精神病患，所謂的成功開始看來猶如失敗。

當然了，真正毫無疑問受益於這些藥物的，就是製藥公司；這些公司還在開發同一種原始藥品（一九五〇年代開發出來的托拉靈）的各種仿製藥。不過話說回來，托拉靈的藥效似乎阻礙了創新。為什麼市面上出現的每一種新藥，都是某種版本的托拉靈抗精神病藥物，或氯氮平之類的非典型抗精神病藥物——而沒有斷層式的第三類藥物來刺激進步？

有史以來第一次，為數眾多的精神病家庭向社會發聲了；他們組成遊說團體、推動病患權利運動，試圖表達他們生病的女兒、兒子、姊妹、妻子和丈夫如何在夾縫中掙扎——傳統的心理治療無法觸及他們，藥物也只能稍事安撫。對於覺得藥物治療無效的許多病人而言，將思覺失調症界定為生理疾病的決策，迫使他們被綑綁在毫無治癒希望的療法上。他們的難題是真實的、痛苦的，而且沒有清晰可見的答案。正如連恩以及一九六〇年代其他反精神醫學運動人士所主張的，排斥藥物治療的人認為，並非每個社會都會設法麻痺離經叛道的思想家。不過，對於有親人確診思覺失調的大部分人來說，要親眼目睹親人正在經歷什麼幾乎是不可能的，除了痛苦，很難看見其他——更難想像除了強力的藥物之外，還有什麼能幫助他們。

遺憾的是，在醫界更深刻理解這項疾病，解開思覺失調之謎、提出或許能治癒病人的有效方法之前，包括蓋爾文兄弟在內的病人們，全都是市場的囚徒。

一九八四年，德里西開始以艾略特．葛申實驗室研究員的身分蒐集思覺失調家庭的基因資料；從她暫時加入ＮＩＭＨ迄今，已過了將近十個年頭。早年生涯看似不可能的事情如今彷彿觸手可及，令人躍躍欲試。分子生物學的進展讓研究員得以輕易地大量複製某一段ＤＮＡ，首度有能力深入探索一度奧祕難解的人類生物學領域：基因編碼。透過這些新工具，其他地方的研究員已分離出另一種疾病的基因：會導致智力低下的苯丙酮尿症（phenylketonuria，簡稱PKU）。另一些人則投身研究亨丁頓舞蹈症（Huntington's disease）。但那些疾病和思覺失調症相距甚遠；導致思覺失調症的絕非單一異常基因，而是許多個，幾乎所有人都同意這一點。像思覺失調症這種複雜疾病，恐怕沒有人能以當時可得的工具全盤看清其基因的組成。對於德里西在ＮＩＭＨ其他實驗室的許多同事來說，走遍全國蒐集家族ＤＮＡ的想法，是傻瓜才會做的傻事。

不過，德里西堅定不移地相信解答就在有多重病例的家庭之中。她不介意被其他人視為異類。「琳恩會想到其他人想不到的思路，」葛申回憶道，「她會探索不同的方向。」

她不必離開醫院就找到了她的第一個目標家庭。葛申診療的一名病患恰好有個哥哥也被診斷出思覺失調。德里西得知，這對兄弟的父母吉姆和卡蘿．豪依（Jim and Carol Howe）是全美精神病患聯盟（如今已更名為全美精神疾病聯盟，簡稱ＮＡＭＩ）的創始人之一；這是一九七九年創立於明尼蘇達州的遊說團體，如今分支遍布全國。德里西心想，若要快速找到其他家庭，ＮＡＭＩ將是完美的盟友。

27

德里西聯絡NAMI在當地的分支機構，請求他們在通訊報導中宣傳她的研究。主動響應的家庭裡，一般而言家中有二到三名思覺失調病患，其中一兩個家庭甚至有高達四起病例。隨著越來越多家庭響應研究，德里西聘請了一名社工探視她無法親身拜訪的家庭。不過，當她聽說了科羅拉多泉的蓋爾文一家，德里西知道她必須飛過去親自會見他們。

當她走進隱谷路宅邸的大門，她一眼看出這是個完美的樣本。蓋爾文家或許是全美國最瘋狂的一家。

德里西邀請蓋爾文家全體成員參與精神科訪談，甚至包括那些沒有被診斷出精神疾病的家人，以確認或推翻每一個人的診斷。然後她抽取血液樣本，希望從這個家庭的基因組成找出或許能顯示精神疾病傾向的基因。她相信，某些家庭成員或許攜帶了異常基因卻沒發病；基因標記有可能出現在所有人身上。

幾個生病的兄弟全都乖乖參與，沒怎麼添亂。咪咪用她一貫的手法幫助德里西順利展開工作，正如她向來嚴密監督每一個生病孩子的醫療照護。在六個健康的手足之中，除了老六理查——曾經是詭計多端的少年，如今是丹佛的礦業投資人——其他人都同意配合。家族疾病在理查心裡留下太深的陰影，他拒絕跟兄弟們的治療產生任何瓜葛。（如今在愛達荷州當音樂老師的老三約翰則是在當地抽了血，寄到德里西的實驗室。）

琳賽和瑪格麗特滿懷希望地離開，但願這項研究有朝一日能帶來突破。與此同時，咪咪的表情充滿喜樂。在她看來，最重大的突破已經出現。她等待琳恩·德里西這樣的人來敲她的大門已經等了好幾十年。現在她終於來了。

繼琳恩．德里西之後，過沒多久，羅伯特．佛里德曼也首次來到了隱谷路。在那一天（以及接下來許多年，蓋爾文家各個成員陸續前往位於丹佛的佛里德曼實驗室），佛里德曼和他在科羅拉多大學醫學中心精神醫學研究部的團隊記錄了蓋爾文家的腦波、抽取了他們的血液並請他們填寫問卷。認識這家人後，佛里德曼對咪咪佩服不已；她將孩子留在家中照顧的時間，遠遠超過了許多家庭能招架的程度。「她很討人喜歡。」他說。

不過，將其中一個女兒——瑪格麗特——送到別人家寄養的決策，令佛里德曼大為震驚。他思忖，家裡的情況得有多糟，才會讓咪咪和唐考慮做出如此極端的決定。他看見唐的健康狀況日趨惡化，幾個生病的男孩也讓人手忙腳亂。不過，他最驚訝的是咪咪打定主意照顧所有人的決心，正如德里西當初一樣吃驚。「那個年代的藥物讓男孩們全身僵硬，反應遲鈍。他們就像一坨肉塊坐在那裡，不言不語，全賴她照顧。她就像在經營分租公寓。」

佛里德曼是從德里西口中得知蓋爾文家的；她知道他一直在尋找可以用來測試感覺門控理論的家庭。一九八〇年代初，佛里德曼積極投入他的雙擊研究，旨在測量大腦過濾資訊的能力。他依然相信感覺門控這個大腦機制是導致某些人天生比較容易罹患思覺失調症的原因。他覺得自己離成功越來越近了。一九八四年，就在接觸蓋爾文家之前，他研究了思覺失調患者及其直系親屬的門控能力，發現半數直系親屬具有和確診為思覺失調的家庭成員一樣的門控缺陷。[11] 這是他找對方向的另一個信號——感覺門控具有遺傳性的證據。

為什麼同樣有感覺門控問題，有些人會出現思覺失調的症狀，而其他手足卻不會，這一點依然是個謎團。佛里德曼的下一步是試著定位出負責感覺門控的特定大腦部位。拜德里西之賜，他現在找到了一個深不可測的、充分展現了思覺失調症狀的家庭。

一九八六年二月，首度拜訪蓋爾文家的幾個月後，德里西運用手上的家族資料，證實了理查・懷亞特的NIMH團隊發現了思覺失調症與腦室擴大之間的關聯性。[12]一年後，她運用一項研究資料，測試思覺失調症與人類白血球抗原（HLA）——負責調節免疫系統的基因複合體——之間的潛在連結。[13]兩者間的連結並未得到證實。儘管如此，多重病例家庭的數據資料仍開始對這項疾病的知識體系做出貢獻。對德里西來說，這才只是開端。

她將蓋爾文家的血液樣本寄給科里爾醫學研究院（Coriell Institute for Medical Research）；這家位於紐澤西州肯頓市（Camden）的機構收藏了各種疾病的大量細胞株。德里西此舉讓全球各地實驗室的其他研究員得以在日後數十項、甚至數百項的研究中運用這家人的DNA資料。德里西堅信，如果她能在蓋爾文這類家庭的基因數據中找到思覺失調症的標記，有朝一日，思覺失調症或許會變得和心臟病一樣，成為可以測量特定指標和風險因子的疾病。一九八七年，德里西被紐約州立大學石溪分校（State University of New York at Stony Brook）挖角，離開了NIMH。學校提供她教授職位，以及由她獨當一面的研究計畫。在那裡，她繼續研究多重病例的家庭。她已接觸四十個家庭，包括蓋爾文一家。在NIMH的補助下，名單持續增加，最終達到一千個家庭——數量之大，超越了其他任何人蒐羅到的資料。

然後出現了幾年的停滯期。家庭研究在其他疾病領域中得到了驚人成果，包括早發性乳癌和阿茲海默症，但在思覺失調症領域上卻毫無突破。一九九五年，德里西發表了取自她的家庭資料庫的兩項研究。第一項研究似乎證實導致思覺失調的基因也與其他精神疾病有關，例如憂鬱症或情感型思覺失調症（schizoaffective disorder）。[14]第二項研究則無法證明思覺失調與躁鬱症——或至少是躁鬱症根源所在的特定染色體——有所連結。[15]德里西依然深信，某個地方的某個人肯定能從這個資料庫找到基因指標，並證明這項疾病是先天而非後天決定。「對於環境的影響，我並非堅信不移。」德里西在一九九九年時如此告訴記者。[16]

德里西的研究有其支持者。「千萬不可在時機成熟之前就覺得理想破滅，」維吉尼亞醫學院（Medical College of Virginia）的肯尼斯．肯德勒（Kenneth Kendler）在一九九三年寫道，「人腦十分複雜，很難一窺堂奧。」[17]但是，德里西在ＮＩＭＨ理查．懷亞特實驗室的一位老同事丹尼爾．溫伯格（Daniel Weinberger）則開始懷疑家庭研究是一條死胡同。「根據目前的診斷標準，思覺失調患者的親戚當中，超過九成的人沒有思覺失調症狀。」他在一九八七年這樣告訴一名記者。[18]

溫伯格言之成理；同一家庭的手足都患病的機率確實不高。[19]但是另一方面，思覺失調患者手足患病的機會，依舊比沒有家族病史的人高出十倍左右。[20]比起其他許多遺傳疾病的患病率，這樣的機率高得異常——甚至比罹患心臟病或糖尿病的機率更高。[21]從這個角度來看，不繼續研究家庭似乎才是一件傻事。

在ＮＩＭＨ，尋找思覺失調症生理徵象的行動持續進行，儘管這項研究似乎漫無方向。懷亞特

27

實驗室藉由ＭＲＩ核磁造影技術，檢查同卵雙胞胎中有一人罹患思覺失調症的腦部影像，比較兩人的海馬迴大小。他們果然在一九九〇年發現差異。比起沒有得病的人，思覺失調患者腦中的海馬迴較小。[22]正如十年前發現的腦室擴大，這項發現似乎揭露了新的病理知識：海馬迴幫助你時時刻刻知道自己置身何處，而在雙胞胎之中，確診思覺失調的人現實感較低，海馬迴的發育也較差。

「對於這些發現，我們異常興奮，」共同發表這些研究的溫伯格回憶道，「但我的心底總像有什麼東西在啃嚙一般。」他想，這些大腦研究所做的一切，無非就是以另一種方式確認同一個概念：思覺失調患者的腦部結構與正常人的大腦不同。對於天天與思覺失調患者打交道的人來說，這個發現不足為奇。「只要跟這些人聊上五分鐘，」溫伯格說，「你就會知道他們的大腦運作方式肯定和一般人不一樣。」

ＭＲＩ研究似乎越來越沒有價值——全都是一個大型拼圖某個角落裡的一小片。溫伯格懷疑，研究人員之所以如此熱衷ＭＲＩ研究，唯一原因就是在於他們擁有這麼做的工具。「精神醫學研究向來為人詬病的一個屬性，便如同諺語中所說的：『只在有光照亮的地方找鑰匙。』情況始終像是，『哎呀，我們有這個工具。我們有鐵鎚，所以來找釘子吧。』而我們總能得到發現，因為這就是現象學的本質——你總能找到東西。」至於找到的是有用的線索或是誤導思路的誘餌，沒有人有十足把握。

一九八七年，溫伯格發表一套理論，幾乎改變了所有研究人員對這項疾病的看法。[23]在那之前，思覺失調症的研究人員都認定病患要到青春期之後才會發病。腦部掃描也證實了這個想法：額葉是人腦最晚成熟的部位，在青春期結束時才完成發育，而許多思覺失調患者的腦部ＭＲＩ研究顯示了病患的額葉活動出現問題。不過溫伯格在他的新理論中主張，大腦的問題在更早的時候便已靜悄悄地開始。他將思覺失調症重新定義為「發育障礙」，病患在出生時、甚至在子宮內便已出現的異常引發了一連串事件，導致大腦發育漸漸脫軌。他說，基因的作用就是為大腦的發育與運作規劃藍圖，其他事情則是日後在環境的幫助下應運而生。

如果溫伯格是對的，那麼，青春期的大腦發育只不過是整個故事的末章。從胚胎到出生和童年時期，大腦一直都有問題，只不過直到大腦成熟時的最後建構階段才被人發現。由此來看，思覺失調症的發作似乎有點像是一出手就稍微偏左或偏右、最終洗溝的保齡球。一開始幾呎的距離，球看起來好好地走著直線；唯有當漸漸接近球瓶，才能看出它越來越偏離正軌——看它是歪得厲害、只撞倒邊邊的一支球瓶，或乾脆洗溝。遠在一九五七年，愛丁堡大學的康拉德・沃丁頓（Conrad Waddington）就曾以類似的比喻說明細胞在發育與增殖時的各種方向。他想像一把彈珠滾下斜坡——一個由錯綜複雜的凸塊和凹槽構成的障礙跑道。每顆彈珠滾下斜坡的路徑都不同。那個斜坡就是他所謂的「表徵遺傳地景」（epigenetic landscape）*——一半取決於結構，一半取決於運氣。[24]

這個概念符合溫伯格的直觀想法。大腦在歷經十多年的急速擴張與更新後，青春期是清理大腦的關鍵時期。這段工作吃重的大腦發育時期說明了為何青少年需要更多睡眠，以及為何大多數人在青春期結束後比較難學習新的語言或從腦傷中復原。由此可見，如果一個人的基因只列出罹患思覺失調的可能性，青春期便是這個可能性成真的時候。撇開別的不說，溫伯格的發育假說解釋了為什麼同卵雙胞胎的其中一人罹患思覺失調時，另一人患病的機率則是大約五成——不過，他們有相同機率將疾病傳給下一代。「風險會傳遞下去，」三一學院（Trinity College）的凱文・米切爾（Kevin

Mitchell）寫道，「無論這個人是否真的罹患這項疾病。」[25]

看來，一個人發病與否，取決於保齡球進入球道之後發生的事。

接下來幾年，隨著遺傳學研究的範疇與野心日益宏大，許多科學家越來越認可發育假說。這套理論主張，若要有效對抗思覺失調症，必須在病患發病之前便加以處置。當時，這個想法似乎意味著找出思覺失調症的基因組成。許多人紛紛加入德里西與佛里德曼的行列，開始尋找或許終能解開整個謎團的突變基因。

* 原註：儘管沃丁頓在一九五七年提出的「表徵遺傳地景」模型以其獨特見解廣為人知，但不應將它與比較近期的「表觀遺傳學」（epigenetics）——亦即基因受環境所激發的概念——混為一談。

28

唐
咪咪
唐諾德
吉姆
約翰
布萊恩
麥可
理查
喬瑟夫
馬克
馬修
彼得
瑪格麗特
琳賽

NIMH和丹佛來的研究人員駕臨隱谷路之際，唐諾德已變得不言不語，表情空洞；他的體重逐日上升，動作僵硬，或多或少放棄了尋找工作；他甚至不再像從前那樣在住家附近走來走去了。除了用餐時間，他就像個隱士。儘管唐諾德這副模樣讓咪咪看得心疼，但唐諾德在家，對她既有現實層面也有心靈層面的幫助：他會陪她去買菜、幫忙做家事，也給了她生活的目標。

唐諾德成功地讓自己七年來免於被送進普維布洛，因為他定期到派克峰精神健康中心注射抗精神病藥物硫利達嗪，以及碳酸鋰（Lithobid®），一種專治躁症的長效型鋰鹽類藥物。每隔一段時間，他會設法搬到寄宿公寓獨立生活，但總維持不了太久。一九八六年聖誕節前後，在他某一次搬出去住的期間，他的代償機能徹底失調。隔年一月，他第八度住進了普維布洛；他拒絕回答關於婚姻狀況的任何問題（與琴恩的失敗婚姻或許依然是他的心頭大事），並絮絮叨叨說著《聖經》裡的訓誡。接著，病情出現了新發展：他開始說起有幾個立陶宛人在追捕他，想傷害他。

唐諾德告訴醫護人員，他之所以停止服藥，是因為他的錶停了。當問到他的母親，他稱她為「父親的妻子」。他斷定咪咪不是他的親生母親，因為他當初在醫院被人調包了——他是章魚的子嗣。當唐諾德被逼著說明他和家人的關係，他說起自己為了買車的事情跟父母吵了一架。再問到他是否有駕照，他說他有一張「金髮姑娘和三隻小熊」(Goldilocks and Three Bears)的科羅拉多州駕照。

唐諾德由於服用了新藥物，幾星期後病情趨於穩定，得以出院回家跟唐和咪咪同住。他在自己的房間安安靜靜住了幾年後，一九九〇年初春，唐諾德聽說彼得幾度嘗試獨立生活都以失敗告終，或許會回來住在隱谷路。唐諾德認為彼得會來搶他的房間，於是決定採取行動。他打電話給陸軍和空軍，要求他們將他派駐格林蘭島。他宣布他想在房間而不是在廚房吃飯，然後上市場買了生的章魚帶回房間，放到爛掉。咪咪就是在這時候發現唐諾德已經好幾次失約，沒有去醫院注射他的好度針劑。當他拒絕服用一日兩次的卡馬特靈，他的父母把他送回了普維布洛。

「家人跟我只是因為經濟問題鬧翻，」唐諾德剛進州立精神病院時宣稱，「我不想跟彼得住在同一屋簷下。」

28

吉姆一個人生活，靠著氟奮乃靜勉強應付每一天。在那些對他投下匆匆一瞥的人眼中，他似乎飽受憂鬱症之苦——多年的抗精神病藥物磨平了他的稜角，讓他變得肥胖而虛乏。他的心臟衰弱，每次呼吸都會胸口發疼，而且，他的偏執與妄想從未完全消失。儘管吉姆儼然已被逐出家門，他的母親還是願意見他。再怎麼說，他終歸是她的兒子，她永遠無法對他們任何一個人徹底關上大門。女孩們從未問起他，她也盡量不提起他的事。

在所有生病的哥哥當中，喬瑟夫所受的折磨最令瑪格麗特和琳賽心如刀割。他先跟馬修住了一段時間，然後靠聯邦補助金搬進一間公寓獨立生活。喬瑟夫知道自己看到了不存在的事物。他喋喋不休地談起中國歷史，以及他前世住在中國的生活，即使明知這些話聽起來很奇怪。有一次，他激動地指著天空，告訴琳賽雲是粉紅色的，有一位中國皇帝從他的前生對他說話。「我看見了幻覺，」他依舊半信半疑地說，「你沒看見嗎？」

喬瑟夫的狀況良好時可以獨自住在科羅拉多泉的公寓，但沒有好到可以自謀生計。當他的保險無法涵蓋醫療費用，他累積了他永遠爬不出來的高額卡債。麥可幫助他聲請破產。麥可囑咐他不可再申請信用卡，但喬瑟夫還是又辦了一張。他說他必須擁有一張印著丹佛野馬隊（Broncos）標誌的信用卡。他曾經身材瘦削，相貌英俊，但如今體重暴增，肥胖惡化了每一個小毛病。他的視力銳減，而且瀕臨糖尿病邊緣。然後，他出現了和吉姆一樣的問題：胸痛、譫妄、緊張、驚慌。不過喬瑟夫還保有他的部分幽默感。他時常跟麥可探討超覺靜坐，計畫去印度玩。從某些小地方來看，他還是原來的他。「他有能力想辦法抽離，」琳賽說，「他是那個會說『我希望這一切停止』的人。」

喬瑟夫從未停止渴望親情，他會寄來宗教主題的生日賀卡，花錢買他負擔不起的禮物。有一次，麥可的一個成年女兒抱怨買大學課本的錢不夠，到了聖誕節，她的信箱出現了一個信封，裡頭有五百塊錢，外加一張寫著「給你買書」的紙條。大家都同意：除了喬瑟夫，沒有人會幹這樣的事。

照馬修——從前的陶藝家、曲棍球四兄弟中的老三——所言，他十多歲時在蓋瑞家精神崩潰，母親決定帶他去看精神科的那一天後，他的生活從此急轉直下。「她在一九七七年帶我去科羅拉多州州立大學醫學中心，」他曾經這麼說，「他們把我送進精神病房，但那不代表我有精神病。」

馬修到了中年已頭髮花白，他和吉姆、喬瑟夫和唐諾德一樣發胖，不過他的毛髮更茂密，蓄著濃密的鬍鬚，而且態度粗暴，像飛車黨的地獄天使（Hells Angel）那般令人望而生畏。馬修最好的朋友是一群越戰老兵和遊民，他們和他一樣，靠著社會福利金和聯邦政府的房租補助券生活。馬修的醫師後來得知，他的藥物吃進肚子裡的還比不上他拿去街上賣的多。

他在普維布洛進進出出，直到醫師在一九八六年把他的藥換成了氯氮平。差不多第一劑之後，馬修便立刻察覺出不同。他開始準時赴診，從不失約。他告訴家人，他覺得猶如從惡夢中醒了過來。他不再認為自己是保羅．麥卡尼了。氯氮平是非典型的抗精神病藥物，藥理跟托拉靈之類的典型抗精神病藥物略有不同。這種藥物也證明對唐諾德和吉姆有效，不過似乎對彼得起不了太大作用。「有效的時候，」普維布洛的醫務主任亞伯特．辛格頓說，「氯氮平和其他藥物的區別，就像拜爾（Bayer）的阿斯匹靈之於奧施康定*」。

只要有車可開，馬修便會整天替朋友們跑腿打雜。這讓他覺得自己有用；他也確實有用。他在一家慈善廚房擔任志工多年，替無家可歸的老兵服務，其中許多人是他的朋友。美國退伍軍人事務部曾來函感謝他的服務。「他對其他人保有的一點責任心，是支撐他走下去的力量，」哥哥麥可曾經這麼說，「我認為這句話適用於我們每一個人。」

* 譯註：Oxycontin，一種鴉片類止痛藥，會導致上癮及濫用藥物問題。此處指的是氯氮平常被視為最後一線的藥物希望，特別是在其他藥物作用都有限時。

就算換了比較好的藥，馬修仍會陷入漫長的自憐，向家中每個人和政府訴苦。每個月定期到科羅拉多泉的派克峰精神健康中心回診時，他會竭盡全力說服醫師相信他不再需要用藥；每個月他都失望而歸。不過，馬修和會自行停藥的彼得不同，他的反應無非抱怨罷了——確信全世界都串通起來對付他，家人也都遺棄了他。他只有在最氣憤的時候，才會再度跟現實稍微脫節。就是在那些時刻，他又開始相信治療不僅不必要，甚至會引發某些世界大事。

「他們給我下的藥越重，就會有越多人死掉，」馬修曾經說，「如果你關注最近的新聞，你會發現大概有四百八十人死於四場不同的空難；八千人在喜馬拉雅山的地震中罹難；奈及利亞有一百五十人遭槍殺；二十二人在教堂被殺害；二十二人因飛機失事而喪生。停止對我用藥，否則這類事情會不斷發生。」

「我是你經常聽說的那位先知！」

一九八五年十一月，彼得．蓋爾文被人發現在科羅拉多泉鬧區的馬路中央禱告。他二十五歲，骨瘦如柴，曲棍球員的壯碩身材已一去不回。幾天後，警察偶然遇見他，這一次，他既心煩意亂又充滿敵意。當他們告訴彼得他八成得進州立精神病院治療，他大發脾氣，放話說他會毆打每一個想抓他的人。一名警察走上前，彼得嗆聲說他會扯斷警察的頸動脈，接著便動手襲警。

這是彼得第八次住進普維布洛。他憤怒地入院，拒絕進食。觀察期間，院方人員看破了彼得的矛盾。「觀察他的行動是件有趣的事，」一名精神科醫師寫道，「他說他會服藥，但是當質問他不久前拒絕服藥的事情時，他會說：『你說得沒錯，我確實如此。』彷彿他對這樣的前後矛盾完全不以

28

為意。」

彼得的病情一穩定下來，普維布洛的醫師立刻決定送他上法庭面對他的襲警官司。開庭之前，他被安置在幾年前曾把他踢出去的關愛之家。彼得嘗試逃跑，四天內四度從同一扇窗戶爬出去，回到隱谷路的家。咪咪每次都開車送他回去，每次都只落得隔天看著他再度從大門走進來。

對於他的診斷抱持多年懷疑後，醫師終於開始開鋰鹽給他，理由是他的症狀與躁鬱症更相符。不過，鋰鹽要有效，也得先吃下肚才行。咪咪和唐已經疲於調解彼得和唐諾德的爭執。現在，彼得也拒絕服用鋰鹽和氟奮乃靜，而且根據一份治療報告記載，咪咪曾表示彼得「不吃不喝，整天躺在床上，不發一語，直勾勾瞪著家人，除了偶爾突然爆發，幾乎毫無反應」。她的結論是：「母親覺得彼得企圖餓死自己……除此之外，萬聖節前後，他和一位哥哥爆發暴力衝突。」這名哥哥應該是唐諾德，他是唯一還住在家裡的另外一名兄弟。「家人認為威脅已迫在眉睫，清醒的每一分鐘，母親都『害怕看到結果，擔心得半死』。」

醫師的假設前提（或者毋寧說願望）是，或許存在某種完美的藥物搭配，能將彼得拉回某種可控制的底線。在普維布洛的一次會議中，咪咪說她覺得鋰鹽和氟奮乃靜的搭配對彼得最有效，但唐說氟奮乃靜似乎讓彼得開始出現手抖的情況，這讓他很擔心。醫師建議彼得在鋰鹽之外另外服用一種叫做巔通（Tegretol®）的躁鬱症藥物。彼得同意了，不過醫師認為他仍很激躁，甚至偏執。

彼得告訴精神科醫師他想寫自傳。他說他打算到西藏學習武術，說他曾經被釘死在十字架上然後重生，說他身上沾滿了耶穌鮮血。有時候，他會突然唱起歌來。「我痊癒了，我很好，」他在一九八六年五月第九次住進普維布洛時說，「牧師為我塗油，治好我的全身……我相信一旦塗上膏油，你就會幡然悔悟，不藥而癒。」

兩個月後，他帶著《聖經》走進晤談室，洋洋得意地說他前一天晚上說服了好幾位病友皈依基督教。但他也說他知道自己病了，並且知道鋰鹽的用途是讓他不要太「亢奮，以免每天工作二十四小時，彷彿我身兼三份不同差事」。他說，如果不服用鋰鹽，「我的血液會跑得超快。」

大約此時，彼得在一次評估中鬆口說出某件新的、他以前從未提過的事。他一開始照例表現得玩世不恭。當問起他的婚姻狀態，他說「我休掉美國」；問起他是否受過特殊的職業訓練，他向父親從前的組織致意，說「我在落磯山聯邦工作」；問起他是否對任何東西過敏，他列出了鋰鹽和氟奮乃靜。

接著是樣板式的精神健康問題。

你是否曾出現幻聽？

「上帝的聲音。他命我遵守戒律，友愛世人。」

你是否曾出現自殺念頭？

「有啊，因為假如我能拿到一把刀或一支湯匙，我會吞下它們。我曾經吞下一整瓶鋰鹽。」

你是否曾傷害別人？

「是啊，什麼樣的人都有。」

你是否曾涉入肢體或性虐待？

「是，」彼得說，「我小時候被哥哥欺負，但我不會說出是哪一個。」

28

沒有生病的幾個兄弟拚盡全力好好活下去，或多或少展開了自己的人生。

一九七〇年代，用功的古典音樂學生約翰剛剛落腳波夕（Boise）時，覺得那裡是荒無人煙的鄉下地方，乏善可陳。然後他第一次嘗試毛鉤釣魚（fly-fishing），當釣線在空中飛舞，他發現沒有人會擋他的道。他就是在那一刻知道自己找到了新的家。約翰以自己的方式體現了蓋爾文家的雙面性：熱愛野外活動又有學者風範，四肢發達又極富聰明才智，但衷心嚮往精神生活。他在小學教授音樂賺取固定薪水，是蓋爾文兄弟當中唯一將童年的鋼琴課派上用場的人。他很少跟同樣是音樂老師的太太南西回科羅拉多省親，約翰說，那是因為教員家庭負擔不起龐大的旅費。

不過，不回家也是比較省事的選擇。哥哥弟弟們的情況嚇壞了約翰和南西；每次回科羅拉多都落實了他們的恐懼。有一次，他們把兩個稚子留在家裡請家人照顧幾個小時，回家時看到閃光燈在車道上閃個不停。生病的兄弟再次失控，咪咪把約翰和南西的孩子藏進衣櫃，直到警察上門。孩子們無恙，但約翰和南西越來越難得回家，而且從此不在隱谷路過夜。

對某些兄弟姊妹來說，約翰似乎徹底拋棄了家人。不過真相是，約翰覺得被疏遠的人是他——他被討厭的疾病剝奪了親情。等到該是時候告訴子女他們有六個精神失常的叔伯，而且這是某天或許會影響他們的一項家族遺傳疾病時，約翰和南西還是什麼都沒說。家中的對話從未提起他生病的兄弟。他的子女在二十多歲以前一直不太清楚家族的病史。

麥可離開農場公社後，在科羅拉多泉附近的嬉皮小鎮馬尼圖泉找到了人生的意義。他結了婚，生了兩個女兒，然後離婚。他到處打工維生——幫忙照顧老人、修理房屋，偶爾彈古典吉他賣藝。他依然對兄弟們在醫療機構接受的治療抱持懷疑，依然對自己多年前被誤診的事情心懷芥蒂，依然不相信任何盲從的脈動，也依然樂觀地認為生病的兄弟們有力量突然走出困境。

少年時期的搗蛋鬼、如今已改過自新的理查，和咪咪的肯揚祖父更相像：自負、不安分、衝動。當然，這一切不過是偽裝：布萊恩的死讓他納悶自己是不是遲早也會瘋掉。「那把我嚇得半死，」他說，「二十年來，我麻痺自己，但願事情不會發生。我將家人封鎖在外。」他在青春期奉子成婚的婚姻非常短暫。離婚後，理查努力跟兒子保持聯繫，但也將他二十多歲的時光泰半花在吃喝玩樂，晚上到當地的俱樂部彈爵士鋼琴，在弟弟妹妹開口的時候跟他們分享他的古柯鹼。他越來越少回家，只在感恩節或聖誕節回家過節時聽人說起最近發生的危急情節。「我聽著這些可怕的故事——『噢，天啊，你絕對想不到唐諾德做了什麼』，或者吉姆做了什麼，或者馬修、彼得或喬瑟夫做了什麼。」

二十歲出頭時，理查受雇於一家礦業公司，這家公司或多或少跟科氏（Koch）和亨特（Hunt）石油家族有點關係。他花了許多年深耕人脈，謀得了各種差事，找到一群投資人支持他在全球各地開礦。理查不希望家中的情況影響他的前程，因此選擇保持距離。只有偶爾兄弟們的消息會突破防線，讓他深埋心底。一九八一年，雷根總統遇刺，理查恰好認識小約翰．欣克利*的一位至親。他聽說聯邦調查局突然上門盤問欣克利的親人、蒐集證據時，一個念頭鑽進理查的腦海，來得猝不及防：他什麼時候也會聽到這樣的敲門聲？

理查說，他在一九八〇年代中期買了一座礦坑，但礦坑在他取得控制權不久後被劃為重度污染地區。理查跟前任業主纏訟二十年，花了三百萬美元，然後宣告破產。與此同時，他繼續做其他生意，跟兄弟姊妹們吹噓他的成就。當基因研究員前來進行篩檢，理查只做最低限度的配合；他抽了血、接受訪談，但在此之後就對任何醫療行動敬而遠之。他會私底下和母親見面，把自己當作讓咪咪透透氣的對象——一個可以讓她暫時忘掉煩惱的有趣訪客。而令他自己也令所有人驚訝的是，在把咪咪視為嚴厲的管教者多年之後，他發現自己竟然很享受與咪咪之間所共有的片刻溫馨。

老八馬克曾被視為兄弟當中最聰明的一個，他是天才西洋棋手，十歲那年就打敗所有哥哥。小時候，他是家裡的和事佬，總會想辦法勸架。「我想，我彷彿是咪咪的小天使，」他曾說，「也許，她對我不像對其他兄弟那樣嚴苛。我不管做什麼都不算錯。」但是，那麼多的兄弟生了病，此事沉重地壓在馬克心上。他從科羅拉多大學波德分校輟學，結了婚，生了三個孩子，再也沒有返回大學校園。他離婚後又再婚，最後在科羅拉多大學的書店當經理，總算穩定下來。「我想，他之所以這麼做，是因為他認定自己需要卸下所有壓力，過上非常簡單的生活，」琳賽說，「那是他的解決對策。」

馬克和妹妹們以及爸媽保持著密切聯繫。他習慣陷入傷感，想起往事時常常止不住哭泣。他也許沒有罹患家族疾病，但這項疾病卻讓他受困於孤島之中。喬瑟夫、馬修和彼得是他的隊友，是他兒時朝夕相處的夥伴。他們是曲棍球四兄弟，家中其他人不過是他們生活中的背景。當他們一個接著一個發病，對馬克而言，這世上最重要的三個人彷彿從人間蒸發。

28

蓋爾文家的男主人此時年過六旬了，除了中風外，還加上其他幾個新的健康問題，這讓他一下子老了許多。唐在一九八〇年代第一次被診斷出癌症：頭頂上有一個大約五分錢銅板大小的惡性腫瘤。當癌細胞擴散後，他在接下來的十五年間接受了三次治療，包括為了清除四十五個淋巴結的癌

* 譯註：小約翰·欣克利（John Hinckley Jr.），雷根總統的行刺者，最後因查出精神病對犯罪的重大影響而被法庭裁定無罪。

細胞組織所做的開胸手術、一次攝護腺手術，以及一次大腸息肉切除手術。到了一九九〇年代，他開始吃高血壓藥，在那之後，鬱血性心臟衰竭已近在咫尺。

從軍走遍世界、在北美空防司令部捍衛國家，以及代表落磯山聯邦飛到各地開會、和政治人物往來酬酢的日子已然一去不復返。唐現在成天在家，他會蒐集阿拉斯加的地圖，閒坐幾個鐘頭規劃和昔日鷹友一起尋鷹的探險行程。這些計畫無非空中樓閣。唐的腳踝腫得太厲害，心臟堵塞得太嚴重，頭腦也變得太糊塗了，根本無法從事這樣的旅行。不過唐會打電話跟這群鷹友聊聊天，給他們寫信、寄卡片，堅持馴鷹的夢想以紀念他曾有的歲月，想像自己置身國王、鳥類學家和博物學家之列，共同將馴服野鳥的行動推上崇高殿堂。倘若失去這個夢想，他也許就一無所有。

唐這一生所累積的一切，他的學問、地位和專長，如今似乎毫無意義。而這還不夠，他曾經在工作一天後看著自己的孩子，想像自己是個重要人物，驕傲地帶領著一個名聞遐邇的家族，如今，他只能驚異地旁觀發生的這一切。唐會跟訪客翻閱相簿，微笑地指著一個接著一個發病的男孩的快照，挖苦地描述每人每月能拿到多少政府津貼。「這個拿到四百九十三塊，但這一個可拿到了六百九十六塊……」

琳賽有時會納悶父親是否對他們每一個人感到失望、覺得就連那六個躲過精神病的孩子都辜負了他。約翰、麥可、理查、馬克、瑪格麗特和琳賽都曾相信自己永遠比不上父親達到的成就。他們都曾感受到父親的期許，也都認為自己沒有達到期望。

29

唐
咪咪
唐諾德
吉姆
約翰
布萊恩
麥可
理查
喬瑟夫
馬克
馬修
彼得
瑪格麗特
琳賽

29

一天晚上，蓋爾文姊妹在波德閒坐聊天，琳賽終於提起那個話題。在她看來，這麼做是有風險的；她還記得上一次跟姊姊提起這件事，她是如何碰了個大釘子。

但這一次不同。這一次，瑪格麗特說：「你也一樣？」

瑪格麗特不記得琳賽曾經問過吉姆的事；這說明她當時如何鐵了心假裝什麼事都沒發生。但現在她們倆都準備好了。她們比較吉姆所作所為的每個小細節——平行的傷痛，每一道都在彼此不知情的情況下發生。一開始，兩人極其相似的經驗令她們大感驚異，就像發現有個雙胞胎姊妹自始至終在她們身旁。

然後她們略略覺得虛脫，彷彿力氣都耗盡了——心中被恐懼填滿，甚至懊悔自己曾經守口如瓶。把話說出來，事情才變得更真實一點。

後來，這些感覺也漸漸消失，被簡單而感激的解脫感取而代之：知道有個人明白她們在說些什麼、能夠體會她們內心深處的痛苦。對她們來說，兩人成長在同一個家庭，對事情有同樣的理解，是難能可貴的好運。在一開始迴避，接著小心翼翼試探多年、不想戳破對方的泡泡以後，琳賽和瑪格麗特發現，她們終於有能力給予彼此慰藉。

接下來許多年，姊妹倆無所不談：你記得這個嗎？真有這回事嗎？還記得那天晚上嗎？她們一起做菜，一起健身，一起解構她們的童年。這是她們最親密的一段時光，解析生命歷程的使命將她們綑綁在一起。

她們互相承諾，其中一人只要有一點點自殺的念頭，就要打電話給對方。

琳賽告訴瑪格麗特她現在得到怎樣的幫助：她對提姆吐露心事、提姆求助南茜・蓋瑞，而南茜幫她找到合適的心理治療師的經過。瑪格麗特專心諦聽。琳賽推薦一本書，《錯不在你》（*The Courage to Heal*）。瑪格麗特答應找時間拜讀。

瑪格麗特跟克里斯的婚姻撐不到一年。他們到希臘度蜜月，接著前往開羅，在石油公司擔任高層主管的克里斯父親在那裡替他們安排了一位私人嚮導。回家後不久，瑪格麗特發現自己懷孕了。這是計畫之外的事，她不知道如何是好。當克里斯要求她拿掉孩子，並揚言假如她不照做，他會離開她們母子——她赫然明白他們根本不該結婚。

她順從地接受手術。這樁婚姻在克里斯申請離婚時戛然終止，那是在瑪格麗特發現自己懷孕的九個月後，她無法不注意到時機點的巧合。她搬回波德，住在妹妹附近，設法完成大學學業，從頭來過。她在一九八六年取得學位，不過之前曾陷入另一段不對等的關係。這一次是跟一個肌肉發達、虎背熊腰、有一雙銳利藍眸的登山客交往。他以販賣迷幻蘑菇維生，起床後總會先吸一管大麻，然後到埃爾多拉多峽谷（Eldorado Caynon）晃蕩一天。大學畢業後，瑪格麗特甩了這個男友。分得好，他告訴她：在他看來，蓋爾文兩姊妹都令人倒胃口。

> 月亮必定在天蠍座……我絕望地想要開心一點，這份絕望折磨著我。我的感覺變得遲鈍，反應也不太靈敏。或許是因為我反應得不夠多吧。我茫然了。
>
> 瑪格麗特日記，一九八六年四月二十三日

瑪格麗特找到一家門診康復中心，每週見一次那裡的心理輔導員。她戒掉每天早上吸大麻菸的習慣，轉而到弗拉格斯塔夫山（Flagstaff Mountain）晨跑。她在珍珠街購物中心的一家飾品店找到工作，開始練習瑜珈、學習新的思維方式，思索「走進自己內心深處的柔軟之地」這類箴言。她有時候想，這就像交了一位新朋友一樣。

不過瑪格麗特和妹妹不同，她沒太大興趣深入探索他們家的問題，也沒興趣進行更深刻的治療。她只想放過自己。她到猶他州的摩押（Moab）露營、騎登山車，沿著峽谷地國家公園（Canyonlands）的白緣徑（White Rim trail）騎了超過一百哩，花了四天三夜。《營養百科》（*Nutrition Almanac*）成了她最新的《聖經》；她幾乎總在苜蓿超市（Alfalfa's）——科羅拉多州當年唯一的健康食品店——買菜。漸漸地，她覺得自己能夠正視她多年來逃避的某些事情了。婚姻破碎的痛苦、被吉姆性侵多年的餘毒、原生家庭懸而未決的問題。

她跟琳賽合租一間公寓，兩人分攤房租。我們真的很幸運能擁有彼此，瑪格麗特在一九八七年的日記寫道，我們得永遠記住這一點。威利來科羅拉多看她。他的個性穩定，是她在婚前就認識的

一個更適合的對象。他現在在芝加哥商品交易所（Chicago Mercantile Exchange）交易大廳工作。他想和她在一起，心意始終沒變。

瑪格麗特依舊害怕，跟威利交往意味著她得坦白說出自己的一切。他很酷，她在日記中這麼寫著，但和他在一起，我被自我揭露的恐懼吞噬，只想退縮。

在琳賽揭穿吉姆幾年後，瑪格麗特也決定跟吉姆對質。琳賽當年是在形勢所迫之下當面詰問，但瑪格麗特選擇透過電話，在安全距離外對抗吉姆。

和當年面對琳賽一樣，吉姆矢口否認一切。當瑪格麗特跟母親坦露吉姆的事，咪咪的反應也跟當初面對琳賽時完全相同：她分享她跟繼父的親身經歷，並希望大家姑且替吉姆想想，畢竟他生病了。

瑪格麗特憤怒不已，好幾個星期吃不下也睡不著。她現在站在高處搖搖欲墜，可能跌落到任何一個方向。她想，如果她繼續因為自己的家庭而感到恐懼、羞愧、恥辱，她可能永遠走不出來。不過她不知道還有什麼選擇。

此刻，威利陪在瑪格麗特身旁；她需要一個可以信任的人幫助她重新認識性愛與親密感的意義。他們在芝加哥同居了幾年，然後一起搬回波德。在她持續尋找前進的方法之際，兩人在一九九三年結婚，共組家庭。

她找到一位心理治療師；是琳賽的心理治療師介紹的。除此之外，她也嘗試過不計其數的飲食、運動和非傳統療法——後者堪稱波德的城市特色。她跟那洛巴大學（Naropa University）的一位大

29

師進行藝術治療、跟佛學老師一起打坐冥想。她接受霍夫曼流程（Hoffman Process）訓練；這是一種融合了東方神祕主義、完形心理學和團體治療的靈修方法，她在其中縱情於創造性預想畫面——把內心的騷亂幻化成龍，然後設法屠殺牠。有幾年時間，她透過腦點技術（Brainspotting）找到安慰；這是一種前衛的創傷治療法，重點是將眼睛的活動聚焦於腦中的創造性預想畫面。腦點技術源於較為知名的「眼動減敏與歷程更新療法」（Eye Movement Desensitization and Reprocessing，簡稱EMDR），旨在幫助患者重新經歷創傷事件，只不過這一次是帶著控制感與安全感。（她的治療師瑪莉．哈尼特〔Mary Hartnett〕會說：「被我們啟動記憶的那個小孩，得到了滋養。」）在追蹤視覺畫面的方向與焦點時，瑪格麗特重新走過包羅萬象的創傷記憶，從比較小的事件開始：吉姆在她的婚禮前劃破琳賽的汽車輪胎、唐諾德一絲不掛站在空蕩蕩的屋子裡、所有的傢俱被搬到後院、馬修在蓋瑞家脫光衣服。在治療師引導下，她漸漸溯及重大的心理創傷：吉姆的性侵、布萊恩的謀殺後自殺。治療期間，瑪格麗特有時會痛哭一個半鐘頭，哀悼自己原本可以擁有什麼樣的人生，如果他們都是正常人的話。然後她會直接上床，一夜好眠。

重新思索人生的過程中，瑪格麗特不斷想起她的母親：咪咪為什麼生那麼多小孩？她為什麼願意犧牲健康的子女來保護生病的子女？她為什麼明知吉姆精神失常，仍把兩個女兒送到吉姆家度週末，讓她們陷於危險？漸漸地，她強迫自己從新的角度看待母親。她開始認為，咪咪沒辦法看到在她眼皮底下發生的性侵，是因為她從來沒有真正承認她自己受到的侵犯。那是否也是咪咪接連不斷地生小孩，毫無節制、沒有分寸感的原因？她的母親沉湎於建立家庭——逃離過去，試圖打造理想的未來。沒有瑕疵的未來。

長期以來，身為一名倖存者，瑪格麗特第一次感到自己與母親血脈相連。她離治癒越來越近。不過，若要真的治癒，她必須和全家人保持距離，妹妹除外。

30

唐
咪咪
唐諾德
吉姆
約翰
布萊恩
麥可
理查
喬瑟夫
馬克
馬修
彼得
瑪格麗特
琳賽

琳賽到波德探監，深深地看了哥哥一眼。彼得三十一歲了，不過氣色紅潤，穿上艾迪鮑爾*風格的羽絨夾克、毛襪和登山靴，看起來還像個大學生似的。從許多方面來看，他還是當年那個叛逆小子，他聰明、健談、迷人，一天到晚惹麻煩、頂撞父母、在隱谷路和醫院之間來來去去。不過如今情況越演越烈，彼得似乎輸掉了這一場戰爭，完全控制不住情緒，而琳賽終於到了覺得自己或許可以幫助他的人生階段。

和爸媽同住時，彼得偶爾會勃然大怒，一度打碎家裡好幾面玻璃窗。有一次在潘洛斯醫院住院，病歷上寫著他「對病房區護士性騷擾」，甚至試圖侵犯其中一人。住院期間，當酒精戒斷症候群發作，他覺得蟲子在皮膚上爬來爬去，還看見蛆從天花板掉進他的嘴裡。出院以後，彼得露宿街頭，或者借住朋友家。有一次，他坐在路邊，因為將燈光反射照進路過的駕駛人眼睛而遭到拘捕時，他宣稱自己是一名飛行員，需要拯救這座城市。在幻想更熾的時刻，他發誓自

* 譯註：Eddie Bauer，美國高檔戶外休閒服品牌。

己將繼承父親衣缽，掌管落磯山聯邦——奪回屬於他們家的王位。

在法院下令他住進普維布洛州立精神病院就醫期間，彼得自行離開，決定搭便車到波德看他的兩個妹妹。他一到波德就惹上麻煩。一九九一年五月十八日，彼得在一家7－11偷香菸時被人發現。當一名店員追著他跑出來，彼得乾脆坐在店門口，拒絕移動。來了兩名警察，其中一人詢問他的名字以及生日，彼得回答「一八五一年」，然後突然起身逃跑。被警察攔下來後，彼得驚慌失措，開始拳打腳踢，兩名警察臉上都挨了拳頭。彼得後來說他只是想甩掉他們。不過警察銬住他，指控他犯了二級襲警罪。

琳賽到監獄看他後，法院把彼得移送到普維布洛，九月間再回到監獄。他被判定精神失常，沒有行為能力，襲警案最終遭到撤銷。琳賽把握住這次機會：她替彼得交保，帶他回家。她有個計畫。她想，手足的支持結合某種治療，或許能幫助彼得回歸正軌，打破他在住家和普維布洛之間的往復循環。他是蓋爾文家最小的兒子，所以琳賽想像他或許病得還不太嚴重，比其他人更有希望復原。彼得從十四歲就被困入精神機構體系，在琳賽看來，彼得無非受害者——遭醫療體系和蓋爾文家所害。

琳賽把此事告知母親。她以為咪咪會設法捍衛主權、會覺得受傷、會帶著戒心出言反對。相反的，她表示擔心。

「噢，瑪麗，你最好別給自己找麻煩。」

「我必須試試，」琳賽說，「如果不試試看，我會一輩子良心不安。」

30

琳賽接受心理師路薏絲・席爾文的治療已有七年時間。她在大學主修行銷學，大學畢業後，她到埃爾多拉（Eldora）滑雪場工作，學以致用，協助籌辦世界高山滑雪錦標賽這類活動。不到兩年，她成了滑雪場的業務總監，替度假村統籌策劃各項企業活動。在埃爾多拉工作時，她遇見了她的男友瑞克，幾年後嫁給了他。她現在準備好接受更深刻的關係了，也終於能夠想像自己可以擁有正常生活。一九九〇年，憑著短短三年工作經驗，琳賽運用她在滑雪度假村的人脈自立門戶，創立了企業活動籌畫公司。她二十多歲那幾年最美好的瞬間，或許是帶唐和咪咪上館子吃午餐，然後偷偷跑去買單的那一刻。

她可以成天工作，精力怎麼用也用不完。然而，她的成就感從來就維持不了太久。總有什麼事情不太完美，總有什麼事情需要修改。

瑪格麗特、彼得和琳賽回隱谷路探親

終於，透過心理諮商，她發現自己有很深的罪惡感，因為殘酷的宿命饒過了她，卻沒放過她的幾個哥哥。不過最重要的，她對心理治療帶給她的幫助有很高的認同，高到她無法停止去想，對幾個哥哥而言，最好的辦法說不定是停止把他們送去普維布洛——並為他們提供改變了她的人生的同一種幫助。

琳賽想讓哥哥們遠離普維布洛的新念頭夾雜著對母親的強烈非難。琳賽相信在他們小時候，咪咪始終拿普維布洛當作威嚇哥哥的棍子，藉此讓他們乖乖聽話——羈絆他們、把他們當成幼兒對待——害他們被囚禁在他們最重大的自身缺陷中。不過最重要的是，琳賽和麥可一樣，都相信哥哥們的治療少了一塊拼圖。隱谷路的男孩從未得到她的治療師給予她的機會：訴說自己的經歷，從中復原。

她相信醫療行業不僅沒有妥善照顧幾個哥哥，甚至懲罰了他們；這一行除了給他們打針吃藥，看來其餘什麼也沒做。不論醫師開立抗精神病藥物的出發點多麼良善，在琳賽眼中，藥物似乎不過是另一種腦白質切除術，另一種囚禁靈魂的方式。是不是還有其他辦法？可不可以有人詢問哥哥們需要什麼，並真心聆聽答案？

更廣泛地說，琳賽希望在家中扮演新的角色。既然她已不再需要為了迴避吉姆而遠離家人，她相信在她的康復道路上、在她重新掌握生命的過程中，下一步就是試著回到原生家庭，幫助那些似乎被拋下的手足。

為什麼不是我？琳賽會這麼想。我虧欠他們，因為生病的不是我。

瑪格麗特沒興趣為琳賽的新計畫助一臂之力。她說那個想法太過隨興——是那種一時心血來潮率性而為的事。她說得有道理。

但真相是，瑪格麗特也很害怕。她的年紀比瑪麗更接近彼得。小時候，她常常被曲棍球四兄弟捉弄、奚落、霸凌，包括彼得在內。現在，彼得會砸窗戶，還會襲警？光想到和彼得相處，她就覺得自己無處遁逃。她的反應和琳賽截然不同：**我不希望它出現在我的生活中；我不能讓它出現在我的生活中；我不想跟它有任何瓜葛。**

琳賽無法理解瑪格麗特的反應。她希望置身風暴核心，即使吃苦受罪也不怕。她渴望得到機會質疑父母，向他們證明他們錯得多麼離譜，讓他們知道他們把事情處理得一團糟——她渴望以小時候從未做到的方式成為自身命運的主宰。

當瑪格麗特想要的是設法在腦中重建一個正常的童年，奪回她所失去之物，琳賽則下定決心再也不要變成小孩。

30

州政府指定琳賽作為彼得的法定代理人。對一個有全職工作的二十六歲女人來說，此事牽涉到的文書工作相當繁重。不過現在，她可以管理彼得的福利津貼、安排他的治療計畫、替他申請聯邦租屋補貼券。她跟波德派出所交涉好幾個月，註銷了彼得的刑事罪名。他在一九九一年十二月重返普維布洛住院六個月，然後回到波德，接受她的照顧。

琳賽陪彼得看醫生，從不缺席，一開始是在科羅拉多大學波德分校接受心理治療，他們不僅沒收取費用，還介紹他前往以藥物輔助心理治療的波德精神健康中心（Boulder Mental Health Center）。兄妹倆一起赴約，在這裡，彼得的感受得到認可，他們讓他覺得他是個有價值的人，而且因為他所受過的苦而值得同情。琳賽看見彼得似乎很喜歡這個地方。

她越來越清楚哥哥的病情。儘管思覺失調症或躁鬱症患者最後多半放棄掙扎、屈服於醫療體制，但彼得從不停止抵抗。她一點兒都不意外。不過，她感興趣的是背後原因。彼得的醫師說，雖然許多病人在被迫服從時會情緒失控，但彼得是少數將目標瞄準系統性問題，出言控訴醫療體系的人；他認為醫療體系阻礙他好轉，或至少剝奪了他的權利。他因此而更加排斥治療——到頭來，可能反而使他病得更重。

得知這些情況，琳賽更加確定她收留彼得是一件對的事。藉由將他留在波德照顧，她打破了排斥與生病的循環，幫助他重新掌握生命的主控權。她跟彼得有了一個共同使命——找到一個方法，讓他們可以一起說出：**我們的家人很重要，不要假裝我們不存在，我們一家人為什麼不能擁有不一樣的生活？**

琳賽的男友瑞克帶彼得去滑雪和溜冰。彼得的肌肉記憶甦醒了，他放下戒備，慢慢變回原來的自己，身體突然找回了那些年和哥哥們一起打曲棍球的感覺。「他彷彿變了一個人，」瑞克回憶，「他的語調、他的自信。他在冰上魅力四射。」這些是令人大受鼓舞的快樂時光，彼得似乎願意也能夠回到從前，稍微變回以前的模樣。

琳賽覺得彼得急著向所有人（包括他自己）證明他很好、他沒有失常。琳賽以為她看到了進步。彼得是個大嗓門，個性衝動又專橫，但他也是個意興風發、充滿魅力的人。他一般時候並不會陷入

30

妄想；他沒有和現實脫節。他可以勝任簡單的工作。

彼得在波德的一位個案輔導員表示，彼得似乎致力於尋找解決辦法——他熟知精神醫療體系及其缺陷，決心協助改善體系。琳賽帶他到科羅拉多精神病患聯盟（Colorado Alliance for the Mentally Ill；簡稱CAMI）開會，彼得訴說他跟警察之間的摩擦，並表示警察需要接受特殊訓練，學會以更委婉的方式對待像他這樣的人，不要語出威脅、不要挑釁。聞之令人動容。

琳賽相信，彼得看到她跟瑪格麗特安然無恙地度過童年，他也開始想跟她們一樣。這樣的好時光會持續一段時間——一個月，或許更長——直到彼得變得太過自信，停止服藥。然後他會整夜不睡覺，以很快的語速說話，幾乎不肯停下來喘口氣，反覆說著同一套陳年白日夢，表示他將執掌老爸的聯邦。他會騎車上波德峽谷頂端，然後下山，然後再上山、下山，重複一遍又一遍。他依舊焦慮，於是轉而求助酒精或大麻，或任何更強烈的東西來自我治療。他會一整天待在波德最大的行人徒步區——珍珠街購物中心，坐在街友旁，吹吹直笛，還常常帶他的新朋友到琳賽的公寓吃喝玩樂。

執法單位就是在此時重新介入他的個案。他沒有被送到普維布洛，而是進了位於丹佛的洛根堡（Fort Logan）州立精神病院，直到情況再度好轉，可以讓琳賽帶他回家。

一天晚上在珍珠街，彼得一邊彈奏音樂一邊抬眼，看見一個小男孩正在看他。男孩旁邊站著他認識的一個男人。彼得笑了。

「嗨，佛里德曼醫師！」

羅伯特．佛里德曼曾在他的丹佛實驗室測試絕大多數蓋爾文兄弟的感覺門控能力，對這家人知之甚詳。不過他並不知道彼得人在波德。現在，既然彼得進了洛根堡，佛里德曼堅持治療他，並向琳賽報告哥哥的治療進度。探視幾次後，琳賽開始聽到佛里德曼用「不堪一擊」這個詞形容她的哥哥。那表示最微不足道的小事，像是晚上沒睡好、忘記吃藥——都可能引發精神崩潰。

佛里德曼告訴她，這是多年來不肯好好配合的結果。不只因為他拒絕服藥，更因為醫師開錯了藥；他的診斷從最初的思覺失調症到情感型思覺失調症，最後確診為躁鬱症。「不遵從藥物」（non-compliance）這個概念似乎是在責怪病人，但讓琳賽特別痛苦的是，她覺得自己好像太晚出手幫助哥哥——這麼多年來，彼得根本就沒有得到正確藥物，如果真有正確藥物的話。

更糟的是，當琳賽看著其他幾位哥哥，她看見的是，多年來服用所謂的正確藥物也同樣讓他們變得不堪一擊——更脆弱、更退縮、更無法應付日常規律的些微變化。她不由得認為哥哥們全都陷入兩難，怎麼做都是錯到了極點。

琳賽的實驗看來失敗了。她所做的事情，沒有一件能讓彼得長期跳出惡性循環。佛里德曼警告她，她哥哥的病情日後還可能大幅惡化，對他更有益的醫師不在洛根堡，而是在普維布洛。

佛里德曼告訴琳賽，有些研究人員相信思覺失調的遺傳傾向（亦即丹尼爾．溫伯格的發育假說中闡述的脆弱性）可能被環境壓力因子激發。琳賽或許根本無法幫助彼得應付他的壓力因子，不論他的壓力源自哪裡。

但當她想到先天與後天的混合，琳賽認為，假設她跟哥哥們具有相同的遺傳脆弱性，她便是環境很重要的活生生證據：經歷創傷之後，她得到妥善治療，從未像他們病得那麼嚴重。她所受的創傷是性侵害，但哥哥們各有自己的故事：唐諾德被妻子拋棄、布萊恩跟女友分手、喬瑟夫的未婚妻離開他、馬修兩度頭部重創（一次是在曲棍球比賽中受傷，一次是跟喬瑟夫打架時一頭撞上露台）。

彼得的創傷似乎很明顯：十四歲那年，他目睹父親中風倒地，幾週後第一次入院。不過還有別的事情。現在他們比較親密了，琳賽問彼得，他是否跟她還有瑪格麗特一樣，曾遭吉姆性侵。彼得承認，但他不願詳述細節。

琳賽並不意外。吉姆似乎對他身邊的每個幼童都很親暱。然而，這不也是她的創傷？就這樣，歷經多年努力之後，琳賽又開始回頭自問究竟是什麼原因——她的腦部化學物質、她的基因、她對心理治療的投入——才使她免於落入和彼得相同的下場。

30

31

唐
咪咪
唐諾德
吉姆
約翰
布萊恩
麥可
理查
喬瑟夫
馬克
馬修
彼得
瑪格麗特
琳賽

琳賽和瑪格麗特始終覺得不可思議，在許多外人眼裡，她們年邁的母親對家人的奉獻幾乎稱得上神聖了。「儘管她病痛纏身，但她從來不讓自己被疾病打倒，」一位普維布洛醫師在一九八七年寫道，「她的態度是堅持撐下去，不管怎樣，問題總會解決。」

拜訪普維布洛、派克峰精神健康中心門診部門、潘洛斯醫院，或者兒子們偶爾暫住的關愛之家時，咪咪會拿關於歌劇、喬治亞．歐姬芙、她的外公和龐丘．維拉的故事跟醫師們談天說地，總能令人留下深刻印象。「她總是那麼和氣，令人非常舒服，」精神科醫師霍尼．克蘭道爾（Honie B. Crandall）回憶道；他是派克峰的醫療主任，幾乎每一個蓋爾文男孩都曾在某個時間點接受他的治療。「從沒見過她失態或惹人不快，但她總會說，『你得立刻放下一切來做這件事，快來處理這個。』」咪咪又會變回鬥志昂揚的戰士，只不過戰爭的性質不同。

單獨和生病的兒子相處時，咪咪的脾氣比外人所以為的暴躁一些。她會因馬修邋遢骯髒而破口大罵，因彼得頂嘴衝撞而怒氣衝天，因喬瑟夫體重暴增而百般挑剔。她對唐諾德稍微多一點點耐心；他依舊是跟她關係最親密的兒子。

31

在收容所住了幾年後，唐諾德放棄團體生活，回到隱谷路，似乎再也不打算離開。「他就是無法忍受和其他病人共處一室。」咪咪會這樣解釋——那不是她傑出的兒子該過的生活。唐諾德開始手抖；醫師診斷他患了遲發性運動障礙（tardive dyskinesia），這是服用抗精神病藥物的常見副作用，會引發不自主的僵硬、抽搐的動作。唐諾德解釋他之所以出現手抖，是由於父親「規定我們立正站好，因為他希望我們成為醫師」。

唐諾德大多數時候說的話依舊跟現實沒有任何合乎常理的連結。不過，讓他變得遲緩的藥物也有帶來好處，使他偶有神智清醒的時刻。情況好的時候，唐諾德會跟咪咪去賞鳥，看見什麼時，他會出現稍微生動的表情，叫道：「噢，那兒有一隻紅尾鵟！」或「有一隻老鷹！」也讓他懷念起跟父親放鷹的日子。咪咪每次拜訪親戚，都會帶上唐諾德——他是她的隨扈，通常會安安靜靜坐在她身旁，直到他們起身離開。然而，一年年過去，咪咪開始對唐諾德較為狂亂的一面感到厭煩。她得把家裡的相簿藏好，以免唐諾德抽出相片摧毀。他砸碎了放在壁爐邊多年的一尊大型聖若瑟塑像；有一次跟咪咪去銀行，他告訴櫃員他想開戶並改名。不過大多數時候，唐諾德不肯離開他的房間。甚至在耶誕節，他會跟每個人擁抱打招呼，然後躲進某個隱密地點。咪咪的一個孫女有一次找到了他，她當時五歲。「咪咪，」許多孫兒孫女學瑪格麗特和琳賽直呼咪咪的名字，神態可愛地說：「唐諾德坐在衣櫃裡。」

即使在這些時刻，咪咪的心還是向著唐諾德。「節日特別難捱，」她說，「一家人團圓，聊著他們要去哪裡玩、在做什麼工作、生了幾個孩子之類的。非常煎熬。」想起她曾經對他抱持的一切希望，她也很煎熬。當咪咪看著唐諾德，常會提起生病以前的那個男孩。「人們會說，『啊，他的舉止多麼優雅。』他們根本什麼都不知道。」

閒談中，咪咪開始引述別人送她的一本叫做《聖人、學者與思覺失調患者》（*Saints, Scholars, and Schizophrenics*）的書，內容是關於在愛爾蘭某些社區，人們對精神病患充滿善意，甚至認為他們具有特別的洞察力，能「看」到別人「看」不到的世界*。光知道這世上有這樣的地方存在，咪咪就覺得安慰——或許，唐諾德和其他人有什麼獨特之處，以一種微小的方式，彌補了他們失去的一切。

疾病剛開始把持這家人的生活時，咪咪的生命也跟著改變了。她曾經認為像太陽每天早上必會升起般理所當然的未來，永遠不會實現。她從來沒有直截了當地開口抱怨，不過當她的兩個女兒偶爾來訪，她們發現咪咪變得比較憤懣。她說的故事和以前不同了：她的獨白不再只是關於霍華．休斯和雅克．德昂布瓦斯，而是關於她多麼希望她的丈夫、他們的父親成為一名律師，但他堅持從軍；她一直想住在東岸，但唐帶著她繞遍大半個美國，來了科羅拉多；她從來不想生那麼多子女，但唐想要十二個，所以他們生了十二個孩子。她說，她善盡妻子職責、甚至皈依天主教，因為那是她的本分；她說，她為其他每一個人而活，做出無數次偉大的犧牲。

在她狀況最糟的時候，她將疾病歸咎於唐那一邊的家族。唐的一個侄子現在似乎狀況不穩，或許得了躁鬱症。她說，科學遲早會證明她的子女發生的事，是從蓋爾文家族遺傳來的疾病。

琳賽和瑪格麗特覺得這些話很無聊，甚至殘忍。她們的父親已衰弱得不成樣子，只能整天坐在電視機前打發時間。提起任何一個生病兒子的話題時，他都彷彿再也無法認清現況。而當有人說起吉姆對女孩們所做的事，他的下巴會微微顫抖。他並未負起責任，至少瑪格麗特認為如此，不過他不再像以前那般疏遠；他熱淚盈眶。如今何忍對他多加苛責？

31

有件事情一直令咪咪心煩，事情跟她的女兒有關。她知道在她們眼中，她既是惡霸也是英雄：她是一個拒絕接受現實的母親，一顆心全放在生病的兒子身上，無情地忽略了自己的女兒；她也是一個將家人凝聚在一起的母親，獨自承擔了照顧那麼多生病兒子的責任。咪咪覺得自己受到批判。她很氣餒；做了那麼多以後，最不體諒她的人竟是她自己的骨肉。這讓她忍不了太久。

一九九〇年代，咪咪得知一樁有如晴天霹靂的真相——她越想越覺得可怕的一件事。唐諾德突如其來地向母親坦承自己年少時曾遭遇性侵。而當咪咪詢問加害人的名字，答案竟是被她視為摯友的一個男人。

一九五〇年代末期，少年唐諾德是蓋爾文家中第一個在聖瑪莉教堂替羅伯特·佛洛登斯坦神父——指導咪咪天主教教義並替她施洗的同一位神父——服務的祭壇男孩。那幾年，佛洛迪和這家人往來熱絡，咪咪和唐對他推心置腹，少年唐諾德也跟他關係親密。唐諾德十六歲時，曾到佛洛迪在草原上的家住了一星期，充當神父的司機，替當時被吊銷駕照的神父開車。現在，唐諾德說他曾被神父猥褻。

咪咪愣住了，整個人措手不及。她現在都快要七十歲了；她還得承受多少件可怕的事？況且，唐諾德總是喋喋不休，說的幾乎都是些胡言亂語。所以她試著忽略這些話。但唐諾德繼續以他平淡

* 審註：本書為人類學家Nancy Scheper-Hughes 的成名民族誌，說明了農業經濟的崩解如何導致農家生活的解體，但也極具同理性地闡述思覺失調症者的特殊洞察力。

而面無表情的方式說下去，堅持這些都是真的。如今，天主教的性侵案件在媒體上吵得沸沸揚揚。從已公開的案件中，大多數人似乎都因為羞恥、甚至因為遭到恫嚇，數十年後才說出實情，就和唐諾德一樣。

佛洛登斯坦神父從未因這類案件登上新聞版面，不過咪咪無法停止思索。想到這類事情發生在她原本應該保護好的兒子身上，這麼多年來——或許自布萊恩死後——她的心情從未如此低落。她越琢磨佛洛迪這個人，越看清他性格中的侵略性，看清他是如何讓咪咪少不了他，讓她逐漸信任他，最後放心讓他跟唐諾德以及其他幾個較大的男孩獨處。聽聞了越多關於神父與男童的內幕，咪咪就越納悶她究竟有幾個兒子受害。

一開始，他們看似什麼也不能做。時間已經過去了那麼久，而唐諾德畢竟是唐諾德——被診斷出思覺失調，數十年來服用劑量很重的藥物。但只要有人問起，唐諾德就會重覆說一遍，毫不動搖。其他兄弟對佛洛迪的印象則各有不同：約翰記得自己曾被他戲弄，麥可和理查則很喜歡他。理查記得，佛洛迪曾經帶唐諾德、吉姆、約翰和布萊恩等幾個哥哥到格倫伍德泉登山兩天。「爸媽很放心，」理查說，「他們信任神父。」

但是，在一次偶然機會中，理查發現了佛洛迪的真面目。理查的女友芮妮（Renée）有一個近親——一個名叫肯特．施努布施（Kent Schnurbusch）的男人——告訴這對情侶，一九六六年，他在年少時期認識了這名神父。他說，佛洛登斯坦誘騙他跟他發生性行為。多年後，肯特參加遭神父性侵倖存者網路（Survivors Network of those Abused by Priests；簡稱 SNAP）科羅拉多分會的聚會，提到了佛洛登斯坦的名字。另外兩個男人說他們聽說過佛洛迪：他們說，他是同性戀者，且酗酒成癮；這或許

31

足以說明他為什麼經常被轉調到較小的教區，而且從未獲得晉升。佛洛迪一九八七年從神職工作退休，在生命的最後幾年健康情況嚴重衰退，直至一九九四年過世。

肯特決定向教區辦公室索賠，並設法挖出這位侵犯他的神父的更多黑幕。他跟教區辦公室的會面很短暫，短得令他詫異。辦公室的神父沒有駁斥肯特的話，只問他期望得到多少賠償。他毫無心理準備。他的目的不在於錢，而是要一個交代。他要求八千美金，教區辦公室給了他一萬美金。

肯特向理查和芮妮說完一切後，他跟他們兩人一樣震驚：在他接觸神父的短短幾年前，這位神父竟與蓋爾文家的所有男孩如此熟稔。肯特在十八歲那年認識佛洛迪，還是個青少年，正如當年到草原上替神父開車的唐諾德。

咪咪一聽說肯特的故事，原本的懷疑得到了確認。證據確鑿，甚至連作案手法都如出一轍。佛洛迪的名字並未出現在性侵倖存者與支援者團體公開的任何名單上，也從未捲入任何公開的訴訟案件，但這對她而言並不重要。在她看來，事實無可否認。誰知道有哪些案件沒有被公開？誰知道哪些可恥的神父和他們的罪惡被刻意隱瞞了？咪咪相信佛洛登斯坦在她的男孩之間挑挑揀揀，就像瀏覽超市貨架上的早餐穀片，直到找到他最喜歡的那一個。「他挑中我們家，」她說，「他知道這是一個有許多男孩的大家庭。」

從此，咪咪把佛洛登斯坦視為所有問題的萬用解釋，是他們家之所以狀況百出的源頭。他說，神父性侵唐諾德，於是唐諾德痛毆弟弟出氣，而其中一個弟弟吉姆——則轉而性侵他們的妹妹，這聽起來不是很有道理嗎？說不定吉姆也曾遭佛洛登斯坦神父猥褻？那不就說明了他為什麼有戀童癖？或許，家中的種種思覺失調病史是因為這一連串虐待事件的壓力（在此之前，咪咪一直深信那是家族遺傳）而激發的？看看唐諾德和彼得，他們倆在病情最嚴重的時候都變得如此虔誠；那真的只是巧合，還是在創傷之後，天主教的意象出現了新的用途？

當然，咪咪這是驟下了許多結論。性侵害不會導致思覺失調症；這一點可以確定。即使是咪咪想像中那種來勢洶洶的性侵事件，都無法回答他們家為什麼那麼多人精神失常的大哉問。琳賽明白咪咪把性侵害和精神疾病混為一談，她認為自己知道原因何在。責怪佛洛登斯坦，至少可以稍微轉移咪咪的罪責——只要你不執著於詢問一個母親或父親得多常對事情視而不見，才能讓一個心存歹念的神父如此肆無忌憚地接近他們的兒子。

咪咪棄絕了她的信仰。她告訴子女，她不接受天主教葬禮，她想被火化。她現在什麼也不顧了；快沒有時間了，她想讓所有人知道該負責的是誰。

唐諾德告訴她佛洛登斯坦神父的事情後，咪咪除了照例喋喋不休訴說他們家原本多麼完美之外，有一次突然決定坦白面對過去，跟女兒們分享她以前從未想過自己會討論的事情。兩個女兒都沒料到的是，母親要揭露的竟是關於她們的父親。

咪咪首先詳述他們婚姻裡的幾段插曲，她相信這些插曲洩漏了唐的另外一面。她說，第一次是在一九五五年，他們剛從科羅拉多泉調到加拿大不久，唐陷入了咪咪此刻所說的深沉而強烈的憂鬱，最後進了華府的沃爾特里德陸軍醫院。她說，他後來在他們搬到北加州之後也曾輕微發病——類似恐慌症發作。唐近年來都待在家裡，因為一連串健康問題而意氣消沉，這是她們三個親眼所見的事。現在，咪咪告訴她們，她相信唐跟憂鬱症病史糾纏了一輩子。

31

一開始，琳賽和瑪格麗特都不相信她。這些話看起來像是咪咪用來模糊焦點的另一套說詞，是用來轉移批評的煙幕彈、甚至是反過來將男孩們的疾病怪罪於唐的基因。不過，兩姊妹不知不覺開始從不同角度思索父親。戰爭導致的創傷後壓力症候群是否滲入了父親在她們童年時期所做的每一件事？他是否不小心將他所受的創傷傳遞給了他的兒子？最令人困擾的問題是：唐是不是家中一連串暴力事件的根源，最終導致唐諾德傷害琴恩、布萊恩傷害諾麗——而吉姆傷害她們？這麼多年來，瑪格麗特和琳賽一直將焦點放在母親，以及她做過或沒做過的事情上。現在，出現了她們從沒想過提問的一組全新問題。

母親揭露的下一件事更令姊妹倆措手不及。咪咪說，唐在中風之前那幾年有過其他許多女人，照她算來，最少有六個。第一次出軌是在維吉尼亞州的諾福克，那時大戰剛結束，唐搭乘朱諾號戰艦巡迴大西洋。咪咪告訴瑪格麗特和琳賽，她原本要帶還在稚齡的唐諾德和吉姆參加其中一次航程。她說，唐就是在那一次旅程中邂逅一位長官夫人，展開了一段婚外情。她告訴瑪格麗特，假如她能夠上船，那次外遇或許根本不會發生。咪咪後來查出這件事，他們也被調離了諾福克。不過唐不可能一直保持安分。

兩姊妹大吃一驚。但是，她們對父親的新看法也以某種奇怪的方式，填補了她們所理解的父母關係之間的漏洞。現在，她們在家裡所見的許多事情都變得有理可循了。例如父親站在權力最高峰時，為什麼似乎總是不在家；還有，在克羅基特家的晚宴上，為什麼鄰居太太都以羅密歐稱呼她們的父親。她們越思索，這些外遇越能說明童年的許多事情——或許甚至能夠說明咪咪為什麼執著於追求一個完美的家庭。

咪咪此刻坦白說出一切，只是為了讓女兒們知道唐也是個凡人，並不完美，也應該受到和她或其他人一樣的仔細檢驗。現在，她們更想深入了解的是咪咪。她為什麼一直沒有離開唐？是因為她想留下來，還是因為生下他想要的那麼多孩子後，她已別無選擇？她為什麼同意受丈夫擺布，而他可以隨心所欲肆意而為？

瑪格麗特想起母親畫過的一幅畫，那幅畫如今歸琳賽所有。畫中主角是小木偶皮諾丘，他被鈎狀的鷹喙銜著的一根線吊著。對瑪格麗特來說，那幅畫洩漏了母親的真實感受：丈夫在其他地方流連忘返時，她不得不照顧十二個孩子。瑪格麗特納悶，她拿來描述母親的那些特徵——無法付出真心、個性脆弱——是否其實更適合父親。你想怎麼描述咪咪都行，但她從未離開，從未放棄努力。

32

32

一九九八年

科羅拉多大學醫學中心

科羅拉多州，丹佛市

九〇年代期間，當時還住在科羅拉多州的蓋爾文成員多半都曾去過羅伯特．佛里德曼位於丹佛的實驗室，參與為期數日的漫長測試，包括咪咪、唐、琳賽、瑪格麗特、理查、麥可、馬克，以及生病的唐諾德、喬瑟夫、馬修和彼得。當佛里德曼說明他的研究，他對感覺門控與脆弱性的描述，以及思覺失調的大腦難以修剪資訊等說法，聽來都很有道理，起碼琳賽非常認同。她想起哥哥們偶爾會對她認為的背景雜音特別敏感，例如電風扇的轟鳴聲。

佛里德曼從未把他的腦電生理實驗——衡量病患感覺門控能力的雙擊測試——當成萬無一失的思覺失調檢驗法，只是把它們視為探索受試者大腦內部的眾多可能策略之一。佛里德曼發現，蓋爾文家的許多成員無法抑制第二擊的刺激反應，包括琳賽等沒有生病的人，不過另外一些人可以。下一步便是看看感覺門控缺損的那些人是否共同具備其他人所沒有的某種遺傳性狀。

這讓佛里德曼踏進了不熟悉的領域。他的研究範疇集中在中樞神經系統，不像琳恩．德里西專精於遺傳學。「我太晚進入遺傳學領域了，」他說，「琳恩遠遠超前我。」

不過他確實熟知大腦功能。他知道海馬迴——貌似海馬的一塊腦部物質，左右腦各有一個——是負責狀態意識的大腦部位，它協助我們建立空間定位，並釐清我們為何與如何來到這個空間。他已目睹、也透過雙擊測試證實了這個流程不僅有賴神經元或腦細胞傳遞感官訊息進來，也需要抑制性中間神經元（inhibitory interneuron）立刻抹除大腦中的狀態資訊。少了抑制性中間神經元，我們會落得一遍遍重覆處理同樣資訊的下場，浪費時間與力氣、飽受折磨，變得越來越混亂、焦慮、偏執，甚至出現妄想。

現在，佛里德曼想知道的是，在細胞層級上，是否有什麼東西導致抑制性中間神經元啟動或關閉了——在生病的蓋爾文兄弟身上，是否有某種機制無法正常運作？佛里德曼實驗室的一群人開始測試大鼠的腦細胞，並發現抑制性中間神經元的電路開關是由海馬迴內一種叫做α7菸鹼受體（α7 nicotinic receptor）的關鍵成分所控制的。名稱很複雜，但背後原理直截了當。α7受體是主要的傳訊員，在神經元之間傳遞訊息，好讓神經迴路得以正常運作。但為了完成任務，受體需要一種稱為乙醯膽鹼的化合物來作為神經傳導物質。佛里德曼想知道思覺失調病患的α7受體是否故障了，又或許只是欠缺足夠的乙醯膽鹼讓受體發揮正常功能。假如佛里德曼是對的，那表示對某些蓋爾文兄弟而言，照理來說要幫助他們免於精神失常的機器也許只是沒油了。

為了證明這一點，佛里德曼需要從大鼠實驗進入人體實驗。於是在一九九〇年代末，他展開了事業生涯中的第一項遺傳研究。他蒐集了九個家庭（包括蓋爾文家）的數據，總共一百零四人，其中有三十六名思覺失調病患。佛里德曼在雙擊測試反應不良的家庭成員中尋找共同的基因模式。

32

透過分析組織檢體，佛里德曼得以追蹤到受體出現問題的確切位置——身體用以製造α7受體的CHRNA7基因所在的染色體。

一九九七年，佛里德曼確認CHRNA7[1]是第一個與思覺失調症明確相關的基因。[2]他和同事創造了歷史，更重要的是，他對理解思覺失調症的運作又邁進了關鍵一步。現在，他必須找出那個基因出了什麼差錯。他已經有一個重大線索：他所研究的家庭（包括蓋爾文家）成員腦部的α7受體數量大約只有一般大腦的一半。他們擁有的受體運作正常。問題在於欠缺足夠的乙醯膽鹼來打開開關，製造更多受體。

瑪格麗特記得她走進佛里德曼實驗室時，香檳砰地一聲打開的場景。她和威利是到那兒諮詢他們是否應該生小孩，而佛里德曼和他的團隊剛剛發現了CHRNA7。醫師樂得暫停慶祝，向他們說明這項新訊息對蓋爾文家代表什麼意義。

佛里德曼最不願意做的，就是勸阻瑪格麗特和威利生育子女。雖然思覺失調患者的兄弟姊妹罹患思覺失調症的機率確實比一般人高出許多——事實上，高出十倍；但他發現，父母與子女或叔伯與侄兒侄女之間，卻並未出現同樣狀況。他強調，瑪格麗特家庭裡的大量病例未必就意味著他們家存在某種會代代相傳的超級基因。思覺失調症常常在家族裡神出鬼沒，沒有理由相信瑪格麗特的子女註定精神失常。

似乎很難想像他們的風險和其他人一樣低，不過佛里德曼確實就是這個意思。但是，他的實驗室剛剛發現的有關思覺失調的基因又怎麼說？佛里德曼在一面大白板上寫滿了關於問題所在的染色體位置資訊，而這是瑪格麗特家人的數據幫忙找到的。他說，基因異常無法用來預測思覺失調，只能提供發病之後所需的治療路線圖。至於該怎麼做，他已經有了一個好主意。

佛里德曼並非憑空得到他的發現，還有其他數十位研究員投入於研究其他染色體上其他基因的其他變異情況。到了二〇〇〇年，研究人員至少找出另外五個問題點，還有更多發現即將出爐。[3]不過，α7受體由於與尼古丁關係特別，因而在眾多發現中脫穎而出。沒有人比老菸槍的感受更深刻：尼古丁會讓受體運作所需的乙醯膽鹼激增，而抽菸者——或者說，他們腦中的α7受體——很享受乙醯膽鹼激增的感覺。這就是香菸給抽菸者的感受：尼古丁可以幫助他們短暫集中精神，或者安撫他們。佛里德曼不禁納悶，許多思覺失調患者抽菸抽個不停（包括彼得在內），此事是否只是巧合？在非常短暫的時刻裡，尼古丁至少可以稍微緩解他們的妄想。假如佛里德曼可以放大尼古丁的效果——在實驗室裡仿製、包裝、送到每個確診思覺失調的人手上——它是否能比托拉靈更有效地治療疾病症狀，並且更不傷身體？

首先，他需要更多證據。一九九七年，佛里德曼設計了一項實驗：他讓思覺失調患者攝取尼古丁，通常是透過許多片尼古丁口香糖，然後以雙擊測試測量他們的腦波。[4]果然，嚼了三片尼古丁口香糖的思覺失調患者最終高分過關。他們回應了第一次擊打，但沒有回應第二次，一如沒有思覺失調症的正常人。雖然效果並未維持到尼古丁藥效消退以後，但佛里德曼仍然大受震撼。

他的研究贏得眾多同儕的掌聲，包括琳恩・德里西在NIMH的老長官，理查・懷亞特在內。懷亞特稱讚尼古丁實驗「意義重大、振奮人心」，而且他有「強烈直覺」，相信尼古丁能帶來很大的希望。[5]佛里德曼全力投入了尼古丁研究。他計畫發展一種新的藥物，不僅能達到尼古丁在實驗中對α7受體產生的作用，效果還更好——思覺失調患者的妄想將得到緩解，並非緩解幾分鐘，而是幾個小時、甚至長達幾天。他取得國家思覺失調症與憂鬱症研究聯盟（National Association for Research on Schizophrenia and Depression，NARSAD，如今更名為大腦與行為研究基金會〔Brain and Behavior Research Foundation〕）的資金贊助進行藥物試驗；這個研究協會是一個由捐助者所支持的組織，猶如精神疾病的美國癌症協會。「我們在想，我們可能可以製造出更好的尼古丁。」他說。

他找到一種可以仿製尼古丁功用的天然物質，叫做毒藜鹼（anabasine）。佛羅里達的一名研究員已培育出合成的毒藜鹼，但不確定這種藥能有什麼用途。他告訴佛里德曼，他等待佛里德曼這樣的人打電話過來已經等了十年了。佛里德曼發展出稱做DMXBA（全名為3-2,4二甲氧基亞苄基毒藜鹼〔3-2,4 dimethoxybenzylidene anabaseine〕）的藥物，開始試驗。在雙擊測試中，該藥物產生了和尼古丁相同的效果。二〇〇四年，他以一群思覺失調患者進行藥物的雙盲對照研究，得到了非凡的結果。[6]一名服用真正藥物而非安慰劑的受試者告訴佛里德曼，她原本一直無法寫完手中的一篇短篇故事，但現在她的精神夠集中，終於能動筆完成。另一人則說，「我的幻聽不見了。」第三位受試者的母親告訴佛里德曼，她的兒子首度能看見周遭的風景——他被後院的兔子逗樂了，沒有因為腦中幻覺而分神。

一年內，多家製藥公司努力開發不同版本的同一種藥物。他們不願買下佛里德曼研發的藥物，因為歸佛羅里達大學所有的專利權年份已久：沒有企業願意買下幾年後即將到期的專利權。「沒有太大的經濟誘因採用我們在臨床試驗中使用的藥物，」佛里德曼說，「所以他們得想辦法自行研發。」

作為無薪顧問，佛里德曼將藥物的屬性告訴每家公司，希望他們運用他提議的方法，各自開發藥物。幾家公司走了很長的路。其中，Forum藥商（Forum Pharmaceuticals）已進入試驗階段，但在太多受試者出現便祕後，計畫宣告終止。另一家企業——亞培大藥廠（Abbott Laboratories）的研發單位，艾伯維（Abbvie）公司——在DMXBA基礎上開發的藥物進入了第三期臨床試驗，結果好壞參半，最終停止研究。在佛里德曼看來，他們的問題出在堅持開發一天一劑的藥物。佛里德曼的團隊曾嘗試過這個方向，但卻發現他的藥只有在每天分成三到四次小劑量服用時才有效。亞培認為他們絕對無法成功推銷一個需要遵照嚴格時間表、使用次數如此頻繁的藥物。（想想老是不按時吃藥以致精神病復發的彼得．蓋爾文。）於是他們的一天一劑研發計畫也以失敗告終。「我想，企業的藥理學家腦子夠聰明，這些問題他們全知道，」佛里德曼說，「但他們的行銷人員主導製藥流程，因此他們或多或少註定要失敗。」

佛里德曼把這次經驗視為製藥公司如何運作的具體實例。「真令人失望，因為我認為他們原本可以開發出很好的藥物。」在對製藥公司寄予厚望之後，他又回到了原點。佛里德曼得想出其他辦法來刺激α7受體，強化大腦處理資訊的能力。

33

二〇〇〇年
紐約州立大學石溪分校

打從琳恩．德里西和蓋爾文家庭初次見面迄今，已經過了十年。她依舊堅持不懈地蒐集家庭資料，依舊努力取得各種DNA樣本、期盼找到有助於解釋思覺失調症的基因變異。她沒有太大進展，其他人也一樣。一九九四年，《新英格蘭醫學期刊》（*New England Journal of Medicine*）發表了一份關於思覺失調症研究的大調查，認定醫界對於思覺失調症依舊所知無幾，治療方法也同樣了無新意。[1]看來，醫師所能做的，就是他們行之多年的同一套方法：開藥，然後盡量保持樂觀；他們就用這一套應付《自然》雜誌（*Nature*）的編輯幾年前形容為「堪稱人類遭遇過最可怕的惡疾，即使愛滋病也略遜一籌」的疾病。[2]

不過一九九五年，德里西的研究工作吸引了一個資金雄厚的投資者：賽奎納醫療（Sequana Therapeutics）。這是一家未上市的製藥公司，日後將與派德大藥廠（Parke-Davis）合作研發思覺失調症藥物。賽奎納的遺傳學研究主任傑．利希特（Jay Lichter）非常清楚德里西能夠提供什麼樣的資源，他說：「德里西醫師及其合作團隊蒐集了大量思覺失調症多發性家庭的資料，樣本數量堪稱該領域之冠。」[3]

賽奎納認為，在尋找這項疾病的基因標記——所有人引頸期盼的突破性進展上，德里西居於領先地位。作為回報，賽奎納為德里西提供當今最精密的基因分析儀器：「超出小型實驗室實際能力」的技術，她說，「因此，我們預期進度會加快許多。」[4]

在德里西帶領之下，該公司投資進行了迄今規模最大的單一調查員多發型家庭研究，分析散布在整個基因體的三百五十多個基因間的連鎖關係。[5]蓋爾文家的DNA也涵蓋其中。德里西似乎即將得到突破。但是，和佛里德曼一樣，她在短短幾年內，透過自身的痛苦經驗認清了市場的反覆無常。二〇〇〇年，派德藥廠遭輝瑞（Pfizer）併購，德里西的研究計畫幾乎立刻被輝瑞取消，所有工作面臨停擺。她在派德藥廠所累積的所有基因材料，包括蓋爾文家的DNA，都將成為輝瑞的資產——德里西無權使用，除非她能找到另一家公司贊助這項研究計畫。

輝瑞為什麼對德里西的家庭研究計畫興趣缺缺？的確，她的進度緩慢。但在科學研究上，只有在別人超越你時才需要加快腳步。

人類基因體計畫（Human Genome Project）是一項備受矚目的工程，旨在標定並解讀人類每一個基因的結構、組織與作用，亦即組成人類的整個DNA藍圖。[6]美國能源部在一九八〇年代開始推動這項計畫，與國家衛生研究院（NIH）展開友善競爭，共同籌集經費。一九九〇年，這項計畫以大約三十億美金的經費正式啟動。這猶如生物學領域的月球探勘工程，若能成功繪製人類的基因體圖譜，幾乎每一項遺傳疾病的研究工作都會和從前判若兩樣，甚至像思覺失調症這類複雜疾病亦同。

早在人類基因體計畫之前，德里西和其他人便已明白，如果你想尋找思覺失調症的基因變異，最簡單的方法就是從蓋爾文這類家庭著手。他們認為，基因連鎖研究迄今毫無成果，正足以證明這種疾病有多麼複雜。另一種方法——藉由研究一般大眾的基因編碼來尋找思覺失調的基因變異——似乎很荒謬；不過，一切都因人類基因體計畫而出現改變。

人體有超過兩萬個基因，藉由轉錄成組成身體並使身體正常運作的蛋白質，基因為打造每個人的獨特屬性扮演了至關重要的角色；要從兩萬多個基因中找出與思覺失調症有關的變異，猶如大海撈針。不過理論上，一旦人類基因體計畫蒐集並繪製了足夠多人的基因圖譜，你要撈針的海域會突然大幅縮小。現在，你所要做的，就是拿一群病人——隨便哪一種病——的樣本跟對照組的基因體進行比較，病人基因體存在的異常現象就無所遁形。就這樣，製藥公司將能鎖定某個基因——以及可以運用藥物操控的特定遺傳過程。

有了人類基因體計畫，要找到任何一種疾病的新療法與新藥物，似乎就只有短短幾年時間的距離。一九九五年，癌症專家、國家衛生研究院院長哈洛德．瓦慕斯（Harold Varmus）在國家科學院（National Academy of Sciences）舉辦為期兩天的思覺失調症研習營。[7]曾因為找出特定癌細胞的起源而與麥可．畢夏普（J. Michael Bishop）共同獲得諾貝爾獎的瓦慕斯，邀請了這塊領域上許多大名鼎鼎的人物——福樂．托利、厄文．哥特斯曼、丹尼爾．溫伯格、耶魯的派翠夏．高曼—拉基（Patricia Goldman-Rakic）——來發表他們的最新研究。結果令瓦慕斯大失所望。溫伯格記得，瓦慕斯新指派的國家衛生研究院神經疾病研究部部長柴克．霍爾（Zach Hall）一度站起來說，「你們研究這項疾病三十年了，從我的角度來看，你們幾乎一無所獲。」[8]

此話一出，四座譁然。有些研究員稍微做了反擊。然後瓦慕斯本人開口表態，說出他或許早就想說的話。「你們大夥兒沒弄明白，」在場的每一個人都可以把他們的蛋白酶研究、核磁共振研究、電腦斷層掃描、正子斷層掃描統統拋到腦後。瓦慕斯說，如果不研究基因，「你們都將成為過時的老古董。」

在全球通力合作下，參與人類基因體計畫的科學家估計這項工程將耗時十五年，但他們在二○○三年提前完成。人類生命的配方表不僅首度從頭到尾清晰可讀，科學家更在過程中找到散布基因體各處的新遺傳標記，可供日後研究使用。德里西之前受限於大約幾百個不同的基因標記，現在，人類基因體計畫打開了大門，另外發現了數百萬個基因標記，毫不誇張。有了如此豐富的新標記，研究人員如今發展出一套工具來迅速分析基因體，鎖定看來與疾病相關的特定DNA區域：全基因體關聯分析（genome-wide association study，簡稱GWAS）。

一次成功的GWAS，首先必須盡可能大量蒐集罹患目標疾病（例如思覺失調症）族群的DNA樣本，並同樣盡可能大量蒐集沒有罹病的健康族群樣本——樣本數越多越好。透過電腦輔助，GWAS比較兩個族群的資訊，尋找在生病的人身上較為常見的標記。理論上，一經比較，任何疾病的遺傳標記都會立刻攤在陽光下，一目了然。

在新千禧世代的頭十年，幾乎每一種被懷疑有遺傳性的疾病——心臟病、糖尿病、類風濕性關節炎、克隆氏症、躁鬱症、高血壓——都有人在做GWAS，而且常常有超過一組人馬投入相同工作。二○○五年，德里西在波士頓主持國際精神病遺傳學學會（International Society of Psychiatric Genetics）的一場會議，當時，任職於麻省理工學院與哈佛大學共同成立的博德研究所（Broad Institute）研究員愛德華・斯科尼克（Edward Scolnick）宣布，他的研究機構決心成為思覺失調症基因資料的全球數據中心，目標是透過GWAS找出思覺失調症的基因。到了二〇〇八年，這塊領域的每一個研究人員（包括德里西）幾乎都加入了一個叫做「精神病GWAS聯盟」（如今更名為精神病基因體聯盟〔Psychiatric Genomics Consortium〕）的新團體，蒐集了五萬個罹患各種精神疾病的患者DNA樣本，包括德里西取自蓋爾文家的樣本。二〇〇九年，一項研究利用這個聯盟的資訊分析了三千名思覺失調患者與躁鬱症患者的七萬五千個基因異常之處，找出「數千個影響不大的等位基因（不排除基因變異的可能性）。」[9]

這項關於精神疾病的GWAS分析找到了散布各處的相關基因位置，對於精神疾病如何在腦中運作，提出了更深刻的新見解。未來幾年，這些新知將幫助遺傳學家看清，思覺失調症及其他精神疾病是如何與基因的複製錯誤，或說拷貝數變異（copy number variations；簡稱CNVs）[10]——一整組DNA或者重覆複製，或者集體消失——密切相關。但對於那些希望透過GWAS找出少數幾個基因來究責的研究人員而言，這樣的進展並不值得太開心。這只是個開端。後續的思覺失調GWAS研究確認了最初幾個看似與這項疾病特別相關的基因位置。二〇一三年發表於《自然－遺傳學》雜誌（*Nature Genetics*）的其中一項GWAS研究涵蓋了大約兩萬一千個基因樣本，找出了二十二個基因位置。[11]二〇一四年發表於《自然》雜誌的另一項GWAS研究分析了三萬六千九百八十九位病患，找到一百零八個位置，佛里德曼的CHRNA7也列於其中，為他提供了可喜的外部認證。[12]不過，找到的基因位置越多，研究結果似乎越失去意義。

各自來看，每一個異常基因都只稍微增加個體罹患思覺失調症的機率。既然如此，研究人員嘗試將所有微不足道的因子結合起來，提出他們所說的「多基因風險評分」（polygenic risk score）。[13]然而，對許多研究人員而言，多基因風險評分不過是把許多微不足道的東西混在一起，變成一個稍微不那麼微不足道的東西罷了。二〇一四年發表於《自然》的GWAS研究找到的所有基因標記，合起來只增加了大約百分之四的罹病機率。[14]「這樣的評分意義不大，」德里西在NIMH的老長官、後來轉到芝加哥大學任教的艾略特．葛申說，「你其實無法靠多基因風險評分判斷出什麼。」[15]

GWAS研究方法並未創造出瓦慕斯等遺傳學家所期待的理想結局。在極度失望之下，引領思覺失調GWAS研究的博德研究所高層決定加大力度、孤注一擲——決心樹立一項更大規模、更好的GWAS研究。「同事估計我們將需要二十五萬名思覺失調症病患，」博德研究所史丹利精神醫學研究中心主任史蒂芬．海曼（Steven Hyman）說，「工程驚人地浩大，但以這項疾病而言，確實可行。」[16]海曼預測，一旦完成，「將能找到幾百個基因上的數千種變異」，全都指向思覺失調症。

有人懷疑這個過程會把整個研究領域帶偏——再度派研究人員到陽光底下尋找掉落的鑰匙，而非到鑰匙真正可能存在之處。在歷經種種發展之後，思覺失調症的基本性質依舊眾說紛紜，引發激烈爭議。「它是傳統的器質性生物醫學疾病？」——一如人們對阿茲海默症的認知——精神病遺傳學家肯尼斯．肯德勒二〇一五年納悶地問道，「……或者是集合在一起的症狀譜系中較嚴重的一端？」[17]

就這個問題而言，琳恩．德里西知道自己的立場。多年來，她堅定不移。「我的想法是，『我不認為這幾百個基因或標記能得出任何結論，』」她說，「我想看看在蓋爾文這類大家庭中，是什麼原因導致了思覺失調症。」

33

當輝瑞在二〇〇〇年叫停德里西的思覺失調家庭研究，她被迫停下手邊的一切工作。就像離婚雙方，她和輝瑞對半分割她從各個家庭取得的實物樣本。研究領域的術語是「等分」（aliquoted）：她和輝瑞各自帶走一半血液樣本，理論上，材料足夠雙方繼續研究。然而諷刺的是，兩邊都沒有繼續研究：德里西有意願卻沒有錢，輝瑞有錢卻沒有意願。

大型製藥公司為什麼不願意嘗試研發更好的思覺失調症藥物——某種瞄準目標基因、以托拉靈及其後繼者從未觸及的方式來解決問題的藥物？根據與這些公司打交道的專業人士所言，當時的理由很明顯。就算有目標基因（例如佛里德曼的α７受體），研發並試驗這類藥物的過程極度昂貴，有賴人體受試者願意忍受難以預見的副作用。如果路的盡頭有豐碩的報酬，那也就咬牙走下去了；然而，實際情況是，托拉靈及其後繼者已存在多年，幾乎每一家公司都有自己的版本。這些藥物極其穩定，可以有效舒緩精神病症狀，所以很難從經濟的角度說服公司花錢研發新藥。

德里西以「災難」描述她與輝瑞打交道的經驗。[18]由於沒有其他選項，她將她分到的三百戶家庭、一千多個血液樣本的一半——包括她那一半中每一個蓋爾文家庭成員的樣本——放進她在紐約大學新單位的冷凍庫。二〇〇三年，紐約全市大停電後，德里西將她的樣本送到其他機構保存，首先是冷泉港實驗室（Cold Spring Harbor），繼而又送到加州大學聖地牙哥分校。

德里西的家庭樣本並未消失，而是在外頭流浪。她不知道還要多久才能把它們帶回家。

34

唐
咪咪
唐諾德
吉姆
約翰
布萊恩
麥可
理查
喬瑟夫
馬克
馬修
彼得
瑪格麗特
琳賽

在波德讓琳賽照顧了一段時間後，彼得又恢復在普維布洛與隱谷路之間來來去去的循環。他的妹妹放棄了法定監護權，好讓彼得可以接受政府監護、得到治療，必要時住進州立精神病院長期療養。他目前確診為躁鬱症，外加偶爾發作的被迫害妄想症。十年來，他每一次住院，都只待到他能再次獨立生活為止；每一次走進真實世界，都只維持到他不再按時服藥為止。

二〇〇四年，彼德四十三歲，臉上稜角分明，變得更瘦、腦筋也越發混亂。二月二十六日，他在普維布洛住了兩個月後出院，醫師開給他抗精神病藥物「理思必妥」（Risperdal®），以及也可以幫助躁鬱症病患穩定情緒的抗癲癇藥物「帝拔癲」（Depakote）。三天後，當他在二月二十九日因為確信小布希總統打算轟炸位於科羅拉多泉鬧區的布羅德莫飯店而重新入院時，他兩種藥都沒吃。這是他第二十五次住進普維布洛。

這一次，醫師開給他三種不同的精神安定劑，包括每兩小時吃一次的托拉靈，以及一天服用兩次的兩種非典型抗精神病藥物，氯氮平及津普速（Zyprexa®）。另外，他每天也得吃一顆鎮頑癲（Neurontin®），這是一種偶爾會開給酒精中毒病患的抗癲癇藥物。似乎沒有一種藥物發揮作用。四月，同一病房區的兩名女病人說自己被他抓住強吻。六月，他被人看到在廁所刻意催吐他服用的藥物。整個夏天，他曾經突然衝向一名醫院員工、捶打牆壁，罵其他病人「娘砲」、「混帳」、「王八蛋」。他曾經對一名醫護人員說，「賤人，你別想拿著你的藥靠近我」；還對另一個人叫囂著說，「我會殺了你。」彼得曾經在其他病人講電話時抓起話筒掛掉、在別人看電視時關掉電視，還讓浴室淹大水。他開始對周圍的人說教。「我是摩西。你會下地獄。脫掉你的衣服。你們都是痲瘋病人。你死定了。我會砸爛你的頭。閉嘴，否則我會給你好看。」他不只一次受到當時最終極的懲處：穿上約束衣關禁閉。到了八月，彼得的用藥方案包括了八種不同藥物：哲思（Geodon®）、利培酮（Risperidone®）、鎮頑癲、維思通（Risperdal Consta®；一種注射針劑）、津普速、氟奮乃靜、除癲達（Trileptal®）和托拉靈。這些藥物同樣沒有發揮作用。

於是在九月十四日，醫師取得正式的法院命令後，彼得首度接受電痙攣治療（ECT）——也就是較為人所知的休克療法。

34

在源自精神醫學黑暗時代的治療方法裡頭，沒有一項如電痙攣療法那般經歷了意想不到的文化復興。數十年來，以電擊誘發痙攣、鎮靜大腦，一直是象徵醫療酷刑的文化符號——或許從肯·克西在《飛越杜鵑窩》裡將它描述為麥克墨菲所受的極端折磨就已開始。不過，到了彼得首度接受治療時，電痙攣療法已經過些微調整，被形容為有效、安全，甚至相對無痛的治療方式。[1]此時已有大量文獻記載，電療法可以有效將躁鬱症病患的瘋狂扼殺在搖籃中，彼得成為這種療法的首要目標對象，或許是遲早的問題。

關於這種改良過的新型電療的一切，似乎都在推翻幾十年來對它的描述。接受電擊之前，病人會先接受麻醉。他們會被注射肌肉鬆弛劑，全程在病患睡著的情況下進行。目前已知的是，這項療法仍會對病人的記憶產生負面影響，尤其是在接受多次治療以後。然而在某些案例中，電痙攣療法似乎比任何藥物更能有效地調節血清素和多巴胺濃度。當代許多有成就、有才華的人——例如弗拉基米爾．霍洛維茲（Vladimir Horowitz：俄國鋼琴家）、參議員湯瑪斯．伊格爾頓（Thomas Eagleton）、塞隆尼思．孟克（Thelonious Monk：美國爵士鋼琴家兼作曲家）、嘉莉．費雪（Carrie Fisher：美國女演員）和迪克．卡維特（Dick Cavett：美國脫口秀主持人）——都曾使用電痙攣療法讓自己恢復正常，通常只受過幾次治療，甚至僅僅一次。

至於若你所需要的不僅是短短幾次治療，那就是另外一回事了。彼得會不會喪失他的記憶、他的自我意識、他的人格？撇開風險不談，決定權已不在彼得手上。他的監護權如今在政府手裡，他的醫師有權代表他向法院提出申請。就算有人詢問咪咪的意見，她也不打算反對醫師的決策。她會說，或許這是能真正幫助彼得的唯一一種治療方法。若非如此，他的病情不知道還會惡化到什麼程度？

在普維布洛二樓，彼得換上了手術衣、躺到病床上，接受全身麻醉。他的嘴被蓋住，有一台機器協助他呼吸。他事先服用了咖啡因錠，以降低他對癲癇發作的抗拒——這是為了讓醫師能使用瓦數較小的電流；另外也服用了可以減少唾液分泌的格隆溴銨（Robinul®）。過程中，身體不會被電得拱起，事實上，或許除了下顎以外，全身根本一動不動。醒來後，彼得會頭昏眼花，得靠藥丸或咖啡攝取更多咖啡因來恢復頭腦清醒。

彼得從來不喜歡這些。「去他的狗屁治療，」他在二〇〇四年十一月八日說，「那搞壞了我的骨頭。我要打電話給空軍官校，叫他們炸掉這個地方。」

十二月，他數度被關禁閉、穿約束衣，有一次甚至長達四十小時。他依舊每星期接受一次電療，也同樣一次次地叫囂抵抗。他告訴一名醫護人員：「你個賤人，你要是敢搞我和我的律師，你肯定會被炒魷魚。我會告到你脫褲子……你這巴比倫的娼婦……昨天夜裡，我的手斷掉了，但我治好它了。」

當醫護人員吩咐他接受電療的前一天晚上不要喝水或其他流質食物，他會說，「去死吧，賤人，我想怎樣就怎樣。你死定了。」同一個月，他踢了一名工作人員的側身，踢斷她的肋骨。

精神病院必須向法院申請更多強制命令才有權施以更多治療。不過增加電療頻率之後，醫師看到了不同。二〇〇五年一月，彼得連續三個星期、平均每星期做三次電痙攣治療，然後變成一星期兩次。終於，在五月的時候，醫師宣告他毫無病症。「沒有證據顯示他會危害他人，他為自己掙得了權利。他曾跟家人一起出遊，相處融洽，」他的出院文件如此顯示。「問題是，蓋爾文先生欠缺病識感……他不相信電痙攣療法是確保他日後病情穩定所需的治療，也無法想像自己無限期地持續接受電痙攣治療。」正因如此，醫師對他的長期預後批上了「需審慎」的評語。

一年後，二〇〇六年六月，彼得重返普維布洛，聲稱自己「完成了心靈重建」。他拒絕進食，因為他相信他的食物受到毒物污染。他一直在跟耶穌對談。他是聖彼得，遭到惡靈追殺。

普維布洛的工作人員安排了更多場法庭聽證會，設法維持他的電痙攣治療頻率——一星期至少一次，視需要而定。彼得不願意，但他說了不算；他向來做不了主。正如他在一次入院會議上再次被要求陳述病史時所說的：「精神疾病宰制了我，毀了我的一生。」

35

35

唐
咪咪
唐諾德
吉姆
約翰
麥可
理查
喬瑟夫
馬克
馬修
彼得
瑪格麗特
琳賽

吉姆．蓋爾文接連幾星期數度進出位於科羅拉多泉的潘洛斯醫院急診室，主訴頭疼、四肢有麻刺感。院方一次次請他回家，認定他所說的，無非是他慣常的妄想症症狀。

到最後，吉姆相信他的胸口有個洞。「你沒看見我中槍了嗎？」他說。

二〇〇一年三月二日，吉姆在他位於科羅拉多泉的公寓中孤獨死去，得年五十三歲。醫師將他的死因歸於心臟衰竭，與服用抗精神病藥物有關。家人將這段話解讀為他是死於所謂的「抗精神病藥物惡性症候群」（neuroleptic malignant syndrome）——一種罕見的致命性疾病，往往由本意用於治病的藥物造成。原本就反對醫師不假思索使用藥物治療精神疾病的研究人員已將成千上萬個死亡病例歸咎於這個症候群。[1]有些症狀，例如激躁（agitation）和譫妄（delirium），很容易被誤認為精神疾病，這說明了為什麼這個症候群通常只在病人死後才會被發現。另外幾個症狀，如抽筋和顫抖，則往往和藥物的副作用無異。吉姆的症狀如此明顯，以至於在他死前，醫師還開給他一般用於舒緩帕金森氏症病徵的普環啶（procyclidine）。

吉姆的死，讓瑪格麗特和琳賽學到很清楚的一課：治病的藥物跟疾病本身一樣糟。姊妹倆看著另外四個哥哥——唐諾德、喬瑟夫、馬修和彼得——不知道下一個會輪到誰。

與此同時，咪咪持續以吉姆的人生遭遇解釋他的精神疾病——破裂的婚姻，以及或許由於惡毒的神父所造成的創傷，使他被逼著成了一個施暴者。她還沒準備好撒手不理她的任何一名子女，甚至不打算拋下吉姆，就算女兒們揭露了他的所作所為也一樣。「我想，問題出在緊張的婚姻關係，以及其他事情，」咪咪會這麼說，「或許還有他那負罪的良心。不過，**每一個**小孩都是那麼喜歡他啊。」

吉姆的前妻凱西和他們的兒子小吉米沒有參加葬禮。他們現在定居加州，試圖重新好好過日子，努力遺忘曾經讓他們倆飽受折磨的那個男人。

關於她們的童年，瑪格麗特和琳賽有個疑問至今仍藏在心底。如今吉姆死了，她們看到了一個契機。在吉姆剛結婚的時候，爸媽就知道他的精神狀態不穩定，甚至曾經入院。她們為什麼允許兩個女兒一個週末又一個週末地到吉姆家過夜，和他單獨相處？

二〇〇三年的一天，瑪格麗特拿著錄音機，直截了當地質問咪咪，「那段時間，你為什麼准許我去他家？」

咪咪毫不猶豫地回答，「因為他恢復健康了，」她說，「他恢復了健康、重新回到職場。他的太太會照顧他，一切看起來都沒事。而他後來又崩潰了——他當時在看外面的醫師——然後他再度復原，接下來六個月都安然無恙。」

瑪格麗特哽咽著回應，聲音像個孩子似地怯懦無力。

「從來沒有人告訴我他生病了。」

「噢，我的天啊，」咪咪說——對於重新提起此事，咪咪的反應與其說是震驚，倒不如說被激怒了。

「我從來都不知道。」瑪格麗特說。

「你瞧，瑪格麗特，當年誰都不知道，」咪咪連珠炮地說，「看起來，他們是莫名其妙突然發病的。他也是。他回來了，繼續上班，強撐著自己。不過他總是過分努力。他不只做一份差事，還試著兼差。他一天得工作十八個小時之類的，所以他崩潰了。而且他喝酒。沒錯，他喝酒。」

35

當癌症終於帶走了唐．蓋爾文——二〇〇三年一月七日病逝，享年七十八歲——他已形銷骨立，體重剩不到一百磅（約四十五公斤）。他在他協助建立的官校建築傑作、空軍官校禮拜堂以隆重的軍禮入葬。官校的一頭表演獵鷹到場觀禮，全程棲息在一名官校學員的拳頭上。

麥可在人們陸續進場時彈奏古典吉他，男孩們以前的鋼琴老師演奏〈不要害怕〉（Be Not Afraid）作為開場贊歌。從前的天才棋手馬克朗讀《德訓篇》（*Ecclesiasticus*）第三十九章對智者的描述，非常符合唐希望自己在世人眼中的形象：**他考究歷代古人的智慧，專務先知的預言／他流傳名人的言論，領悟比喻的妙理……**

理查引述《約翰福音》；從愛達荷趕回來奔喪的音樂老師約翰帶領大家唸誦〈信徒禱詞〉；如今年近六十的唐諾德唸誦「真福八端」裡的四種美德：謹慎、公正、堅毅、克己。麥可和琳賽各自朗讀了詩歌；瑪格麗特發表了悼詞。「他晚年記憶衰退，」她說，「但那不代表他的人生平淡無奇。他度過了不平凡的一生。」

葬禮在〈乘鷹翅膀〉（On Eagle's Wings）的樂聲中畫下句點。空軍的雷鳥飛行隊原本計畫飛越空軍官校——他一生最快樂的所在——為唐致敬，但因天候不佳而無法起飛。

唐的遺體被送到科羅拉多大學，交給羅伯特．佛里德曼的團隊研究他的大腦。他們驚訝地發現，唐的腦部並未呈現神智受損或精神疾病應有的生理特徵。

對此，咪咪不予置評。她就是知道她知道的事情。

個性溫和的老七喬瑟夫獨自住在政府補貼租金的公寓。他最後一次跟母親講電話時，他說他的腳麻掉了，沒辦法走路。那是個下雪天，咪咪無法在惡劣天氣中開車。她說她隔天早上會去看他。不過那時已經太遲。

二〇〇九年十二月七日，喬瑟夫．蓋爾文孤身一人死在家中，得年五十三。縣政府的屍檢報告註明，死因是氯氮平中毒引發的心臟衰竭。這種強力的非典型抗精神病藥物給了喬瑟夫許多方面的幫助，但藥物的副作用似乎一點一滴拖垮了他的身體。他和吉姆的過世，無疑存在著許多共通之處。這很可能是抗精神病藥物惡性症候群的另一個案例。

吉姆過世時，琳賽和瑪格麗特都無意哀悼。不過喬瑟夫不同。小時候，兩姊妹都喜歡幻想自己沒有哥哥。但真相是，看著她們深愛的哥哥們——例如喬瑟夫——罹患思覺失調症，就彷彿看著他們逐漸從人間蒸發。所以，當喬瑟夫真的走了，感覺不僅僅是經歷了一次失去哥哥的痛；多年前看著哥哥被精神疾病帶走的失親創傷也如回音般同時襲來，令她們很難接受。

35

全家人聚在一起撒喬瑟夫的骨灰。彼得臉色紅潤，他的衣服破破爛爛、菸味很重，但他依舊非常孩子氣，明亮的藍眼閃閃發光，仍有一頭如墨黑髮。唐諾德告訴大家，他希望他死後被大象吃掉。麥可希望大家撒掉他的骨灰，但還不確定撒在哪裡。理查心中有個理想地點：落磯山脈的波瑞阿斯埡口（Boreas Pass）。瑪格麗特說她想被撒進亞斯本的褐溪。琳賽挑中韋爾的後山坳，那裡是滑雪客的天堂。

他們緬懷他們跟喬瑟夫在一起的美好時光。唐諾德提到看他打曲棍球；馬克記得喬瑟夫曾開著他的龐迪亞克GTO跟一輛達特桑（Datsun）二四〇Z競速，贏了比賽；彼得想起喬瑟夫還在聯合航空搬運行李時，他曾到芝加哥跟喬瑟夫住了一小段時間；瑪格麗特說起他在阿拉帕霍路（Arapahoe Road）上教她開手排車。

咪咪追憶著比其他人口中更早的時光——或許不僅想起童年的喬瑟夫，也想起她在男孩們都還年輕、幸福依舊可期的那段人生。她說，襁褓中的喬瑟夫睡著後漂亮得不得了。宛如天使。

36

二〇〇九年
麻薩諸塞州，劍橋市

二〇〇九年，史帝芬・麥克唐納（Stefan McDonough）在安進製藥公司（Amgen）工作邁入第七個年頭。他是神經生物學家，幾年前被全球最大的生技公司引誘離開了學術界，期望開發實際可用的治療方法與藥物。研究新的止痛藥幾年後，麥克唐納的神經科學部門將觸角延伸到腦部疾病，包括思覺失調症。安進正在尋找能成為目標的基因——某個需要微調以幫助思覺失調患者的基因；如果麥克唐納能找到這樣的基因，安進將投入研發相應的藥物。

麥克唐納在他位於劍橋的辦公室全心投入工作。他以滿腔熱情看待基因體革命的潛力，甚至跑到哈佛大學旁聽遺傳學課程，下班後坐進老舊的木製單臂課桌椅，夢想找到鐵證如山的思覺失調基因，一週又一週，從不間斷。不過，麥克唐諾很快就洩氣了。儘管炒得沸沸揚揚，但顯而易見的是，自從人類基因體計畫完成以來，研究人員找到的與思覺失調有關的每一個基因位置（現在找到上百個了）都只有極其微小的作用，要耗費巨資針對其中某個基因研發藥物的想法似乎太過荒謬。麥克唐納就是在此時開始思索其他方法——一條可以縮小搜尋範圍的捷徑。他心想，在比較小的海域撈

36

針，不是容易一點嗎？與其在數千個毫無血緣關係的基因編碼中尋找，何不研究似乎基於相同的基因異常而共同遺傳了這項疾病的一小群人呢？

他想，為什麼沒有人研究家庭案例呢？

麥克唐諾不可能不明白家庭研究的缺陷。他知道一個家庭的基因突變——或者就像這個領域如今所使用的術語，「致病的基因變異體」(disease-causing gene variant)——可能是該家庭所獨有，不值得為它耗費資源。然而他也知道，一個家庭的反常現象，或許會透露出每個人都忽略的、有關這項疾病的某個重要訊息。他需要找到和他抱持相同看法的人——一個能讓他學到更多知識的思覺失調症兼家庭研究專家。他找到哈佛的一位教授（他在上班通勤途中會路過哈佛），教授很親切地談起思覺失調患者的腦部影像。但家庭研究並非她的專長。

不過她確實認識琳恩·德里西。

「我的名字已經出現在夠多篇論文上了，」德里西說，「我只想找到那些基因，幫忙對付這項疾病。」

她剛剛加入波士頓退伍軍人醫院（VA Boston Healthcare System）的精神科，工作地點在布羅克頓市（Brockton），離麥克唐納的辦公室不遠。同樣在二〇〇九年，她從紐約搬到麻薩諸塞州，並在哈佛醫學院開課。自從二〇〇〇年和輝瑞分道揚鑣，德里西遲遲無法碰觸她自己的研究計畫：似乎沒有一家公司有興趣接手派德大藥廠被併購之後留給她的材料，直到此刻。

她聽著麥克唐納陳述他想做的事，很難說哪一種感覺更強烈一些——是驚訝於這麼多年以後竟有製藥公司對她的研究感興趣，還是迫不及待地想再次展開工作。在麥克唐納看來，德里西各項條件俱全：一個世界級的研究人員，曾在這個領域做出開疆闢土的貢獻；一個一心奉獻的臨床醫師，珍惜每一次與病人的一對一交流；一個意志堅定的遺傳學家，渴望找到新的治療方法。最棒的是，早在麥克唐納高中還沒畢業前，她就已經開始蒐集思覺失調家庭的血統系譜。而且她很親切——有鑒於某些學術界人士在面對製藥公司時會充滿戒備地保護自己的地盤，麥克唐納特別看重這項特質。

她邀請麥克唐納一起去退伍軍人醫院的精神病房巡視。這將是這位生技專家首次面對面地接觸那些受到他希望治療的疾病所折磨的病人。他看著德里西輕聲細語但語氣直接而堅定地探視一名病患；病人看起來非常平靜，他的妄想已受到控制，不過麥克唐納後來才知道那名病人曾犯下難以言說的罪行。醫院裡的其他病人似乎都因藥物而十分鎮定，不過他們實事求是地表明：是的，他們還會聽到聲音。「那些人叫我去殺人。」其中一人說。

麥克唐納開始看清楚，許多病人能夠認知到當前的環境，但欠缺一般確實身處於當下的人所該有的情緒反應。直到他看到一名病人猛然發病，把自己關在房間裡、對周圍的醫護人員發出憤怒的嘶嘶聲，麥克唐納才終於明白那裡所有人的境況。「他們被安置在沒有人能真的應付他們的大型收容所。」他說。

他想，這就是在思覺失調新藥物的研發過程中，大型製藥公司有本錢出爾反爾的真正原因；為什麼幾十年過去，甚至沒有人找到新的目標藥物，他意識到：因為這些病人無法替自己發聲。

德里西和安進簽訂協議，她將和麥克唐納合作展開新的思覺失調症研究。不過，首先得對付繁瑣的官僚問題。事實上，第一個問題就是德里西是否真擁有她手上的家庭樣本；之所以這麼問，是因為蒐集工作大部分是她在紐約大學石溪分校任教時完成的，而她早已離開那所學校。其次，安進需要文件證明德里西的樣本捐贈者同意將他們的生物性數據用於科學研究。數百封電子郵件往返後，德里西和麥克唐納終於取得了她之前儲存在科里爾研究院的一部分樣本——來自三百多個家庭、忠實地保存在培養液中的DNA。

乍見德里西以前的研究資料時，麥克唐納大為震驚。在一九九〇年代，基因體的完整定序猶如天方夜譚，但她針對這些樣本所做的分析遠遠超前時代。如今，這些樣本有如做了一場大夢的李伯*，在這個電腦輔助基因分析的年代悠悠甦醒。現在，分析工作將比以前更輕鬆——而且更精確、更細緻、更周密。

在這項新研究中，他們只想採用最鮮明而顯著的多發型家庭個案，每個家庭必須有至少三人罹患思覺失調症，必須有至少另外三人神智健全。他們選定九個家庭，其中四個是德里西在退伍軍人醫院接觸到的家庭，五個是她從前的研究對象。蓋爾文家屬於後者；他們是樣本中兄弟姊妹人數最多的家庭。

麥克唐納和德里西的目標是觀察這些家庭的患病成員是否都具有某種罕見的基因變異或異常。這就是為何大家庭對他們的分析如此重要：德里西和麥克唐納知道，從思覺失調患者身上找到的

* 譯註：典出美國著名短篇小說《李伯大夢》（*Rip Van Winkle*），描述主角李伯上山打獵時喝了仙酒，一睡二十年，醒來已是另一個時代，人事全非。

基因變異，也可能恰巧出現在罹病的家長或手足身上——而這項變異並非他們共同患病的原因。畢竟，父母親各將他們的半數基因傳給子女，從某個孩子身上找到的變異，有五成機會出現在另一個兄弟姊妹身上。但是當罹患思覺失調症的家庭成員人數增加，出現在他們每一個人身上的某種基因變異的意義也隨之增大，這項變異無害於健康或者跟思覺失調症無關的機率便越來越低。而且，隨著這項變異忠實地出現在越多家庭成員身上，它是致病因子的可能性就越高。兩人的設想是，他們找到的任何一個罕見變異，都能提供一個理解這項疾病的全新角度。「即使那個特定的變異或許獨屬於單一家庭，」德里西說，「但那個基因的異常現象，或許是導致思覺失調患者異常的整體生化路徑的一環。」

德里西和麥克唐納果然從蓋爾文家的樣本得到令人心動的發現：德里西早在一九八〇年代就蒐集到的蓋爾文兄弟樣本裡，每一個人的SHANK2基因都發生突變。[1]他們找到的這項變異，與腦中的一個重要程序有關——一個看似和思覺失調症息息相關的程序。SHANK2的作用是輔助腦細胞進行交流；SHANK2基因負責編譯協助大腦突觸傳送訊號的蛋白質，幫助神經元快速反應。蓋爾文兄弟的突變，大幅改變了SHANK2製造的蛋白質。「這項突變出現在SHANK2已知會起作用的結構體之一，」麥克唐納說，「就在目前已知對SHANK2的功能至關重要的位置上。」如此一來，SHANK2突變很可能指向關於這種疾病的某項新知——或許出現在更多人身上，而不僅限於這一家人的異常分子過程。思覺失調症或許就是在那個過程中逐漸成型的。「以科學標準而言，這當然不能證明這項突變導致思覺失調症，」麥克唐納說，「它真正顯示的，是思覺失調症的運作機制。」

類似的罕見變異體也撼動了其他疾病的研究工作。好比說，帕金森氏症的研究人員從一個義大利家庭找到了影響α－突觸核蛋白（α-synuclein）的基因突變，為新藥物的研發指引了新的方向。最好的例子，或許是降膽固醇藥物的研發，造福了有罹患心血管疾病之虞的成千上萬民眾。科學家很多年前就知道高膽固醇會引發心臟病，但一直找不到方法降低膽固醇，直到位於達拉斯的德州大學西南醫學中心（University of Texas Southwestern Medical Center）的兩名研究人員從有早發性心血管疾病病史的幾個家庭看到罕見突變，而這種突變會降低人體清除血液中低密度膽固醇的能力。大多數心臟病患者並未出現這類突變，但這無關宏旨——有關那些突變的研究，發現了降低膽固醇的方法，不只可用於出現突變的家庭，也幾乎適用於每一個人。事實證明，為了導正特定的低密度膽固醇問題而研發的新藥，徹底改革了心臟病的治療方法。

這或許是人類基因體計畫帶來的真正奇蹟：不是讓人有機會尋找或許存在、或許不存在的致病基因，而是有能力看到思覺失調症在腦部成型的過程。SHANK2只是其中一個例子；羅伯特・佛理德曼以CHRNA7基因闡明了資訊處理的過程，又是另一個例子。德里西與麥克唐納投入研究之際，哈佛大學與麻省理工學院攜手合作、曾引領思覺失調GWAS研究的博德研究院團隊也發表了一項備受矚目的研究；他們找到C4A基因的變異現象——似乎與過度修剪大腦突觸有關。[2]這項突變雖然比SHANK2更為常見，但依舊太過稀有，無法作為藥物研發的目標。他們的研究顯示，思覺失調患者也許在青春期修剪掉了日後可能需要的一些突觸——這是思覺失調症成型過程的另一個角度。雖然無法得知蓋爾文家是否出現C4A突變，但他們是最早將DNA捐給博德研究院進行分析的家庭之一，也在這項研究中扮演了一個小角色。

二〇一六年底，德里西和麥克唐納在《分子精神醫學》（*Molecular Psychiatry*）期刊上發表了他們的研究。雖然無法斬釘截鐵地表示這個特定基因上的特定SHANK2突變就是蓋爾文家人罹患思覺失調症的元凶，但這項結論與德里西和麥克唐納看到的情況一致。從她第一次在隱谷路的客廳見到這家人算起，三十年之後，德里西或許終於有辦法回答在蓋爾文家人心中纏繞不去的問題：為什麼？

答案有些出人意表。首先，基因體中三個不同的SHANK基因——SHANK1、SHANK2、SHANK3——不僅與思覺失調症有關，也與其他精神疾病有關。在這項研究之前，分別有許多人研究各個SHANK基因與自閉症和其他腦部病變的關係。[3]如今綜合來看，所有研究都顯示至少會出現精神疾病光譜上的某種疾病：出現特定SHANK突變的某些人或許有自閉症，另一些人有躁鬱症，還有一些人有思覺失調症。

疾病光譜的概念看來特別符合蓋爾文一家的情況。舉例而言，彼得的診斷始終在思覺失調症和躁鬱症之間遊走；唐諾德最早被診斷出躁症、以鋰鹽治療，醫師後來才開給他各式各樣尋常的抗精神病藥物。喬瑟夫的症狀和吉姆不同，吉姆的症狀又和馬修不同——當然，沒有任何人的症狀跟布萊恩一樣。然而七名兄弟——提供樣本給德里西的七個人，包括幾個沒有確診精神病的兄弟——都在與其他精神疾病密切相關的基因上，出現了同樣的變異。

「琳恩是對的，」麥克唐納說。研究有多重精神病例的家庭，到頭來，就是在研究共有的基因問題——一個會依據每個人的情況而定、以不同方式呈現出來的問題。「這些都是多發型家庭，看來，相同的遺傳決定因子有可能引發些微不同的疾病。」

新的發現（例如蓋爾文家的突變）或許可以帶來關於精神疾病的全新概念。此事或許很快就會實現，事實上，某些地方已開始重新認識精神疾病。二〇一〇年，時任NIMH院長的湯瑪斯・英索爾（Thomas Insel）便呼籲研究人員將思覺失調症重新定義為「各種神經發育障礙的集合」，而不是某一種單一疾病。[4]停止將思覺失調症作為單一的診斷，或許可能便是終結這項疾病污名的開始。如果思覺失調症根本不是病，而是一種症狀，會是什麼情況？

「我在幾年前打過一個比方：從前的臨床醫師把『發燒』視為疾病，」任職於澳洲昆士蘭精神醫學研究中心（Queensland Centre for Mental Health Research）的流行病學家、量化精神病人口的全球權威約翰・麥格拉斯（John McGrath）說，「他們接著試圖區分各種不同的發熱，然後發現那不過是對各種疾病的一般反應。精神疾病也不過是大腦無法順暢運作時的一般反應。」

第二個意外是關於咪咪。數十年來，咪咪始終堅稱這個家族疾病是出於唐那邊的血統。在她看來，唐的憂鬱症病史就是明證，沒有一個研究員有理由駁斥她的意見。「我們一直在尋找來自父親的遺傳。」麥克唐納說。

然而，SHANK2突變是源於母系家族：這意味著咪咪自始至終就是導致家族疾病基因變異的載體。另一項關於SHANK2與思覺失調症的研究（大約與德里西和麥克唐納的論文同時發表）提出了健康母親將變異傳給生病兒子的更多案例。[5]父親也可能是未受影響的載體——SHANK2並非特定性別的基因；它的位置不在決定性別的X或Y染色體上，而是在11號染色體上。

為什麼十個男孩中有六個得了嚴重的精神疾病，而兩個女兒都沒事？此事或許純屬巧合——兩個女孩和十個男孩中的四人碰上了好運氣。也有可能正如德里西等人在研究中所指出的，蓋爾文家的SHANK2問題意味著「還有尚未被發現、與性別有關的因子」影響了疾病的發展過程——不過，這無法解釋蓋爾文家的其他幾個男孩為什麼沒有得病。

或者，可能是源於母系的突變基因與父系的其他因子混合：SHANK2突變本身不會發揮作用，需要結合另一項突變才會引發疾病。基因突變有時候就是如此。遺傳學家凱文·米切爾曾說，特定突變在不同的人身上可能有不同的顯現方式：同樣的突變可能導致某些人出現癲癇，但卻讓其他人罹患自閉症、思覺失調症，或者什麼事都沒有。[6]有時候，基因體其他地方的第二個罕見突變則會產生結合效果。

說不定、甚至很有可能，導致蓋爾文家的男孩罹患思覺失調症的基因缺陷並非咪咪的錯或唐的錯，而是兩人結合起來的錯——調製出全然原創的雞尾酒，強烈到足以改變所有人的人生。

37

二〇一六年
科羅拉多大學醫學中心
科羅拉多州，丹佛市

當德里西和她在安進製藥的新合作夥伴在劍橋追蹤SHANK2基因，羅伯特．佛里德曼則繼續在丹佛埋首研究。和德里西一樣，佛里德曼早年也有很長一段時間滿懷希望，然後慘遭命運無情逆轉——他先是因為找到第一個確認與思覺失調症有關的基因而大受鼓舞，然後眼睜睜看著活化該基因腦部受體的藥物試驗失敗而痛苦欲絕。佛里德曼遇到了瓶頸，現在，他在尋找另一條途徑，一套新的策略來修復或增強他知道會產生重大影響的一個基因。

他腦中有個揮之不去的想法：以他最看重的CHRNA7基因來說，若要幫助蓋爾文兄弟這類成年病患，研究人員的行動或許來得太遲了。一如許多基因，早在出生之前，這個基因便在子宮內發展完成。佛里德曼喜歡把嬰兒的腦部發育比作一系列的電腦升級：胎兒從一個非常簡單的作業系統開始，隨著逐漸發育，該作業系統接著安裝下一個更精細的系統。CHRNA7在子宮內很早就出現了，就佛里德曼所知，這個基因的任務是幫助安裝最終的作業系統——亦即我們成年後所使用的作業系統。這表示，嬰兒出生時，命運便已成定局。如果思覺失調症真如他所設想的，取決於CHRNA7的狀況，唯一的選擇就是在出生前搶先修好它。

佛里德曼的目標很明確：如果他能在子宮內修補CHRNA7的缺陷，就有機會在思覺失調症成型之前，將之扼殺在搖籃中。若能做到這一點，佛里德曼或許能成功讓擁有思覺失調遺傳基因的一整代人——以及後世的千秋萬代——免於發病。他簡直想像不到比這更不切實際的目標。食品藥物管理局勢必得同意針對孕婦進行藥物試驗，而此事看來絕無可能。以藥物治療胎兒——對未出生的嬰兒投藥——是斷斷不可能發生的事。

佛里德曼需要找到一種不涉及外科手術或化學合成藥物的方法。他奇蹟似地發現，乙醯膽鹼——負責執行他想鎖定的特定腦部資訊處理程序的神經傳導物質——並非CHRNA7一開始最需要的物質。這個基因在胎兒階段真正需要的，是一種無毒且完全無害的營養素，在全美國的保健食品店或藥房都買得到。

膽鹼（Choline）存在於許多日常食物中，包括蔬菜、肉類和蛋。孕婦會透過羊水為腹中胎兒補充膽鹼。佛里德曼的想法很簡單：當腹中胎兒有罹患思覺失調症的先天傾向，孕婦在胎兒還在子宮時服用大量膽鹼會如何？這可以是一種營養補充品，就像孕婦會服用葉酸來預防胎兒脊柱裂或唇顎裂。說不定，這麼一來，有風險的兒童的腦部就能健康發育，並扭轉原先會出現的情況。

食品藥物管理局批准了實驗。佛里德曼在丹佛的團隊執行一項雙盲研究，其中，一部分的孕婦接受了高劑量的膽鹼。他們也囑咐對照組的孕婦攝取足夠的肉類和蛋，確保每個受試者都至少攝取足量的膽鹼。出生後，那些在子宮內得到膽鹼補充品的嬰兒通過了佛里德曼的聽覺門控雙擊測試：百分之七十六的嬰兒門控能力正常，相對的，對照組占百分之四十三*。在許多案例中，就連CHRNA7異常的嬰兒都有正常的聽覺門控能力。隨著嬰兒逐漸成長，好消息接連不斷。佛里德曼的團隊發現，在四十個月大時，比起對照組，膽鹼組嬰兒比較少出現注意力不集中或社交退縮的問題。膽鹼似乎對每個嬰兒都發揮了良好作用。

佛里德曼的膽鹼研究發表於二〇一六年，跟博德研究院的C4A研究以及德里西的SHANK2研究是同一年。[1]二〇一七年，美國醫學會通過了一項提案，在孕婦維他命中添加較高劑量的膽鹼來預防思覺失調症或其他腦部發育障礙。[2]這條路，佛里德曼走了三十年，途中不只一次走進了死胡同。唯有歷經數十年考驗後，時間才能確切地告訴我們膽鹼究竟發揮了什麼作用。不過，這有一部分得感謝蓋爾文家的合作，在思覺失調症的預防上，佛里德曼找到了顛覆既定思維的新策略。

二〇一五年秋天，佛里德曼到紐約參加大腦與行為研究基金會贊助舉辦的年度大會。這個原名為NARSAD（國家思覺失調症與憂鬱症研究聯盟）的基金會募集數百萬美元經費，將其挹注於精神疾病新療法的研究上。佛里德曼的膽鹼研究已馳譽醫界，他是來這裡接受這個領域的最高獎項之一：思覺失調症研究傑出成就利伯獎（Lieber Prize for Outstanding Achievement in Schizophrenia Research）。

* 原註：須記住，雙擊測試並非萬無一失的思覺失調症檢驗方法，其目的是測量感覺門控能力，而感覺門控能力只是思覺失調症深不可測的眾多面向其中之一。這就是為何對照組中有百分之五十七的人沒有通過測試，但他們卻仍未罹患思覺失調症。

南茜．蓋瑞也來紐約陪他慶祝。南茜和她的夫婿山姆曾捐款贊助佛里德曼任教的科羅拉多大學精神醫學系；膽鹼研究吸引了南茜的注意力。幾年前，她和山姆曾資助科羅拉多大學附設醫院興建兒童精神科分館，現在，已耄耋高齡的蓋瑞夫婦承諾會支持佛里德曼的下一項計畫，追蹤曾在子宮內接受膽鹼補充劑的胎兒其後數十年的人生。如果膽鹼真的影響重大，他們知道這意味著什麼：幾個思覺失調症亞型就可以像唇顎裂一樣，變成可治療的疾病。「那傢伙有天縱之才，」南茜說，「不論他做什麼，我都會支持他，因為他就是那麼了不起。」

南茜帶了另一個人上飛機到紐約——自從她的哥哥彼得搬去波德跟她一起住之後，佛里德曼已經多年未見的一個人。在南茜重新介紹琳賽給佛里德曼之前，他並不知道她們兩人互相認識。這感覺彷彿就像紀錄片《這是你的人生》（*This is Your Life*）中專屬於他的一刻：他最慷慨的贊助人，也幫助了對他的研究貢獻有加的最大一家人。

定居波德多年後，琳賽和瑞克搬到了韋爾；琳賽依舊經營她的企業活動策劃公司，瑞克依舊是滑雪教練。他們生育了兩名子女，女兒凱特（Kate）和兒子傑克（Jack）現在都是青少年了。琳賽和南茜好多年來都斷了聯繫，直到有天兩人在韋爾的滑雪場偶遇；傑克恰好跟南茜的幾個孫子在同場次滑雪。南茜很高興跟琳賽和瑪格麗特重新通上音信，於是邀請她們兩姊妹到韋爾參加家庭聚會。咪咪沒有參與這次團圓——她跟南茜．蓋瑞交際往來的日子早就成了過眼雲煙——不過，兩姊妹很開心能跟對她們人生造成如此重大影響的家庭重新聯繫。

琳賽帶著女兒一起參加紐約的大會。南茜招待她們住進皮耶大飯店（Pierre Hotel）；她們一起坐在台下聆聽佛里德曼發表獲獎感言：「如今，投入以生命週期為長度的人體研究，有個很不幸的地方，就是那跟你自己的生命週期一樣長，」佛里德曼說，引來台下一片莞爾。「等到研究結束，我都一百三十五歲了，到時候得有年輕研究員到養老院來看我，讓我知道研究結果是否跟我預期的相同。」

會後，當佛里德曼醫師有時間閒聊，南茜興高采烈地告訴他，她就是把琳賽送去霍奇基斯的那個人——在情況最糟的時候，她親手把她和她的姊姊從水深火熱的蓋爾文家中解救出來。

琳賽靜靜地微笑，選擇不去細究。嚴格說來，南茜並沒有支付她的霍奇基斯學費，且蓋瑞家收留姊姊的那三年並沒有帶走她。當南茜開始稱讚琳賽以及她的成就，她只是報以更多的微笑。南茜說，這就是她拯救的那個女孩，活下來的那個女孩——**重獲新生的女孩**。

38

咪咪
唐諾德
約翰
麥可
理查
馬克
馬修
彼得
瑪格麗特
琳賽

親愛的蓋爾文幫：

研究前沿傳來新消息！哈佛研究團隊希望在咪咪和老爹的孫子輩當中，抽取目前年滿十八的人的血液樣本，在思覺失調症的研究領域上持續耕耘。打從七〇年代末，咪咪和老爹便已活躍於研究領域。今年秋天，德里西醫師會派人過來抽血。我覺得我們可以好好慶祝一番。

我知道大夥兒都希望找到能治癒這項悲慘疾病的方法。至於聚會的時間和地點，請靜待通知。

我愛你們。

瑪麗

琳賽寄給全家人的電子郵件
二〇一六年九月九日

十一月的一個星期天，十多位蓋爾文家族成員受邀前來瑪格麗特在波德的家。這次聚會的目的，是要盡可能大量蒐集蓋爾文家或許沒有精神疾病的家庭

38

成員的DNA樣本，作為對照組，跟研究人員手上已經有的樣本進行比對。德里西的一名助手已先為此飛來波德，另外還來了一位負責將樣本帶回波士頓的抽血醫師。

「有如在開抽血派對，」瑪格麗特說，「簡直像在過萬聖節。」

那年夏天，德里西在發表SHANK2研究成果之前曾聯絡蓋爾文家。在那之前，全家沒有一個人知道他們的血液樣本是NIMH思覺失調症遺傳學研究的基石——在幾乎每一項思覺失調症的基因研究中，他們的數據資料始終都扮演了一定角色。德里西已經數十年沒有聯絡這家人，最後一次聯繫或許是在一九八〇年代末。當時，德里西初次拜訪後，她的一名同事對蓋爾文家進行後續追蹤。不論是哪個家庭成員接了那通電話，他或她拒絕了對方的見面請求，並要求他們不要再打電話過來。這類事偶爾會發生：受試家庭改變了心意，或者因為研究人員打電話的時機太不湊巧。

當然，研究本身並未揭露受試家庭的名字。不過德里西急於跟琳賽分享有關變異基因的消息，後者又把消息傳給了姊姊和媽媽。這消息讓剛過九十歲生日的咪咪略為心虛。這麼多年來，她一直將疾病怪罪給夫家的血統，此刻她啞口無言，只能赧然一笑。不過，看到母親的論點被明確推翻，琳賽和瑪格麗特不免幸災樂禍。而見到那麼久以前就已展開的研究如今持續進行，且極可能出現重大進展，她們也深感激動。這麼多年以來，她們破天荒地感受到了希望。

那天被抽了血的人，不會被告知他們的SHANK2基因是否正常；DNA檢驗結果將以匿名形式使用，且僅供研究。「我們有代碼，沒有名字。」瑪格麗特說。看到哪些人來了而哪些人沒來——哪些人願意承認他們的基因或許有問題，而哪些人只想假裝問題根本不存在——還是令她和琳賽大吃一驚。哥哥麥可來了，但他不太高興；對他而言，整件事感覺就像在傷口上撒鹽。咪咪的妹妹貝蒂如今八十多歲了，她結過婚，但子女們似乎逃過了纏繞著咪咪家庭的精神疾病。她還住在東岸，路程太遠，無法前來；她的子女與他們的家庭也不克參加。下一代人的參與情況尤其參差不齊。麥可的孩子來了，馬克的子女沒來，理查十七歲那年生的兒子甚至不願意跟整件事情扯上關係，似乎連受到邀請都令他惱怒。

醫療人員告訴琳賽，受試者臨陣退縮是常有的事。他們害怕這項疾病，甚至想都不願去想。

一星期後，咪咪費勁地慢慢步出臥房，走下一小段階梯，來到隱谷路的廚房餐桌旁。她的步伐堅定，但行動必須仰賴側邊掛著攜帶式氧氣筒的助行器。

「我有嚴重關節炎，換過幾個關節，」她幾個月前在電話中說，「我就像無敵女金剛（Bionic Woman）」。她等著對方捧場一笑，然後說，「不好笑，親愛的，等你老了就知道。做了兩次髖關節手術，我九十歲了，他們還想再做一次。但我已經太老了，根本該報廢。」

眼睛裡的一塊凝血讓咪咪難以閱讀。「沒有什麼比手捧一本好書的感覺更棒的了，」她那天在廚房裡說，「只可惜我的手情況很糟，根本拿不了書。」她經常胡亂撥弄兩隻耳朵上的助聽器，因此很難聽清一群人講的話。不過她還是可以聆聽在薩爾茲堡錄製的《唐吉軻德》：「獨處的時候，我可以放歌劇或芭蕾舞或隨便什麼東西來聽，想開多大聲就開多大聲。」她的思緒跟以往一樣敏銳，個性也跟從前一樣頑固——聰明且飽讀詩書，堅強得足以熬過無數起悲劇，然而完全不願意自我反思。

兩姊妹深知咪咪多麼善於轉移話題，一抓到機會就將令她不舒服的對話導向她在落磯山聯邦的經歷：「我幾乎可以寫一本書描述我們在那裡遇到的人，和那些美好的夜晚……」——或她在少女時期探索的紐約，或唐的軍旅生涯。她將空軍採用獵鷹作為吉祥物的功勞歸諸自己。「很多人宣稱是他們先提議獵鷹的，」她說，「那不是事實。」

兩姊妹試圖溫和地將她導回比較有意義的話題，即使那會讓她不舒服。雖然她不會主動提起那些事，但她回答了關於南茜．蓋瑞，以及她和唐跟南茜和山姆往來那些年的幾個問題。「我們相當親密，」她說。但她從未跟南茜建立一對一的友誼。「在我看來，南茜從來不是那種會推心置腹的人。」咪咪冷冷地說。

「那麼，我怎麼會跑去跟他們住呢？」瑪格麗特問。

咪咪轉身面對女兒，「噢，因為我們有四個孩子同時住院……」

「我知道——我知道故事的這一面，」瑪格麗特說，「但他們為什麼願意收容我，你跟他們難道不是好朋友嗎？」

咪咪揮揮手結束這個話題。「我真不知道。哎呀，她得知布萊恩的噩耗，於是打電話過來。」

咪咪越覺得困窘，越容易走回完美主義的老路。「我不再畫畫了，」咪咪看了一眼瑪格麗特說，「因為我比不過我的女兒。」現在，瑪格麗特自己的女兒也長大了，她終於拾起畫筆，而且畫得很好。她選擇大自然的題材，和母親從前一樣，不過畫風更狂放、更別出心裁——甚至立刻賣出了幾幅。

咪咪接著轉身看著琳賽。「她，總是忙個不停。她舉辦光鮮亮麗的大型派對。但她丟掉了那份合同！」她咯咯一笑，「她替石油公司辦每場一百萬美元的派對。」

琳賽撐著臉上的微笑，盡可能隨意地列出她最近替一家投資公司和一家醫療保健公司舉辦的幾場活動。

「二十年來，她累積了龐大的客戶群，」咪咪說道，「她說，『媽，我不會在這行幹太久，這行不太需要動腦。』但錢賺得很多。她應該進研究所繼續深造的！」

她轉向琳賽，「你明年會退休嗎？」

「但願吧。」琳賽說。

「但願吧，」咪咪應聲附和。「然後她會開一家書店，好讓自己讀一點書！」她凝視兩個女兒。「我們兩個——我們三個——都愛看書，」她自豪地笑著說，「我們都是愛書人。」

已經沒有任何一個兒子跟咪咪住在一起了。唐諾德三年前搬進松林岬安養中心，當時，咪咪因為中風休養了好幾個月，虛弱得無法親自照顧他。這令她傷心。她喜歡有人陪伴。但咪咪依然會見到他們，也依然會朝生病的男孩發火，尤其是衛生習慣糟得令她大驚失色的彼得和馬修。**褲子拉鍊拉起來！你的皮帶跑哪兒去了？去洗個澡吧你。**

某種程度上，瑪格麗特和琳賽可以理解。但讓男孩們打上領帶、穿上休閒西裝，情況就會比較好嗎？都這種時候了，講究這些難道不是毫無意義嗎？「她無法坦露內心的真正感受，」瑪格麗特在母親聽不到的地方說，「但她可以吹毛求疵地挑剔米飯煮得太軟或太硬。」

兩姊妹坐在廚房餐桌邊哈哈大笑。

「媽，」琳賽調侃她，「假如你更常說『好』，就不會有人得思覺失調症了。」

38

咪咪快速回嘴，「我的毛病就是，」她說，「我太常說『好』了。」

在女兒的陪伴下，咪咪漸漸願意開口說出當年的真實情況——以及她的真實感受。她記得吉姆在十六歲那年曾經拿一口大鍋子威嚇她，而唐諾德有一次因為找不到他的藥差點勒死她。「我嚇壞了，」她說，「要不是另外三四個男孩插手，我想我早就死了。他真的很用力勒我的脖子。」

說起吉姆和喬瑟夫雙雙死於照理應該幫助他們的藥物時，她並不內疚。「兩個男孩都上了醫院抱怨胸痛，但沒有人理他們，」她說，「因為他們有精神病。兩人都死於心臟病。」

她記得自己得知佛洛登斯坦神父的真面目時，心碎了一地。她跟唐從未起疑，咪咪說，因為誰會懷疑神父?「欸，作為家長，我們不太精明。一點兒都不精明。我們從頭到尾都缺了一根筋，沒太怎麼管他們。」

她說起丈夫脆弱的精神狀態，覺得那跟他上過戰場有關。「他見識過很多事，但他從來不提——我猜他把所有事情放在心底。」戰爭結束十年後，他在駐紮加拿大時住進醫院。「空軍慌了，因為他是情報官，他們希望他趕緊離開那裡。於是他們把他轉到了沃爾特里德。沒查出毛病。當時沒有關於創傷後壓力症候群的檢查項目。」

當說起人們將兒子的精神疾病怪罪於她，她再度義憤填膺。「我們跟醫師討論病情，」她說，「而他們把我們釘在十字架上。我們是天底下最糟糕的父母。那讓我們很難過，心裡很受傷。唐和我震驚得腦筋一片空白。那些話會讓你呆住，因為你真的不知道該怎麼做。沒有人可以傾訴。我們是模範家庭，每個人都拿我們當榜樣。所以事情剛發生時，我們羞愧得要死。」

她現在終於可以訴說那份羞愧，將心中重擔卸下。「噢，整件事情就是這樣，真令人難堪。被這樣責怪真的重創了我，以至於我無法對任何人開口說任何事情。全都壓在心裡，那部分很難受。正因為這樣，我覺得教堂的扶持或多或少幫助了我。我開始接受自己的命運。」

「我心碎了，」咪咪說，「因為我以為我是個很棒的母親。我每天晚上都會烤蛋糕和派，或至少做個果凍，再擠上發泡奶油。」

除了偶爾同情母親，瑪格麗特大部分時候還是對她充滿怨言——在咪咪的生命中，每一件事情都圍繞著唐諾德和其他幾個生病的男孩，其餘一切都被排除在外，包括瑪格麗特希望擁有的母女親情。「因為唐諾德，」瑪格麗特說，「母親從不注意我。」她現在用苛刻的眼光看母親，認為她惡有惡報。「她總是一意孤行，」瑪格麗特說，「但代價高昂，犧牲了她跟女兒以及其他健康子女的關係。所以到頭來，她其實輸了。她推開了那些真正可以跟她建立關係的人。」

在瑪格麗特看來，那包括了她的父親。「我不是在為他的外遇辯解，但我認為他們雙方都不曾好好反省。」

瑪格麗特現在可以用年輕時看不到的角度想像當年的場景。事情失控了，因為在那麼大的家庭裡，如果會有任何事情在掌控之中，就算是奇蹟。

「我想，生下十二個子女，」瑪格麗特說，「然後以為自己可以把全部子女都教育成社會棟梁，這簡直就是昏頭了。」

38

瑪格麗特現在已經和威利建立了自己的家庭，有兩個青春期的女兒，艾莉（Ellie）與莎莉（Sally），但童年時期的陰暗面依舊在她心底隱隱作祟。瑪格麗特永遠忘不了的是，在她小時候，唐諾德和其他哥哥令她多麼不安，所以她不願意獨自去探望唐諾德，也不希望她的孩子跟他相處。不過現在，瑪格麗特結了婚、有了孩子、經濟寬裕，她也因為擁有哥哥們所無法擁有的而感到內疚。到露露檸檬（Lululemon）給女兒們買條高價緊身褲就足以讓她陷入自我批判的漩渦。她生病的哥哥們永遠沒有機會過上這樣的生活。

他們瘋了，而我在鄉村俱樂部游泳，瑪格麗特在日記中寫著，他們依然瘋著，而我依然在鄉村俱樂部游泳。

於是她採取折衷方法。瑪格麗特站在遠處施以援手，給他們送錢和禮券，並透過電話給妹妹加油打氣，聆聽她、安慰她。但她仍然過於脆弱，無法融入他們的生活。「那就像把水倒入一個無底的杯子，永遠填不滿。幫助他們根本是徒勞無功。不是他們不想好轉，而是他們根本就好不了。比起琳賽，我真心希望離他們越遠越好。」她不再到醫院探視，偶爾去的時候，也不再帶著孩子們一起。

「我非常孤獨地走在遠離家人的康復之路上。」瑪格麗特說道。

琳賽感恩姊姊能聽她訴苦：「知道有另一個人了解你在說些什麼、了解你多麼痛苦，那就夠了。」但是如今，瑪格麗特對家人的疏遠，感覺像是另一次遺棄。琳賽決定要做恰恰相反的事；她要繼續照顧哥哥、探望母親、攬下所有責任。琳賽主動面對母親和哥哥們曾遭遇的所有棘手的官僚事宜：她費勁地爭取社會福利金、到處比較最適合哥哥們的落腳之處、監督他們的醫療計畫、在他們當下服用的藥物似乎沒有發揮效用時努力說服醫師改用不同的藥。她也正式成為幾個哥哥以及咪咪的法定代理人。當她承擔起照顧者的角色，她覺得母親曾經讓她崇拜的一切特質全都貫注到了她的身上——德里西和佛里德曼第一次見到咪咪時都注意到的那份不知疲倦的奉獻。

「我的父母深受打擊，」琳賽說，「父親甚至崩潰了。但母親變了一個人，努力為這項疾病發聲。」琳賽知道她的所作所為勢必在她與姊姊之間引發衝突。當瑪格麗特選擇遠離一切，琳賽納悶為什麼沒有人幫忙去做顯然需要完成的事。

「我會自己做到死，不開口要求幫忙，」琳賽說，「然後變得憤世嫉俗。」

當咪咪二〇一七年初再度中風，琳賽照例是第一個趕到的人。咪咪進了加護病房後，麥可和馬克趕來分擔她的負荷。就連馬修都來了。

三月，咪咪回家接受安寧療護，臥床休息，身上沒有接上線路和監測儀。除非你負擔得起全天候的護理服務，否則安寧療護並非真正的治療。醫院只提供嗎啡，並教你如何自己照顧親人。以咪咪的案例來說，這表示你得應付大小便失禁和各種導管。

咪咪出院後，瑪格麗特曾回家幫忙。她握住咪咪的手，輕輕替她按摩。麥可拾起吉他彈奏巴西音樂。琳賽收拾家裡。他們三人聊著老電影，享受彼此的陪伴。就這樣過了十天，直到咪咪突然又開始進食。

「我以為我快死了，」咪咪說，「所以不吃東西。」

然後她要了一顆水煮蛋。

38

瑪格麗特早就安排了前往西海岸的行程，帶大女兒艾莉參觀幾所大學。她跟琳賽商量了一下，兩人一致認為為了艾莉，瑪格麗特應該照計畫出發。

不過瑪格麗特離開的那天，一連串事件以琳賽沒有料到的方式接踵而至。

首先，曾經是她的足球教練，如今靠氯氮平控制病情、住在政府補助公寓的哥哥馬修，開著他的破爛車子停到了屋外。

然後，曾經到波德投靠她，現在住進普維布洛、定期接受電療的哥哥彼得，坐著麥可的車過來。

接著，咪咪的管家黛比，開車去安養中心把唐諾德——她曾夢想把他綁在木樁上燒死的大哥——接回了家裡。

三個生病的男孩一起回到了家中。沒多久，屋裡就會只剩下他們、他們的母親，還有琳賽。

而瑪格麗特正要出門。

琳賽知道這只是暫時的——哥哥們只是來探望母親。但這些都不重要。剎那間，琳賽彷彿回到十歲那年——受到遺棄、被人遺忘、坐困愁城。她努力抗拒，但那份感覺就像肌肉記憶般在身體裡流竄。**所有事情捲土重來了。**

接下來幾星期，瑪格麗特偶爾過來停留一兩個鐘頭，但僅止於此。相反的，她照著原本的計畫在四月間跟幾個朋友去聖盧卡斯角（Cabo San Lucas：墨西哥度假勝地）玩，並且緊接著跟威利還有孩子們到克雷斯特德比特（Crested Butte：位於科羅拉多州）度假。

對姊姊窩了一肚子氣的琳賽發現自己會對每個沒有來探視咪咪的家人發火。拜託，馬克住在丹佛——能有什麼原因阻止他開車到科羅拉多泉、當天來回？以往總是對咪咪噓寒問暖的理查也是一樣——他現在躲哪兒去了？就連她敬重的約翰都選擇不回來看看咪咪；他說他寧可記住咪咪美好的模樣——他不想看到她現在這個樣子。

「他們覺得我這樣凡事親力親為很奇怪，」琳賽說，「而我覺得他們這樣不聞不問才是莫名其妙。」

唯一的例外是哥哥麥可。二〇〇三年，這位走出公社的老嬉皮娶了第二任妻子貝琪（Becky），後者在不遠的馬尼圖泉擔任市議員。依舊綁著馬尾的麥可在貝琪的園藝公司幫忙，並在當地的餐廳得到小型表演機會——過著完全健康、正常的生活，沒有精神崩潰、沒有妄想、沒有思覺失調。麥可對幾個生病兄弟的看法拉近了他和琳賽的距離。「他認為傳統的精神醫學傷害了他們。確實如此。我是說，這點毫無疑問。」她說。只要看看他們——體重超重，手抖，陷入既定習慣，只想著自己、無法替別人著想——你就知道他們的病情比他們第一次發作時好不到哪裡去。

不過話說回來，琳賽試過了所有方法。「我不知道還有什麼選擇，」她說，「我現在想的是，『哎呀，麥可，假如你願意把他們帶回家，停掉他們的藥物，儘管去做。』」

麥可有安寧療護的經驗。這些年來，他曾在波德照顧一個男人，也曾照顧他的岳父與他自己的父親唐，直至他們的生命終點。琳賽要求麥可過來照顧咪咪，分擔管家黛比以及他們家的世交傑夫・錢尼（Jeff Cheney）的工作。他們三人（包括麥可在內）從咪咪的帳戶支薪；那個帳戶裡有唐的退休金，以及由琳賽負責打理的一些儲蓄。

麥可需要錢。但是有機會照顧這個在他生命中占有如此重要地位的女人，才是令他無法抗拒這項工作的原因。他很快就發現，不論咪咪變得多麼虛弱，她依然喜歡發號施令。他會給她買肯德基炸雞當晚餐；他知道她有多愛吃這個。但她會拒吃，聲稱她前一天晚上吃過炸雞了。於是他改做義大利麵，而她會說他煮太多。

「場面有點混亂，」麥可說，「我差點把麵倒到她的頭上。」

39

咪咪
唐諾德
約翰
麥可
理查
馬克
馬修
彼得
瑪格麗特
琳賽

「我得……很慢很慢，」咪咪嗑嗑巴巴地說；她的咬字不清，但笑容依舊。「我有個有個老子——腦子——毛病。所以我很瘋。但你得說清楚一點，說大聲一點。」

咪咪口中說出的字句，有一半不是她心裡想說的話。她花了整整一分鐘來來回回地說「奧地利」，但她想說的其實是「印度」。「大多數字句像水一樣流出來。」幫忙照顧她的世交傑夫．錢尼說道。但她不肯放棄說明自己的想法，而且總會咯咯發笑。

「瑪格麗特在這裡。她很——你知道的。而我的嘴巴在那裡——大概也快報廢了——等著瞧吧——不過我現在——你知道的——我原本因為老了，因為太老了，所以八塊錢。」

咪咪輕輕噗哧一笑，興致很高。「很糟糕。但我可以試。有時候把『男孩』說成『學校』，但今天說了『男孩』或『書本』！」

她又笑了。「所以我試了一下。很糟糕。不太妙。我想，我現在大概完了。」她笑得更開懷了，然後突然說出一句邏輯清晰的話：「欸，就像瑪麗說的，『媽，

39

你現在就是得慢慢來！』」

咪咪身旁的人學會破譯她在失語症的影響下希望傳達的意思。他們在房子的地下樓層搭了一張病床，方便她的照顧者進出。每天都有新的情況：膀胱發炎、胃痛、噁心、偶爾疼得必須靠嗎啡舒緩。但咪咪仍然可以看電視——電影、有線新聞台，以及她最愛的瑞秋・梅道*。她不習慣如此無助，因此一獨處就會緊張兮兮，流著眼淚念著她覺得還沒做完的家事——大多是無中生有的事情，例如滿出來的化糞池。人生中第一次，咪咪自己也出現了些許妄想。

琳賽待的時間越長，對母親了解越深；起碼她自以為如此。當她想對咪咪傳達複雜的想法，有時會給她寫紙條。而當咪咪一再拒絕吃東西，想叫其他外賣食物，琳賽會在紙條上寫說，她相信這是母親嘗試控制生活的最後手段。咪咪會承認琳賽說得沒錯，但她照做不誤，依然故我。

由於失語症，咪咪無法繼續再做的，就是控制對話內容。「這是我兒子，」咪咪介紹唐諾德。她的大兒子帶著鮮花來探視，咪咪顯然很高興。「他不常來看我，」咪咪說，「但我們今天唆了唆話，現在，去找他們每一個人更常回來每一個來更多。一個瘋了，你知道的。」她笑了。

唐諾德照例穿著工作短褲和沒塞進褲頭的牛津襯衫，坐在母親的床尾。咪咪的病情似乎不影響他，至少表面上看不出影響。現在，唐諾德大部分時候一動不動，通常很難判斷他在想些什麼。不過琳賽發現，自從搬去安養中心，他的腳步變得比較輕盈，臉上更常出現笑容。「我想，他住在媽媽家裡時和社會隔絕，那樣其實對他不好。」她說。咪咪的管家黛比偶爾兼作唐諾德的陪護，每隔

* 譯註：Rachel Maddow：美國著名時事評論員。

幾天就開車載他去處理各種雜事，或者去森林公園散步。他們的行程計畫經常包括探視咪咪，但唐諾德最終總決定取消。「她太霸道了。」他會這樣告訴黛比。

不過，他今天來了。由於咪咪插不上話，唐諾德主導了對話，完全不受束縛。他對家中每個人以及他們的配偶與子女的名字知之甚詳，也知道大家分別住在哪個城市。這些年來，他似乎密切關注身邊每個人的生活。不過沒多久，他開始岔入幻想世界，幾乎就像猛然下了高速公路，開始越野狂奔。

「我審批了空軍官校的獵鷹系統，」他說，「那個吉祥物是我創立的。我也是那方面的建築師。我設計了官校禮拜堂。那是我們的露德聖母（Lady of Lourdes）蓋的，但她遵照我的設計，以表示對我的謝意。」

他說唐和咪咪不是他的親生父母——他其實比出生證明上的日期早了五年出世，而且出生地點不是美國，是在愛爾蘭，生於另一個也姓蓋爾文的家庭。「我的爸媽頂著蓋爾文的姓氏，但他們不是蓋爾文家的人。」他說，他真正的父母死後，他就來跟這一家人一起生活。

他把咪咪稱作他的妻子，而稱已故的父親是「她的丈夫」。他說，把他撫養長大的唐．蓋爾文是個「聖人」，也是一名「神經外科醫師」，訓練他往這個領域發展。但唐諾德選擇了另一條路。

「我成了生物學家，精通醫學的各個領域。我有九萬種職業可以做，但我只做過六千零六行。」

他說，他最喜歡的是「馴鷹」。

在他的種種故事裡，唐諾德似乎花了很大的篇幅扮演一家之主的角色——那是他生病之前專為他設計的角色，然而如今只有在最佛洛伊德式的白日夢中才能扮演。在這些幻想中，唐諾德不僅大

39

權在握，更如超人般無所不能。唐諾德說他生下家中的每一個成員，只除了他不喜歡的那幾個，例如被他稱做「換取的孩子」的彼得。馬修亦同。他的手足是他的子嗣，但不是透過性交生下來的。他用一種他稱為「美式蹙眼」(American Wince)的方式播種，創造——他用的詞彙是「繁殖」——他的子女；他只要用特定的方式凝視他人，他的種子就會向他們撒去。

「他們的作法是想著自己的睪丸，頭部固定不動，然後眼睛做出這樣的動作，」他短促地用力瞇眼。「這叫做蹙眼。美式蹙眼。這樣就能射出狄克．崔西(Dick Tracy)的種子——貫穿女人的眼睛，透過精確的計算進入子宮、然後落腳。你靠著數學，為那顆種子灌入一整具身體，然後它風風火火地開展起來。這就是繁殖子女的正確方式。」

每當有人問起，唐諾德會簡短地聊聊他說曾經猥褻他的那個神父。「他是個卑鄙小人，是被雇來傷害我的，」他說，他不知道這名神父是否曾經侵犯其他人，但他只受過一次傷害。對於這件事情，他心裡似乎已雨過天晴。「我受到了傷害，留下了疤痕，然後想辦法釋懷。大自然有自癒的能力。」

他提到他必須服用的藥物，但這段對話同樣不著邊際。「我看得出來，」他說，「那個藥是用來治療金黃色葡萄球菌感染的，是為了過團體生活。『好度』是為了可以跟別人一起住在大廳裡。我是藥劑師。身為建築師，我在全美蓋了九千家新的藥房。那就是我得以成為藥劑師來服藥的原因。中國政府冒險任用了我，好讓我們一起征服世界，為全人類配藥。這就是我喜歡中國的原因。我是神經生理學化學家，那就是我作為科學家，在科學領域上做的事。」

唐諾德微微一笑。咪咪也露出了苦笑。

「是啊，」唐諾德說，「日子總會一天天過下去，不是嗎？」

二〇一七年七月十三日，琳賽來到科羅拉多泉幫忙馬修。他幾星期前撞爛了自己的那部老舊卡車，現在需要有人載他赴診。她先帶他去抽血，然後到藥局領他的氯氮平，接著到馬修的診所取得必要的處方箋許可，最後再回到藥局。接下來還有更多雜事——送雜貨給他的兩位身障朋友；從前他有車的時候，他們都靠他幫忙。

把馬修送回他的公寓後，琳賽順道回了趟隱谷路探望母親。咪咪現在都不下床了。今天，她劇烈頭疼。她的照顧者傑夫給她吃了泰諾止痛藥（Tylenol®），以及一種叫做樂耐平（Lorazepam）* 的鎮靜劑。但情況越來越糟。

琳賽隱隱有個不好的預感。這跟上一次一模一樣，從劇烈頭痛開始。

「她中風了。」她說。

母親不讓琳賽離開她的身邊。她每次想上樓休息一會兒，咪咪就會竭盡所能帶著她的失語症哭喊：「瑪麗呢？瑪麗在哪裡？」

安寧療護的服務人員透過電話指示琳賽給咪咪注射比以往更高劑量的嗎啡：每小時十毫克。四、五個小時後，咪咪的疼痛終於緩和。下午四點左右，咪咪大規模腦溢血。她抓著琳賽，顫抖而失控地勉強擠出幾句話，「我要走了，我要走了，」然後便失去了意識。

琳賽、傑夫和麥可輪流睡覺，總有人坐在咪咪身邊替她施打嗎啡和好度。只要一降低藥量，咪咪就會極度煩躁，很不舒服。用了藥之後，她的呼吸聲依舊很大，但節奏規律。透過嬰兒監視器，咪咪的呼吸聲充斥整間屋子，有如鼓風爐一般。她偶爾會停止呼吸好幾秒鐘。每一次，他們都認定她已經嚥下最後一口氣。然後，她會再度開始呼吸。

三天過去了。星期天，琳賽開車到普維布洛接彼得。他帶了一大束粉紅玫瑰給咪咪，並為她唸誦玫瑰經。琳賽也到松林岬接了唐諾德，還到馬修在科羅拉多泉的公寓接了他，他們倆都得到跟母親道別的機會。馬克來了，理查和芮妮也來了，後者為大夥兒煮了東西吃。約翰在愛達荷，預計一星期後抵達。瑪格麗特從克雷斯特德比特打電話過來，說她已經跟母親達成和解，不打算開車三小時過來再看她一遍。

七月十七日星期一凌晨，琳賽替咪咪打完一劑止痛劑後，回到樓上睡覺。半夜兩點，麥可從監視器聽見咪咪的呼吸節奏出現變化，起身檢查她的狀況。他站在母親身邊，低頭看著她深深地吸氣、吐氣，大約十次。

終於，屋裡一片寂靜。

麥可叫醒了琳賽。他們倆都沒辦法再回去睡覺。琳賽哭了，他們守了幾個鐘頭，點了蠟燭也燒了香，坐在後院的露台上，聆聽雨聲。四周的風雨聲有一股莫名的撫慰力量。

翌日，雨依然下個不停。琳賽打開屋子的大門。天空灰濛濛的，但太陽躲在某個角落，將頭頂

＊審註：樂耐平為學名lorazepam的譯名，台灣與美國常見的商品名為Ativan®。

上的烏雲渲染出一片煙青色。琳賽走進前院。她伸出雙臂凝望天空，佇立良久，任雨水淋了她一身。

她對麥可揮揮手，他走到她身旁。他們一起淋得渾身濕透，在雨中哈哈大笑。她暈陶陶地要求麥可陪她跳舞，卻發現她的哥哥竟然連最基本的方塊步（box step）都不會。「我是樂手，在舞台上總是坐著！」麥可說。

琳賽一陣發噱。當他抓住妹妹的手，麥可愣住了。那看起來就像媽媽的手，他記憶中的那雙久遠以前的手。

40

唐諾德
約翰
麥可
理查
馬克
馬修
彼得
瑪格麗特
琳賽

豔陽高照的七月天，母親的葬禮前，彼得人在位於河濱步道（Riverwalk）的一家療養院房間裡，跟普維布洛隔著幾條街。一台廉價的手提音響大聲唱著經典搖滾歌曲，大螢幕電視也嘩啦啦作響，但彼得對兩者都充耳不聞。

「真好，」彼得看了看四周，琳賽站在他身旁。他說，「我拿了《聖經》，一切都齊全了。」

他得意地秀出一本相簿，裡頭滿是蓋爾文家的團體照。他指著一張張臉，一一唱名。

「唐、吉姆、約翰、布萊恩、羅伯特、理查、喬瑟夫，那是我，彼得；瑪麗在椅子上，」他用哆嗦的食指戳著照片說，「他們真好。那是我爸，他是美國空軍中校。他在空軍的足球比賽中表演放鷹。雷鳥飛行隊負責中場表演……唐、吉姆、約翰、布萊恩、羅伯特、理查、喬瑟夫、馬克、馬修，那是我，彼得；瑪格麗特、瑪麗，」他微微一笑，「那是我的小妹，瑪麗。她很棒。」

「彼得，你能帶上這本相簿嗎？」琳賽問。

「可以呀。我想我應該。我想我應該，並且好好配合，帶上《聖經》。我愛你！」

「傑夫明天上午會來接你，」琳賽說，「我們今天就只是吃個午餐。」

「我可以跟你一起去吃午餐嗎？」

琳賽笑了。「當然！」她本來就是這麼計畫的。

如今，「瘦削」已不足以形容彼得——他瘦得只剩下一把骨頭，必須勒緊褲帶，褲子才不會滑下去。他步出房間，笑著迎向他的妹妹，身上穿著曲棍球球衣、格紋的法蘭絨浴袍以及一件破舊的滑雪外套，頭上戴著棒球帽，腳下是一雙厚重的工作靴，手上還戴著防寒手套。他的聲音低沉沙啞，唇上的鬍子稀稀落落。不過，他的神情依舊調皮，只是因為剛做完電痙攣治療，疲憊得有些失了血色。琳賽的探訪剛好落在星期二，彼得剛從醫院做完每星期一次的電痙攣治療回來。

當彼得沒有聒噪不休地聲稱他的醫師在替撒旦工作，同一群醫師會覺得他和往常一樣迷人，甚至討喜。「他是我願意不辭辛苦照顧，甚至陪他散步的唯一一名病人。」其中一位醫師麥特・古德溫（Matt Goodwin）說。古德溫打從彼得全天候住在普維布洛時就開始治療他了，現在依然時常負責替他電療。「我會帶他去吃午餐。」在病房區，彼得會吹直笛給病人和醫師聽，奏出披頭四的〈昨天〉（Yesterday）、〈順其自然〉（Let It Be）和〈漫漫曲折路〉（The Long and Winding Road）。每逢聖誕節，他會拿出他們家在空軍官校階梯上拍的全家福，告訴大家誰是誰，滔滔不絕說著他跟父親一起放鷹的故事。

二〇一五年，古德溫向主責彼得照護事宜的法院提出申請，希望艾爾帕索縣（El Paso County，普維布洛的所在地）能在當地的安養中心為彼得騰出一個床位。古德溫強調，只要彼得定期接受電痙攣治療，他並不需要住在州立精神病院。一個月後，十二月十七日，彼得搬進了主要收容阿茲海默症與失智症患者的河濱步道療養院。彼得是迄今為止院中最年輕的住客。他的臨床診斷：第一型躁鬱症（bipolar 1）與精神病。藥方：情緒穩定劑「帝拔癲」、抗精神病藥物「津普速」，以及往往用來治療躁鬱症患者的抗憂鬱藥物「樂途達」（Latuda®）。

在河濱步道療養院，彼得喜歡保持規律作息。他的抽菸休息時間必須固定。假如無法按時抽菸，他會變得非常躁動。「那是他打破單調生活的一件事，」河濱步道的一位主管說，「那讓他有事可做。」他從不動粗或攻擊別人，不過有時候又吵鬧又執著（「你說你會帶香菸給我的！」）。他經常到對街的長照中心吹直笛，病人會為他鼓掌，要求他吹奏更多曲子。只要他們允許，他會每天去那裡表演。

這次外出吃午餐，琳賽好說歹說地勸彼得脫掉浴袍，現在可是正值盛夏啊。電痙攣治療令彼得虛脫，他自前一天晚上就沒有進食。不過，能跟琳賽一起外出，他非常興奮。「我想，我要一杯巨無霸可樂，」他說，「還要一杯咖啡。我喜歡咖啡……我洗了頭，全身上下乾乾淨淨，我還穿了襪子、新鞋和新的內衣褲……嘿，我們能不能找個地方買包菸？我要找個地方用五塊錢鈔票買包菸。」

他對電痙攣治療有什麼看法？

彼得臉色一暗。「他們打暈我，他們用氧氣把我弄得昏昏沉沉。」

事後感覺如何？

「我不過就是乖乖配合，照他們說的去做。」

走出療養院前，彼得在大廳停下腳步，拿出他的直笛，吹了一首熱門的耶誕歌曲——〈天使歌唱在高天〉（Angels We Have Heard on High）——然後才笨拙地步出大門。

「我想吃漢堡！」他坐在琳賽的休旅車後座說。他從他的錢包掏出現金。「我有錢。二十五元鈔票，都在這裡。」

「沒關係的，我買單。」琳賽說。

「好吧，我會乖乖配合。」

「彼得，明天會有很多人。」琳賽說。

「是啊，肯定的。」

「你有沒有體面的衣服可以穿？」

「有。」

「咪咪的每一個孫子和曾孫都會到場。」

「我等會兒要抽根菸！真希望我們買了菸。」

「吃完午餐就去買菸。」

他們停在普維布洛市中心的一家酒館，彼得點了大杯可樂以及漢堡配薯條和番茄醬，率先狼吞虎嚥地吃起了薯條。幾名坐在酒館另一個角落的河濱步道員工看到他，走過來打招呼，笑著問彼得今天感覺怎樣。

「他們是誰？」琳賽等他們回到自己的桌子後問。

「不知道。」彼得說。

「是醫院的人嗎？」

彼得沒有回答。

40

「你還好嗎？」

「不，我受夠了所有事情。我想要買一包菸並且乖乖配合。我會自己去買菸，然後充分配合你希望我做的每一件事。你別抽我的菸，我要自己抽……我沒辦法吃這些沾了起司的番茄醬。我的胃不舒服。番茄醬讓我感覺怪怪的……我充分配合了。我想要配合——為你做我能做的每一件事。」

午餐後，琳賽把車停在一家商店旁，彼得自己下車買菸。這讓她有機會公開談論彼得的病情。

「佛里德曼醫師向我說明情況，」琳賽說，「多少年下來，藥物過量。這就是他們採用電痙攣治療的原因，因為藥物對他沒什麼效果了。」她的每一位生病哥哥或多或少都有同樣問題。用藥越不規律，情況越糟糕——精神病更常發作、病情更嚴重。她痛苦地看著至親之人陷入這樣的惡性循環：不服用藥物會讓他們病得更厲害，某些時候，服用藥物也會讓他們病得更厲害。她承認，病的方式不一樣，但同樣都是病。

「他說藥物最終將不再產生作用，」琳賽說，「而真正導致記憶喪失的，其實主要是電痙攣治療。思維變得更加混亂，無法回答問題，然後同一句咒語——我會乖乖配合——說個不停。」

那麼特定的一句話，肯定對彼得有某種意義。琳賽說，這麼多年以來，爸媽和醫師總責怪他不配合——或許在他心裡留下了刻痕。

彼得笑著跳上車。「老天，他們動作真快。我買了一整包。我可以在這裡點一根嗎？」

「不可以！」琳賽樂呵呵地說。

「好吧，」彼得說，然後嘟囔著「我會乖乖配合」。一會兒後，他恢復了好心情。「我買了一整包萬寶路。你們人真好。」

這天，琳賽的下一站是馬修在科羅拉多泉西塔德公寓大樓的家。這是一間非常陽春的小公寓，靠政府的住房津貼付房租。馬修雖然從不注重個人衛生，不過他就像最講究的囤積症患者那樣，把家裡收拾得乾乾淨淨，成山的物品總是堆得整整齊齊、有條不紊。「我猜他的黑膠唱片值不少錢。」琳賽一邊停車一邊說。

馬修最有價值的收藏品，是一整摞的克林．伊斯威特（Clint Eastwood）電影，包括DVD和VHS錄影帶。家人和馬修通電話的時候，多半可以聽見《荒野大鏢客》（*A Fistful of Dollars*）或《黃昏三鏢客》（*The Good, the Bad and the Ugly*）的聲音在背景轟隆作響。「我告訴他，克林．伊斯威特是共和黨人，」琳賽微笑著說，「他非常失望。」不過他照樣看那些電影。

永遠無法預料探望馬修或打電話給他時會發生什麼情況。有時候，他滿腔怒火，因為他被貼上精神病標籤，因為被母親強迫用藥，因為據他說他在科羅拉多州修橋鋪路，政府積欠他上百萬美元，因為精神醫療界殺了他的父親和兩個兄弟，吉姆和喬瑟夫。「他們不如也殺了我！」他會悲嘆著說他已經沒有活下去的理由。不過今天，在母親葬禮的前一天，馬修的心情還不錯——沒有出現妄想，只是有些悶悶不樂，一如往常地有些刻薄。琳賽出現的時候，他正好在看《吊人索》（*Hang 'Em High*）。他穿著牛仔褲和機車騎士的皮背心，又高又壯，看起來有點嚇人。他有狂放不羈的長髮和稀疏的鬍子，以及和哥哥唐諾德一樣深邃的眼窩。琳賽的小孩每次看到他總說他像《哈利波特》裡的海格（Hagrid）。就連他的嗓音都同樣是低沉、含混的隆隆聲。

40

「唉，我的肩膀糟得不能再糟了。」馬修陷落休旅車後座時說。

「不過你約了醫生了！」琳賽耀武揚威地說。馬修從來不愛看醫生。多年來，琳賽不斷勸他去修補牙齒，但他覺得牙醫會在他的腦子裡植入什麼東西。

「我約了八月十號去帕克尤維（Park View）看診，」他說，然後開始重提其他舊事，包括他上回開卡車撞車後的幾件未竟事宜——咪咪過世之前，琳賽就是因為這起車禍過來幫他。意外發生時，馬修其實正在做一件好事。他載他的朋友布洛迪——下半身癱瘓的越戰老兵——到丹佛領取一袋新的導管；他們在星期五晚上的巔峰時間開車回來，馬修看到中央車道有一輛車停下，於是猛踩剎車。他躲過了停在路中央的車，但他後面的兩台車連續追撞上來。

「拖吊場寄來一封信，說是要八百五十元？」

「我知道，」琳賽說。她跟警方、法院和保險公司通了好幾個鐘頭電話，寄去馬修簽了名的授權書，顯示她可以全權代表他處理所有事情。「如果他們打電話給你，或者寄另一封信來，你就交給我。」

「我只想把事情解決掉。」

「會的。不過，馬修，這得花很長時間。法院甚至還沒指派正式的案件號碼。」

琳賽試著提起明天的葬禮，正如她之前試著對彼得提起那般。馬修同樣置若罔聞。相反的，在附近一家小吃店吃三明治時，他不厭其煩地細數他的多次受傷與傷口。「我動過六次牙科手術。一九七九年，我清除了腦部血塊，那時我十二歲半。」

「那場曲棍球賽我在場。」琳賽說。

「在空軍官校打的，」他說，「那是聯盟冠軍賽。我們打敗了米契爾隊。他們有二十二名球員，兩個守門員，還有教練。我們只有十一個人。你知道人家是怎麼說曲棍球的？自嗨去吧*。」

琳賽微微一笑。她習慣了馬修的笑話，大多數是更下流的黃色笑話。

「我們的球隊打進州冠軍賽，」他說，「但是我無法出賽，因為我的臉破相了。有個傢伙抬起我的屁股，把我扔到擋板上。」

「我記得！」琳賽說，「我跟你一起坐在車子的後座，你的眼球垂在臉上。」

他給琳賽看他側臉上的一道疤。

「我縫了一百五十七針，」馬修說，接著又開始說起他一向以來的那套誇大其辭，「我的心跳停止，他們用了電擊。你看過《急診室的春天》（*ER*）用的那種電擊器？他們替我電擊十次，我的心跳停止了七分半鐘，他們說再做一次。電擊第十一次後，他們察覺我的脈搏，我在兩個半星期後醒過來。」

他稍微緬懷了他在洛雷多高原學院的大學生活——宿舍裡的女孩、走廊上玩的飛盤、他在那裡認識的每一個曲棍球球員。他記得讀了一年後就輟學了，然後到保齡球館打工、送報紙、暫住哥哥喬瑟夫家。

「喬瑟夫死後，我、馬克和麥可跑到他住的地方，平分他的遺物，」他鬱鬱地說，「我分到他的電視機。」

喬瑟夫的話題開啟了更痛苦的回憶。「唐諾德讓我的人生成了一場惡夢，」馬修說，「他把怒氣發在全家人身上。他會把我摔到地板上。」童年聊得越多，他越陷入自憐。琳賽一直感覺得到，馬修——曾在她的足球隊擔任教練、她在作文中稱為英雄的人——其實是個受害者，跟她沒有不同。

「唐諾德、布萊恩和吉姆全都虐待我，」馬修如此說道。不過，馬修說話的時候，你從不知道要打多少折扣。「所以我離家八年或十年。我回來後，吉姆在大街上心臟病發作。喬瑟夫也突發心臟病。然後我爸死了，我媽接著也死了。我失去了我的家人，但我什麼也不能做。」

「我還在。」琳賽說。

她的哥哥看了她一眼。「真高興看到有人還在。」

那天晚上，咪咪在隱谷路的房子迎來從外地返鄉參加葬禮的一大群蓋爾文家人。麥可跟妻子貝琪和他的一個女兒開車從馬尼圖泉過來；他仍在消化他陪伴咪咪臨終的經驗。「我告訴瑪麗，能夠那樣照顧人，其實是一種福氣，」麥可說，「因為假如你**非做不可**，你就會去做。但因為有足夠的錢，我們大多數人都不是非做不可。」

「嘿，陽光男孩！」約翰看見麥可，打了一聲招呼。

音樂老師約翰退休了，跟他的妻子南西從愛達荷過來——這是自母親三年前的九十歲大壽後，他第一次回家。

麥可臉色一亮。「嗨，你回來了！」兩兄弟熱情相擁，「我覺得你縮了幾吋，老哥。」

「唉，或許有一點吧。」約翰說。

* 譯註：原文是 Go puck yourself，其中 puck 也是曲棍球球餅之意，與髒話 fuck 諧音，一語雙關。

40

「不，我確定你縮水了，」麥可說，「你以前不是比我高嗎？」

「哎呀，是啦，」約翰說。他兩年前從梯子上摔下來，歷經了漫長而痛苦的復原期。「三次背部手術，四次膝蓋手術，三次腳踝手術。過去兩年，我比廢人好不到哪裡去。」

「嘿，你要的話，我有個爬梯子的工作給你。」麥可笑著說。

約翰和南西開著他們退休後一擲千金買的露營車回來。他們在波夕市過著退休後的金色歲月，開始享受物質生活：自己動手精心修復了一架古董鋼琴，後院闢了一座錦鯉池，還搭了一個架子種葡萄，小批量地釀酒並貼上自家標籤。他們開著露營車到處遊歷，回科羅拉多的旅費不像從前那樣難以負荷了。不過，他們的人生與蓋爾文家人畫了界線，一部分是出於選擇，另一部分，照他們說的，是出於無奈。「照顧生病家人的擔子，或許全放在瑪格麗特和瑪麗的肩上沒錯，」約翰說，「但她們有錢這麼做。」

現在他回來了，卻立刻覺得有點洩氣。他練了一首鋼琴曲，要在母親的葬禮上演奏，但被告知他不能彈琴。琳賽計畫在戶外的草地上舉行葬禮。他但願他們為母親舉辦的是比較正式的儀式——即使理智上他理解自己沒有權利這麼想，因為葬禮的日期已經是根據他排定回科羅拉多泉的時間安排的。雖說如此，整件事情仍令他不安，不符合他心目中的告別方式。約翰發現自己陷入不熟悉的情境，一種他無法控制的情境。事情很多時候就是這樣的。假如你像約翰一樣遠走他鄉，你可以堅持自己的信念，但只要回家，就會冒上現實與信念互相衝突的風險。像約翰這樣離開家的人，會覺得自己幾乎受到排擠。

約翰很久以前就下定決心過好自己的生活，但他從未想過擔任一個照顧兄弟的角色。「每次回來，馬修和彼得有空的話，我會盡可能去看他們。或許一年一次。」他說，「但是大哥唐諾德，唉，你基本上無法跟他對話。」

40

馬修決定不來吃晚餐。他那天稍早跟琳賽共進午餐，兩人相談甚歡，但到隱谷路跟所有人見面，對他來說似乎太過痛苦。彼得沒有接到晚餐邀約；要求他在葬禮前一晚跟全家人團聚交流，似乎有些過分——對他和他身邊的人而言都太累人了。不過隔天，馬修和彼得都會出席葬禮。馬修躲在後面生悶氣，難受得汗流浹背；彼得則站在人前眉開眼笑。葬禮最後，彼得用直笛吹奏一曲〈我的最愛〉*，贏來一陣掌聲，然後被要求安可時，他喃喃吟誦了一小段《尼西亞信經》（*Nicene Creed*）：「我信唯一的天主，全能的聖父，天地萬物的創造者……」

馬克・蓋爾文從丹佛過來參加葬禮前夕的晚餐。馬克是家中第八個兒子，曾經的曲棍球明星兼天才棋手，如今是神智健全的蓋爾文兄弟中最年輕的一個。他頭頂禿了，蓄著山羊鬍，有一副大骨架，或許，除了說話的樣子，他跟蓋爾文家的其他成員毫無相似之處。他跟約翰和麥可大談政治、音樂和西洋棋，談吐高雅——呈現出母親總希望他們擁有的文化涵養。他已經從大學書店的管理職退下來（那是一份公職），開始領州政府的退休俸。退休後，他把自己的車用來做私家車的包車服務，固定在波德最高檔的兩家飯店——聖朱利安（St. Julien）和波德拉多（Boulderado）——接送客人。這項新事業讓他有機會接觸咪咪會喜歡聽到的一些名人，例如波德愛樂樂團（Boulder Philharmonic）

* 譯註：My Favorite Things，音樂劇《真善美》中的插曲。

的藝術總監；後者雇用馬克接送她的客座藝術家往返機場。「我有一月的韋瓦第音樂會的票喔，」馬克說，「是我載西莫妮．狄娜史坦（Simone Dinnerstein，世界級鋼琴家）從波德回機場換來的免費門票。」

其他幾個曲棍球兄弟相繼過世或生病後，馬克多年來都覺得自己在這個家裡是孤零零一個人。有時候，整個童年對他來說似乎成了一片空白——可能是出於想繼續往前走的衝動，抑或可能是為了不再傷痛。不過，幾樁鮮活的記憶從未褪色。馬克清楚記得四十五年前，唐諾德和吉姆在感恩節爆發的激烈衝突——以及唐諾德抬起整張餐桌扔向吉姆。「一窩瘋子。」馬克搖搖頭說。

在健康的手足當中，只有理查和瑪格麗特沒有來隱谷路共進晚餐。理查似乎是為了避開衝突。他最近因為咪咪的遺囑問題，發了一連串電子郵件反對由琳賽擔任遺囑執行人，結果引來其他健康手足反彈，他們全都替琳賽說話。

在琳賽看來，理查只不過是因為沒被納入遺囑而不開心。琳賽說，咪咪決定將理查撇除在外，因為咪咪和唐幾年前已經給他一筆錢幫助他度過難關。「父親受不了理查。」她說。不過她無法否認咪咪很喜歡理查，他每次來，咪咪總會跟他一起說說笑笑聊八卦。「她會挑撥我們彼此鬥來鬥去，以遂行自己的心願，」琳賽說，「那是我得非常努力避免的性格面。」

麥可以前看著理查這樣奉承咪咪，忍不住覺得好笑。「他太渴望成為父親那樣的人，想要感覺全世界都在他的腳下，」他說，「我覺得他用力過猛了。」

而照理查的說詞（這是他幾星期後一起吃午餐時說的），他跟琳賽起爭執，是因為他覺得她只想談論幾個生病的兄弟。「我覺得很煩，我說，『瑪麗，我希望有一頓晚餐只聊聊月亮、星星和夜空，不提到精神疾病。』那些事情令我心情好低落。」

理查看來更像媽媽而不像爸爸，他決心只談論愉快的話題，例如他到圓石灘（Pebble Beach）和墨西哥卡波（Cabo）的旅行，以及他在杜拜的生意。和咪咪一樣，理查也相信出身名門、擁有優良血統的價值。這一點，從他用了不同於家中其他人的口吻訴說關於父親的故事可見一斑。父親的一生在理查的版本中，唐．蓋爾文並非朱諾號戰艦上的副手——而是艦長；唐．蓋爾文並非只是恩特空軍基地的任務發布官——他跟艾森豪總統有私交；唐．蓋爾文並非只是落磯山聯邦的第一任執行總監——而是創立人；唐．蓋爾文不是從克努特羅克尼俱樂部得到他的「年度最佳父親」獎——這個獎項是尼克森總統直接頒發給他的；唐．蓋爾文並非只是科羅拉多泉當地的鳥類組織主席——他是「將奧杜邦學會*引進大西部的人」。

而且，唐．蓋爾文並非只是北美空防司令部的聯絡官。「老爸加入了戰略情報局，」理查說，「那是中情局的前身。」

理查會滔滔不絕地說著他的父親利用空軍官校和北美空防司令部的工作作為掩護，到愛爾蘭、厄瓜多和巴拿馬執行各種祕密任務。理查說，這些事情都是他跟母親聊天時挖出來的。「她只是說，有些事情，他永遠無法透露。」他說。

沒有任何來自軍方或情報機構的訊息可以證實唐．蓋爾文的間諜身分，然而以這種浪漫的視角

* 譯註：Audubon：全球歷史最悠久的自然保育組織。

看待父親，對理查有益處。至少，比起父親的軍旅生涯停滯不前（或許是因為他的政治態度偏向學術界的自由派，而不是軍方的鷹派），以及他咬牙忍受降級做美其名的公關工作，間諜的故事更討人喜歡。

與其認為唐．蓋爾文鬱鬱不得志，理查採納有益於他的自我欺騙。並非符合《精神疾病診斷與統計手冊》定義的那種妄想，而是每個人偶爾都會陷入的自欺欺人。

瑪格麗特告訴琳賽，她不想在那間房子過夜，她寧可隔天早上跟威利和兩個女兒一起過來參加葬禮。琳賽再次覺得受到遺棄。她不知道如何排遣這份感受。她一整個晚上都沒提起這件事——直到約翰在廚房轉身面對琳賽。

「哎呀，瑪格麗特沒來。」

「嗯，隨便啦，」琳賽說。

「出了什麼問題？」

琳賽頓了一下，不知道如何拿捏回答的分寸。

「我猜瑪格麗特被愧疚感壓得抬不起頭，」她終於說，「因為她該死的不肯幫一點忙，連一根手指都沒動過。」

「對，她有她自己的事要忙。」約翰小心翼翼地說。

「她有她自己的事要忙，」琳賽笑得咧開嘴說，「的確，你說得沒錯！這就是理由。」

40

琳賽走到後院的露台，擁抱了麥可和馬克。大夥兒討論有哪些人答應出席葬禮，以及在預報的暴風雨降臨之前，好天氣的時間是否足夠他們辦完葬禮。然後是開始懷想從前——全家人跨越全美到紐約參觀一九六四年世界博覽會的壯闊公路之旅；老爸錯估艾德熊（A&W）餐廳得來速車道的挑高，車頂上的行李散落一地的一幕。後來，所有行李都放進車內，跟小孩及老鷹擠成一團。

「他不是在另一場暴風雨中，在肯塔基駛離了車道？」馬克問。

「是啊，」約翰說，「而且在暴風雨中，一顆石頭砸中我們的小巴士，他得把車開到紐約州紐帕茲（New Paltz）的一家維修經銷商。他把一顆螺絲釘掉進剎車盤；修車工人在剎車盤裡找到這根螺絲釘。」

「我記得那場暴風雨，」麥可說，「但我不記得其他事情。」

「你不記得石頭砸中我們的箱型車？」馬克問。他們笑成一團。

「誰他媽的會養獵鷹？」琳賽說，「我每一次告訴別人，他們的反應都是『什麼？見鬼了』。」

「我開車載客人的時候總會說這些故事。」馬克說。

約翰轉身面對琳賽，突然一本正經地思索明天的葬禮。

「如果下雨，有什麼替代計畫？」

「雨傘，」琳賽說，「如果下雨，約翰，你就可以在餐廳裡彈琴了。」

「鍵盤是電子式的，」約翰說，「那和鋼琴就是不一樣。」

琳賽微笑著揮手指向咪咪保存在家裡的鋼琴。「我會想辦法說服他們把鋼琴從地下室抬上來，搬到草地上。」

他們就這樣笑語不斷。

唐諾德獨自坐在客廳，和其他人隔得遠遠的，客氣地對每個以笑臉待他的人回以微笑。這天恰好是他的七十二歲生日，琳賽請黛比買蛋糕，給他一個驚喜。但是他始終獨處，大多數時候悶不吭聲，直到有人問他是否找到機會跟母親道別。

「嗯，她剛離開的時候，」唐諾德回答，「她說了『謝謝』，我也回她一句『謝謝』。我感謝她的支持。」

他會想念她嗎？

「不會，」唐諾德說，「她被繁殖下來了，遠離了傷害。我是說，她現在在海裡，是三胞胎中的一個。」

他的母親是三胞胎？

「我把她繁殖成三胞胎，現在在海裡。」

是人還是魚？

這個問題荒謬得令唐諾德露出怒色，「是人。」

但她在海裡？

「對，」唐諾德說，「他們跟章魚住在一起。」

一個人類跟章魚共同生活？

「對，章魚有能力造人。可以製造許多人類，還有各種動物。當洪水氾濫，章魚有時把他們留在水裡保命。」

而咪咪現在就在那裡，以三胞胎的身分？

「對，她現在是個小不點。一個小寶寶。她在那裡，今天大概五個月大。」

等你死後，你願意變成這樣嗎？

「噢，我不介意。」唐諾德說。

40

就在唐諾德回松林岬之前，他們拿出了蛋糕：一個巧克力蛋糕，上頭有切成一塊塊的士力架（Snickers）巧克力棒。唐諾德一整晚都那麼安靜，簡直就像不在場的幽靈。但他現在看似很高興成為關注焦點，輕輕微笑著，始終抿著嘴。

黛比點上蠟燭，把蛋糕拿到大家聚在一起坐著的露台——他們以前就是在這同一個露台豢養芙萊德麗卡和阿索爾，馬修也是在這裡跟喬瑟夫打架，一頭撞到地上。當大家唱起〈生日快樂〉，唐諾德——屋裡此刻年紀最大的一員，一家的大家長——站在蠟燭前，露出了燦爛笑容。然後他雙手抱胸、閉上眼睛，彷彿在許願。

PART 3

41

唐諾德
約翰
麥可
理查
馬克
馬修
彼得
瑪格麗特
琳賽

琳賽在十三歲那年離開隱谷路，下定決心一去不回。她從波德搬到韋爾，再搬到特柳賴德，就是為了保持距離。不過現在咪咪走了，她的返鄉次數比過去幾年加起來還多。她經常探望唐諾德、看看馬修是否安好、開更遠的路去看彼得，並整理老家、準備賣掉房子。當琳賽行駛在科羅拉多泉的街道上，往事一樁樁浮上心頭，令她觸景傷情——例如城西的那些平房，就離她跟凱西一度為了躲避吉姆家暴而一起藏匿的地方不遠。「我現在老是開車經過那裡。」她說。

她依然覺得弱小無依——彷彿家人歷經的一切最終都落到她身上。有一部分的她永遠想要證明自己——或許，她也將一輩子都感覺有些許受到遺棄，些許欠缺安全感，像沿著刀刃邊緣上踮著腳尖走。這或許說明了為什麼她現在除了承擔起生病哥哥的醫療責任之外，還比以往更拚命工作。有時候她明白，擁有注重細節且高度警覺的個性是莫大的福氣。「心理治療期間，路薏絲曾開玩笑說，只有當這種個性開始在生活中製造衝突時才需要擔心，要不然，它其實是一種健康的應對機制，有助於整理襪子抽屜。」她哈哈大笑說，「我很愛整潔。」

她為什麼決定做這一切——留下來，不遺漏任何事情——她自己也摸不清頭緒；她始終沒弄明白自己。

「在心理治療過程中，」她說，「我遇到的每一位心理治療師的反應都是，『天哪，真的假的？你竟然能挺過那些事情？』但是還能怎麼辦？舉手投降？那會是什麼情況？當一個吸毒成癮者？我不知道。從小時候一直到青春期，我打從心底希望那幾個有精神病的哥哥乾脆死了算了。但那是個痛苦的願望——讓我撕心裂肺。」

葬禮過後幾個月，隱谷路的房子登上房市。二〇一八年夏天，最後的買家給仲介發了一封電子郵件。

早安，蓋爾文家：

謝謝你們給外子和我昨晚參觀貴府的榮幸——那房子真棒。走在屋裡，你們對這個房子的愛護與美好回憶清晰可見，我們立刻希望接續此間的故事。但願你們能認真考慮我們的出價，因為我們真的很想在那裡建立家庭。

謝謝你們，祝你們擁有美好的一天！

41

有一次回科羅拉多泉的路上，琳賽臨時繞到普維布洛州立精神病院，尋找哥哥們尚存的舊醫療紀錄。或許她本來應該做好準備再面對即將揭露的更多家庭祕密。當她在醫院主樓的地下室翻閱一張張紙頁——滿滿兩大購物車塞到爆開、紙張從四面八方竄出檔案夾的卷宗——才第一次得知唐諾德試圖以氰化物和鹽酸殺害自己和他的妻子琴恩。這麼多年來，咪咪只說唐諾德是因為妻子離開才生病的。真相其實大不相同；他試圖謀殺後自殺，跟三年後發生在布萊恩與諾麗身上的情況沒什麼兩樣。

琳賽還看到科羅拉多州州立大學的病歷，載明唐諾德自述他十二歲時曾企圖自殺。這也是他們這一輩當中無人知曉的事。就算咪咪知情，她也從未提起；再一次，可能對咪咪而言，認定唐諾德是在離家之後才發病、不是在她的照顧之下出現問題，心裡或許好過一點。

當瑪格麗特得知這件事，她覺得自己又被騙了一次。「我完全不知道唐諾德曾試圖殺害他的太太，」她說，「那也解釋了許多事情。我從來不滿意我得到的答案——那個答案很模糊，只說他生病了。」咪咪堅守某種幻想直至生命最後一天——維持著「一切如故」的假象，直到沒有東西需要保護。瑪格麗特忍不住猜想，要是爸媽更誠實面對唐諾德的病情，要是每個人都知道他試圖對琴恩做的事，情況會有什麼不同？大夥兒是否會更敏銳地察覺布萊恩的精神狀態？如果爸媽不那麼遮遮掩掩，會不會有人及時阻止布萊恩的行動？洛萊麗．史密斯是否能活到今天？

對瑪格麗特而言，被蒙在鼓裡有如遭受侮辱——另一次的排擠。「爸媽用一連串瞎話搪塞我，我猜，他們一定是希望我相信唐諾德比真正的他更好。」

琳賽在普維布洛找到每個哥哥的文件，也始料未及地找到父親的檔案。琳賽獲悉，唐過世之前，有好多年都會固定來普維布洛接受電痙攣治療。從書面上看，他是來治療自一九九〇年代初由於癌症多次復發以及一位哥哥過世引發的憂鬱症。不過當然，這條新的資訊只引來更多疑問。他們的父

41

親之所以接受電療，會不會是因為羅患與思覺失調症有關的遺傳性臨床憂鬱症？這是否跟他一九五五年在加拿大陷入的情況相同，一如咪咪所料？或者，唐是在暮年染上了全新的憂鬱症，因為以他的情況——一個兒子死於謀殺後自殺，另外五個瘋得無可救藥，其中一人還會不由自主地猥褻兒童——誰能不憂鬱？當人生走到盡頭，結局和原先期待的判若天淵，誰能不憂鬱？

咪咪肯定知道唐在做電療。她陪他上醫院，事後無疑也開車載他回家，多年來連續不斷，至少每個月一次。她也隱瞞了這件事。身為蓋爾文家的一員，意味著你會不斷踩到出於恥辱而被埋在奇奇怪怪之處的家族史地雷。

除了再次冥思這樁祕密會帶來怎樣的傷害，並且努力活出不同的人生，琳賽不知道作何反應。她想，他們家的故事，重點或許並不只在於那些祕密，不只在於一項疾病——而是在於透過佛里德曼和德里西兩位醫師的研究下，這種種經驗或許能幫助其他人活得更好。

這對他們來說值得嗎？不盡然。不過，從羅伯特．佛里德曼的膽鹼實驗，以及琳恩．德里西在SHANK2上的發現，那或許是此刻支撐她堅持下去的信念——他們的犧牲或許能造福後代子孫。科學進展不就是這麼一回事——歷史不就是這麼一回事？

42

唐諾德
約翰
麥可
理查
馬克
馬修
彼得
瑪格麗特
琳賽

在咪咪還沒生病的幾年前，一天夜裡，瑪格麗特從一場難以承受的噩夢中哭著醒來。

夢中，她和妹妹在韋爾，剛滑了一天的雪。琳賽沒有說她們要去哪裡——妹妹知道目的地而瑪格麗特心裡沒譜的事實本身可能說明了一些問題——但沒多久，瑪格麗特明白她們正朝山姆和南茜·蓋瑞的公寓走去。她們到達後，發現大門沒有上鎖。

琳賽走進大門，瑪格麗特跟著進屋。屋裡只有她們兩人。這地方失去了昔日的光彩。琳賽說，這房子現在歸山姆的子女們使用。這讓瑪格麗特想起她曾經認識但多年未見的每一位蓋瑞家成員。接著，南茜和山姆果然在子女和朋友的簇擁下走進大門。他們顯然正準備開派對慶祝什麼事情。

瑪格麗特覺得困窘；她不知道自己為什麼會在那裡，直到看見妹妹拿捲尺丈量房間尺寸才恍然大悟。她們是被請來籌畫山姆和南茜的派對。

現在布置場地已經太遲。越來越多客人走進大門，排在通往客廳的木板走道上。瑪格麗特看見山姆的祕書以及蓋瑞家的司機、廚子、管家，甚至曾經前往蒙大拿，在湖濱小屋旁教瑪格麗特和其他人打網球的教練。大家的模樣都老了，但瑪格麗特依舊認得出他們。

她侷促不安，認定自己不屬於那裡。然後一名家教老師走向她，露出微笑。「我不知道我為什麼離開那麼久，」瑪格麗特對他說，「你們都是大好人。」家教老師回答，「哎呀，我們得讓你走入我們的家族史。」

瑪格麗特覺得好過一點，但沒有維持太久。她不小心聽到其他客人提起她沒有受到邀請的其他派對。突然之間，所有往事重上心頭：互相攀比的丹佛社交圈，以及她永遠格格不入的事實，而她能接觸上流社會的唯一原因，就是因為自己的家園土崩瓦解。一切重回那口拒斥的深井——那口痛苦的深井。然後眼淚汨汨而下。

42

當你無法在原生家庭找到愛與歸屬感，你會去其他地方尋找。遺憾的是，瑪格麗特（或許琳賽也一樣）尋找的第一站，是吉姆的家——家以外的家，在那裡，有人會關心她。對瑪格麗特而言，蓋瑞家和肯特丹佛學校象徵得到歸屬感的更多機會，而這些地方也有它們各自的問題。

接著是瑪格麗特的頹廢時期，跟一群臭氣相投的流浪者四處旅行，然後是她短暫的第一段婚姻。回顧過去，她覺得自己能活下來真是幸運。我二十歲那年真的嫁了一個毒販嗎？她在日記中寫道。

然後，她終於決定和威利定下來建立自己的家庭。「我喜歡把他形容成避風港。」她說。

瑪格麗特和威利生下兩個女兒、成為全職媽媽的那幾年，越來越執迷於維持情緒平衡。「你是家裡的情緒探針。」咪咪經常對瑪格麗特這樣說；而至少在這一點上，瑪格麗特與母親意見一致。

瑪格麗特曾在心理治療的過程中說道，布萊恩之死是她整段童年的關鍵時刻，甚至能跟那些椎心的受虐經歷相提並論。她當時十一歲，年紀已經夠大，可以看懂這件事對每個人造成的傷害。不過她最糾結的心理創傷，是受到遺棄——不只是被送去蓋瑞家，也包括離家之前父母偏愛其他手足，忽略了她。「得不到關愛的小孩，往往最需要關愛，」瑪格麗特說，「至少我個人是這樣。」

瑪格麗特經常想起母親老對她和妹妹說的一句話：「長在棘刺後的玫瑰。」她跟琳賽是玫瑰，十個哥哥全是刺。大多數人覺得很溫柔的一句話，在瑪格麗特聽來既醜陋又帶著被動攻擊性。聽著母親說這樣的話長大，幾個男孩得要有什麼感覺？聽到這樣夾帶輕蔑的讚美，兩個女孩怎會有安全感？

身為兩朵玫瑰花之一，瑪格麗特從不覺得自己有機會得到母親的愛。如果咪咪真的愛她，絕不會在她年僅十三歲時送走她。有時候，瑪格麗特覺得寄住蓋瑞家的那段時間永遠地切斷了她和母親的關係——她永遠忘不了被拒斥的感覺，餘生都在努力保護自己不要再被傷害得那麼深。**我被當成垃圾、渣滓，棄之如敝屣**，瑪格麗特曾在日記中寫道。隨著時間過去，她越來越覺得自己有權拉開和其他人的距離。**我渴望正常家庭的親密感，但坦白說，我的原生家庭並不正常。**

在瑪格麗特看來，妹妹和媽媽親密無間，形影不離。咪咪把她屋裡的傢俱送給琳賽，甚至替她縫製衣服，琳賽則義無反顧地照顧咪咪，以茲回報。瑪格麗特有時憎恨她們兩人，但她也需要她們。

對於被帶離隱谷路之前的那段時間，亦即布萊恩死後、目睹父親和哥哥們在她身邊逐漸崩潰的那幾個月，瑪格麗特最鮮明的記憶之一，就是子女們上床很久之後，母親還熬著夜畫畫——多半畫

42

鳥和蕈菇。瑪格麗特後來想起這件事，百思不得其解。咪咪怎麼能夠照舊在家裡沒事找事做、觀賞悠悠哉哉晃過他們家後院的狐狸和一家子野鹿、述說來餵鳥器啄食的鳥大幅減少的事實？這是她不久前看到因為布萊恩過世而痛哭失聲的同一個女人。咪咪的內心擁有什麼，是瑪格麗特所欠缺的？是力量、否認現實，或是她不懂的某種東西？後來她才明白，咪咪在科羅拉多州愛上的自然世界為她提供了遁離現實的避風港，帶給她些許安慰。

瑪格麗特成年後，終於鼓足勇氣拾起畫筆，而她的主題，多半是她窮盡畢生之力所逃避的事物：她的家庭。她以極其寫實的筆觸，畫下母親所愛的花朵。她畫了一幅以蓋瑞家為主題的畫，名為〈灰色閒適〉（*Gray Ease*）；另一幅名為〈世故〉（*Sophisticated*）的畫，是關於她自己學習變得易感的過程；另外還有一幅畫叫〈歸置悲傷〉（*Compartmentalizing the Grief*）。她改嘗試抽象畫，以蓋爾文家的十二名子女為主題，畫出驚人的十二幅系列畫作。〈唐諾德〉是紅色與白色；〈吉姆〉是陰森的黑色與白色；〈約翰〉、〈布萊恩〉、〈麥可〉和〈理查〉是深淺不同的青黃色；〈喬瑟夫〉是透出些許紅色的黃色；〈馬克〉、〈馬修〉和〈彼得〉全是紅色的畫作，只不過彼得的畫帶有幾縷藍色。

〈瑪麗〉是用幾筆濃重的淺粉紅畫出的平行格線，星星點點的黑色散布其中。瑪格麗特的自畫像和妹妹的相似，只不過少一點粉紅色，多一點濃烈的鐵鏽色斑點。

咪咪過世幾年前，瑪格麗特幫忙彼得搬進安養中心時，得到靈感畫出了〈轉移彼得〉（*Moving Peter*）。她似乎往前邁了一大步——複雜而有層次，充滿她難以用其他方式消化的情感。「畫畫成了抒發情感的工具。」瑪格麗特說。

這就是南茜．蓋瑞趕在瑪格麗特的肯特丹佛學校老同學前面，搶先下手買到的那幅畫。

43

我們的文化把疾病視為需要解決的問題。我們把每一種病痛都想像成小兒麻痺症——原本無可救藥，直到出現可以將它從地表上抹除的神奇藥物。當然，這種模式難得一見。更多時候，科學家迷失在自己的象牙塔裡，閉門造車。不論佛洛伊德派、克雷佩林派、家庭動力學派或遺傳學派，各自為營的態度導致所有人都容易出現驗證性偏誤*——以管窺天。一九七〇年代，思覺失調研究者魯伊・克倫威爾（Rue L. Cromwell）形容這個兩難：「猶如坐旋轉木馬。你可以選擇自己的馬，想像自己一馬當先。一旦遊戲結束下了馬，你才發現木馬只是在原地打轉。不過，那是一次刺激的經驗，你說不定還想再來一次。」[1]

不過還有另一種進步模式，恰恰與小兒麻痺症的模式相反；在這種模式裡，解決方法並非來自石破天驚的發現。進步來得緩慢，而且往往痛苦，忽斷忽續，許多人窮其一生不斷失敗、爭吵，並在最終取得共識。某些概念站穩腳跟之際，其他概念遲早會被人遺忘。或許，我們只能透過後見之明看清我們已走了多長的路，然後決定接下來的方向。

思覺失調症的研究會有怎樣的進展模式？假如蓋爾文家的男孩晚半個世紀出生——好比說，在今日而非在一九五〇或六〇年代成長——他們會得到不同的治療嗎？從某些層面來看，情況沒有太大改變。新型思覺失調藥物的市場依舊低迷。抗精神病藥物需要進行昂貴且高風險的測試，從無法以老鼠取代人體的早期試驗開始就是如此。而且，關於這種疾病的根源，同一套先天對後天的爭議仍持續延燒，甚至更白熱化。原先以佛洛伊德為焦點的熱議，如今圍繞著表觀遺傳學——被環境觸發因子啟動的潛伏基因——打轉。醫學界如今開始爭論哪些東西可能扮演觸發的角色——是攝入品，例如大麻，還是某種感染，例如細菌？研究人員提出了其他各種猜測——頭部外傷、自體免疫疾病、腦炎、寄生性微生物——每一種說法都有其擁護者與批評者。每個人仍兀自挑選他們搭乘的旋轉木馬坐騎，而且沒有幾個人願意結束遊戲。

然而，仍然有一些比較細微的變化，彷彿圍繞這項疾病的氛圍稍微改變了一點，變得更包容。最新捲土重來的反精神醫學運動——聽聲運動（Hearing Voices Movement）†——旨在將幻覺的概念合理化、正常化，和希望證明失聰與失明並非殘障而是一種差異的運動沒什麼不同。[2]神經多樣性（neurodiversity）——一個更常用於其他症狀（例如自閉症）的術語——是蓋爾文男孩們數十年前接受治療時，人們想都沒想過的概念。如今，抗服藥（anti-medication）運動來勢洶洶；某些研究顯示，許多未服用處方藥的思覺失調患者得到較佳的長期結果，這些研究為積極分子提供了推進運動的利

* 譯註：confirmation bias，指尋找、相信並記住有利於自己的信念的資訊，忽略或否定所有反面訊息。

† 審註：在此處，作者雖把聽聲運動標註在西方反精神醫學運動之下，但未必代表該運動旨在廢除西方精神醫學，而是反對精神醫學對於幻聽過於普世的知識。聽聲運動認為，西方（特別是美國）常將思覺失調症患者所聽見的幻聽當作某種百分之百外來、要消除的症狀，而忽略了其中的意義。許多人類學家，如撰寫《兩種心靈》的譚亞・魯爾曼（Tanya Luhrmann）等學者，就曾經比較西方與非西方的幻聽，進而發現我們若能將幻覺正常化，幻聽就不會再是那麼恐怖，而能乘載其他的意涵，並且帶來較好的預後。

器。[3]這項運動也得到許多心理治療師的支持，他們不樂見精神醫學被當成藥物工廠，懷念醫師不會只花幾分鐘就拿處方箋打發病人的心理治療黃金年代。

若說有什麼重大改變，那就是更多人明白思覺失調症的診斷難以捉摸，沒有放諸四海皆準的單一定義。每一年都會出現更多證據，顯示精神疾病可能以光譜呈現。[4]其中，新的遺傳研究顯示思覺失調症與躁鬱症有重疊之處，而躁鬱症則與自閉症互有交集。最新研究表示，至少有一點點精神疾病的人口為數驚人：發表於二〇一三年的一項統合分析發現，總人口的百分之七・二曾出現幻覺或妄想；[5]二〇一五年另一項研究的數據則是百分之五・八。[6]後面這項研究認定的精神病患者中，有三分之一的人只發作過一次，其他人則有較持續的症狀。這類結果最起碼顯示了，異常行為的治療方案，應該更清楚地分辨哪些人需要傳統的治療方法，而哪些人或許能受益於等待與觀察。此類決策關係重大：研究人員已經掌握證據，確定每一次精神病發作都會對大腦造成更多永久性傷害，進一步喪失處理訊息不可或缺的大腦灰質。

遺憾的是，精神病藥物的困局依舊存在，左右兩難：定期服藥可以避免進一步崩潰（但會導致長期副作用），不過也有大量證據顯示，嚴格服藥與不服藥的病人，病情復發的機率一樣高。儘管尚在人世的蓋爾文兄弟一如既往地靠藥物控制病情，但對後來的人而言，最大的改變就是藥物和心理治療並非一種非此即彼的選擇。就連出身最正統的思覺失調症研究人員都在推廣傑佛瑞・利柏曼（Jeffery Lieberman）——紐約長老會醫院（New York-Presbyterian Hospital）附屬哥倫比亞大學醫學中心的首席精神科醫師——所說的「早期發現與干預的醫護模式」。[7]有一波相對較新的研究支持所謂「軟性處遇」的效果：結合談話治療與家庭支援，目的在於將藥量降到最低。[8]澳洲與北歐國家採用這種整合性的治療方法已有數十年時間，取得了良好成果。[9]（你可以聲稱麥可．蓋爾文在田納西嬉皮公社的「磨石機」得到了軟性處遇——假設他原本真的有發病風險。）最大的挑戰在於辨別精神病藥物能成功地治療哪些人、對哪些人或許沒有太大效果，以及就長期而言，藥物對哪些人的傷害或許跟疾病一樣嚴重。

越來越多研究人員認為關鍵在於預防——難處是在病患初次精神崩潰之前，正確地診斷出他們有罹患思覺失調症的風險。哥倫比亞大學的利柏曼正在研發衡量海馬迴功能的新技術。[10]日後，新的藥物將能阻止思覺失調症發作，正如目前已研發出的、或許可以阻止阿茲海默症症狀的藥物。然後還有膽鹼。在丹佛，羅伯特．佛里德曼在山姆與南茜．蓋瑞等人的支持下，正在追蹤他的第一個長期膽鹼研究——從受試者在母親體內開始接受膽鹼補充劑的那一刻起，直至他們到了思覺失調症好發的後青春期。正如他在紐約的頒獎典禮上發表的感言，研究結果出來時，佛里德曼肯定已不在人世。而蓋瑞夫婦和其他許多贊助者也一樣。「他們是一群創立者與開發者——如南茜這樣的石油大亨，」佛里德曼說，「他們會說，『欸，乾脆把全部籌碼都押上去吧，那就是我們的做事風格。』」他們告訴佛里德曼，假如過程中有什麼閃失，他們會一起吃頓晚餐，笑著說自己不枉此行。

佛里德曼也開始跟約翰霍普金斯大學的利伯腦部發育研究中心（Lieber Institute for Brain Development, Johns Hopkins University；這個機構是由提出發育假說的ＮＩＭＨ研究員丹尼爾．溫伯格共同創立的）合作，從新的角度關注胎兒的健康：研究思覺失調症的風險是否與孕婦的胎盤健康有關。[11]溫伯格開始跟佛里德曼攜手研究膽鹼能否改善胎盤健康。兩位研究人員都希望在病患甚至尚未出生之前，大舉消除思覺失調症的潛在病例。

對佛里德曼而言，預防不僅僅是一帖良藥，更是不證自明的道理。每年有數十億的經費投入研發藥物，治療已經明顯可見的精神疾病症狀。假如把一部分的錢用來預防——不只在子宮，也包括童年時期——會有什麼效果？想想每一個罹患精神疾病卻無處求援的年輕人。假如能在情況惡化之前幫忙支撐那些脆弱的心靈，預防人們精神崩潰、甚至自殺，會是什麼狀況？「國家精神健康研究院每年有十四億的預算，但只挹注四百三十萬經費給胎兒預防研究，而且全都用於老鼠實驗，」佛里德曼最近表示，「然而，半數的年輕校園槍擊犯，都有思覺失調的早期症狀。」[12]

我們無從得知，假如精神疾病文化沒有那麼古板、沒有那麼容易將病患擠出主流社會之外，並且願意在剛出現徵兆時更積極干預，蓋爾文兄弟會有什麼樣不同的人生。但我們或許有理由懷抱希望，對於五十年以後出生的、像蓋爾文兄弟這樣的人來說，情況將有所不同，甚至煥然一新。

「我相信最新趨勢是回歸家庭研究。」琳恩．德里西在離她麻薩諸塞州的住家開車一小段路的咖啡館說。二〇一六年，與她的SHANK2研究同一年，她在《分子精神醫學》發表了一篇論文，主張現在比以往任何時候都更該研究有思覺失調症病史的家庭。[13]長久以來第一次，她不是唯一一位這麼說的科學家。

「我認為家庭研究至關重要，」丹尼爾．溫伯格說。很久以前，溫伯格在NIMH跟德里西共事時，他曾對家庭研究抱持懷疑，對德里西的研究方向不屑一顧。如今，他和德里西一樣，看到了以家庭作為實驗場域——或測試廚房——的價值，用來驗證從全基因體關聯分析得到的理論。「追根究柢，在運用遺傳學解釋個體為什麼得病時，家庭將是關鍵的一環。」溫伯格明白，研究蓋爾文

43

這類的家庭，可以找到其他全基因體關聯分析找不到的全新治療路徑。「曾經有人告訴我，『如果能確認全世界每一個人的基因型，是不是就能洞穿思覺失調症的一切？』我的猜測是，你無法光靠每一個人的基因序列弄明白；那無法解釋思覺失調症。雖然那可以說明每個人的風險狀態，但我懷疑我們能從中得到完整答案。」

德里西的研究許多年來無人聞問。她至今仍是個局外人——的確，她在哈佛醫學院教書，並積極參與國際性的思覺失調研究團體，但她從未如其他同儕那樣得到獎項或獎金、受到認可。縱使她在SHANK2上的發現引發了另一項突破，她可能也分不到功勞。科學進展就是這樣——如果你不是名垂青史的少數幾人之一，你不過就是浩瀚的研究隊伍中的一員。「某方面而言，我心裡不太舒服，」德里西說，「但我已經釋懷。重要的是，我所做的事情幫助推動了這一切。」

德里西發表SHANK2的研究結果時，史帝芬．麥克唐納已離開安進製藥。不久之後，德里西跟這位昔日夥伴通電話時，得知麥克唐納跳槽到了輝瑞——十六年前停掉她的多發型家庭研究的公司。

她隱隱覺得諷刺。如同咪咪．蓋爾文學到的，假如你活得夠久，你經歷過的一切都會回過頭來糾纏你。

德里西以前從未對麥克唐納說起這些事情。他以為德里西的數據全都屬於她，絲毫不知她在二〇〇〇年跟輝瑞決裂，兩邊各分到一半。於是在電話中，她決定讓他知道輝瑞仍持有多發性家庭研究的部分樣本，包括他們用於SHANK2研究的許多家庭。

他們都知道這意味著什麼：假如輝瑞不會為了騰出冷凍櫃而將樣本丟進垃圾桶，德里西的樣本——包括蓋爾文家的基因訊息——仍被擱在某個地方。德里西不知道確切地點，但就算她知道，她也無權決定如何、何時或甚至是否可以再次使用這些樣本。

「當初跟你打交道的人是誰？」麥克唐納問。他或許可以找那個人問個明白。

德里西給他一個名字。

麥克唐納不敢相信。輝瑞有成千上萬員工分散全球各地，而在那一刻，他們要找的那個人恰巧就坐在離他幾呎的地方。

麥克唐納克制不住自己。時序進入年終，他的預算還沒消化完。「我直直往前地著手完成部分樣本的定序。」他說。他挑選他所能找到的、出現最多思覺失調症案例的家族。蓋爾文家的基因已完成分析，不過還有其他家庭，或許沒那麼龐大，但也夠大了。

「琳恩一如既往地超前時代，」麥克唐納說，「我們決心從中尋找看看有何發現。輝瑞不會有興趣用它們來開發新藥，所以我們非常樂於將它們公諸於世，只為了讓全世界得到新知。」

這些家庭仍然有故事要說。而現在，有人願意聆聽。

44

唐諾德
約翰
麥可
理查
馬克
馬修
彼得
瑪格麗特
琳賽

咪咪的追思會結束之後，瑪格麗特和琳賽有六個月幾乎沒講過一句話，甚至沒交換過一封簡訊。切斷聯繫的是瑪格麗特。她看見琳賽承擔了幾乎會傷到自己的太多責任——讓自己深陷蓋爾文家的泥淖，沒有抬起頭來喘口氣，可能甚至破壞了她跟丈夫與子女的關係——然後回過頭來指責其他人沒有付出同等心力。瑪格麗特從來都沒有看過她停下腳步，或甚至放慢速度。「我想，我們家的人很愛操控情感，」瑪格麗特說，「我們每個人都曾站在操控的那一邊，也會站在受害的那一邊。所以我稍微長大後，就果斷地對家人說，我受夠了，適可而止吧。」

唯有當母親不再是她們倆的共同焦點，瑪格麗特才發現她跟妹妹的差距有多大。「麥可和琳賽不高興我沒有跟他們一起陷入失調的家庭關係，」瑪格麗特說，「但劃出這樣的界線對我有好處。」

琳賽認為，瑪格麗特說跟家人聯繫有害她的健康，不過是推託之詞——想搶先封住別人的嘴，免得他們說她出力不夠。在琳賽看來，瑪格麗特之所以熱衷於自我照顧，其實是出於內心積累的憤怒。「她對母親和父親處理事情的方法積壓了很深的怒火，」琳賽說。「她也對幾個精神失常的哥哥充滿憤恨，尤其是唐諾德與吉姆。在她身上，我仍能看到一個怨氣很重的受害者。」

琳賽述說了她從以前的心理治療師路薏絲．席爾文和南茜．蓋瑞，以及（假如她誠實面對自己的話）從她自己的母親身上學到的一件事。「她們教會我接受命運發來的牌，否則你會被命運生吞活剝。如果你直視事件的核心，你會發現，唯有靠著愛人與助人，你才能跟你的創傷和解。」在她看來，這就是她跟姊姊最大的不同。

「我們都非常努力拯救自己，」琳賽說，「但她沒有將幫助他們視為自救的一環；我和她不一樣。」

琳賽幾年前曾問山姆．蓋瑞為什麼她沒有像瑪格麗特那樣被帶到他們家。「你的父母和我認為你有較強的心理素質，」山姆說，「你沒那麼脆弱。」琳賽從不知道他們是這麼想的。

不過琳賽也是凡人，也需要幫助。成年後，當家裡的事啃嚙著她的內心，全世界只有另一個人能明白她的感受。當她面對人生的最低谷，姊姊也在那兒，活生生地證明她並不孤單。琳賽覺得，假如瑪格麗特離開她的生命，她失去的不是一個人，而是兩個──一個母親和一個姊姊。

「我無法想像在沒有她陪伴的情況下走過這一切。」琳賽說。

嗨，夥伴們，

繼一年前撞爛卡車之後，馬修的車子上星期被偷了──不是他的錯，但只保了責任險──

啊啊啊！

是的，沒錯──那可憐的傢伙這輩子楣運連連。

彷彿得了思覺失調有多好玩似的……

我剛剛訂了食品雜貨，明天早上送到他家。非常簡單。http://www.instacart.com……

他沒辦法去買菜，而且坦白說，他也不懂得買菜。

他想搬家，因為他住的那一區真的很糟——正在跟政府的低收入戶租屋津貼部門和維里尼家打交道，維里尼說他們的一棟大樓有地方收容他。真開心在超市遇到他認識的每一個人。「嘿，馬修！」

如果你們有人能給他打個電話問候一聲，我會非常感激。不必內疚——只想尋求幾許真心善意。

謝啦，

瑪麗

琳賽給瑪格麗特、麥可、約翰、理查和馬克的電子郵件

二〇一八年六月

44

唐和咪咪．蓋爾文尚在人世的子女達成共識，賣房的所得將用來照顧三名尚存的生病兄弟。琳賽和麥可討論了各種點子，想出可以用這筆錢替他們做哪些小事。馬修需要一輛新卡車。彼得可以接受寵物治療或音樂治療，甚至一支新的次中音豎笛都可能令他開心。唐諾德熱愛歌劇；要不，雇一名陪護帶他去電影院觀賞紐約大都會歌劇院的直播演出？

思索這些事情時，琳賽發現，真正知道哥哥們喜歡什麼、知道哪些事情能觸動他們的，是她的

母親。這個念頭令琳賽輾轉反側，夜不能寐：這個家裡真正的鬥士、奧林匹克同理心競賽的金牌得主，自始至終都是咪咪。「現在她突然不在了，」琳賽說，「我開始能理解她的想法。」

琳賽以前常常跟母親討論先天與後天的問題。咪咪依然擔心被人說三道四，她覺得他們家發生的事不可能源於後天因素。「唉呀，都是基因害的。」她會這麼說。琳賽告訴母親，她沒那麼有把握。她相信有些人有先天的遺傳傾向，「但不一定會發病，取決於你的生命歷程與心理創傷。」有些事情能發揮作用，琳賽說，例如「愛與歸屬」。

不過，她不再為此責怪母親。「我真心認為我的爸媽沒有給予我們應該要得到的幫助，」她說，「但他們也不知道該如何幫助我們。」

現在，琳賽決心援用母親的方法，努力走進生病哥哥們的內心世界。太多人——包括她多位心智健全的哥哥——早就不把唐諾德、彼得和馬修當成人看待。思覺失調症最具殺傷力的一點，是讓病人封閉起來，難以靠近；許多人無法跟病人產生任何交流。

不過，人們（尤其病人的親戚）錯就錯在忍不住把「無法交流」跟「喪失自我」混為一談。精神科醫師西爾瓦諾・亞瑞提（Silvano Arieti）的經典著作《解釋思覺失調症》（*Interpretation of Schizophrenia*）主宰了一九五〇年代期間關於思覺失調症的主流思想，再版後又於一九七〇年代榮獲美國國家圖書獎。他在書中寫道：「情緒必定隨著某種認知過程而出現。認知過程也許是無意識的，也許是自然反應，甚至可能是扭曲的，但必定存在。」[1]

琳賽發現，這一點在哥哥們受到善意對待時特別明顯。「馬修今天早上打電話給我，流露最純粹的感激，」她在替他送去食物雜貨之後不久說，「真希望我也能擁有那麼純粹的感受。」

幾個健康的哥哥在她委婉的督促下開始對生病的兄弟們伸出雙手。理查和芮妮打電話來問他們的電話號碼。琳賽打算買科羅拉多學院的曲棍球季票送給馬修——馬克或許願意陪他一起去看球賽，因為他們曾經熱愛一起打球。「差不多每個人都把他們當成瘟疫，避之唯恐不及。但假如我非常明白且刻意地說，『嘿，你們能帶他們出去走走嗎？隨便什麼地方都好，例如喝杯咖啡吃個甜甜圈。』他們會去做。」

兩姊妹花了六個月的時間修補裂縫。一月，各自過完年假回來後，她們開始交談。有一次，她們見面相處了很長一段時間，離開之前，琳賽的看法變得更通透了。「我發現自己在生家裡每一個人的氣，因為他們沒有在媽媽臨終時幫我一起照顧，」琳賽說，「而在瑪格麗特看來，我所謂的幫忙不見得是件好事。」

另一方面，瑪格麗特則承認琳賽比她更擅於處理家庭關係。不過，她們之間仍存在一道鴻溝。兩人聊起了瑪格麗特無法幫忙照顧咪咪的原因，以及琳賽為此多麼生氣。「我就是辦不到。」瑪格麗特說。而琳賽也能坦然地說，她無法認同姊姊的決定——她後來追述，那個決定令她「傷心、沮喪、憤怒，我覺得大家把整個包袱丟給了我」。

她們也稍微談到經歷過童年創傷的人，後來經常會尋找其他人來傷害他們，好讓他們能持續尋求協助。琳賽此刻是在為瑪格麗特扮演這樣的角色嗎？瑪格麗特是在替琳賽扮演這樣的角色嗎？

聊到最後，琳賽對姊姊提出一個問題：她們願意接受彼此真實的樣子嗎？或者繼續認為對方已經受損，無法親近？

那次見面後，琳賽的心裡有了決定。她需要放手讓哥哥姊姊以自己的方法做事，即使那些方法和她的方法不同。「每個人都有自己的旅程，」琳賽試著為自己找到一些空間，她說，「每個人都有自己的人生軌跡和應對方法。」

從家人身上，琳賽明白所有人都有驚人的能力來塑造屬於自己的現實，不論事實真相為何。我們可以一輩子活在泡沫中，心安理得。而且，我們拒絕承認的某些現實面，有可能跟我們認定的真相一樣真實。她此刻想的不是她生病的哥哥們，而是每一個人——他們全家，包括她的母親，包括她自己。

「我可以像我的哥哥理查那樣，假裝我是個百萬富翁。或者，我可以像約翰那樣搬去波夕。又或者，我可以像麥可整天彈古典吉他。我們都只是在過日子，你得尊重彼此的選擇。我們全都找到方法挺過來了，每個人的方法都需要被尊重。」

琳賽終於漸漸明白先天與後天是如何相互影響、共同發揮作用。她的母親總是防衛地堅稱這個病是遺傳來的。某方面而言，咪咪說得沒錯。某種程度上，生物學就是宿命；這一點無可否認。我們都是我們身邊的人——我們在成長過程中不得不相處，以及我們於日後選擇與之相處的人——的產物。

這些關係可以毀滅我們，但也可以改變並修補我們，而且在不知不覺中定義我們。我們都是人，因為身邊的人為我們賦予了人性。

45

唐諾德
約翰
麥可
理查
馬克
馬修
彼得
瑪格麗特
琳賽
凱特
傑克

琳賽的女兒凱特年紀越大長得越像媽媽——同樣的明亮眼睛，同樣的自在笑容。和瑪格麗特與威利一樣，琳賽和瑞克生孩子之前，也得到佛里德曼醫師的保證，父母遺傳精神疾病給子女的機率非常微小——即使是蓋爾文家這樣的極端案例。但是做爸媽的總是會擔心，而琳賽從來不是任機會決定命運的人。

小時候，凱特只要置身吵鬧的環境（例如遊樂場或教室）就會畏縮或崩潰。這是感覺統合方面的問題；凱特顯然需要接受職能治療。不過，當你有六個哥哥罹患精神疾病，而你的小孩開始不受控制地亂發脾氣，你很難不擔心這是一樁悲劇故事的開端。

琳賽淨往壞處去想。她把她想得到的所有解決方法統統砸到凱特身上。她送凱特去做心理治療，學習如何安撫自己。她給凱特的房間添置吊床，幫助她緩解壓力。她囤積許多精油，好讓她保持平靜。她太緊張了嗎——抑或只是一個積極而負責的母親？琳賽沒有答案。反正其中某個方法見效了，或者至少無傷。

凱特茁壯成長。高中最後一年，她上完所有的大學先修課程，而且每一門課都拿A——包括一門藝術課，其中，她以精神健康為主題的系列畫作還得了獎。凱特被加州大學柏克萊分校錄取，但她婉拒了這個機會。相反的，她在二〇一六年秋天入學科羅拉多大學波德分校，直接跳級大二，始終保持卓越成績，就連暑假也緊鑼密鼓地修課。她跟媽媽一樣刻苦用功——對於童年沒有一點浪漫懷想，只想趕緊長大。

事實上，當凱特回顧童年，她記得最清楚的是，等她一解決感覺統合問題、開始表現優異，媽媽就將她的憂慮與關注轉移到弟弟傑克身上。

傑克小時候也接受過心理治療——預防性治療，只是為了防患於未然。他後來告訴父母，最令他神經緊張的就是那些治療和測驗。傑克覺得自己被推到了聚光燈下，彷彿時時刻刻遭人圍觀。他的感覺沒錯：琳賽和瑞克都知道蓋爾文家的疾病傳給了六個男孩，而沒有傳給兩個女孩。傑克是唐和咪咪．蓋爾文的外孫。他的父母怎能不緊盯他的發展？

高一那年，傑克開始蹺課，跟一群新朋友在滑板公園鬼混。他已被診斷出注意力缺失症（attention deficit disorder），而他用大麻搭配他的藥物。青春期時，他會出現博取注意力的脫序行為，或許是出於無聊；就和媽媽一樣，傑克與凱特的學業表現特別早熟，課堂上的內容很難引發他們的興趣。

對琳賽和瑞克而言，抽大麻的蓋爾文男孩等同於五級火警。他們向外尋求忠告，找到了既懂得品行障礙的挑戰、又明白蓋爾文家特殊狀況的兩個人：山姆和南茜．蓋瑞。

二〇一五年勞動節後，傑克參加開闊天空（Open Sky）營隊——一個野外的青少年心理治療營，為期九十天。開闊天空是同類營隊中最昂貴的一個，目的是幫助孩子們脫離有毒或失調的環境，重新整理他們的人生觀。它採取佛教的方法，以靜坐和其他技巧幫助吸毒或叛逆的孩子。費用由蓋瑞

45

夫妻一手包攬。「我一定會保瑪麗周全，就像我絕不會讓瑪格麗特出事，」南茜說，「我會幫助她做她必須做的事。」

開闊天空這類短期營隊通常是長期治療的前奏。結束九十天的活動後，傑克進了一家叫做蒙大拿學院（Montana Academy）的治療性寄宿學校（therapeutic boarding school）。山姆和南茜也包辦了所有費用——每個月八千三百美元，為期二十一個月。蒙大拿學院吸引了有各式各樣毒癮和精神問題的小孩：暴食症、厭食症、焦慮症等等。琳賽和瑞克就是在那裡弄明白，傑克的問題癥結點不在於大麻或注意力缺失，而是焦慮——因為害怕得精神疾病而產生的焦慮。

傑克很憤怒。他身上背負著不是他自己開口要來的遺傳因子，而這讓他覺得自己是怪胎。琳賽為此自責。「我特意讓我的子女接觸精神失常的哥哥們，好讓他們不要對精神疾病有偏見，或覺得羞恥。結果似乎適得其反。」

但對他造成影響的，並非只是琳賽的哥哥們。對傑克和他的姊姊來說，真正難受的是目睹媽媽承受的壓力、背負的重擔。「我的孩子們看見我那麼多年來承受了許多痛苦。他們想保護我，」琳賽說，「每一次，當我不得不處理某件事——我的姊姊、媽媽或某個哥哥——總會充滿焦慮與挫折。」

琳賽凝視傑克，一部分的她必定看見了自己：那個繞著哥哥唐諾德轉圈、拉緊繩索、打算把他燒死在木樁上、胸口快要被怒氣與恥辱感脹破的小女孩。

剛開學時，琳賽要求姊姊陪她到蒙大拿，在她把兒子送進學校時給她精神支持。蓋瑞夫妻用他們的賽斯納（Cessna）私人飛機把她們一行人送到蒙大拿，如同從前那般，永遠熱情款待他們、隨時準備伸出援手。兩姊妹彷彿掉進了時光隧道：夾雜綠色、黃色與鐵鏽色的草原；樹枝上薄薄的落雪；漂亮的房子；網球場、果園和馬匹。就連管家裘迪都還在，熱情地擁抱兩姊妹。

那個週末，往事在瑪格麗特的心中重播——不只因為跟著山姆和南茜重回蒙大拿，也因為看見琳賽和瑞克面臨和父母多年前決定把她送去蓋瑞家的相同處境。不過，她是來幫助琳賽，不是來重溫往事的。琳賽正在經歷劇烈的情緒波動。一方面，她知道自己享受了極大的特殊待遇；另一方面，她的兒子即將離開她整整兩年。什麼樣的母親會做出這種事？當然，她和瑪格麗特心中都有答案。

對兩姊妹來說，和蓋瑞夫妻相處，帶給了她們很久以前便早已習慣的感受——意識到她們既是世界上最不幸的人，同時也是最幸運的人。

回到家以後，傑克表現良好。他乖乖上學、保持清醒，再度贏得好成績。傑克學會以攀岩、靜坐、甚至寫日記來管理焦慮，不過他也承認，這些技巧只是在轉移焦點。「你無法真正迴避焦慮，」他現在說，「必須迎刃而上，想辦法克服。」傑克積極投入治療，甚至糾正家中每個人的行為。「他一天到晚對我們指手畫腳，滿嘴術語。」琳賽說。她如釋重負，備感安慰。

南茜送傑克一根毛鉤魚竿作為畢業禮物。「他是個與眾不同的孩子。」她說。至於大學，傑克希望主修幼兒教育。之後，他想做荒野治療方面的工作。

現在，當琳賽凝視傑克，她想到的不是自己，而是彼得、唐諾德、馬修和其他生病的哥哥。他們當初能接受什麼樣的早期干預，好幫他們免於受到只壓抑他們而沒有治好他們的藥物荼毒？成千上萬人負擔不起她兒子所領受的協助；這些人由於缺乏資源而延誤病情，或者被寧可假裝他們不存在的社會烙下了污名——他們又該怎麼辦？

45

「有錢人有這些選項，沒錢的人沒有，」琳賽說，「看著這孩子走了這一條路，並獲得成功——原本大可能往另一個方向發展的。我真心相信，假如哥哥們有機會接受類似治療，他們或許不會病得那麼嚴重。」

二〇一七年夏天，在羅伯特．佛里德曼的丹佛實驗室，他很不尋常地允許一名大學生到他的實驗室實習：一位來自科羅拉多大學波德分校、對神經科學特別感興趣的年輕醫學預科生。她想成為一名研究人員，效法佛里德曼專注於思覺失調症——她們家的家族疾病。

六月的一個豔陽天，凱特第一次走進佛里德曼的實驗室，和實驗室裡的其他技術員和助理見面。他們全都是比她年長五歲多的研究生。當他們得知她只有十八歲，不由得對她另眼相看。這是許多人搶破頭的實習機會。他們其中一個人開玩笑說，她們家肯定捐了很多，好讓她走後門進來。

凱特勉強擠出笑容。「哎，你是說捐錢，」她問，「還是捐組織？」

琳賽的女兒路經了一個房間，很像遠在她出生之前，她的媽媽、阿姨和好幾位舅舅頭上貼著電極片聆聽雙擊聲響、測試聽覺門控能力的那個房間。她從工作檯旁邊走過；研究人員就是在這裡分析她們家和其他家庭的基因訊息，得到CHRNA7異常的證據。她站立的地點，離當初研究幼童膽鹼試驗數據、尋找思覺失調跡象的地方不遠——感謝她的六位舅舅，這項試驗有可能為下一代人改變一切。

外公的大腦可能也靜靜躺在某個地方。她納悶著還要多久，她才有機會看它一眼。

謝辭
Acknowledgments

二〇一六年初，我的好朋友強・格魯克（Jon Gluck）首度介紹我認識瑪格麗特・蓋爾文・強森和琳賽・蓋爾文・勞赫。這兩姊妹一直在尋找方法讓世人認識她們的家庭。她們知道，若要忠實呈現他們的故事，蓋爾文家每一位尚在人世的成員都必須同意參與——願意坦誠且毫無保留地說出此前從未公開且往往非常敏感的家庭議題——而作者需要具備獨立性，能夠隨故事的發展往任何一個方向追蹤下去。我十分感謝每個人都答應了。我要向瑪格麗特與威利・強森、琳賽與瑞克・勞赫、彼得・蓋爾文、馬修・蓋爾文、馬克・蓋爾文、理查與芮妮・蓋爾文、麥可・蓋爾文、約翰與南西・蓋爾文以及唐諾德・蓋爾文致上最深的謝意——尤其由衷感謝咪咪・蓋爾文，她在二〇一七年辭世之前，始終以積極的態度敞開心扉，分享她的人生故事。這本書見證了他們一家人的慷慨與坦蕩，以及相信他們的故事必能造福他人的信心。

琳賽與瑪格麗特理應得到特殊鳴謝。作為母親的遺囑執行人以及幾個生病哥哥的法定代理人，琳賽不辭辛苦地尋找沒有人知道如今尚存的醫療紀錄、提交一疊又一疊文件、聯繫成隊的精神醫學專家和醫院行政人員。另一方面，瑪格麗特貢獻了她數十年來的日記與自傳式隨筆，為隱谷路的生活提供珍貴的細節描述。兩姊妹花了無數時間與我合作，不論面對面交談或透過電話和電子郵件，從未對最無關緊要或最冒昧的問題與要求表示為難。我衷心感謝她們兩位。

我也應該向曾經分析這個家庭的精神醫學家和研究人員深深致謝——琳恩・德里西、羅伯特・佛里德曼，以及史帝芬・麥克唐納；他們各自花費了許多時間向我解釋他們的研究，並在蓋爾文家的應允之下，首度公開地將他們的研究與蓋爾文家連結起來。另外，遺傳學、精神醫學、流行病學與科學史領域上的其他多位專家幫助我更廣泛地認識有關精神疾病的爭端與理論，這些人包括：尤安・艾胥利（Euan Ashley）、馮國平（Guoping Feng）、艾略特・葛申、史蒂芬・海曼、約翰・麥格拉斯、班傑明・尼爾（Benjamin Neale）、理查・諾爾（Richard Noll）、愛德華・蕭爾特、福樂・托利，以及丹尼爾・溫伯格。我永遠感謝凱拉・唐恩（Kyla Dunn），從寫作計畫一開始，她的遺傳學知識就幫助我提出對的問題，讓我免於在最後出現許多難堪的錯誤（當然，書中如果仍有任何錯誤，全是我個人責任）。

感謝其他多位家族成員，許多人的名字沒有直接出現在書中，但他們的觀點讓整個故事更加完整：艾琳・蓋爾文・布洛克（Eileen Galvin Blocker）、凱文・蓋爾文（Kevin Galvin）、麗凡娜・蓋爾文（Levana Galvin）、梅麗莎・蓋爾文（Melissa Galvin）、派翠克・蓋爾文（Patrick Galvin）、貝蒂・赫維爾（Betty Hewel）、喬治・赫維爾（George Hewel）、艾莉・強森（Ellie Johnson）、莎莉・強森（Sally Johnson）、瑪莉・凱麗（Mary Kelley）、凱西・瑪蒂索夫（Kathy Matisoff）、傑克・勞赫（Jack Rauch）與凱特・勞赫（Kate Rauch）。另外也要謝謝南茜・蓋瑞（她堪稱蓋爾文家的榮譽成員），以及對瑪格麗特和琳賽的心理狀態提出深刻洞見的心理治療師瑪麗・哈尼特（Mary Hartnett）以及路薏絲・席爾文。還要感謝曾治療蓋爾文兄弟的精神醫療人員：霍尼・克蘭道爾、克里斯・普拉杜、瑞秋・威肯森（Rachel Wilkenson）、以及普維布洛精神病院的卡門・迪比亞索（Carmen DiBiaso）、凱特・科特納（Kate Cotner）、席拉・法布里茲潘特洛（Sheila Fabrizio-Pantleo）、麥特・古德溫、茱莉・米克（Julie Meecker）、以及亞伯特・辛格頓。

還有一些人對特定主題提出深刻見解。鮑伯・坎貝爾（Bob Campbell）、傑夫・錢尼和愛胥莉・克羅基特（Ashley Crockett）生動描述了科羅拉多泉的生活；我要感謝其他多位親密的家族友人與鄰居：麥克・貝爾奇（Mike Bertsch）、瑪麗・錢尼（Marie Cheney）、安・克羅基特（Ann Crockett）、貝克・費雪（Beck Fisher）、珍妮絲・格林豪斯（Janice Greenhouse）、梅莉・夏普陶・霍根（Merri Shoptaugh Hogan）、提姆・霍華德（Tim Howard）、艾莉・克羅基特・傑佛爾斯（Ellie Crockett Jeffers）、蘇珊・金（Suzanne King）、愛德・拉度契爾（Ed Ladoceur）、潔娜・麥洪尼（Jenna Mahoney）、凱瑟琳・斯卡克・麥克格拉蒂（Catherine Skarke McGrady）、盧・麥克肯尼（Roo McKenna）、林恩・莫瑞（Lynn Murray）、喬伊・夏普陶（Joey Shoptaugh）、卡洛琳・斯卡克・索賽斯（Carolyn Skarke Solseth）、馬勒姆・華金（Malham Wakin）、以及馬克・韋格萊特納（Mark Wegleitner）。謝謝麥克・杜普伊（Mike Dupuy）分享他的馴鷹知識。謝謝傑瑞・克雷格（Jerry Craig）、梅利爾・伊斯考特（Merrill Eastcott）、瑞華・李理（Relva Lilly）、喬治・諾德二世（George T. Nolde Jr.）、凡恩・賽佛特（Vern Seifert）、海爾・韋伯斯特（Hal Webster）、以及美國空軍官校檔案室的瑪莉・伊麗莎白・魯韋爾（Mary Elizabeth Ruwell）分享他們對唐・蓋爾文馴鷹黃金時期的記憶。感謝尼克・楊納克斯（Nick Jannakos）和羅賓・麥肯尼・馬丁（Robin McKinney Martin）分享了關於落磯山聯邦以及亞斯本和聖塔菲社交圈的往事。感謝妮爾與鮑伯・米契爾（Nell and Bob Mitchell）分享無與倫比的普維布洛精神病院歷史知識。感謝肯特・施努布施（Kent Schnurbusch）、李・卡斯帕利（Lee Kaspari）、克雷格・哈特（Craig Hart），以及科羅拉多州丹佛市天主教辦公室的道格拉斯・圖米內洛（Douglas Tumminello）分享了他們對羅伯特・佛洛登斯坦神父的看法。感謝布萊恩・蓋爾文從前的樂團團員史考特・菲爾波特（Scott Philpot）、羅伯特・莫爾曼（Robert Moorman）和喬・帕默（Joel Palmer）分享他們對布萊恩的回憶。感謝羅伯特・蓋茲（Robert Gates）、布蘭登・蓋茲（Brandon Gates）和克勞蒂亞・舒爾茲（Claudia Shurtz）分享他們對洛萊麗・史密斯（「諾麗」）的記憶。

十年來，我有幸得到兩位傑出經紀人——大衛・格內特（David Gernert）和克里斯・帕利斯藍（Chris Parris-Lamb）——的支持，他們從一開始就對這本書充滿信心，並引領我找到完美的出版公司，雙日出版社（Doubleday）。謝謝比爾・托馬斯（Bill Thomas）和蘇珊・赫茲（Suzanne Hertz），同時格外感謝我的編輯——傑出的克里斯・波波洛（Kris Puopolo）；後者透過幾頓飯的時間，幫助我明白這本書可以並應該有怎樣的面貌。另外也謝謝丹・梅耶（Dan Meyer）協助編輯並蒐集照片，謝謝約翰・馮坦納（John Fontana）設計書衣，謝謝瑪莉亞・卡瑞拉（Maria Carella）的裝幀設計，謝謝麗塔・馬德里格（Rita Madrigal）管理生產流程，謝謝佛瑞德・查斯（Fred Chase）幫忙潤稿，謝謝唐・諾瓦克（Dan Novack）進行法務審核，謝謝蘭登書屋（Random House）加拿大分公司的安・科林斯（Anne Collins）極度縝密的校閱。遠在這本書動工之前，我便已深深受惠於往日曾指引我的多位編輯，包括傑瑞・伯克維奇（Jerry Berkowitz）、羅伯特・布勞（Robert Blau）、丹・費拉拉（Dan Ferrara）、貝瑞・哈波（Barry Harbaugh）、大衛・赫爾胥（David Hirshey）、亞當・摩斯（Adam Moss）、拉哈・納達夫（Raha Naddaf）、吉妮薇・史密斯（Genevieve Smith）以及辛蒂・斯蒂芙斯（Cyndi Stivers）。

強・格魯克除了介紹我認識蓋爾文一家，也在這項寫作計畫的每個階段提供了寶貴意見。珍妮佛・席奈爾（Jennifer Senior）幫助我捋順敘事過程中的無數個死胡同和糾結之處。他們和其他朋友、同事、親人熱心幫忙閱讀本書的部分或全部初稿：克麗絲汀・貝克（Kristin Becker）、克爾絲頓・丹尼斯（Kirsten Danis）、凱西・伊文薛斯基（Kassie Evashevski）、喬許・戈芬（Josh Goldfein）、彼得・霍姆伯格（Pete Holmberg）、吉伯特・霍尼菲德（Gilbert Honigfeld）、艾利克斯・科爾克（Alex Kolker）、卡洛琳・米勒（Caroline Miller）、克里斯・帕利斯藍、威廉・瑞德（William Reid），以及法蘭克・提普敦（Frank Tipton）。還有許多人給予他們的熱忱、精神支持、生活指引以及臨時的下榻之處：法蘭科・巴賽吉歐（Franco Baseggio）、彼得・貝克（Peter Becker）、伊芳・布朗（Yvonne Brown）、布魯斯特・布朗維爾（Brewster Brownville）、加百列・菲爾伯格（Gabriel Feldberg）、李・菲爾松（Lee Feldshon）、克爾斯頓・費馬格利奇（Kirsten Fermaglitch）、東尼・福瑞塔（Tony Freitas）、大衛・甘德勒（David Gandler）、梅瑞・高登（Meryl Gordon）、艾咪・格羅斯（Amy Gross）、琳達・赫維路克斯（Linda Hervieux）、麥克・科勒（Michael Kelleher）、伊蓮・克萊巴特（Elaine Kleinbart）、馬克・李凡（Mark Levine）、凱文・麥科米奇（Kevin McCormick）、道格・麥克穆蘭（Doug McMullen）、班尼迪克・莫瑞利（Benedict Morelli）、肯尼斯・穆勒（Kenneth Mueller）、艾蜜莉・努斯伯姆（Emily Nussbaum）、索爾・若（Saul Raw）、南西・羅姆（Nancy Rome）、菲爾・賽拉費諾（Phil Serafino）、艾比蓋爾・史奈德（Abigail Snyder）、瑞貝卡・索考洛夫斯基（Rebecca Sokolovsky）、克萊夫・湯普森（Clive Thompson）、約翰・特洛姆伯利（John Trombly）以及莎莉・日斯曼（Shari Zisman）。兩位研究人員——薩米亞・布齊德（Samia Bouzid）與喬書亞・班・羅森（Joshua Ben Rosen）——在特定主題上給予了莫大幫助，能幹的茱莉・泰德（Julie Tate）則完成了不可或缺的核實工作。

我的母親茱蒂・科爾克（Judy Kolker）是我的第一名讀者，早在其他人之前，她就說過，閱讀我的文字時，她可以從中聽到我的聲音。她也曾在我們居住的馬里蘭州哥倫比亞市一家醫院擔任心理輔導員，長達二十五年。動筆之前，我曾經跟她討論這個故事，期待跟她分享本書書稿（並仰賴她細緻的校稿能力）。二〇一八年五月二十三日——蓋爾文家的女主人咪咪去世不到一年後——她也以七十九歲之齡辭世。她的離去是對我們全家人的一大打擊。這本書要獻給她與我的父親喬恩，後者在這段困難時期展現了驚人的力量、感受能力、寬容與慈悲，成為我們的楷模。全天下找不到更好的父母。我要對我的哥哥艾利克斯・科爾克和姊姊菲麗姿・霍洛克（Fritzi Hallock）——兩個了不起的榜樣——致上深深的愛與感謝，也要感謝我的所有親人，包括分散在馬里蘭州及愛荷華州的科爾克家與霍洛克家的親人，以及麻薩諸塞州、喬治亞州和北卡羅萊納州的丹尼斯家的親人。

最後，謝謝奧黛麗，她已開始展現自己的文采。謝謝奈特，他對本書架構（以及我如何過日子）的建議，讓我省卻了許多時間與煩惱。謝謝我摯愛的妻子克爾絲頓，謝謝你的愛、你的美以及你帶來的靈感。我所寫的一切都是為了你。

資料來源說明
A Note on Sources

《隱谷路》是一部紀實作品，取自我與蓋爾文家尚存的每一位成員（包括咪咪．蓋爾文，直至她於二〇一七年過世），以及數十位朋友、鄰居、師長、治療師、看護、同事、親戚和研究人員長達數百小時的訪談記錄。沒有一個情節是虛構的。書中所有對話若非筆者親耳所聞並記錄下來，就是根據當時可得的公開文獻或當事人的回憶。

我為了拼湊這家人的故事，還採用了其他資料來源，其中最重要的包括與思覺失調症專家琳恩．德里西、羅伯特．佛里德曼和史帝芬．麥克唐納的深入訪談；蓋爾文兄弟與唐．蓋爾文一切可得的醫療紀錄；唐在海軍與空軍的服役紀錄；咪咪與唐的私人信件；瑪格麗特在二〇〇三年及二〇〇八年訪談咪咪時留下的一系列簡短的錄音紀錄；以及瑪格麗特的幾篇私人日記和自傳體雜文。採用這些資料時，我會在文中載明出處。

至於其他需要列舉的資料——包括提及思覺失調症、遺傳學和精神藥理學的所有段落與章節——請參見以下附註。

附註
Notes

獻詞

1 Epigraph: Charles McGrath, "Attention, Please: Anne Tyler Has Something to Say," *New York Times,* July 5, 2018.

第 1 章

1 Marshall Field, Oscar Wilde, and Henry Ward Beecher: Sprague, *Newport in the Rockies.*
2 Don got his hands on a copy: Husam al-Dawlah Timur Mirza, *The Baz-nama-yi Nasiri: A Persian Treatise on Falconry*, trans. Douglas C. Phillott (London: B. Quaritch, 1908).

第 2 章

1 All descriptions of Daniel Paul Schreber's illness are from his memoir, *Memoirs of My Nervous Illness.*
2 King Saul: Freedman, *The Madness Within Us,* 5.
3 Joan of Arc: Ibid.
4 Kraepelin used the term *dementia praecox:* Arieti, *Interpretation of Schizophrenia,* 10.
5 Kraepelin believed that dementia praecox was caused by a "toxin": McAuley, *The Concept of Schizophrenia,* 35, 27.
6 Eugen Bleuler created the term *schizophrenia:* Gottesman and Wolfgram, *Schizophrenia Genesis,* 14–15; DeLisi, *101 Questions & Answers About Schizophrenia: Painful Minds,* xxiii.
7 When Sigmund Freud finally cracked open Schreber's memoir: Bair, *Jung: A Biography,* 149.
8 he had never thought it was worth the trouble to put any of them on the analyst's couch: Thomas H. McGlashan, "Psychosis as a Disorder of Reduced Cathectic Capacity: Freud's Analysis of the Schreber Case Revisited," *Schizophrenia Bulletin* 35, no. 3 (May 1, 2009): 476–81.
9 "a kind of revelation": *The Freud/Jung Letters,* 214F (October 1, 1910).
10 "director of a mental hospital": Ibid., 187F (April 22, 1910).
11 Freud's *Psycho-Analytic Notes:* Reprinted in Freud, *Complete Psychological Works,* Vol. 12.
12 psychotic delusions were little more than waking dreams: Lothane, *In Defense of Schreber,* 340, cited in Smith, *Muses, Madmen, and Prophets,* 198.
13 All the same symbols and metaphors: *The Freud/Jung Letters,* 214F (October 1, 1910).

14 a fear of castration: Ibid., 218F (October 31, 1910).

15 "Don't forget that Schreber's father was a doctor": Ibid.

16 "uproariously funny" and "brilliantly written": Ibid., 243J (March 19, 1911), cited by Karen Bryce Funt, "From Memoir to Case History: Schreber, Freud and Jung," *Mosaic: A Journal for the Interdisciplinary Study of Literature* 20, no. 4 (1987): 97–115.

17 Jung fundamentally disagreed with him: Karen Funt, "From Memoir to Case History"; and Zvi Lothane, "The Schism Between Freud and Jung over Schreber: Its Implications for Method and Doctrine," *International Forum of Psychoanalysis* 6, no. 2 (1997): 103–15.

18 sparring about this on and off for years: *The Freud/Jung Letters,* 83J (April 18, 1908) and 11F (January 1, 1907).

19 "In my view the concept of libido": Ibid., 282J (November 14, 1911).

20 Jung made that same case again and again: Ibid., 287J (December 11, 1911).

21 "Your technique of treating your pupils": Ibid., 338J (December 18, 1912).

22 "cannot be explained solely by the loss of erotic interest": Jung, *Jung Contra Freud,* 39–40.

23 "He went terribly wrong": Bair, *Jung: A Biography,* 149.

24 schizophrenia affects an estimated one in one hundred people: Most available analyses of the prevalence of schizophrenia drift around this one percent figure. One recent example: Jonna Perälä, Jaana Suvisaari, Samuli I. Saarni, Kimmo Kuoppasalmi, Erkki Isometsä, Sami Pirkola, Timo Partonen, et al., "Lifetime Prevalence of Psychotic and Bipolar I Disorders in a General Population," *Archives of General Psychiatry* 64, no. 1 (January 2007): 19–28.

A more nuanced breakdown of the estimates follows, from Michael J. Owen, Akira Sawa, and Preben B. Mortensen, "Schizophrenia," *Lancet* (London, England) 388, no. 10039 (July 2, 2016): 86–97: "Schizophrenia occurs worldwide, and for decades it was generally thought to have a uniform lifetime morbid risk of 1% across time, geography, and sex. The implication is either that environmental factors are not important in conferring risk or that the relevant exposures are ubiquitous across all populations studied. This view of uniform risk was efficiently dismantled only in 2008 in a series of meta-analyses by McGrath and colleagues [*Epidemiologic Reviews* 30 (2008): 67–76]. They provided central estimates of an incidence per 100,000 population per year of roughly 15 in men and 10 in women, a point prevalence of 4.6 per 1000, and a lifetime morbid risk of around 0.7%. These estimates were based on fairly conservative diagnostic criteria; when broad criteria—including other psychotic disorders such as delusional disorder, brief psychotic disorder, and psychosis not otherwise specified—were applied, the rates were higher by 2–3 times."

25 a third of all the psychiatric hospital beds in the United States: "U.S. Health Official Puts Schizophrenia Costs at $65 Billion." Comments by Richard Wyatt, M.D., chief of neuro-

psychiatry, National Institute of Mental Health, at a meeting of the American Psychiatric Association. Available online at the Schizophrenia homepage (http://www.schizophrenia.com/news/costs1.html), May 9, 1996.

26 about 40 percent of adults: NIMH statistic, cited in McFarling, Usha Lee, "A Journey Through Schizophrenia from Researcher to Patient and Back," *STAT*, June 14, 2016.

27 One out of every twenty cases of schizophrenia ends in suicide: Kayhee Hor and Mark Taylor, "Suicide and Schizophrenia: A Systematic Review of Rates and Risk Factors," *Journal of Psychopharmacology* (Oxford, England) 24, no. 4, supplement (November 2010): 81–90.

28 Jacques Lacan, the French psychoanalyst: Jacques Lacan, "On a Question Preliminary to Any Possible Treatment of Psychosis," *Ecrits: A Selection*, trans. Alan Sheridan (New York: W. W. Norton, 1977), 200–201, cited by Martin Wallen, "Body Linguistics in Schreber's 'Memoirs' and De Quincey's 'Confessions,'" *Mosaic: A Journal for the Interdisciplinary Study of Literature* 24, no. 2 (1991): 93–108.

29 By the 1970s, Michel Foucault: Foucault, *Discipline and Punish*, 194; and Noam Chomsky and Michel Foucault, *The Chomsky-Foucault Debate*, 33.

30 "Schizophrenia is a disease of theories": Author's interview with Edward Shorter.

第4章

1 Frieda Fromm-Reichmann biographical information and Chestnut Lodge historical information, except where specified, is drawn from Fromm-Reichmann, *Psychoanalysis and Psychotherapy*, Foreword by Edith Weigert, v–x.

2 the young man who assaulted Fromm-Reichmann: Fromm-Reichmann, "Remarks on the Philosophy of Mental Disorder" (1946), *Psychoanalysis and Psychotherapy*, 20.

3 the man who kept silent for weeks: John S. Kafka, "Chestnut Lodge and the Psychoanalytic Approach to Psychosis," *Journal of the American Psychoanalytic Association* 59, no. 1 (February 1, 2011): 27–47.

4 the woman who threw stones: Fromm-Reichmann, "Problems of Therapeutic Management in a Psychoanalytic Hospital" (1947), *Psychoanalysis and Psychotherapy*, 147.

5 anyone who said differently might not care enough about the people they were treating: Fromm-Reichmann, "Transference Problems in Schizophrenics" (1939), *Psychoanalysis and Psychotherapy*, 119.

6 the so-called "gas cure": Heinz E. Lehmann and Thomas A. Ban, "The History of the Psychopharmacology of Schizophrenia," *The Canadian Journal of Psychiatry* 42, no. 2 (March 1997): 152–62.

7 Insulin shock therapy: W. C. Shipley and F. Kant, "The Insulin-Shock and Metrazol Treatments of Schizophrenia, with Emphasis on Psychological Aspects," *Psychological*

Bulletin 37, no. 5 (1940): 259–84.

8 Then came the lobotomy: McAuley, *The Concept of Schizophrenia,* 132.

9 Kraepelin... turned up little to nothing: Gottesman, *Schizophrenia Genesis,* 82.

10 Ernst Rüdin, became a major figure in the eugenics movement: Martin Brüne, "On Human Self-Domestication, Psychiatry, and Eugenics," *Philosophy, Ethics, and Humanities in Medicine* 2, no. 1 (October 5, 2007): 21.

11 Kallmann called for sterilizing even "nonaffected carriers": Müller-Hill, *Murderous Science,* 11, 31, 42–43, 70.

12 "Every schizophrenic has some dim notion": Fromm-Reichmann, "Transference Problems in Schizophrenics" (1939), *Psychoanalysis and Psychotherapy,* 118.

13 a new vanguard of American psychoanalysts soon embraced: Silvano Arieti, "A Psychotherapeutic Approach to Schizophrenia," in Kemali, Bartholini, and Richter, eds., *Schizophrenia Today,* 245.

14 Joanne Greenberg: Greenberg, *I Never Promised You a Rose Garden.*

15 "There were other powers": Ibid., 83–84.

16 "The sick are all so afraid": Ibid., 46.

17 "Many parents said—even thought": Ibid., 33.

18 "the dangerous influence of the undesirable domineering mother": FrommReichmann, "Notes on the Mother Role in the Family Group" (1940), *Psychoanalysis and Psychotherapy,* 291–92.

19 It was "mainly" this sort of mother: Fromm-Reichmann, "Notes on the Development of Treatment of Schizophrenics by Psychoanalytic Psychotherapy" (1948), *Psychoanalysis and Psychotherapy,* 163–64.

20 "a perversion of the maternal instinct": Rosen, *Direct Analysis,* 97, 101, cited by Carol Eadie Hartwell, "The Schizophrenogenic Mother Concept in American Psychiatry," *Psychiatry* 59, no. 3 (August 1996): 274–97.

21 "American women are very often the leaders": Fromm-Reichmann, "Notes on the Mother Role in the Family Group."

22 "cold," "perfectionistic," "anxious," "overcontrolling," and "restrictive": John Clausen and Melvin Kohn, "Social Relations and Schizophrenia: A Research Report and a Perspective," in Don D. Jackson, *The Etiology of Schizophrenia,* 305.

23 "prototype of the middle class Anglo-Saxon American Woman": Suzanne Reichard and Carl Tillman, "Patterns of Parent-Child Relationships in Schizophrenia," *Psychiatry* 13, no. 2 (May 1950): 253, cited by Hartwell, "The Schizophrenogenic Mother Concept in American Psychiatry."

24 These descriptions seemed to lack a certain coherence: Hartwell, "The Schizophrenogenic Mother Concept in American Psychiatry," 286.

25 the "double-bind": Gregory Bateson, Don D. Jackson, Jay Haley, and John Weakland, "Toward a Theory of Schizophrenia," *Behavioral Science* 1, no. 4 (January 1, 1956): 251–64.
26 "became dangerous figures to males": Lidz, *Schizophrenia and the Family,* 98, 83, cited by Hartwell, "The Schizophrenogenic Mother Concept in American Psychiatry."

第 6 章

1 Geological information about the Woodmen Valley derives from John I. Kitch and Betsy B. Kitch, *Woodmen Valley: Stage Stop to Suburb* (Palmer Lake, Colo.: Filter Press, 1970).

第 7 章

1 "a wastebasket diagnostic classification": McNally, *A Critical History of Schizophrenia,* 153–54.
2 The second edition of the DSM, published in 1968: Seymour S. Kety, ed., "What Is Schizophrenia?," *Schizophrenia Bulletin* 8, no. 4 (1982): 597–600.

第 9 章

1 Except where noted, all material on NIMH's study of the Genain family is from Rosenthal, *The Genain Quadruplets.* Specific citations from that text follow.
2 Every bit as consequential... as the case of Daniel Paul Schreber: Irving I. Gottesman, "Theory of Schizophrenia," *The British Medical Journal* 1, no. 5427 (1965): 114.
3 Researchers in Europe and America conducted and published many major twin studies: Mads G. Henriksen, Julie Nordgaard, and Lennart B. Jansson, "Genetics of Schizophrenia: Overview of Methods, Findings and Limitations," *Frontiers in Human Neuroscience* 11 (2017).
4 1928: H. Luxenburger, "Vorläufiger Bericht über psychiatrische Serienuntersuchungen an Zwillingen," *Zeitschrift für die gesamte Neurologie und Psychiatrie* 116 (1928), 297–326.
5 1946: F. J. Kallmann, "The Genetic Theory of Schizophrenia; an Analysis of 691 Schizophrenic Twin Index Families," *American Journal of Psychiatry* 103 (1946), 309–22.
6 1953: Eliot Slater, "Psychotic and Neurotic Illnesses in Twins" (1953), in Slater, *Man, Mind, and Heredity,* 12–124.
7 "When one first learns": Rosenthal, *The Genain Quadruplets,* 7.
8 Nora was the firstborn: Ibid., 362.
9 Iris, meanwhile: Ibid., 16–17.
10 Hester was quiet: Ibid.
11 Myra had a more "sparkling" personality: Ibid., 364.
12 the girls' mother had tried to separate Nora and Myra from Iris and Hester: Ibid., 73.
13 "It is easy to see that": Ibid., 567.

14 the "extreme situation" concept: Ibid., 548.
15 "an atmosphere of fear, suspicion and distrust": Ibid., 566.
16 "We must be more circumspect yet more precise in our theory-building": Ibid., 579.

第 10 章

1 When the hospital first opened with about a dozen patients: Nell Mitchell, *The 13th Street Review,* 7.
2 "We considered it a minor operation": Mike Anton, "Colorado Routinely Sterilized the Mentally Ill Before 1960," *Rocky Mountain News,* November 21, 1999.
3 By the 1950s, the hospital housed more than five thousand patients: Nell Mitchell, *The 13th Street Review,* 47.
4 "These are mostly psychopaths": Telfer, *The Caretakers,* 218.
5 A *New York Times* reviewer called *The Caretakers* a clarion call: Frank G. Slaughter, "Life in a Snake-Pit," *New York Times,* November 22, 1959.
6 a scathing thirty-page attack: "Pueblo Grand Jury Blasts State Hospital Program," *Colorado Springs Gazette-Telegraph,* May 19, 1962.
7 "euphoric quietude": M. Lacomme et al., "Obstetric Analgesia Potentiated by Associated Intravenous Dolosal with RP 4560," *Bulletin de la Fédération des Sociétés de Gynécologie et d'Óbstetrique de Langue Française* 4: (1952): 558–62, cited by Bertha K. Madras, "History of the Discovery of the Antipsychotic Dopamine D2 Receptor: A Basis for the Dopamine Hypothesis of Schizophrenia," *Journal of the History of the Neurosciences* 22, no. 1 (January 1, 2013): 62–78.
8 "chemical lobotomy": H. Laborit and P. Huguenard, "L'hibernation artificielle par moyens pharmacodynamiques et physiques," *Presse médicale* 59 (1951): 1329, cited by Heinz E. Lehmann and Thomas A. Ban, "The History of the Psychopharmacology of Schizophrenia," *The Canadian Journal of Psychiatry* 42, no. 2 (March 1997): 152–62.
9 side effects: Theocharis Kyziridis, "Notes on the History of Schizophrenia," *German Journal of Psychiatry* 8, no. 3 (2005): 42–48.
10 Arvid Carlsson suggested that Thorazine: Arvid Carlsson and Maria L. Carlsson, "A Dopaminergic Deficit Hypothesis of Schizophrenia: The Path to Discovery," *Dialogues in Clinical Neuroscience* 8, no. 1 (March 2006): 137–42.
11 known as the "dopamine hypothesis": Bertha K. Madras, "History of the Discovery of the Antipsychotic Dopamine D2 Receptor: A Basis for the Dopamine Hypothesis of Schizophrenia."
12 even better than Thorazine: S. Marc Breedlove, Neil V. Watson, and Mark R. Rosenzweig, *Biological Psychology,* 5th ed. (Sunderland, Mass.: Sinauer Associates, 2007), 491.

第 13 章

1 "the existing mediocrity": Sartre, *The Psychology of Imagination,* 169, cited by Laing, *The Divided Self,* 84–85.
2 schizophrenia was an act of self-preservation by a wounded soul: Laing, *The Di vided Self,* 73, 75, 77.
3 "lobotomies and tranquilizers": Ibid., 12.
4 a way of playing possum⋯ better to turn oneself into a stone: Ibid., 51.
5 sociologist Erving Goffman: McNally, *A Critical History of Schizophrenia,* 149.
6 schizophrenics were almost like prophets: Arieti, *Interpretation of Schizophrenia,* 125–26.
7 insanity was a concept wielded by the powerful against the disenfranchised: Szasz, *The Myth of Mental Illness,* 188, 176.
8 a war of wits inside of an insane asylum: Kesey, *One Flew Over the Cuckoo's Nest.*
9 "secondary element": Fromm-Reichmann, "On Loneliness" (posthumously published essay), *Psychoanalysis and Psychotherapy,* 328.
10 "If the human race survives": Laing, *The Politics of Experience,* 107.
11 called the family structure a metaphor for authoritarian society: Deleuze and Guattari, *Anti-Oedipus,* 34–35.

第 14 章

1 The account of the Puerto Rico conference comes from Rosenthal and Kety, eds., *The Transmission of Schizophrenia*. Specific citations follow.
2 their study in Denmark: David Rosenthal, "Three Adoption Studies of Heredity in the Schizophrenic Disorders," *International Journal of Mental Health* 1, no. 1/2 (1972): 63–75.
3 a study that reached a very similar conclusion: Irving Gottesman and James Shields, "A Polygenic Theory of Schizophrenia," *Proceedings of the National Academy of Sciences* 58, no. 1 (July 1, 1967): 199–205.
4 a childhood spent in chaos or poverty could be one cause: Melvin L. Kohn, "Social Class and Schizophrenia," in Rosenthal and Kety, eds., *The Transmission of Schizophrenia,* 156–57.
5 "embittered, aggressive and devoid of natural warmth": Yrjö O. Alanen, "From the Mothers of Schizophrenic Patients to Interactional Family Dynamics," in Rosenthal and Kety, eds., *The Transmission of Schizophrenia,* 201, 205.
6 "he perceives very faulty nurturance": Theodore Lidz, "The Family, Language, and the Transmission of Schizophrenia," in Rosenthal and Kety, eds., *The Transmission of Schizophrenia,* 175.
7 "white-shirted French duel": David Rosenthal, "The Heredity-Environment Issue in Schizophrenia: Summary of the Conference and Present Status of Our Knowledge," in Rosenthal and Kety, eds., *The Transmission of Schizophrenia,* 413.

8 "warring camps": David Reiss, "Competing Hypotheses and Warring Factions: Applying Knowledge of Schizophrenia," first presented in 1970 and later published in *Schizophrenia Bulletin* 8 (1974): 7–11.
9 "the case for heredity has held up convincingly": Rosenthal, "The Heredity Environment Issue in Schizophrenia," 415.
10 "In the strictest sense, it is not schizophrenia that is inherited": Ibid., 416.
11 "The genes that are implicated": Ibid.

第 16 章

1 a phone call from Noni's boss's wife: "Apparent Murder-Suicide of Lodi Girl, Boyfriend," *Lodi News-Sentinel,* September 8, 1973.

第 18 章

1 In 1979, Wyatt's team published research: Daniel Weinberger, E. Fuller Torrey, A. N. Neophytides, and R. J. Wyatt, "Lateral Cerebral Ventricular Enlargement in Chronic Schizophrenia," *Archives of General Psychiatry* 36, no. 7 (July 1979): 735–39.
2 "In 1978, Gershon had coauthored": R. O. Rieder and E. S. Gershon, "Genetic Strategies in Biological Psychiatry," *Archives of General Psychiatry* 35, no. 7 (July 1978): 866–73.

第 19 章

1 one of a handful of pharmacologists tapped by the CIA: "Private Institutions Used in C.I.A. Effort to Control Behavior," *New York Times,* August 2, 1977.
2 "holding tank": Carl C. Pfeiffer, "Psychiatric Hospital vs. Brain Bio Center in Diagnosis of Biochemical Imbalances," *Journal of Orthomolecular Psychiatry* 5, no. 1 (1976): 28–34.

第 21 章

1 "There is a loud telepathic signal here": Gaskin, *Volume One,* 13.
2 six-foot-four: Jim Ricci, "Dream Dies on the Farm," *Chicago Tribune,* October 2, 1986.
3 ex-Marine: "Why We Left the Farm," *Whole Earth Review,* Winter 1985.
4 Monday Night Class: Ibid.
5 OUT TO SAVE THE WORLD: Moretta, *The Hippies,* 232.
6 Ibid., 232.
7 the nation's largest commune: National Science Foundation estimate, cited by Ricci, "Dream Dies on the Farm."
8 a population of about 1,500 people: Moretta, *The Hippies,* 236.
9 Stephen Gaskin was licensed: Ibid., 233.
10 Ibid., 240.

11 Ibid.
12 Ibid., 242.
13 complain that all he had time for all day was settling everyone else's conflicts: Gaskin, *Volume One,* 11, 13, 14.
14 Gaskin controlled: Moretta, *The Hippies,* 238.
15 "thirty dayers": Stiriss, *Voluntary Peasants,* chapter 3, loc. 786, Kindle.
16 "A smart horse runs at the shadow of the whip": Ibid.
17 "six-marriage": Ibid.
18 Four babies or more: Ibid.
19 "a special kind of hippie": Moretta, *The Hippies,* 233.
20 Tibetan yogi Milarepa: Gaskin, *Volume One,* 19–21.
21 "People who live by waterfalls don't hear them": Ibid., 13.
22 the Rock Tumbler: Moretta, *The Hippies,* 240.
23 "constructive feedback" for Farm members who were "on a trip": Stiriss, *Voluntary Peasants,* chapter 3, loc. 218, Kindle.
24 "You are the only variable": Ibid.

第 24 章

1 "vulnerability hypothesis": Joseph Zubin and Bonnie Spring, "Vulnerability—A New View of Schizophrenia," *Journal of Abnormal Psychology* 86, no. 2 (April 1977): 103–26.
2 an update, or elaboration, of Irving Gottesman's 1967 diathesis-stress hypothesis: Irving Gottesman and James Shields, "A Polygenic Theory of Schizophrenia," *Proceedings of the National Academy of Sciences* 58, no. 1 (July 1, 1967): 199–205.
3 "an opportunity for vulnerability to germinate into disorder": Zubin and Spring, "Vulnerability."
4 "sensory gating": Freedman, *The Madness Within Us,* 35.
5 explanation for the schizophrenia experienced by John Nash: Robert Freedman, "Rethinking Schizophrenia—From the Beginning," Lecture at the Brain and Behavior Research Foundation, October 23, 2015.
6 the "pruning hypothesis": Irwin Feinberg, "Schizophrenia: Caused by a Fault in Programmed Synaptic Elimination During Adolescence?," *Journal of Psychiatric Research* 17, no. 4 (1982–1983): 319–34.

第 27 章

1 "New imaging equipment": Sandy Rovner, "The Split over Schizophrenia," *Washington Post,* July 20, 1984.
2 a review of schizophrenogenic-mother research: Gordon Parker, "Re-Searching the

Schizophrenogenic Mother," *The Journal of Nervous and Mental Disease* 170, no. 8 (August 1982): 452–62.

3 a study of the case records of every patient: Anne Harrington, "The Fall of the Schizophrenogenic Mother," *The Lancet* 379, no. 9823 (April 2012): 1292–93.

4 "Frieda··· embarked on a grand experiment": Ann-Louise Silver, "Chestnut Lodge, Then and Now," *Contemporary Psychoanalysis* 33, no. 2 (April 1, 1997): 227–49.

5 On *The Phil Donahue Show:* Peter Carlson, "Thinking Outside the Box," *Washington Post,* April 9, 2001

6 "That's the brain disease you are looking at": Modrow, *How to Become a Schizophrenic.*

7 In a study published that same year: Daniel Weinberger and R. J. Wyatt, "Cerebral Ventricular Size: Biological Marker for Subtyping Chronic Schizophrenia," in Earl Usdin and Israel Hanin, eds., *Biological Markers in Psychiatry and Neurology.* New York: Pergamon Press, 1982: 505–12.

8 "Unfortunately there is a segment": Modrow, *How to Become a Schizophrenic.*

9 The latest DSM—the DSM-III: Seymour S. Kety, "What Is Schizophrenia?," *Schizophrenia Bulletin* 8, no. 4 (1982): 597–600.

10 The delusional teenage girl did not have schizophrenia at all: Dava Sobel, "Schizophrenia in Popular Books: A Study Finds Too Much Hope," *New York Times,* February 17, 1981.

11 In 1984, just before meeting the Galvins, he had studied: C. Siegel, M. Waldo, G. Mizner, L. E. Adler, and R. Freedman, "Deficits in Sensory Gating in Schizophrenic Patients and Their Relatives. Evidence Obtained with Auditory Evoked Responses," *Archives of General Psychiatry* 41, no. 6 (June 1984): 607–12.

12 DeLisi used data from her families to confirm: L. E. DeLisi, L. R. Goldin, J. R. Hamovit, M. E. Maxwell, D. Kurtz, and E. S. Gershon, "A Family Study of the Association of Increased Ventricular Size with Schizophrenia," *Archives of General Psychiatry* 43, no. 2 (February 1986): 148–53.

13 testing a possible link between schizophrenia and human leukocyte antigens: Lynn R. Goldin, Lynn E. DeLisi, and Elliot S. Gershon, "Relationship of HLA to Schizophrenia in 10 Nuclear Families," *Psychiatry Research* 20, no. 1 (January 1987): 69–77.

14 The first seemed to confirm: Sarah Henn, Nick Bass, Gail Shields, Timothy J. Crow, and Lynn E. DeLisi, "Affective Illness and Schizophrenia in Families with Multiple Schizophrenic Members: Independent Illnesses or Variant Gene(S)?," *European Neuropsychopharmacology* 5 (January 1995): 31–36.

15 The second failed to find a link between schizophrenia and bipolar illness: Lynn E. DeLisi, Ray Lofthouse, Thomas Lehner, Carla Morganti, Antonio Vita, Gail Shields, Nicholas Bass, Jurg Ott, and Timothy J. Crow, "Failure to Find a Chromosome 18 Pericentric Linkage in Families with Schizophrenia," *American Journal of Medical Genetics* 60, no. 6

(December 18, 1995): 532–34.

16 "I am not a firm believer in environment having an effect at all": Jamie Talan, "Schizophrenia's Secrets: 'Hot Spots' on Chromosomes Fuel Academic, Commercial Studies," *New York Newsday,* October 19, 1999.

17 "It is critical that we avoid premature disillusionment": Kenneth S. Kendler and Scott R. Diehl, "The Genetics of Schizophrenia: A Current, Genetic-Epidemiologic Perspective," *Schizophrenia Bulletin* 19, no. 2 (1993): 261–85.

18 "More than ninety percent of the relatives of schizophrenics": Deborah M. Barnes and Constance Holden, "Biological Issues in Schizophrenia," *Science,* January 23, 1987.

19 The odds of siblings in the same family: Gottesman, *Schizophrenia Genesis,* 102–3.

20 about ten times the chance: Kevin Mitchell, *Innate,* 221.

21 higher, even, than heart disease or diabetes: Ibid.

22 The hippocampi of the brains… were smaller: R. L. Suddath, G. W. Christison, E. F. Torrey, M. F. Casanova, and D. R. Weinberger, "Anatomical Abnormalities in the Brains of Monozygotic Twins Discordant for Schizophrenia," *The New England Journal of Medicine* 322, no. 12 (March 22, 1990): 789–94.

23 In 1987, Weinberger published a theory: Daniel R. Weinberger, "Implications of Normal Brain Development for the Pathogenesis of Schizophrenia," *Archives of General Psychiatry* 44, no. 7 (July 1, 1987): 660.

24 what he called the "epigenetic landscape": Weinberger and Harrison, *Schizophrenia,* 400.

25 "The risk is passed on": Kevin Mitchell, *Innate, 75.*

第 32 章

1 In 1997, Freedman identified CHRNA7: Robert Freedman, H. Coon, M. MylesWorsley, A. Orr-Urtreger, A. Olincy, A. Davis, M. Polymeropoulos, et al., "Linkage of a Neurophysiological Deficit in Schizophrenia to a Chromosome 15 Locus," *Proceedings of the National Academy of Sciences of the United States of America* 94, no. 2 (January 21, 1997): 587–92.

2 the first gene ever to be definitively associated with schizophrenia: Carol Kreck, "Mental Institute to Focus on Kids," *Denver Post,* March 3, 1999.

3 By the year 2000, at least five more trouble areas would be isolated: Ann Schrader, "Schizophrenia Researchers Close in on Genetic Sources," *Denver Post,* August 13, 2000.

4 In 1997, Freedman devised an experiment: Freedman et al., "Linkage of a Neurophysiological Deficit in Schizophrenia to a Chromosome 15 Locus."

5 "important and exciting": Denise Grady, "Brain-Tied Gene Defect May Explain Why Schizophrenics Hear Voices," *New York Times,* January 21, 1997.

6 And when, in 2004, he tested: Laura F. Martin, William R. Kem, and Robert Freedman, "Alpha-7 Nicotinic Receptor Agonists: Potential New Candidates for the Treatment of

Schizophrenia," *Psychopharmacology* 174, no. 1 (June 1, 2004): 54–64.

第 33 章

1 In 1994, *The New England Journal of Medicine:* William T. Carpenter and Robert W. Buchanan, "Schizophrenia," *New England Journal of Medicine* 330, no. 10 (March 10, 1994): 681–90.
2 "arguably the worst disease affecting mankind, even AIDS not excepted": "Where Next with Psychiatric Illness?," *Nature* 336, no. 6195 (November 1988): 95–96.
3 "Dr. DeLisi and her collaborators": "Sequana to Participate in Multinational Effort to Uncover the Genetic Basis of Schizophrenia," *Business Wire,* April 20, 1995.
4 "beyond the practical capabilities of a small laboratory": Ibid.
5 the largest single-investigator multiplex family study to date: Ibid.
6 The Human Genome Project: Bijal Trevedi, Michael Le Page, and Peter Aldhous, "The Genome 10 Years On," *New Scientist,* June 19, 2010.
7 In 1995, the cancer researcher Harold Varmus: Samuel H. Barondes, Bruce M. Alberts, Nancy C. Andreasen, Cornelia Bargmann, Francine Benes, Patricia Goldman-Rakic, Irving Gottesman, et al., "Workshop on Schizophrenia," *Proceedings of the National Academy of Sciences of the United States of America* 94, no. 5 (March 4, 1997): 1612–14.
8 Weinberger recalled Zach Hall: Transcript of an interview with Daniel Weinberger, conducted by Stephen Potkin at the 48th annual meeting of the American College of Neuropsychopharmacology in Boca Raton, Florida, December 12, 2007.
9 "thousands of common alleles": Shaun M. Purcell, Naomi R. Wray, Jennifer L. Stone, Peter M. Visscher, Michael C. O'Donovan, Patrick F. Sullivan, and Pamela Sklar, "Common Polygenic Variation Contributes to Risk of Schizophrenia and Bipolar Disorder," *Nature* 460, no. 7256 (August 6, 2009): 748–52.
10 copy number variations (CNVs): James R. Lupski, "Schizophrenia: Incriminating Genomic Evidence," *Nature* 455, no. 7210 (September 2008): 178–79.
11 One GWAS, published in *Nature Genetics* in 2013: Stephan Ripke, Colm O'Dushlaine, Kimberly Chambert, Jennifer L. Moran, Anna K. Kähler, Susanne Akterin, Sarah E. Bergen, et al., "Genome-Wide Association Analysis Identifies 13 New Risk Loci for Schizophrenia," *Nature Genetics* 45, no. 10 (August 25, 2013): 1150–59.
12 Another GWAS, published in *Nature* in 2014: Stephan Ripke, Benjamin M. Neale, Aiden Corvin, James T. R. Walters, Kai-How Farh, Peter A. Holmans, Phil Lee, et al., "Biological Insights from 108 Schizophrenia-Associated Genetic Loci,"*Nature* 511, no. 7510 (July 22, 2014): 421–27.
13 "polygenic risk score": Brien Riley and Robert Williamson, "Sane Genetics for Schizophrenia," *Nature Medicine* 6, no. 3 (March 2000): 253–55. (The complete explanation

of the risk score: "Analysis of concordance in first-, second- and third- degree relatives suggests that variants at three or more separate loci are required to confer susceptibility, and that these allelic variants increase risk in a multiplicative rather than additive manner, with the total risk being greater than the sum of the individual risks conferred by each variant.")

14 by about 4 percent: Jonathan Leo, "The Search for Schizophrenia Genes," *Issues in Science and Technology* 32, no. 2 (2016):68–71.

15 "It's sort of a mindless score": Author's interview with Elliot Gershon.

16 "The guess among my colleagues is that we'll need 250,000 schizophrenia patients": Author's interview with Steven Hyman.

17 "Is it a classical organically based biomedical disorder": Kenneth Kendler, "A Joint History of the Nature of Genetic Variation and the Nature of Schizophrenia," *Molecular Psychiatry* 20, no. 1 (February 2015): 77–83.

18 "a disaster": Joan Arehart-Treichel, "Psychiatric Gene Researchers Urged to Pool Their Samples," *Psychiatric News* (American Psychiatric Association), November 16, 2007.

第 34 章

1 being described as effective, safe, and even relatively painless: Scott O. Lilienfeld and Hal Arkowitz, "The Truth About Shock Therapy: Electroconvulsive Therapy Is a Reasonably Safe Solution for Some Severe Mental Illnesses," *Scientific American,* May 1, 2014.

第 35 章

1 Researchers predisposed against the reflexive use of medication: Whitaker, *Mad in America,* 207–8.

第 36 章

1 Sure enough, with the Galvins, DeLisi and McDonough found something: O. R. Homann, K. Misura, E. Lamas, R. W. Sandrock, P. Nelson, Stefan McDonough, and Lynn E. DeLisi, "Whole-Genome Sequencing in Multiplex Families with Psychoses Reveals Mutations in the SHANK2 and SMARCA1 Genes Segregating with Illness," *Molecular Psychiatry* 21, no. 12 (December 2016): 1690–95.

2 a team from the Broad Institute in Cambridge: Aswin Sekar, Allison R. Bialas, Heather de Rivera, Avery Davis, Timothy R. Hammond, Nolan Kamitaki, et al., "Schizophrenia Risk from Complex Variation of Complement Component 4," *Nature* 530, no. 7589 (February 2016): 177–83.

3 others had conducted separate studies: Audrey Guilmatre, Guillaume Huguet, Richard Delorme, and Thomas Bourgeron, "The Emerging Role of SHANK Genes in Neuropsychi-

atric Disorders: SHANK Genes in Neuropsychiatric Disorders," *Developmental Neurobiology* 74, no. 2 (February 2014): 113–22. Also see Ahmed Eltokhi, Gudrun Rappold, and Rolf Sprengel, "Distinct Phenotypes of SHANK2 Mouse Models Reflect Neuropsychiatric Spectrum Disorders of Human Patients with SHANK2 Variants," *Frontiers in Molecular Neuroscience* 11 (2018).

4 "a collection of neurodevelopmental disorders": Thomas R. Insel, "Rethinking Schizophrenia," *Nature* 468, no. 7321 (November 11, 2010): 187–93.

5 Another study of SHANK2 and schizophrenia: S. Peykov, S. Berkel, M. Schoen, K. Weiss, F. Degenhardt, J. Strohmaier, B. Weiss, et al., "Identification and Functional Characterization of Rare *SHANK2* Variants in Schizophrenia," *Molecular Psychiatry* 20, no. 12 (December 2015): 1489–98.

6 The geneticist Kevin Mitchell has noted: Kevin Mitchell, *Innate*, 233–34.

第 37 章

1 Freedman's study about choline was published in 2016: Randal G. Ross, Sharon K. Hunter, M. Camille Hoffman, Lizbeth McCarthy, Betsey M. Chambers, Amanda J. Law, Sherry Leonard, Gary O. Zerbe, and Robert Freedman, "Perinatal Phosphatidylcholine Supplementation and Early Childhood Behavior Problems: Evidence for CHRNA7 Moderation," *The American Journal of Psychiatry* 173, no. 5 (May 2016): 509–16.

2 In 2017, the American Medical Association approved a resolution: Carrie Dennett: "Choline: The Essential but Forgotten Nutrient," *Seattle Times*, November 2, 2017.

第 43 章

1 "Like riding the merry-go-round": Rue L. Cromwell, "Strategies for Studying Schizophrenic Behavior," *Psychopharmacologia* 24, no. 1 (March 1, 1972): 121–46.

2 Hearing Voices Movement: Leudar and Thomas, *Voices of Reason, Voices of Insanity*.

3 many schizophrenia patients experience favorable long-term outcomes without prescription drugs: M. Harrow and T. H. Jobe, "Does Long-Term Treatment of Schizophrenia with Antipsychotic Medications Facilitate Recovery?," *Schizophrenia Bulletin* 39, no. 5 (September 1, 2013): 962–65. Also see M. Harrow, T. H. Jobe, and R. N. Faull, "Does Treatment of Schizophrenia with Antipsychotic Medications Eliminate or Reduce Psychosis? A 20-Year Multi-Follow-up Study," *Psychological Medicine* 44, no. 14 (October 2014): 3007–16.

4 more evidence that psychosis exists on a spectrum: S. Guloksuz and J. van Os, "The Slow Death of the Concept of Schizophrenia and the Painful Birth of the Psychosis Spectrum," *Psychological Medicine* 48, no. 2 (January 2018): 229–44.

5 One meta-analysis, published in 2013: R. J. Linscott and J. van Os. "An Updated and Con-

servative Systematic Review and Meta-Analysis of Epidemiological Evidence on Psychotic Experiences in Children and Adults: On the Pathway from Proneness to Persistence to Dimensional Expression Across Mental Disorders," *Psychological Medicine* 43, no. 6 (June 2013): 1133–49.
6 another study in 2015; John J. McGrath, Sukanta Saha, Ali Al-Hamzawi, Jordi Alonso, Evelyn J. Bromet, Ronny Bruffaerts, José Miguel Caldas-de-Almeida, et al., "Psychotic Experiences in the General Population: A Cross-National Analysis Based on 31,261 Respondents from 18 Countries," *JAMA Psychiatry* 72, no. 7 (July 1, 2015): 697–705.
7 "early detection and intervention model of care": "Early Detection and Prevention of Psychotic Disorders: Ready for 'Prime Time'?," lecture by Jeffrey Lieberman for the Brain and Behavior Research Foundation, February 12, 2019.
8 so-called "soft interventions": John M. Kane, Delbert G. Robinson, Nina R. Schooler, Kim T. Mueser, David L. Penn, Robert A. Rosenheck, Jean Addington, et al., "Comprehensive Versus Usual Community Care for First-Episode Psychosis: 2-Year Outcomes from the NIMH RAISE Early Treatment Program," *American Journal of Psychiatry* 173, no. 4 (October 20, 2015): 362–72.
9 Australia and Scandinavia: Benedict Carey, "New Approach Advised to Treat Schizophrenia," *New York Times,* December 21, 2017.
10 Lieberman at Columbia is developing: "Early Detection and Prevention of Psychotic Disorders: Ready for 'Prime Time'?," lecture by Jeffrey Lieberman for the Brain and Behavior Research Foundation, February 12, 2019.
11 whether the risk of schizophrenia is linked to the condition of an expectant mother's placenta: Gianluca Ursini, Giovanna Punzi, Qiang Chen, Stefano Marenco, Joshua F. Robinson, Annamaria Porcelli, Emily G. Hamilton, Daniel Weinberger, et al., "Convergence of Placenta Biology and Genetic Risk for Schizophrenia," *Nature Medicine,* May 28, 2018, 1.
12 "half of all young school shooters have symptoms of developing schizophrenia": Peter Langman, "Rampage School Shooters: A Typology," *Aggression and Violent Behavior* 14 (2009): 79–86.
13 In 2016, the same year as her SHANK2 study, she published a paper: Lynn E. DeLisi, "A Case for Returning to Multiplex Families for Further Understanding the Heritability of Schizophrenia: A Psychiatrist's Perspective," *Molecular Neuropsychiatry* 2, no. 1 (January 8, 2016): 15–19.

第 44 章

1 "Emotions are always accompanied… ": Arieti, *Interpretation of Schizophrenia,* 216.

參考書目
Bibliography

Arieti, Silvano. *American Handbook of Psychiatry,* Vol. 3. New York: Basic Books, 1959.

———. *Interpretation of Schizophrenia*. 2nd ed., completely revised and expanded. New York: Basic Books, 1974.

Bair, Deirdre. *Jung: A Biography*. Boston: Little, Brown, 2003.

Bentall, Richard P. *Doctoring the Mind: Is Our Current Treatment of Mental Illness Really Any Good?* New York: New York University Press, 2009.

Breedlove, S. Marc, Neil V. Watson, and Mark R. Rosenzweig. *Biological Psychology: An Introduction to Behavioral, Cognitive, and Clinical Neuroscience*. 5th ed. Sunderland, Mass.: Sinauer Associates, 2007.

Brown, Alan S., and Paul H. Patterson, eds. *The Origins of Schizophrenia*. New York: Columbia University Press, 2012.

Buckley, Peter, ed. *Essential Papers on Psychosis*. New York: New York University Press, 1988.

Chomsky, Noam A., and Michel Foucault. *The Chomsky-Foucault Debate: On Human Nature*. New York: New Press, 2006.

Conci, Marco. *Sullivan Revisited—Life and Work: Harry Stack Sullivan's Relevance for Contemporary Psychiatry, Psychotherapy and Psychoanalysis*. Trenton, N.J.: Tangram, 2010.

Cromwell, Rue L., and C. R. Snyder. *Schizophrenia: Origins, Processes, Treatment, and Outcome*. New York: Oxford University Press, 1993.

Davis, Kenneth L., Dennis Charney, Joseph T. Coyle, and Charles Nemeroff, eds. *Neuropsychopharmacology: The Fifth Generation of Progress: An Official Publication of the American College of Neuropsychopharmacology*. Philadelphia: Lippincott Williams & Wilkins, 2002.

Deleuze, Gilles, and Félix Guattari. *Anti-Oedipus: Capitalism and Schizophrenia*. Minneapolis: University of Minnesota Press, 1972.

DeLisi, Lynn E. *100 Questions & Answers About Schizophrenia: Painful Minds*. 2nd ed. Sudbury, Mass.: Jones & Bartlett Publishers, 2011.

Dorman, Daniel. *Dante's Cure: A Journey Out of Madness*. New York: Other Press, 2003.

Eghigian, Greg, ed. *The Routledge History of Madness and Mental Health*. Milton Park, Abingdon, Oxfordshire, and New York: Routledge, 2017.

Foucault, Michel, and Jean Khalfa. *History of Madness*. New York: Routledge, 1961/2006.

Foucault, Michel, and Alan Sheridan. *Discipline and Punish: The Birth of Prison*. London: Penguin, 1975. (References to second Vintage Books ed., 1995.)

Freedman, Robert. *The Madness Within Us: Schizophrenia as a Neuronal Process*. Oxford and New York: Oxford University Press, 2010.

Freud, Sigmund, James Strachey, Anna Freud, and Angela Richards. *The Standard Edition of the Complete Psychological Works of Sigmund Freud,* Vol. 12: *The Case of Schreber, Papers on Technique, and Other Works.* London: Hogarth Press, 1966.

Freud, Sigmund, and C. G. Jung. *The Freud/Jung Letters.* Ed. William McGuire. Trans. Ralph Manheim and R.F.C. Hull. Princeton: Princeton University Press, 1974.

Fromm-Reichmann, Frieda. *Principles of Intensive Psychotherapy*. Chicago: University of Chicago Press, 1971.

———. *Psychoanalysis and Psychotherapy. Selected Papers of Frieda Fromm-Reichmann*. Foreword by Edith Weigert. Chicago: University of Chicago Press, 1974.

Gaskin, Stephen. *Volume One: Sunday Morning Services on the Farm*. Summertown: The Book Publishing Co., 1977.

Gillham, Nicholas W. *Genes, Chromosomes, and Disease: From Simple Traits, to Complex Traits, to Personalized Medicine.* Upper Saddle River, N.J.: FT Press, 2011.

Gottesman, Irving I., and Dorothea L. Wolfgram. *Schizophrenia Genesis: The Origins of Madness*. New York: Freeman, 1991.

Greenberg, Joanne. *I Never Promised You a Rose Garden*. New York: Holt, Rinehart & Winston, 1963.

Hornstein, Gail A. *To Redeem One Person Is to Redeem the World: The Life of Frieda Fromm-Reichmann*. New York: Free Press, 2000.

Jackson, Don D. *The Etiology of Schizophrenia: Genetics, Physiology, Psychology, Sociology*. New York: Basic Books, 1960.

Jaynes, Julian. *The Origin of Consciousness in the Breakdown of the Bicameral Mind*. Boston: Houghton Mifflin, 1976.

Johnstone, Eve C. *Searching for the Causes of Schizophrenia*. Oxford: Oxford University Press, 1994.

Jung, C. G., Sonu Shamdasani, and R.F.C. Hull. *Jung Contra Freud: The 1912 New York Lectures on the Theory of Psychoanalysis*. Princeton: Princeton University Press, 1961.

Kemali, D., G. Bartholini, and Derek Richter, eds. *Schizophrenia Today*. Oxford and New York: Pergamon, 1976.

Kesey, Ken. *One Flew Over the Cuckoo's Nest*. New York: Penguin, 1962.

Laing, R. D. *The Divided Self: An Existential Study in Sanity and Madness*. London: Tavistock, 1959.

———. *The Politics of Experience*. New York: Pantheon, 1967.

———. *Sanity, Madness, and the Family.* London: Penguin, 1964.

Leudar, Ivan, and Philip Thomas. *Voices of Reason, Voices of Insanity: Studies of Verbal Hallu-*

cinations. London and New York: Routledge, 2000.

Lidz, Theodore, Stephen Fleck, and Alice R. Cornelison. *Schizophrenia and the Family*. New York: International Universities Press, 1965.

Lieberman, Jeffrey A., and Ogi Ogas. *Shrinks: The Untold Story of Psychiatry*. 1st ed. New York: Little, Brown, 2015.

Lionells, Marylou, John Fiscalini, Carola Mann, and Donnel B Stern. *Handbook of Interpersonal Psychoanalysis*. New York: Routledge, 2014.

Lothane, Zvi. *In Defense of Schreber: Soul Murder and Psychiatry*. Hillsdale, N.J.: Analytic Press, 1992.

Macdonald, Helen. *Falcon*. London: Reaktion, 2006.

———. *H Is for Hawk*. London: Random House, 2014.

McAuley, W. F. *The Concept of Schizophrenia*. Bristol: John Wright, 1953.

McNally, Kieran. *A Critical History of Schizophrenia*. Basingstoke, UK: Palgrave Macmillan, 2016.

Mitchell, Kevin J. *Innate: How the Wiring of Our Brains Shapes Who We Are*. Princeton and Oxford: Princeton University Press, 2018.

Mitchell, Nell. *The 13th Street Review: A Pictorial History of the Colorado State Hospital (Now CMHIP)*. Pueblo: My Friend, The Printer, Inc., 2009.

Modrow, John. *How to Become a Schizophrenic: The Case Against Biological Psychiatry*. Everett, Wash., and Traverse City, Mich.: Apollyon Press; distributed by Publisher's Distribution Center, 1992.

Morel, Benedict A. *Traite des maladies mentales*. Paris: Masson, 1860.

Moretta, John. *The Hippies: A 1960s History*. Jefferson, N.C.: McFarland, 2017.

Müller-Hill, Benno. *Murderous Science: Elimination by Scientific Selection of Jews, Gypsies, and Others, Germany, 1933–1945*. Woodbury, N.Y.: Cold Spring Harbor Laboratory Press, 1988.

Nasar, Sylvia. *A Beautiful Mind*. New York: Simon & Schuster, 1998.

Niederland, William G. *The Schreber Case: Psychoanalytic Profile of a Paranoid Personality*. Hillsdale, N.J.: Analytic Press, 1984.

Noll, Richard. *American Madness: The Rise and Fall of Dementia Praecox*. Cambridge: Harvard University Press, 2011.

Pastore, Nicholas. *The Nature-Nurture Controversy*. New York: Kings Crown Press, Columbia University, 1949.

Peterson, Roger Tory. *Birds over America*. New York: Dodd, Mead, 1948.

Powers, Ron. *No One Cares About Crazy People: The Chaos and Heartbreak of Mental Health in America*. New York: Hachette, 2017.

Richter, Derek. *Perspectives in Neuropsychiatry; Essays Presented to Professor Frederick Lucien*

Golla by Past Pupils and Associates. London: H. K. Lewis, 1950.

Rosen, John N. *Direct Analysis: Selected Papers*. New York: Grune & Stratton, 1953.

Rosenthal, David, ed. *The Genain Quadruplets*. New York: Basic Books, 1963.

Rosenthal, David, and Seymour S. Kety, eds. *The Transmission of Schizophrenia: Proceedings of the Second Research Conference of the Foundations' Fund for Research in Psychiatry, Dorado, Puerto Rico, 26th June to 1 July 1967*. Oxford: Pergamon Press, 1969.

Saks, Elyn R. *The Center Cannot Hold: My Journey Through Madness*. New York: Hachette Books, 2015.

Sartre, Jean-Paul. *The Psychology of Imagination* (1940). London: Routledge, 2016.

Scheper-Hughes, Nancy. *Saints, Scholars, and Schizophrenics: Mental Illness in Rural Ireland*. Berkeley: University of California Press, 1977.

Schiller, Lori, and Amanda Bennett. *The Quiet Room: A Journey Out of the Torment of Madness*. New York: Grand Central Publishing, 2011.

Schreber, Daniel Paul. *Memoirs of My Nervous Illness*. New York: New York Review Books, and London: Bloomsbury, 2001.

Sheehan, Susan. *Is There No Place on Earth for Me?* Boston: Houghton Mifflin, 1982.

Slater, Eliot, James Shields, and Irving I. Gottesman. *Man, Mind, and Heredity: Selected Papers of Eliot Slater on Psychiatryand Genetics*. Baltimore: Johns Hopkins University Press, 1971.

Smith, Daniel B. *Muses, Madmen, and Prophets: Rethinking the History, Science, and Meaning of Auditory Hallucination*. New York: Penguin, 2007.

Sprague, Marshall. *Newport in the Rockies: The Life and Good Times of Colorado Springs*. Athens: Swallow Press/Ohio University Press, 1987.

Stiriss, Melvyn. *Voluntary Peasants: A Psychedelic Journey to the Ultimate Hippie Commune*. Warwick, NY: New Beat Books, 2016. Kindle.

Sullivan, Harry Stack, and Helen Swick Perry. *Schizophrenia as a Human Process*. New York: W. W. Norton, 1974.

Szasz, Thomas. *The Myth of Mental Illness*. New York: Harper & Row, 1961.

Telfer, Dariel. *The Caretakers*. New York: Simon & Schuster, 1959.

Thomas, Philip. *The Dialectics of Schizophrenia*. London and New York: Free Association Books, 1997.

Torrey, E. Fuller. *American Psychosis: How the Federal Government Destroyed the Mental Illness Treatment System*. Oxford: Oxford University Press, 2014.

———. *Schizophrenia and Manic-Depressive Disorder: The Biological Roots of Mental Illness as Revealed by the Landmark Study of Identical Twins*. New York: Basic Books, 1994.

———. *Surviving Schizophrenia: A Family Manual*. New York: Harper & Row, 1983.

Wang, Esmé Weijun. *The Collected Schizophrenias: Essays*. Minneapolis: Graywolf Press, 2019.

Ward, Mary Jane. *The Snake Pit*. New York: Random House, 1946.
Weinberger, Daniel R., and P. J Harrison. *Schizophrenia*. Chichester, West Sussex, and Hoboken, N.J.: Wiley-Blackwell, 2011.
Whitaker, Robert. *Mad in America: Bad Science, Bad Medicine, and the Enduring Mistreatment of the Mentally Ill*. Revised paperback. New York: Basic Books, 2010.
White, T. H. *The Goshawk*. London: Jonathan Cape, 1951.
Williams, Paris. *Rethinking Madness: Towards a Paradigm Shift in Our Understanding and Treatment of Psychosis*. San Francisco: Sky's Edge, 2012.

隱谷路

一部解開思覺失調遺傳祕辛，深入百年精神醫學核心爭議的家庭調查史

隱谷路：一部解開思覺失調遺傳祕辛，
深入百年精神醫學核心爭議的家庭調查史／
羅伯特．科爾克作；黃佳瑜譯.
－初版.－臺北市：麥田出版：
英屬蓋曼群島商家庭傳媒股份有限公司
城邦分公司發行，2021.12
面；　公分.－(不歸類；203)
譯自：Hidden valley road : inside the mind
of an american family.
ISBN 978-626-310-122-7(平裝)
1. 蓋爾文家族 2. 精神分裂症 3. 傳記
4. 美國
785.27　　110017353

印　　刷　中原造像股份有限公司
封面設計　莊謹銘
初版一刷　2021年12月
初版三刷　2022年12月
定　　價　新台幣480元
I S B N　978-626-310-122-7

作　　者　羅伯特．科爾克（Robert Kolker）
譯　　者　黃佳瑜
責任編輯　賴逸娟
國際版權　吳玲緯
行　　銷　何維民　吳宇軒　陳欣岑　林欣平
業　　務　李再星　陳紫晴　陳美燕　葉晉源
副總編輯　何維民
編輯總監　劉麗真
總 經 理　陳逸瑛
發 行 人　凃玉雲

出　　版

麥田出版
台北市中山區104民生東路二段141號5樓
電話：(02) 2-2500-7696　傳真：(02) 2500-1966
麥田網址：https://www.facebook.com/RyeField.Cite/

發　　行

英屬蓋曼群島商家庭傳媒股份有限公司城邦分公司
地址：10483台北市民生東路二段141號11樓
網址：http://www.cite.com.tw
客服專線：(02)2500-7718; 2500-7719
24小時傳真專線：(02)2500-1990; 2500-1991
服務時間：週一至週五09:30-12:00; 13:30-17:00
劃撥帳號：19863813　戶名：書虫股份有限公司
讀者服務信箱：service@readingclub.com.tw
麥田網址：https://www.facebook.com/RyeField.Cite

香港發行所

城邦（香港）出版集團有限公司
地址：香港灣仔駱克道193號東超商業中心1樓
電話：+852-2508-6231　傳真：+852-2578-9337
電郵：hkcite@biznetvigator.com

馬新發行所

城邦（馬新）出版集團【Cite(M) Sdn. Bhd. (458372U)】
地址：41, Jalan Radin Anum, Bandar Baru Sri Petaling,
57000 Kuala Lumpur, Malaysia.
電話：+603-9057-8822　傳真：+603-9057-6622
電郵：cite@cite.com.my